U0062549

北山四先生全書

黃靈庚　李聖華　主編

金履祥卷

尚書注　尚書表注

〔宋〕金履祥／撰

鮑有爲／整理

上海古籍出版社

浙江文化研究工程重大項目成果
中共金華市委宣傳部重大文化研究工程項目成果
首都師範大學中國詩歌研究中心成果
浙江師範大學江南文化研究中心成果
浙江省越文化傳承與創新研究中心成果
二〇二一年國家古籍整理出版資助項目

浙江省文化研究工程指導委員會

主　任：袁家軍

副主任：黃建發　劉　捷　彭佳學　陳奕君　劉小濤
王　綱　成岳冲　任少波

成　員：胡慶國　朱衛江　陳　重　來穎杰　盛世豪
徐明華　孟　剛　毛宏芳　尹學群　吴偉斌
褚子育　張　燕　俞世裕　郭華巍　鮑洪俊
高世名　蔡袁强　鄭孟狀　陳　浩　陳　偉
盛閲春　朱重烈　高　屹　何中偉　李躍旗
胡海峰

浙江文化研究工程成果文庫總序

習近平

有人將文化比作一條來自老祖宗而又流向未來的河，這是説文化的傳統，通過縱向傳承和横向傳遞，生生不息地影響和引領着人們的生存與發展；有人説文化是人類的思想、智慧、信仰、情感和生活的載體、方式和方法，這是將文化作爲人們代代相傳的生活方式的整體。我們説，文化爲群體生活提供規範、方式與環境，文化通過傳承爲社會進步發揮基礎作用，文化會促進或制約經濟乃至整個社會的發展。文化的力量，已經深深熔鑄在民族的生命力、創造力和凝聚力之中。

在人類文化演化的進程中，各種文化都在其内部生成衆多的元素、層次與類型，由此決定了文化的多樣性與複雜性。

中國文化的博大精深，來源於其内部生成的多姿多彩；中國文化的歷久彌新，取決於其變遷過程中各種元素、層次、類型在内容和結構上通過碰撞、解構、融合而産生的革故鼎新的强大動力。

中國土地廣袤、疆域遼闊，不同區域間因自然環境、經濟環境、社會環境等諸多方面的差

異，建構了不同的區域文化。區域文化如同百川歸海，共同匯聚成中國文化的大傳統，這種大傳統如同春風化雨，滲透於各種區域文化之中。在這個過程中，區域文化如同清溪山泉潺潺不息，在中國文化的共同價值取向下，以自己的獨特個性支撑着、引領着本地經濟社會的發展。

從區域文化入手，對一地文化的歷史與現狀展開全面、系統、扎實、有序的研究，一方面可以藉此梳理和弘揚當地的歷史傳統和文化資源，繁榮和豐富當代的先進文化建設活動，規劃和指導未來的文化發展藍圖，增强文化軟實力，爲全面建設小康社會、加快推進社會主義現代化提供思想保證、精神動力、智力支持和輿論力量；另一方面，這也是深入瞭解中國文化、研究中國文化、發展中國文化、創新中國文化的重要途徑之一。如今，區域文化研究日益受到各地重視，成爲我國文化研究走向深入的一個重要標誌。我們今天實施浙江文化研究工程，其目的和意義也在於此。

千百年來，浙江人民積澱和傳承了一個底蘊深厚的文化傳統。這種文化傳統的獨特性，正在於它令人驚嘆的富於創造力的智慧和力量。

浙江文化中富於創造力的基因，早早地出現在其歷史的源頭。在浙江新石器時代最爲著名的跨湖橋、河姆渡、馬家浜和良渚的考古文化中，浙江先民們都以不同凡響的作爲，在中華民族的文明之源留下了創造和進步的印記。

浙江人民在與時俱進的歷史軌迹上一路走來，秉承富於創造力的文化傳統，這深深地融匯在一代代浙江人民的血液中，體現在浙江人民的行爲上，也在浙江歷史上衆多傑出人物身上得到充分展示。從大禹的因勢利導、敬業治水，到勾踐的卧薪嘗膽、勵精圖治；從錢氏的保境安民、納土歸宋，到胡則的爲官一任、造福一方；從岳飛、于謙的精忠報國、清白一生，到方孝孺、張蒼水的剛正不阿、以身殉國；從沈括的博學多識、精研深究，到竺可楨的科學救國、求是一生；無論是陳亮、葉適的經世致用，還是黄宗羲的工商皆本；無論是王充、王陽明的批判、自覺，還是龔自珍、蔡元培的開明、開放，等等，都展示了浙江深厚的文化底蕴，凝聚了浙江人民求真務實的創造精神。

代代相傳的文化創造的作爲和精神，從觀念、態度、行爲方式和價值取向上，孕育、形成和發展了淵源有自的浙江地域文化傳統和與時俱進的浙江文化精神，她滋育着浙江的生命力、催生着浙江的凝聚力、激發着浙江的創造力、培植着浙江的競争力，激勵着浙江人民永不自滿、永不停息，在各個不同的歷史時期不斷地超越自我、創業奮進。

悠久深厚、意韵豐富的浙江文化傳統，是歷史賜予我們的寶貴財富，也是我們開拓未來的豐富資源和不竭動力。黨的十六大以來推進浙江新發展的實踐，使我們越來越深刻地認識到，與國家實施改革開放大政方針相伴隨的浙江經濟社會持續快速健康發展的深層原因，就在於浙江深厚的文化底蕴和文化傳統與當今時代精神的有機結合，就在於發展先進生産力與發展先進文化的有機結合。今後一個時期浙江能否在全面建設小康社會、加快社會主義現代化建設進程中繼續走在前列，很大程度上取決於我們對文化力量的深刻認識、對發展先進文化的高度自覺和對加快建設文化大省的工作力度。我們應該看到，文化的力量最終可以轉化爲物質的力量，文化的軟實力最終可以轉化爲經濟的硬實力。文化要素是綜合競爭力的核心要素，文化資源是經濟社會發展的重要資源，文化素質是領導者和勞動者的首要素質。因此，研究浙江文化的歷史與現狀，增强文化軟實力，爲浙江的現代化建設服務，是浙江人民的共同事業，也是浙江各級黨委、政府的重要使命和責任。

二〇〇五年七月召開的中共浙江省委十一届八次全會，作出《關於加快建設文化大省的決定》，提出要從增强先進文化凝聚力、解放和發展生産力、增强社會公共服務能力入手，大力實施文明素質工程、文化精品工程、文化研究工程、文化保護工程、文化産業促進工程、文化陣地工程、文化傳播工程、文化人才工程等「八項工程」，實施科教興國和人才强國戰略，加快建設教育、科技、衛生、體育等「四個强省」。作爲文化建設「八項工程」之一的文化研究工程，其任務就是系統研究浙江文化的歷史成就和當代發展，深入挖掘浙江文化底藴、研究浙江現象、總結浙江經驗、指導浙江未來的發展。

浙江文化研究工程將重點研究「今、古、人、文」四個方面，即圍繞浙江當代發展問題研究、浙江歷史文化專題研究、浙江名人研究、浙江歷史文獻整理四大板塊，開展系統研究，出版系列叢書。在研究内容上，深入挖掘浙江文化底藴，系統梳理和分析浙江歷史文化的内部結構、變化規律和地域特色，堅持和發展浙江精神；研究浙江文化與其他地域文化的異同，釐清浙江文化在中國文化中的地位和相互影響的關係；圍遶浙江生動的當代實踐，深入解讀浙江現象，總結浙江經驗，指導浙江發展。在研究力量上，通過課題組織、出版資助、重點研究基地建設、加强省内外大院名校合作、整合各地各部門力量等途徑，形成上下聯動、學界互動的整體合力。在成果運用上，注重研究成果的學術價值和應用價值，充分發揮其認識世界、傳承文明、創新理論、咨政育人、服務社會的重要作用。

我們希望通過實施浙江文化研究工程，努力用浙江歷史教育浙江人民、用浙江文化熏陶浙江人民、用浙江精神鼓舞浙江人民、用浙江經驗引領浙江人民，進一步激發浙江人民的無窮智慧和偉大創造能力，推動浙江實現又快又好發展。

今天，我們踏着來自歷史的河流，受着一方百姓的期許，理應負起使命，至誠奉獻，讓我們的文化綿延不絕，讓我們的創造生生不息。

二〇〇六年五月三十日於杭州

浙江文化研究工程成果文庫序言

袁家軍

浙江是中華文明的發祥地之一，歷史悠久、人文薈萃，素稱「文物之邦」「人文淵藪」，從河姆渡的陶竈炊烟到良渚的文明星火，從吴越争霸的千古傳奇到宋韵文化的風雅氣度，從革命紅船的揚帆起航到建國初期的篳路藍縷，從改革開放的敢爲人先到新時代的變革創新，都留下了彌足珍貴的歷史文化財富。縱覽浙江發展的歷史，文化是軟實力，也是硬實力，是支撑力，也是變革力，爲浙江幹在實處、走在前列、勇立潮頭提供了獨特的精神激勵和智力支持。

二〇〇三年，習近平總書記在浙江工作時作出「八八戰略」重大決策部署，明確提出要進一步發揮浙江的人文優勢，積極推進科教興省、人才强省，加快建設文化大省。二〇〇五年七月，習近平同志主持召開省委十一届八次全會，親自擘畫加快建設文化大省的宏偉藍圖。在習近平同志的親自謀劃、親自布局下，浙江形成了文化建設「3＋8＋4」的總體框架思路，即全面把握增强先進文化的凝聚力、解放和發展文化生産力、提高社會公共服務力等「三個着力點」，啓動實施文明素質工程、文化精品工程、文化研究工程、文化保護工程、文化産業促進工程、文化陣地工程、文化傳播工程、文化人才工程等「八項工程」，加快建設教育、科技、衛生、體育等「四個强省」，構建起浙江文化建設的「四樑八柱」。這些年來，我們按照習近平總書記當年作出的戰略部署，堅持一張藍圖繪到底、一任接着一任幹，不斷推進以文鑄魂、以文育德、以文圖强、以文傳道、以文興業、以文惠民、以文塑韵，走出了一條具有中國特色、時代特徵、浙江特點的文化發展之路。

文化研究工程是浙江文化建設最具標誌性的成果之一。隨着第一期和第二期文化研究工程的成功實施，産生了一批重點研究項目和重大研究成果，培育了一批具有浙江特色和全國影響的優勢學科，打造了一批高水平的學術團隊和在全國有影響力的學術名師、學科骨幹。二〇一五年結束的第一批浙江文化研究工程共立研究項目八百十一項，出版學術著作千餘部。二〇一七年三月啓動的第二期浙江文化研究工程，已開展了五十二個系列研究，立重大課題六十五項、重點課題二百八十四項，出版學術著作一千多部。特別是形成了《宋畫全集》等中國歷代繪畫大系、《共和國命運的抉擇與思考——毛澤東在浙江的七百八十五個日日夜夜》等領袖與浙江研究系列、《紅船逐浪：浙江「站起來」的革命歷程與精神傳承》等「浙一百年」研究系列、《浙江通史》《南宋史研究》等浙江歷史專題史研究系列、《良渚文化研究》等浙江史前文化研究系列、《儒學正脈——王守仁傳》等浙江歷史名人研究系列、《吕祖謙全集》等浙江文獻集成系列。可以説，浙江文化研究工程，賡續了浙江悠久深厚的文化血脈，挖掘了浙江深層次的文化基因，提升了浙江的文化軟實力，彰顯了浙江在海内外的學術影響力，爲浙江當代發展提供了堅實的理論支撑和智力支持，爲堅定文化自信提供了浙江素材。

當前，浙江已經踏上了實現第二個百年奮斗目標的新征程，正在奮力打造「重要窗口」，争創社會主義現代化先行省，高質量發展建設共同富裕示範區。文化工作在浙江高質量發展建設共同富裕示範區中具有決定性作用，是關鍵變量；展現共同富裕美好社會的圖景，文化是最富魅力、最吸引人、最具辨識度的標識。我們要發揮文化鑄魂塑形賦能功能，爲高質量發展建設共同富裕示範區注入强大文化力量，特別是要堅持把深化文化研究工程作爲打造新時代文化高地的重要抓手，努力使其成爲研究闡釋習近平新時代中國特色社會主義思想的重要陣地、傳承創新浙江優秀傳統文化革命文化社會主義先進文化的重要平臺、構建中國特色哲學社會科學的重要載體、推廣展示浙江文化獨特魅力的重要窗口。

新時代浙江文化研究工程將延續「今、古、人、文」主題，重點突出當代發展研究、歷史文化研究、「新時代浙學」建構，努力把浙江的歷史與未來貫通起來，使浙學品牌更加彰顯、浙江文化形象更加鮮明、中國特色哲學社會科學的浙江元素更加豐富。新時代浙江文化研究工程將堅守「紅色根脈」，更加注重深入挖掘浙江紅色資源，持續深化「習近平新時代中國特色社會主義思想在浙江的探索與實踐」課題研究，努力讓浙江成爲踐行創新理論的標杆之地、傳播中華文明的思想之窗；擦亮以宋韵文化爲代表的浙江歷史文化金名片，從思想、制度、經濟、社會、百姓生活、文學藝術、建築、宗教等方面全方位立體化系統性研究闡述宋韵文化，努力讓千年宋韵更好地在新時代「流動」起來、「傳承」下去；科學解讀浙江歷史文化的豐富內涵和時代價值，更加注重學術成果的創造性轉化，探索拓展浙學成果推廣與普及的機制、形式、載體、平臺，努力讓浙學成果成爲有世界影響的東方思想標識；充分動員省内外高水平專家學者參與工程研究，堅持以項目引育高端社科人才，努力打造一支走在全國前列的哲學社會科學領軍人才隊伍；系統推進文化研究數智創新，努力提升社科研究的科學化水平，提供更多高質量文化成果供給。

偉大的時代，需要偉大作品、偉大精神、偉大力量。期待新時代浙江文化研究工程有更多的優秀成果問世，以浙江文化之窗更好地展現中華文化的生命力、影響力、凝聚力、創造力，爲忠實踐行「八八戰略」、奮力打造「重要窗口」，争創社會主義現代化先行省，高質量發展建設共同富裕示範區，提供强大思想保證、輿論支持、精神動力和文化條件。

目録

尚書表注

尚書表注卷下

《尚書表注》附録

總序

南宋乾淳間，吕祖謙東萊之學、陳亮永康之學、唐仲友説齋之學同時並起，金華之學彬彬稱盛。吕祖謙尤著，與朱熹、張栻并稱「東南三賢」，又與朱熹、陸九淵并稱「朱陸吕三大家」。祖謙惜早逝，麗澤門人無大力者繼之，永康、説齋之學亦無紹傳。嘉定而後，何基、王柏振起。何基（一一八八—一二六九），字子恭，金華人。親炙於朱熹高弟子黄榦，居北山之陽，學者稱北山先生。門人王柏（一一九七—一二七九），字會之，一字仲會，號長嘯，改號魯齋，金華人。家學源於朱、吕，而已則師於何基。何、王轉承朱子之統，王柏又私淑東萊。王柏門人金履祥（一二三二—一三〇三），字吉父，號次農，蘭溪人。從學王柏，并得何基指授。宋、元易代，以遺民終，隱居講學，許謙、柳貫諸子從學。許謙（一二六九—一三三七），字益之，號白雲山人，東陽人。年三十一師履祥，爲元世大儒。後世推許何、王、金、許，并稱「金華四賢」「金華四先生」「金華四子」「何王金許四君子」，又稱「北山四先生」。

四先生爲講學家之流，名相并稱始於元末，流行於明初。杜本《吴先生墓誌銘》：「浙之東州有數君子，爲海内所師表。蓋自朱子之學一再傳，而何、王、金、許實能自外利榮，蹈履純固，反身克己，體驗精切，故其育德成仁，顯有端緒。」①黄溍《吴正傳文集序》：「初，紫陽朱子之門人高弟曰勉齋黄氏，自黄氏四傳，曰北山何氏、魯齋王氏、仁山金氏、白雲許氏，皆婺人。」②宋濂《故丹谿先生朱公石表辭》：「而考亭之傳，又唯金華之四賢續其世胤之正。」③張以寧《甑山存稿序》：「婺爲郡儒先東萊吕成公之里也。近何、王、金、許氏，得勉齋黄公之傳於徽國朱文公者，以經學教於鄉。」④蘇伯衡《洗心亭記》：「伯圭，何文定公、王文憲公、金文安公、許文懿公里中子，而四賢實以朱文公之學相授受。」⑤鄭楷《翰林學士承旨宋公行狀》：「初，宋南渡後，新安朱文公、東萊吕成公並時而作，皆以斯道爲己任。婺實吕氏倡道之邦，而其學不大傳。朱氏一再傳，爲何基氏、王柏氏，又傳之金履祥氏、許謙氏，皆婺人，而其傳遂爲朱學之世適。」⑥以上爲元末明初諸家并提四家之説。導江張𩓾爲王柏高弟子，「以其道顯於

---

① 吴師道《禮部集》附録，文淵閣《四庫全書》本。

② 黄溍《金華黄先生文集》卷十八，元刻本。

③ 宋濂《宋學士文集》卷十九，明天順五年黄譽刻本。

④ 張以寧《翠屏文集》卷三，明成化間刻本。

⑤ 蘇伯衡《蘇平仲文集》卷八，《四部叢刊》景明正統刻本。

⑥ 程敏政《明文衡》卷六十二，《四部叢刊》景明本。

北方」①，柳貫與許謙同學於履祥，元時又有黄溍、吴萊、吴師道、胡長孺并著聞，何以不入「四賢」之目？以上所引諸説已明言之：一則四先生遞相師承，非嫡傳不入；二則四先生於吕學既衰之後，上接紫陽之傳，以講學明道爲己任，非一般詞章文士；三則皆不肯仕，高蹈遠引，以經學教於鄉；四則學行著述堪爲師表，足傳道脈。元末明初學者多稱説「何王金許」、「金華四賢」，盛明而後始多稱「金華四先生」。「北山四先生」之稱，則始於全祖望修補《宋元學案》，改《金華學案》爲《北山四先生學案》。蓋以北山一脈起於何基，何基居金華北山下，取以自號，王柏、金履祥亦居北山之下，隱於斯，遊於斯，講學於斯。北山秀奇，得四先生名益彰，北山有靈，亦莫大幸焉。

在中國學術史上，四先生成就雖不足與朱、陸、吕三大家相提并論，但皆不愧一代學者。且其上承朱、吕，下啓明清理學及浙學一脈，有功於浙學與宋元明清儒學匪淺，學術貢獻不下於王陽明、黄宗羲諸大家。

① 吴師道《敬鄉録》卷十四，明抄本。

一、朱子世適，兼取東萊

四先生爲朱子嫡脈，除何基「確守師説」外，餘三家承朱子之學，繼朱子之志，鑒取東萊之學，兼容并包，已構成朱學之變。即浙學而言，由此復興，雖與東萊、永康、永嘉所引領浙學初興有異，但亦是浙學之「新變」。全祖望《北山四先生學案序録》稱金履祥爲「浙學之中興」，卓有見解。

（一）傳朱一脈

金華爲東萊講學之邦，何基、王柏奮起於吕學衰没之際，承朱學之統，亦自有故。

按王柏《何北山先生行狀》，何基早歲從鄉先生陳震習舉子業，已能潛心義理。弱冠隨父伯慧宦遊臨川，適黄榦爲令，伯慧令二子何南、何基師事之。黄榦首教以「爲學須先辨得真實心地，刻苦工夫」，臨别告以「但讀熟《四書》，使胸次浹洽，道理自見」。何基「終身服習，不敢頃刻忘也。一室危坐，萬卷横陳，存此心於端莊静一之中，窮此理於研精覃思之際。每於聖賢微詞奥義疑而未釋者，必平其心，易其氣，舒徐容與，不忘不助，待其自然貫通，未嘗參以己意。不立異以爲高，不狥人而少變。蓋其思之也精，是以守之也固。充其知而反於身者，莫不踐其實」①。

雖説何基開金華朱學之門，但居鄉里未嘗開門授徒，聞名而來學者，亦未嘗爲立題目、作話頭。王柏從學何基，及金履祥從學王柏、許謙問師履祥，皆有偶然性。王柏身出望族，少慕諸葛亮之爲人，年逾三十，與友人汪開之同讀《四書》，取《論孟集義》求朱子去取之意，以黄榦《四書通釋》尚闕答問，乃約爲《語録精要》以足之，題曰《通旨》。聞從朱子門人楊與立、劉炎、陳文蔚問朱門傳授之端，與立告何基得朱氏之傳，即往從學②。何基授以「立志居敬」之旨，舉胡宏之言曰：「立志以定其本，居敬以持其志。志立乎事物之表，敬行乎事物之内。」③王柏自是發憤讀書，來學者必先教之讀《大學》。

金履祥年十八試中待補太學生，有能文聲。旋自悔，屏舉子業，研解《尚書》。與同郡王相爲友，知向濂洛之學。聞何基得朱子之傳，欲往從之無由。年二十三，由王相之介，得從王柏受業。初見，問爲學之方，即教以「立志居敬」，問讀書之目，則曰「自《四書》始」。未幾，由王柏之介進於何基之門，自是講貫益密，造詣益精，講求禔躬搆物，如何、王所訓「存敬畏心，

① 何基《何北山先生遺集》卷四，《金華叢書》本。
② 金履祥《仁山文集》卷三，明萬曆二十七年刻本。
③ 王柏《復吴太清書》，《魯齋集》卷八，明崇禎刻本。

尋恰好處」，「真實心地，刻苦工夫」。柳貫《故宋迪功郎史館編校仁山先生金公行狀》云：「二先生鄉丈人行，皆自以爲得之之晚，而深啓密證，左引右掖，期底于道。雖孫明復之於石守道，胡翼之之於徐仲車，不是過也。然文定之所示曰『省察克治』，文憲之所示曰『涵養充拓』，語雖甚簡，而先生服之終身，嘗若有所未盡焉者。」①

大德五年，履祥年七十，講道蘭江之上，許謙始來就學，年已三十一。明年，履祥設教金華呂祖謙祠下，許謙從之卒業。履祥告曰：「吾儒之學，理一而分殊。理不患其不一，所難者分殊耳。」許謙由是致辨於分之殊，而要歸於理之一。屏居八華山，率衆講學，教人「以五性人倫爲本，以開明心術變化氣質爲先，以爲己爲立心之要，以分辨義利爲處事之制」②。吴師道《祭許徵君益之文》云：「烏乎紫陽！朱子之傳，其在吾鄉，曰何與王。傳之仁山，以及於公，其道彌光。仁山之門，公晚始到。獨超等夷，遠詣深造。」③

---

① 柳貫《柳待制文集》卷二十，《四部叢刊》景元至正本。
② 黄溍《白雲許先生墓誌銘》，《金華黄先生文集》卷三十二。
③ 吴師道《吴禮部文集》卷二十，《金華叢書》本。

（二）兼采吕學

何、王崛起於吕學衰落之際，傳朱子之學。然生於東萊講學之鄉，麗澤之潤已入士人肌理。故自王柏以下，返本溯源，遂成學朱爲主、參諸吕學之格局。此一變化自王柏始。

王柏家學出於吕氏。按葉由庚《王魯齋先生壙誌》，王柏祖師愈從楊時受《易》《論語》，後與朱、張、吕遊。父瀚與其叔季執經問難於考亭、麗澤之門，世其家學。王柏早孤，抱志宏偉，三十而後「始知家學授受之原，慨然捐去俗學以求道」。既師何基，發憤奮厲，「研窮愈刻深，則義理愈呈露；涵養愈細密，則趣味愈無窮」①。金履祥《魯齋先生文集目後題》追溯魯齋家學云：「初，公之大父焕章公與朱、張、吕三先生爲友，父仙都公早從麗澤，又以通家子登滄洲之門。公天資超卓，未及接聞淵源之論而早孤。年長以壯，謂科舉之學不足爲也，而更爲文章偶儷之文；又以偶儷之文不足爲也，而從學於古文、詩律之學，工力所到，隨習輒精。今存於《長嘯醉語》者，蓋存而未盡去也，公意不謂然。因閲家書，而得師友淵源之緒，間從撝堂先生劉公、船山先生楊公、克齋先生陳公考問朱門傳授之端。而於楊公得聞北山何子恭父之名，於是尋訪盤溪之上，盡棄

---

① 王柏《魯齋王文憲公文集》附録，《金華叢書》本。

所學而學焉。」①所言王柏既見何基，「盡棄所學」，非謂盡棄家學，而指前之所好。吴師道《仙都公所與子書》亦載：「魯齋先生之學，世有自來矣。先生大父崇政講書直焕章閣致仕，諱師愈，師事龜山楊公，後又從朱、張、吕三公遊，朱子誌墓稱其有本有文者也。父朝奉郎、主管仙都觀，諱瀚，執經朱、吕之門，克世其學。此其所與子書，莫非《小學》書、《少儀外傳》之旨也。」②

東萊之學，與朱、陸有同有異。概言之，東萊主於經史不分，《五經》、史學皆擅；近接北宋理學之緒，遠采漢儒考據訓詁，并重義理、考據；博收廣覽，以文獻見長，講求通貫；重於用實，揆古用今。吕祖謙與陳亮等人好讀史，學問「博雜」，朱熹深有不滿，指爲「浙學」風習。然東萊之學自成一系。王柏嘗爲履祥作《三君子贊》，分贊「東南三賢」朱熹、張栻、吕祖謙，《吕成公》云：「片言妙契，氣質盡磨。八世文獻，一身中和。手織雲漢，心衡今古。鼎峙東南，乾淳鄒魯。」③於東萊評價高矣。然王、金諸子終不明言取則東萊，而標榜傳朱一脈。葉由庚《壙誌》、金履祥《後題》、吴師道《仙都公所與子書》追溯王柏家學出於吕氏，亦皆重於載述從何基接軌朱子一脈，而不言返本吕學。

① 金履祥《仁山先生文集》卷三。
② 吴師道《吴禮部文集》卷十七。
③ 金履祥《濂洛風雅》卷一，清雍正間金律刻本。

論四先生之學，當察其言，觀其行，亦必考其實跡，始可得真實全貌。王、金、許三家，於《五經》之好不減《四書》，既重性理探求，復事於訓詁考據；守朱子之説，而欲爲「忠臣」，以求是爲本；朱子不喜學者嗜讀史，三家未盡遵行；朱子不喜浙學「博雜」，三家貫通經史、諸子百家，喜輯録文獻；朱子不喜浙人好言事功，三家負經濟之略，而身在草萊，心存當世，欲出所學措諸政事。柳貫《金公行狀》稱履祥「先生夙有經世大志，而尤肆力于學，凡天文地形、禮樂刑法、田乘兵謀、陰陽律曆，靡不研究其微，以充極於用」。史學、考據乃東萊所長，朱子亦借助訓詁，并出其餘力研史，此史學、考據終爲其所短。王、金、許三家取朱子言性理之長，去其所短，兼師東萊，遂精於史學、考據。

王、金、許三家援漢儒訓詁考據以治《四書》《五經》，得力於東萊頗多。生於東萊講學舊邦，風氣霑熏，有其不自知者。尤可言者，四先生好「標抹點書」，殆傳東萊文獻之學。東萊標抹圈點之書，如《儀禮》《漢書》《史記》《資治通鑑》等，久爲士林所重。吕喬年稱其「一字一句，點畫皆有深意，而所得之精，多見於此」①。吴師道屢言四先生「標抹點書」，乃鑒用東萊之法。《請傳習許益之先生點書公文》：「當職生長金華，聞標抹點書之法始自東萊吕成公，至今故

① 吴師道《吴禮部文集》卷十八。

家所藏猶有《漢書》《資治通鑑》之類。」①《題程敬叔讀書工程後》：「蓋自東萊呂成公用工諸書，點正句讀，加以標抹，後儒因之，北山何先生基子恭、魯齋王先生柏會之俱用其法」，「金、張亦皆有所點書，其淵源有自來矣。」②章懋《楓山語録》云：「何最切實，王、金、許不免考索著述多些。」又，「東萊於香溪，四賢於東萊，皆無干涉」③。王、金、許「考索著述多些」，即三家重於文獻。然稱四先生與東萊「無干涉」，未盡合於實。東萊文獻之學冠於海内，四先生生長其鄉，著述相接，故論者曰：「吾婺固東南鄒魯也，中原文獻之傳甲於天下。」④全祖望稱王應麟承東萊文獻之學，爲「明招之大宗」。以文獻之傳而言，王、金、許何嘗不可稱「明招之大宗」？

四先生緣何不明言取徑東萊，今蠡測之，蓋有數因：一則重於師承，稱説師門，但言朱子，不言其他。二則東萊之學不能無弊，麗澤後學治經，輯討文獻，或疏於性理求索；四先生以明道爲先務，篤信朱子問學要義。三則朱子批評浙人「好功利」，四先生亦警醒，關注世用而不急功求利，不標舉東萊之學，或有此故。由此不難理解葉由庚《壙誌》所言：「證古難也，

① 吴師道《吴禮部文集》卷二十。
② 吴師道《吴禮部文集》卷十七。
③ 章懋《楓山語録》，文淵閣《四庫全書》本。
④ 張祖年《婺學志》集前序，清刻本。

復古尤難也；明道難也，任道尤難也。朱、張、吕三先生同生於一時，皆以承濂洛之統爲身任者也。張、吕不得其壽，僅及終身，經綸未展，論著靡竟。獨文公立朝之時少，居閑之日多，大肆其力於聖經賢傳，刊黜《詩》《書》之小序，紹復《易》《春秋》之元經，定著《論語》《孟子》《中庸》《大學》章句，以立萬世之法程。北山、魯齋二先生同生於一鄉，亦皆以續考亭之傳爲身任者也。」①

四先生之學，以朱學爲本，參諸東萊，朱、吕互爲表裏。海寧查慎行爲黄宗羲高弟子，《得樹樓雜鈔》卷一云：「魯齋上承吕、何之緒，下開金、許之傳，其功尤大。」②卓有識見。數百年來，學者罕直言四先生私淑東萊，而述及學統，或指出接緒朱、吕。成化三年，浙江按察司僉事辛訪奏請將宋儒何基等封爵從祀，下禮部尚書兼翰林學士陳文議：「昔者晦庵朱文公熹與東萊吕成公祖謙皆傳聖道，而金華郡儒者何基、王柏、金履祥、許謙師徒，累葉出於文公之後，以居于成公之鄉，其於斯道不爲不造其涯涘，然達淵源則未也；不爲不躡其徑庭，然造堂奥則未也。」③張祖年《八婺理學淵源序》云：「子朱子挺生有宋，疏洙泗，瀹濂洛，决横渠，排金

---

① 王柏《魯齋王文憲公文集》附録《壙誌》。
② 查慎行《得樹樓雜鈔》卷一，民國《適園叢書》本。
③ 姚夔《姚文敏公遺稿》卷十，明弘治間姚璽刻本。

谿，補苴罅漏，千古理學淵源，渾涵渟滀，稱會歸矣。維時吾婺東萊成公倡道東南，而子朱子、南軒宣公聲應氣求，互相往來」，「是麗澤一泓，固八婺理學淵源也，猗歟盛哉！三先生爲東南理學鼎峙，吾婺學者翕然宗之」，「而毅然卓見斯道者，未之有聞。幸北山先生父伯慧者，佐治臨川，欽勉齋黄氏學，命北山師事之，遂載紫陽的傳而歸。以授之魯齋，魯齋以授之仁山，仁山以授之白雲，踵武繩繩，機籥相印，而麗澤溶瀁灝瀚矣」①。胡宗楙謂趙宋南渡，婺學昌盛，鉤稽派别，可約分政學、理學、文學三派，其理學則自范浚以下，繼以東萊，復繼以四先生。《續金華叢書序》云：「二曰理學，香溪《心箴》，導其先河。東萊吕氏，麗澤講席。北山、魯齋，溯源揚波。仁山、白雲，一脈相嬗。莘莘學子，追蹤鄒魯。咸淳之際，於斯爲盛。」②當然，論者迄今仍多只認四先生爲朱子嫡傳。近歲，我們昌言「浙學復興」，强調四先生兼傳東萊之學，諸論始有所改觀。

（三）從「確守師説」到「要歸於是」

四先生中，何、王殁於宋，金履祥由宋入元，許謙則爲元世名儒。四先生尊德性，道問學，

① 張祖年《婺學志》集前序。

② 胡宗楙《夢選樓文鈔》卷上，民國二十五年刊本。

遞相師傳，百餘年間亦有前後變化。兼采呂學，即是自王柏後一大變化。另一顯著變化，即從「確守師説」到願爲「朱子之忠臣」，篤於求是。

何基之學，立志以定本，恭敬以持志，力學以致知，篤守朱、黄之傳，虚心體察，不欲參以己意，不以立異爲高。王柏《何北山先生行狀》稱「思之也精」，「守之也固」。《啓蒙發揮後序》又説：「晚年纂輯朱子之緒論，羽翼朱子之成書，不敢自加一字，而條理粲然，羣疑盡釋。」①《同祭北山何先生》則云：「公獨屹然，堅守勿失」，「發揮師言，以會於歸」②。黄宗羲論云：「北山之宗旨，熟讀《四書》而已」，「北山確守師説，可謂有漢儒之風焉。」③

王柏問學，重視求於《四書集注》《周易本義》之内，然好探朱子發端而未竟之義，考訂索隱朱子所未及，視此爲繼朱子之志，較何基已有變化。葉由庚《壙誌》云：「先生學博而義精，心平而識遠，考訂羣書，如干將、莫邪，所向肯綮，迎刃自解。凡文公發其端而未竟，致其疑而未決，與夫諸儒先開明之所未及者，莫不該攝融會，權衡裁斷，以復經傳之舊」，「上自羲畫，下逮魯經，莫不索隱精訂，以還道經之舊，以承考亭之志，確乎其任道之勇也！」金履祥《祭魯齋

① 王柏《魯齋王文憲公文集》卷五，明崇禎間刻本。
② 王柏《魯齋王文憲公文集》卷十九。
③ 黄百家《金華學案》。

先生文》云：「論定諸經，決訛放淫。辯析羣言，折衷聖人。究其分殊，萬變俱融。會諸理一，天然有中。見其全體，靡所不具。」①

金履祥爲王柏所授，重於求是，不標新奇之論，亦不拘於一説，欲爲「朱子之忠臣」。《論孟集注考證跋》云：「文公《集注》，多因門人之問更定，其問所不及者，亦或未修，而事跡名數，文公亦以無甚緊要略之，今皆爲之修補。或疑此書不無微牾者，既是再考，豈能免此？但自我言之，則爲忠臣；自他人言之，則爲讒賊爾。此履祥將死真切之言，二三子其詳之！」②李桓《論孟集注考證序》云：「其於《集注》也，推其意之未發，佐其力之不及，以簡質之文，達精深之義，而名物度數、古今實事之詳，一皆表其所出。後儒之説，可以爲之羽翼者，間亦採摭而附入之。觀之時若不同，實則期乎至當，故先生嘗自謂朱子之忠臣。夫忠臣者，固不爲苟同，而其心豈欲背戾以求異哉？蓋將助之而已矣。斯則《考證》之修所以有補於《集注》者也。」③

許謙承履祥之傳，於先儒之説未嘗處不敢苟同，敷説義理，歸於平實，考據訓詁，「要歸於

① 金履祥《仁山文集》卷三。
② 金履祥《孟子集注考證》，《率祖堂叢書》本。
③ 陸心源《皕宋樓藏書志》卷十，清同治、光緒間刻《潛園總集》本。

是」。黄溍《白雲許先生墓誌銘》云：「先生於書無不觀，窮探聖微，蘄於必得，雖殘文羨語，皆不敢忽。有不可通，則不敢强。於先儒之説，有所未安，亦不敢苟同也。讀《四書章句集注》，有《叢説》二十卷。敷繹義理，惟務平實」，「讀《詩集傳》，有《名物鈔》八卷。正其音釋，考其名物度數，以補先儒之未備，仍存其逸義，旁採遠援，而以己意終之。讀《書集傳》，有《叢説》六卷。時有與蔡氏不能盡合者，每誦金先生之言曰：『自我言之，則爲忠臣；自他人言之，則爲讒賊。』要歸於是而已。」①

四先生之學，從何基「確守師説」，到金履祥、許謙「要歸於是」，乃其前後一大變化。四先生傳朱子之學，重於涵養功夫、踐履真實。何基常是一室危坐，存此心於端莊静一之中，研精覃思。履祥從學何、王，何基示曰「省察克治」，王柏示曰「涵養充拓」，履祥服之終身，常若有所未足。許謙習静，晚年尤以涵養本原爲務，講授之餘，齋居凝然。應典《八華精舍義田記》云：「迨其晚年，有謂：聖賢之學，心學也。後之學者雖知明諸心，非諸事，而涵養本原，弗究弗圖，則雖博極群書，修明勵行，而與聖賢之心猶背而馳也。」②

① 黄溍《金華黄先生文集》卷三十二。
② 党金衡纂修《道光東陽縣志》卷十，民國三年石印本。

（四）發揮表箋，漢宋互參

何基「確守師説」，毋主先入，毋師己意，虚心體察，述自得之意，名其著述曰「發揮」，所撰有《易學啓蒙發揮》《易大傳發揮》《大學發揮》《中庸發揮》《語孟發揮》《太極通書西銘發揮》。《近思録發揮》未詮定而殁，金履祥與同門汪蒙、俞卓續抄校訂，付其家藏之。柳貫《金公行狀》云：「凡文公語録、文集諸書，商確考訂之所及，取其已定之論，精切之語，彙敘而類次之，名爲《發揮》，已與諸書並傳於世矣。而若文公、成公所輯周、程、張子之微言曰《近思録》者，宜爲宋之一經，而顧未有爲之解者，亦隨文箋義，爲《近思録發揮》，未詮定而文定殁。」

自王柏以下，雖力戒先入之見，不標榜己意，然欲爲通儒，折衷羣言，出入經史百家，索隱朱子發端而未竟之義，考訂朱子所未及之書，故不苟同先儒之見，且倚重於訓詁考據，已不能不與何基有異。所著述於「標抹點書」「發揮」外，或名「考證」，或曰「精義」「衍義」「疏義」「指義」，或曰「表注」「叢説」。王柏考訂羣書，葉由庚《壙誌》稱「無一書一集不加標注，於《四書》《通鑑綱目》，精之又精。一言之題，一點之訂，辭不加費而義以著明，無非發本書之精髓，開後學之耳目」。又論其與何基異同云：「北山深潛沖澹，精體默融，志在尚行，訒於立言；魯齋通睿絶識，足以窮聖賢之精蘊，雄詞偉論，足以發理象之微著。」履祥出入經史，天文地理、禮樂刑法、田乘兵謀、陰陽律曆無不究研。謂古書有注必有疏，作《論孟集注考證》，以爲朱子《集注》有疏，補所未備，增釋事物名數。注解《尚書》，推本父師之意，正句畫段，提其章旨，析其義理之微，考證文字之誤，表於四閾之外，曰《尚書表注》。柳貫《行狀》云：「研窮經義，以究窺聖賢心術之微；歷考傳注，以服襲儒先識鑒之確。無一理不致體驗，參伍錯綜，所以約其變；無一書不加點勘，鉛黄朱墨，所以發其凡。」許謙《上劉約齋書》云：「其爲學也，於書無所不讀，而融會於《四書》，貫穿於《六經》，窮理盡性，誨人不倦，治身接物，蓋無毫髮歉，可謂一世通儒。」①許謙追步王、金，欲爲一世通儒。黄溍《白雲許先生墓誌銘》云：「先生於天文地理、典章制度、食貨刑法、字學音韻、醫經數術，靡不該貫，一事一物，可爲傳聞多識之助者，必謹志之。至於釋老之言，亦皆洞究其藴，謂學者孰不日闢異端，苟不深探其隱，而識其所以然，能辨其同異、别其是非也幾希。」許謙每念履祥所言欲爲「朱子之忠臣」、「要歸於是」，所著《詩集傳名物鈔》《讀書叢説》《讀四書叢説》，考訂索隱，以補先儒所未備，存其逸義，而終以己意。在王、金、許三家看來，其著述不離於孔孟遺意，惟求是求真，乃可繼朱子之志。

四先生著述，無論彙敘發揮、隨文箋義，抑或考證衍義、辨誤訂訛，都不離於言説義理。王、金、許三家治學，與何基有所不同。總體以觀，有三大特點：一是治《五經》而貫穿性理，治《四書》而倚重訓詁考據，《四書》《五經》融會貫通。二是以理學爲本，兼采漢學。漢、宋兼

① 許謙《許白雲先生文集》卷三，明成化二年陳相刻本。

采，本爲東萊所長，三家蓋以朱學爲主，兼采東萊。三是欲爲通儒之學，貫穿經史百家，重於世用，不避「博雜」之嫌，此亦與東萊之學相通。

二、四先生治《四書》《五經》及其史學、文學

四先生長於《四書》，自王柏以下，《五經》貫通，兼治史學，重於文獻。其治《四書》，義理闡説與訓詁考據并重；治《五經》，疑古考索，尚於求是，并重義理；研史則經史互參，會通朱、吕；詩文雖其餘事，不離於講學家風習，然發攄性靈，陶冶性情，文以載道，裨益教化，各具其致。以文章合於道，扶翼經義、世教，通於世用，故金、許傳人尚文風氣日盛。以下分作論述：

（一）《四書》學

朱子之學，萃於《四書集注》。門人黄榦得其傳，有《四書通論》。世推四先生爲朱子適傳，亦以其得朱門《四書》之傳也。

何基從學黄榦，黄榦臨别告以熟讀《四書》，道理自見。何基以此爲讀書爲學之要，教門人治學以《四書》爲主，以《朱子語録》爲輔。嘗曰：「學者讀書，先須以《四書》爲主，而用

《語録》以輔翼之」，「但當以《集注》之精嚴，折衷《語録》之疏密；以《語録》之詳明，發揮《集注》之曲折。」王柏《行狀》稱「此先生編書之規模也，他書亦本此意」。何基後又覺得《四書》「義理自足」，當深探本書，「截斷四邊」。王柏稱「此先生晚年精詣造約，終不失勉齋臨分之意」（《何北山先生行狀》）。

王柏得北山之教，深味其旨，教門人爲學亦以《四書》爲本。寶祐二年，履祥來學，問讀書之目，告以「自《四書》始」。是年冬，履祥作《讀語論管見》，凡有得於《集注》言意之外者則録之。王柏讀後，勸説當沉潛涵泳於《集注》之内，有所自得，不當固求言外之意，發爲新奇之論①。履祥終生沉潛涵泳不輟，作《論孟集注考證》。歿前一歲，即大德六年，在金華城中講學，以《大學》爲第一義，諸生執經問難，爲之毫分縷析，開示藴奥，因成《大學指義》一書。許謙聞履祥緒論，精研《四書》。黄溍《白雲許先生墓誌銘》稱其每戒學者曰：「聖賢之心盡在《四書》，而《四書》之義備於朱子。顧其立言，辭約意廣，讀者或得其粗，而不能悉究其義。或以一篇之致自異，而初不知未離其範圍。世之詆訾貿亂、務爲新奇者，其弊正坐此耳。始予三四讀，自以爲了然，已而不能無惑，久若有得，覺其意初不與己異，愈久而所得愈深，與己意合者，亦大異於初矣。童而習之，白首不知其要領者何限？其可以易心求之哉！」

① 王柏《金吉甫管見》，《魯齋王文憲公文集》卷九。

四先生闡説性理，遞相師承，治《四書》皆所擅長。何基有《大學發揮》《中庸發揮》《語孟發揮》，王柏有《論語通旨》《論語衍義》《魯經章句》《孟子通旨》《批點標注四書》，金履祥有《大學疏義》《中庸表注》《論語集注考證》《孟子集注考證》，許謙有《讀四書叢説》。從朱子《四書章句集注》《四書或問》，到黄榦《四書通釋》，再到四先生著述十餘種，可見四先生《四書》學淵源，亦可見朱學流傳及其盛行浙東之況。

何基《四書發揮》，取朱子已定之論、精切之説，以爲發揮，守師説甚固，研思亦精。王柏、金履祥、許謙三家，傳何基之學，復繼朱子之志，索隱微義，考證注疏，以爲羽翼。其索隱考證，倚於訓詁考據，以性理爲本，重於求是。許謙《論孟集注考證序》云：「先師之著是書，或檃栝其説，或演繹其簡妙，或攄其幽，發其粹，或補其古今名物之略，或引羣言以證之。大而道德性命之精微，細而訓詁名義之弗可知者，本隱以之顯，求易而得難。吁！盡在此矣。」吴師道《讀四書叢説序》稱《四書》自二程肇明其旨，至朱子集其大成，然一再傳之後，泯没畔涣，「其能的然久而不失傳授之正，則未有如於吾鄉諸先生也。蓋自北山取《語録》精義，以爲《發揮》，與《章句集注》相發明；魯齋爲標注點抹，提挈開示；仁山於《大學》有《疏義》《指義》，《論》《孟》有《考證》，《中庸》有《標抹》，又推所得於何、王者，與其己意併載之」，「今觀《叢説》之編，其於《章句集注》也，奥者白之，約者暢之，要者提之，異者通之，畫圖以形其妙，析段以顯其義。至於訓詁名物之缺，考証補而未備者，又詳著焉。其或異義微牾，則曰：『自我言之，則爲忠臣，自他人言之，則爲殘賊。金先生有是言也。』此可以見其志之所存矣」（《吴禮部文集》卷十七）。《四庫全書總目》著録《論孟集注考證》，《提要》云：「其書於朱子未定之説，但折衷歸一，於事蹟典故，考訂尤多。蓋《集注》以發明理道爲主，於此類率沿襲舊文，未遑詳核，故履祥拾遺補闕，以彌縫其隙，於朱子深爲有功」，「然其旁引曲證，不苟異，亦不苟同，視胡炳文輩拘墟迴護，知有注而不知有經者，則相去遠矣。」此可見四先生《四書》學及其「家法」之大端。

（二）《五經》學

朱子研《易》《詩》，并涉獵禮制，而東萊則《五經》貫通。何基於《五經》僅《易經》有撰著，仍題曰「發揮」。其治《四書》，雖與《五經》參讀，大抵「發揮師言，以會於歸」。自王柏以下，不惟尊德性，且好治經研史。王、金、許三家研討《五經》，既通於朱子經學，又通於東萊經學及文獻之學。概言之，一是崇義理而并事訓詁考據。二是好纂輯、音釋、標抹、考訂、表注，以翼經傳。三是好考證名物度數，補先儒之未備。四是不苟同，不苟異，「要歸於是」。前已言及，此更舉例以明之。

王柏於《五經》皆有撰述，著《讀書記》十卷、《讀詩記》十卷、《讀春秋記》八卷、《書附傳》四十卷、《詩可言》二十卷、《詩疑》二卷、《書疑》九卷、《涵古易説》一卷、《大象衍義》一卷、《左氏正傳》十卷等。葉由庚《壙誌》稱其嗜於索隱考訂，好「復經傳之舊」，「先生一更一定，皆有授證，一析一合，不添隻字，秩秩乎其舊經之完也，炳炳乎其本旨之明也」。并舉其大端如：於《易》，作《易圖》，推明《河圖》《洛書》先後。謂《河圖》爲先天後天之宗祖，逐位奇偶之交，後天爲統體奇偶之交。古之册書，作上下兩列，故《易》上下經非標先後。謂今之三百五篇非盡孔子之三百五篇，孔子所删，或有存於閭巷浮薄之口者，漢儒概謂古詩，取以補亡。乃定二《南》各十一篇，還兩兩相配之舊，退《何彼穠矣》《甘棠》歸之《王風》，而削去《野有死麕》。若風、雅、頌，亦必辨其正變，次其先後，謂鄭、衛淫詩，皆當在削。

世人或稱經以講解辯訂而明，釐析類合則陋，王柏則不以爲然，好參訂疑經。何基嘗告之：「治經當謹守精玩，不必多起疑端。有欲爲後學言者，謹之又謹可也。」①然王柏終勇於「任道」「求是」，《書疑序》云：「不幸秦火既焰，後世不得見先王之全經也。惟其不全，固不可得而不疑。所疑者，非疑先王之經也，疑伏生口傳之經也。讀書者往往因于訓詁，而不暇思經文之大體，間有疑者，又深避改經之嫌，寧曲説以求通，而不敢輕議以求是」，「聖人之經不可改，伏氏之言亦不可正乎？糾其繆而刊其贅，訂其雜而合其離，或庶幾乎得復聖人之舊，此

① 戴殿江《金華理學粹編》。

有識者之不容自已。」①

後世於王柏疑經，頗多争議。錢維城《王柏删詩辯》：「宋儒之狂妄無忌憚，未有如王柏之甚者也」，「朱子惟過於慎，故寧爲固而不敢流於穿鑿，而孰知一再傳之後，其徒之肆無忌憚，乃至於此也。」②成僎《詩説考略》卷二《王柏詩疑之舛亂》：「夫以孔子所不敢删者，而魯齋删之；以孔子所不敢變易者，而魯齋變易之。世儒猶以其淵源於朱子而不敢議，此竹垞所以嗤爲無是非之心也。」《四庫全書總目》著録《書疑》九卷，《提要》云：「然柏之學，名出朱子，實則師心，與朱子之謹嚴絶異」，「柏作是書，乃動以脱簡爲辭，臆爲移補」，「至於《堯典》《臯陶謨》《説命》《武成》《洪範》《多士》《多方》《立政》八篇，則純以意爲易置，一概托之於錯簡」，「是排斥漢儒不已，並集矢於經文矣，豈濂、洛、關、閩諸儒立言垂教之本旨哉？托克托等修《宋史》，乃與其《詩疑》之説並特録於本傳，以爲美談，何其寡識之甚乎？」又著録《詩疑》二卷，《提要》云：「《書疑》雖頗有竄亂，尚未敢删削經文。此書則攻駁毛、鄭不已，並本經而攻駁之；攻駁本經不已，又並本經而删削之。」爲之辯護析論者亦多。如胡鳳丹《重刻王魯齋詩疑序》：「朱子所攻駁者《小序》耳，於本經未嘗輕置一議也。先生黜陟《風》《雅》，竄易篇次，非

① 王柏《魯齋王文憲公文集》卷五。
② 錢維城《茶山文鈔》卷八，清乾隆四十一年眉壽堂刻本。

惟排詆漢儒，且幾幾乎欲奪宣聖删定之權而伸其私説。其自信之堅，抑何過哉」，「是書設論新奇，雖不盡歸允當，而本其心所獨得，發爲議論，自成一家，俾世之讀其書者足以開拓心胸，增廣識見，引而伸之，觸類而長之，未始非卓犖觀書之一助也。」①皮錫瑞《論王柏書疑疑古文有見解特不應並疑今文》：「王氏失在並今文而疑之耳，疑古文不得謂其失也。」「王氏知古文之僞，不知今文之真。其並疑今文，在誤以宋儒之義理準古人之義理，以後世之文字繩古人之文字。」「《書疑》多本前人，亦非王氏獨創，特王氏於《尚書》篇篇獻疑，金履祥等從而和之，故其書在當時盛行，而受後世之掊擊最甚。平心而論，疑經改經，宋儒通弊，非止王氏，皆由不信經爲聖人手定。（注：王氏《詩疑》删鄭、衛詩，竄改《雅》《頌》，僭妄太甚，《書疑》猶可節取。）」②王柏以義理治《詩》《書》，索隱太過，不免其弊，後人盡黜之則未當，宜小心考求，平允論之。

金履祥承王柏疑經之緒，以爲秦火之後全經不存，漢儒拘於訓詁，輕於義理，循守師傳，曲説不免。亦自勇於「任道」「求是」。其考訂諸經，用力最多乃在《尚書》，有《尚書注》十二卷、《尚書表注》二卷。《尚書表注序》稱全書不得見，「考論不精，則失其事迹之實；字辭不

① 胡鳳丹《退補齋文存》卷一，清同治十二年退補齋鄂州刻本。

② 皮錫瑞《經學通論》，清光緒間思賢書局刻本。

辨，則失其所以言之意」，「夫古文比今文固多且正，但其出最後，經師私相傳授最久，其間豈無傳述附會」，「後之學者，守漢儒之專門，開元之俗字，長興之板本，果以爲一字不可刊之典乎？幸而天開斯文，周、程、張、朱子相望繼作，雖訓傳未備，而義理大明，聖賢之心傳可窺，帝王之作用易見」①。履祥鈎玄探賾，折衷群説，力求平心易氣，不爲浚深之求，無證臆決，考訂較王柏爲慎。《四庫全書總目》著録《尚書表注》二卷，《提要》云：「大抵攟摭舊説，折衷己意，與蔡沈《集傳》頗有異同。其徵引伏氏、孔氏文字同異，亦確有根原。」胡鳳丹《重刻尚書表注序》云：「故先生之功在注釋，而先生之志在表章。以視抱經硜硜索解於章句之末者，其相去爲何如耶？」陸心源《重刊金仁山先生尚書注序》云：「《尚書》則用功尤深，《表注》一書，爲一生精力所萃。是書即《表注》之權輿，訓釋詳明，頗多創解。」②

按柳貫《行狀》，履祥歿時，所注書僅僅脱稿，未及正定，悉以授門人許謙。許謙遵其遺志，讎校刻板以傳。許謙考訂諸經，用力尤勤者在《詩》《書》，撰《讀書叢説》六卷、《詩集傳名物鈔》八卷，長於正音釋、考證名物度數。讀《春秋三傳》，撰《温故管窺》。讀《三禮》，參互考訂，發明經義。句讀標抹《九經》《儀禮》《三傳》，注明大旨要解、錯簡衍文。吴師道《詩集傳名

① 金履祥《仁山文集》卷三。

② 金履祥《書經注》集前序，《十萬卷樓叢書》本。

物鈔序》云：「君念朱《傳》猶有未備者，旁搜博采，而多引王、金氏，附以己見，要皆精義微旨，前所未發。又以《小序》及鄭氏、歐陽氏《譜》世次多舛，一從朱子補定。正音釋，考名物度數，粲然畢具。其有功前儒，嘉惠後學，羽翼朱《傳》於無窮，豈小補而已哉！」（《吴禮部集》卷十五）《名物鈔》羽翼《詩集傳》，猶金履祥作《論孟集注考證》爲《集注》之疏。王柏重訂《詩經》篇目，《名物鈔》取用之，然未盡鑒採《詩疑》。蓋《名物鈔》於朱子《詩集傳》、王柏《詩疑》各有訂正。要之，折衷群説，能指明師説之不然。《四庫全書總目提要·詩集傳名物鈔》云：「研究諸經，亦多明古義。故是書所考名物音訓，頗有根據，足以補《集傳》之闕遺。惟王柏作《二南相配圖》」，「而謙篤守師説，列之卷中，猶未免門户之見」，「然書中實多採用陸德明《釋文》及孔穎達《正義》，亦未嘗株守一家」。許謙繼履祥作《讀書叢説》，大指類於《名物鈔》，以《書集傳》出於朱子門人蔡沈之手，尤當疏注辨明。《叢説》多有與《書集傳》意見不合者。張樞《讀書叢説序》云：「先生嘗誦金先生之言曰：『在我言之，則爲忠臣，在人言之，則爲殘賊。』要歸於是而已，豈不信哉！」《四庫全書總目提要·讀書叢説》云：「謙獨博核事實，不株守一家，故稱《叢説》」，「然宋末元初説經者多尚虚談，而謙於《詩》考名物，於《書》考典制，猶有先儒篤實之遺，是足貴也。」

（三）史學

歷來論四先生之學，大都明其傳朱子之統，講説性理。至於自王柏以下兼采東萊史學、文獻之學，研經兼通史，宗程朱兼取法於漢儒，則鮮有討論。

浙學興起之初，呂祖謙、陳亮諸子好讀史，朱熹指爲「博雜」，告誡門人讀書以《四書》爲本。何基謹守師説，問學欲求朱子之醇。王柏、金履祥、許謙欲爲一世通儒，出入經史百家，研史與治經相發明，雖與東萊經史不分、漢宋互參、重於文獻有所不同，但也多有相通之處。此一變化，一定程度上體現了王柏等人向浙學的回歸。

王柏標注《通鑑綱目》，著《續國語》四十卷、《擬道學志》二十卷、《江右淵源》五卷、《雜志》二卷、《地理考》二卷等書。金履祥著《通鑑前編》十八卷、《舉要》二卷。《尚書表注》經史互證，探求義理，綜概事跡，考正文字，《通鑑前編》亦取此義。司馬光作《資治通鑑》，周威烈王二十三年之前事未載，劉恕《外紀》紀前事，不本於經，而信百家之説。履祥以爲出《尚書》諸經者爲可考信，出子史雜書者多流俗傳聞、鄙陋之説，因撰《通鑑前編》，一以《尚書》爲主，下及《詩》《禮》《春秋》，旁采舊史諸子，表年繫事，考訂辨誤，斷自唐堯，以下接《資治通鑑》。履祥《通鑑前編序》兼言朱、呂，云：「朱子曰：『古史之體可見也，《書》《春秋》而已。《春秋》編年通紀，以見事之先後；《書》則每事別紀，以具事之始末。』」「今本之以經，翼之以史子傳記，附之以諸家之論。且考其繫年之故，解其辭事，辨其疑誤。如東萊吕氏《大事記》，而不敢盡倣其例。」朱子編《通鑑綱目》，裁剪《通鑑》，考訂嫌於疏淺。東萊邃於史，《大事紀》頗有史裁。如《四庫全書總目提要·大事紀》所云：「當時講學之家，惟祖謙博通史傳，不專言性命。《宋史》以此黜之，降置《儒林傳》中，然所學終有根柢」，「凡《史》《漢》同異，及《通鑑》得失，皆縷析而詳辨之。又於名物象數旁見側出者，並推闡貫通，夾注句下」。履祥頗取法《大事紀》，第不盡倣其例。即經史不分而言，履祥較王柏更近於東萊。《通鑑前編》一書，履祥生前未遑刊定，臨歿屬之許謙。天曆元年《通鑑前編》刻行，鄭允中采録進呈。《元史·金履祥傳》評云：「凡所引書，輒加訓釋，以裁正其義，多儒先所未發。」許謙著《觀史治忽幾微》。黄溍《白雲許先生墓誌銘》云：「倣史家年經國緯之法，起太皞氏，訖宋元祐元年秋九月尚書左僕射司馬光卒，備其世數，總其年歲，原其興亡，著其善惡。蓋以爲光卒，則宋之治不可復興。誠一代理亂之幾，故附於續經而書孔子卒之義，以致其意也。」

王、金、許三家研討經義，兼及治史，以史翼經，與東萊史學有相通處，然相較東萊經史并重，經史不分，仍有所不同。

（四）文學

宋代理學大興，儒者「大要尚道義而下詞章」，昌學古者「崇理致，黜崛奇而主平易，忌艱深而貴敷鬯」，又恐沿襲而少變，故「其詞紆餘而曲折」。後來學者「融之以訓詁，發之以論説，專務明乎理，是以其詞詳盡而周密。其於詩也亦然」①。朱、陸、吕爲講學大家，不廢詩文。四先生尊德性、道問學，詩文亦自可觀，各自有集。

總體來説，四先生文章扶翼經義、世教，文以載道，闡明義理，裨益教化，通於世用。詩發攄性靈，陶冶性情，既爲悟道之具，又得天機自然之趣，超然物表，不事雕琢藻繢，非激壯之音，亦無寒蹙之態。

王柏《何北山先生行狀》稱何基：「以其餘事言之，先生之文，温潤融暢；先生之詩，從容閒雅，皆自胸中流出，殊無雕琢辛苦之態。雖工於詞章者，反不足以闖其藩籬。」王柏早歲爲文章，縱心古文、詩律，有《長嘯醉語》。及師北山，乃棄所學，餘力所及，文集尚有七十五卷之多，又編《文章指南》十卷、《朝華集》十卷、《紫陽詩類》五卷等集。何基文章「温潤融暢」，詩歌「從容閒雅」，而王柏文章於温雅外，尚多雄偉之辭，詩於沖澹外，復好剛健之調。楊溥《魯齋集序》云：「金華王文憲公，天資高爽，學力精至，以其實見發爲文章，足以明道德。使其見用，足以建事功，而卒老於丘園，惜哉！若其詩歌，又其餘事也。」《四庫全書總目提要·魯齋集》云：「其詩文雖亦豪邁雄肆，然大旨乃一軌于理。」

① 張以寧《甔山存稿序》，《翠屏文集》卷三，明成化間刻本。

金履祥詩文自訂爲四集，又編集《濂洛風雅》七卷。唐良瑞《濂洛風雅序》云：「『詩者，志之所之也。』志有正有偏，有通有蔽，則詩有純有駁，有晦有明。故偏滯之詞，不若中正之發，而放曠悲愁之態，不若和平沖淡之音」，「然皆涵暢道德之中，歆動風雩之意，淡平者有淳厚之趣，而浩壯者有義理自然之勇」，「竊以爲今之詩，非風雅之體，而濂洛淵源諸公之詩，則固風雅之意也。」①履祥詩和平沖澹，不事字句工拙，不倚於奇崛跳踉、發揚蹈厲之辭。文則湛深經史，辭義高古，醇潔精深，非矜句飾字者可比。徐用檢《仁山金先生文集序》云：「愚惟先生之文，析微徹義，自成一家言；律詩取意而不泥律，古風宣而語勁，純如也。」

許謙與履祥相近，詩沖澹自然，文湛深經史，辭意深厚，然亦有變化，即詩歌理氣漸少，文頗有韓、柳、歐、蘇法度。黄溍《白雲許先生墓誌銘》云：「文主於理，詩尤得風人之旨。」《四庫全書總目提要·白雲集》云：「謙初從金履祥遊，講明朱子之學，不甚留意於詞藻，然其詩理趣之中頗含興象。五言古體，尤諧雅音，非《擊壤集》一派惟涉理路者比。文亦醇古，無宋人語録之氣，猶講學家之兼擅文章者也。」

四先生之學傳朱一脈，自王柏以下有變，詩文自王柏以下亦有一小變，至許謙及北山後學更有一大變，能文之士日衆，宋濂、王禕則其尤著者。文爲載道之器，道爲出治之本，文道

①　唐良瑞《濂洛風雅》集前序。

不相離，乃許謙及其門人所持重之義。許謙延祐二年《與趙伯器書》云：「道固無所不在，聖人修之以爲教，故後欲聞道者，必求諸經。然經非道也，而道以經存；傳注非經也，而經以傳顯。由傳注以求經，由經以知道，藴而爲德行，發之爲文章事業，皆不倍乎聖人，則所謂行道也。」①皇慶二年（一三一三），元仁宗詔復科舉，至是年始開科取士。許謙發爲此論，非爲科舉。王褘《宋景濂文集序》追溯金華文章源流，稱南渡後，吕祖謙、唐仲友、陳亮「其學術不同，其見於文章，亦各自成其家」，范浚、時少章「皆博極乎經史，爲文温潤縝練，復自成一家之言」，入元以後，柳貫、黄溍精文章，「羽翼乎聖學，而黼黻乎帝猷」，又有四先生傳朱學，理學遂以婺爲盛。因論云：「所貴文章之有補者，非以其明夫理乎？理之明，不由其學術之有素乎」，「然爲其學者，上而性命之微，下而訓詁之細，講説甚悉。其頗見於文章者，亦可以驗其學術之所在矣」②。《送胡先生序》又辯稱吕、唐、陳之學「雖不能苟同，然其爲道皆著於文也，其文皆所以載道也，文義、道學，曷有異乎哉」。金、許以道學名家，胡長孺、柳貫、黄溍、吴師道以文知名，「雖若門户異趨，而本其立言之要，道皆著於文，文皆載乎道，固未始有不同焉者」，「以故八十年間，踵武相望，悉爲世大儒，海内咸所宗師。夫何後生晚進，顧乃因其所不

---

① 許謙《許白雲先生文集》卷四。

② 王褘《王忠文公集》卷五，明嘉靖元年刻本。

同而疑其所爲同，言道學者以窮研訓詁爲極致，言文章者以修飭辭語爲能事，各立標榜，互相排抵，而不究夫統宗會元之歸，於是諸公之志日微，而學術之弊遂有不可勝言者矣」①。

黄百家纂《金華學案》，留意北山一脈前後變化，於宋濂傳後案云：「金華之學，自白雲一輩而下，多流而爲文人。夫文與道不相離，文顯而道薄耳。雖然，道之不亡也，猶幸有斯。」學案前又有案語：「而北山一派，魯齋、仁山、白雲既純然得朱子之學髓，而柳道傳、吴正傳以逮戴叔能、宋潛溪一輩，又得朱子之文瀾，蔚乎盛哉！」有一派學問，有一派文章。此説有其道理，但稱金華之學「多流而爲文人」，歸柳貫、宋濂等人文章爲「朱子之文瀾」，仍未盡然。自王柏以下，北山一脈文章已非僅朱子之文餘波。且北山一脈文道不相離，尚文别有意屬，許謙、王禕言之已明。全祖望承黄百家之説，《宋文憲公畫像記》更論云：「予嘗謂婺中之學，至白雲而所求於道者疑若稍淺，觀其所著，漸流於章句訓詁，未有深造自得之語，視仁山遠遜之，婺中學統之一變也。義烏諸公師之，遂成文章之士，則再變也。至公而漸流於佞佛者流，則三變也。猶幸方文正公爲公高弟，一振而有光於先河，幾幾乎可以復振徽公之緒。惜其以凶終，未見其止，而并不得其傳。」②其説亦未可盡信。金、許傳人多文章之士，亦躬行之士，文章

① 王禕《王忠文公集》卷七。

② 全祖望《鮚埼亭集外編》卷十九，清嘉慶十六年刻本。

明道經世，載出治之本。此乃一時風氣。迨孝孺以金華一脈好文而不免輕於明道，遂糾正其偏。此亦一時風氣。

三、四先生與「浙學之中興」

學術史發展變遷，是一種歷史存在，也是學術批評接受的結果。明人此一述朱，彼一述朱，審視宋元學術多於此下論其合與不合。清初學者著意區分漢、宋，兼采居主。乾嘉而後，宗漢流行，學者多不囿於述朱之説。近四百年來，有關四先生的認識，深受時代學術風尚影響。而清初以後，學者又頗沿《宋元學案》之論，以迄於今。以下略述四先生與浙學中興之關係及其學術史意義。

（一）從《金華學案》到《北山四先生學案》

清康熙間，黄宗羲以周汝登《聖學宗傳》、孫奇逢《理學宗傳》未粹，多所遺闕，撰《明儒學案》，繼而發凡《宋元學案》，子百家纂輯初稿。清道光間何紹基重刊本《宋元學案》卷八十二爲《北山四先生學案》，總目標云：「黄氏原本，全氏修定。」卷端録全祖望案語：「勉齋之傳，得金華而益昌。説者謂北山絶似和靖，魯齋絶似上蔡，而金文安公尤爲明體達用之儒，浙學之中興也。述《北山四先生學案》。」王梓材案：「是卷梨洲本稱《金華學案》，謝山《序録》始稱《北山四先生學案》。」自黄宗羲發凡起例，至何紹基刊百卷本，《宋元學案》成書歷時逾百五十年。書成於衆手，黄百家、楊開沅、顧諟、全祖望、黄璋、黄徵乂、王梓材、馮雲濠等各有補訂。《北山四先生學案》究何人所撰？檢黄璋、徵乂父子校補《宋元學案》稿本，知原出百家之手。稿本第十七册收《金華學案》不分卷，抄寫不避「胤」、「弘」；「玄」字凡三見，兩處不避，一處缺末筆。由是知寫於康熙間，即道光重刊本所標「黄氏原本」。然爲録副，非百家手稿。至於宗羲生前得見此否，則未可知。百家《金華學案》，祖望改題《北山四先生學案》。細作考證，《北山四先生學案》實馮雲濠、王梓材據《金華學案》另一録副本，參酌黄璋、徵乂校補本（黄直垕謄清稿），訂補成稿，而非據全氏修訂本增删而成。馮、王誤以爲所見《金華學案》録副即「梨洲原本」，亦即「謝山原稿」，《北山四先生學案》所標注全氏「修」、「補」大都未確。不過，二人發揮全氏校補《宋元學案》之義，博徵文獻，廣大其流，《北山四先生學案》遂成大觀。

從《金華學案》到《北山四先生學案》，不僅見後世如何認識評價四先生，亦可見學風轉移於學術史撰著之作用。

元末明初，黄溍、杜本、宋濂、王禕、蘇伯衡、鄭楷皆專視四先生爲朱學嫡傳。宋濂學於柳貫，爲金履祥再傳，念吕學之衰，思繼絶學。鄭楷《翰林學士承旨宋公行狀》載：「婺實吕氏倡道之邦，而其學不大傳」，「先生既間因許氏門人而究其説，獨念吕氏之傳且墜，奮然思繼其絶學。」①王褘《宋太史傳》傳述此語②。在諸子看來，「吕氏之傳且墜」終有未妥。

明人論四先生，大抵以述朱爲中心。章懋有志復興浙學，《楓山語録》稱「吾婺有三巨擔」，其一即「自何、王、金、許没，而道學不講」。戴殿泗《金華三擔録》載其語曰：「自朱子一傳爲黄勉齋，再傳爲何、王、金、許，而東萊吕公則親與朱子相麗澤者也。道學正宗，我金華實得之。」③周汝登《聖學宗傳》過於疏略，未登録黄榦、四先生。劉鱗長欲「以浙之先正，呼浙之後人」，編《浙學宗傳》，自楊時至陳龍正得四十一人。宋元十家，朱、陸、吕、何、許、金、王并在列。四先生與宋濂、劉基、方孝孺、吴沉等八人，皆見於《北山四先生學案》。自王守仁以下共十七人，皆陽明一脈。一部《浙學宗傳》，上半部爲東萊、北山之學，下半部爲陽明之學。鱗長《浙學宗傳序》云：「弔寶婺舊墟，撫然嘆曰：『於越東萊先生，與吾里二亭夫子，問道質疑，卒揆於正，教澤所漸，金華四賢，稱朱學世嫡焉，往事非邈也。』擊楫姚江，溯源良知，覺我明道

---

① 程敏政《明文衡》卷六十二。
② 王褘《王忠文公集》卷二十一。
③ 戴殿泗《風希堂文集》卷四，清道光八年九靈山房刻本。

學，於斯爲盛。」①

黄宗羲、百家《宋元學案》以朱、陸爲綱，論列南宋至元代之學，未及爲東萊立學案。《金華學案》附宗羲、百家案語數則，可見其論四先生及北山之學大概。卷首列百家案語，述作《金華學案》大旨，即以北山一派爲朱學嫡傳，故獨立一案。全祖望於樸學大興之際，傳浙東史學、東萊文獻，創爲《東萊學案》《深寧學案》，重提朱、陸、吕三家並立之説，修訂其他諸案。《北山四先生學案》雖非出於祖望修訂，然全氏《序録》提出一個重要命題，即金履祥「尤爲明體達用之儒，浙學之中興也」。黄璋、徵乂父子未盡解其意，校補《金華學案》，以校讎爲多。馮雲濠、王梓材能味謝山之旨，校補《北山四先生學案》，沿於全氏所言兩點，即「勉齋之傳，得金華而益昌」、「浙學之中興」，廣而大之，遍及南北學者。所顯現四先生一脈，非復金華學者之學，而爲宋末至明初學術之主流。《金華學案》改題《北山四先生學案》，蓋亦寓此意。

以上略述《北山四先生學案》由來。述四先生之學，不當非僅摘某作某説、某作某評而已。惟有明其源流，始可知其大體，考其通變。

① 劉麟長《浙學宗傳》，明末刻本。

（二）四先生與浙學中興之關係

以今論之，浙學中興有廣義、狹義之別。從狹義言，金履祥學問出入經史，明體達用，沿何、王上承朱、黄，又接麗澤遺緒。此殆全氏發爲此論之意。從廣義言，四先生繼東萊之後，重振東浙之學，北山一脈延亘至明初，蔚爲壯觀，足以標誌浙學中興。東萊、永康、永嘉開啓浙學風氣，朱、陸之學亦傳入，相與滲透，互爲離立，共成浙學源頭。浙學凡歷數變，就大者言，一變而爲北山之學，再變而爲陽明之學，三變而爲梨洲之學，四變而爲樸學浙派。全氏雖不言之，未必不有此看法。此就廣義略説四先生及北山一脈與浙學中興之關係。

其一，自何基爲始，朱學「得金華益昌」。金華本東萊講學之地，麗澤學人遍東南，以金華爲最多。東萊之學衰没，而有何、王崛起，金華成爲朱學興盛之地，此亦朱熹身前所未料及。其時金華傳朱者，尚有朱子門人楊與立，字子權，浦城人，知遂昌，因家於蘭溪，學者稱船山先生。著有《朱子語略》二十卷。又有何基兄何南，號南坡，亦師黄榦。然引朱學昌於金華，何基最爲有力。王柏以下，傳朱爲主，兼法東萊。四先生重新構建浙學一脈理學宗傳。金履祥《北山之高壽北山何先生》：「維何夫子，文公是祖。是師黄父，以振我緒」，「昔在理宗，維道之崇。既表程朱，亦躋吕張。謂爾夫子，纘程朱緒。」①所編《濂洛風雅》亦可見大端。集中收周敦頤、程顥、程頤、張載、邵雍、朱熹、張栻、吕祖謙、何基、王柏、王佖等人詩文。王崇炳《濂洛風雅序》：「《濂洛風雅》者，仁山先生以風雅譜婺學也。吾婺之學，宗文公，祖二程、濂溪。則其所自出也，以龜山爲程門嫡嗣，而吕、謝、游、尹則支；以勉齋爲朱門嫡嗣，而西山、北溪、撝堂則支。由黄而何而王，則世嫡相傳，直接濂洛。程門之詩以共祖收，朱門之詩以同宗收，非是族也，則皆不録，恐亂宗也。」②

其二，因四先生倡朱學，浙學播於江左，流及大江南北。查容《朱近修爲可堂文集序》：「宋南渡後，吕東萊接中原文獻之傳，倡道於婺，何、王、金、許遂爲紫陽之世嫡，慈湖楊氏又爲象山之宗子，而浙之理學始盛矣。」③朱學之傳幾遍大江之南，而金華、台州特盛。趙汝騰、蔡抗、楊棟官金華，嘆麗澤講席久空，延王柏主之。台州上蔡書院落成，台守趙星緯聘王柏主教席。王柏至則首講謝良佐居敬窮理之訓，推轂朱學播傳於台州。高弟子張䕫僑寓江左，至元中行臺中丞吴曼慶延致江寧學宫講學，中州士大夫欲子弟習朱子《四書》，多遣從遊。金履祥

① 金履祥《仁山集》卷一。
② 王崇炳《濂洛風雅》集前序。
③ 沈粹芬、黄人編《國朝文匯》卷十七，宣統元年上海國學扶輪社石印本。

與門人許謙、柳貫各廣開講席，許謙及門弟子至逾千人。黄溍《白雲許先生墓誌銘》：「屏迹八華山中，學者翕然贏糧笥書而從之。居再歲，以兄子喪而歸，户屨尤多，遠而幽冀齊魯，近而荆揚吴越，皆百舍重趼而至。」

其三，《四書》學之盛，爲浙學中興之基石。東萊談義理，研《論》《孟》，未如朱熹用力勤且專。朱門弟子多撰《四書》之説，以爲羽翼。自何基承黄榦之教，治學以《四書》爲本始，《四書》遂爲北山一脈所擅。四先生撰著前已述之，其學侣、門人、後學纂述亦富有，葉由庚《論語纂遺》、倪公晦《學庸約説》、潘墀《論語語類》、孟夢恂《四書辨疑》、牟楷《四書疑義》、陳紹大《四書辨疑》、范祖幹《大學大庸發微》、葉儀《四書直説》、吕洙《大學辨疑》、吕溥《大學疑問》、戚崇僧《四書儀對》、蔣玄《中庸注》《四書箋惑》等皆是。《四書》學之盛，不惟推動浙學復興，亦成浙學傳承重要内容。

其四，《五經》貫通，兼治諸史，爲浙學復興之助。自王柏以下，北山一脈勤研《五經》，兼治諸史。王柏、汪開之、戚崇僧等人追溯家學，皆源出東萊。黄百家《金華學案》僅戚崇僧小傳言及「貞孝先生紹之孫也，家學出于吕氏」，馮、王校補《北山四先生學案》沿之，復增數則文字，述及北山學者家學源於吕氏：《文憲王魯齋先生柏》小傳下馮雲濠案云：「父瀚，東萊弟子。」《汪先生開之》小傳爲參酌《金華府志》新增，有云：「東萊弟子獨善之孫也。」《修職王成齋先生瑊》小傳爲參酌《王忠文公集》新增，有云：「其子瀚受業吕成公之門，其孫文憲公柏傳道于何文定，得于朱子門人黄文肅公。先生于文憲爲諸孫，又在弟子列，未嘗輒去左右。」既述朱子師傳，又述家學出於吕氏，蓋發揮全氏所言「浙學之中興」之意。《五經》及史學撰著，北山一脈著述頗豐。王柏、金履祥、許謙撰述前已述之，其學侣、門人、後學撰著如倪公晦《周易管窺》，倪公武《風雅質疑》，周敬孫《易象占》《尚書補遺》《春秋類例》，黄超然《周易通義》二十卷、《或問》五卷、《發例》三卷、《釋象》五卷，張盨《釋奠儀注》《喪服總數》《四經歸極》《闕里通載》及《孝經口義》一卷，張樞《三傳歸一》三十卷、《刊定三國志》六十五卷、《續後漢書》七十三卷、《林下竊議》一卷、《宋季逸事》，吴師道《春秋胡傳補説》、《易書詩雜説》八卷、《戰國策校注》十卷，孟夢恂《七政疑解》《漢唐會要》，楊剛中《易通微説》，牟楷《九書辯疑》《河洛圖書説》《春秋建正辯》《深衣刊誤》，范祖幹《讀書記》《讀詩記》《羣經指要》，唐懷德《六經問答》，胡翰《春秋集義》，戚崇僧《春秋纂例原旨》三卷、《昭穆圖》一卷、《歷代指掌圖》二卷，馬道貫《尚書疏義》六卷，戴良《春秋經義考》三十二卷、《七十子説》、《鄭氏家範》三卷，楊璲《注詩傳名物類考》，徐原《五經講義》，宋濂、王禕等纂《元史》，宋濂《浦陽人物記》《平漢録》《皇明聖政紀》，王禕《續大事記》七十七卷等皆是。北山一脈經學所擅，乃在《易》《詩》《春秋》，亦與東萊相近。其《五經》學成就與《四書》學相埒，史學次之。

（三）中興浙學之功及學術史貢獻

自四先生崛起，朱學與浙學交融於東浙，陸學復播於四明，朱、陸、吕三家並傳，其間會融、分立不一，肇開浙學新格局。以四先生爲代表的浙學中興，意味著朱學的繁榮及東萊之學的賡續。從浙學流變來看，吕祖謙、陳亮、葉適爲初興，四先生及北山後學爲中興，陽明一脈爲三興，其後更有蕺山、梨洲之四興，樸學浙派之五興。從婺學流變來看，吕祖謙、陳亮、唐仲友稱初興，四先生爲再興，柳貫、黄溍、吴師道、宋濂、王禕、方孝孺諸子爲三興，其後金華之學漸衰。自陽明而後，浙學中心移至紹興，金華學壇不復舊觀。

論四先生與浙學及理學之關係，以下諸説皆可鑒採：黄溍《吴正傳文集序》：「近世言理學者，婺爲最盛。」①方孝孺《文會疏》：「浙水之東七郡，金華乃文獻之淵林」，「自宋南渡，有吕東萊，繼以何、王、金、許，真知實踐，而承正學之傳。復生胡、柳、黄、吴，偉論雄辭，以鳴當代之盛，遂使山海之域，居然鄒魯之風。」②魏驥《重修麗澤書院記》：「四賢之學，其道蓋亦出於東萊派者也」，「竊念書院，昔人雖爲東萊之設，朱、張二先生亦嘗講道其地，人亦蒙其化者，曷

① 黄溍《金華黄先生文集》卷十八。

② 方孝孺《遜志齋集》卷八，明嘉靖四十年張可大刻本。

若於今書院論其道派，以朱、吕、張三先生之位設之居堂之中，而併何、王、金、許四先生之位設居其傍，爲配以享之。」①章鋆《重修崇文書院記》：「吾浙自唐陸宣公蔚爲大儒，至宋吕成公得中原文獻之傳，昌明正學，厥後何、王、金、許，逮明方正學、王陽明、劉蕺山，以及國朝陸清獻，其學者粹然一出於正，千百年來，流風尚在。」②張祖年《婺學志》亦具識見，其説可與《宋元學案》相參看。祖年作《婺學圖》，以范浚、吕祖謙、朱熹、張栻爲四宗，以「麗澤講學」爲婺學開宗。黄榦傳朱、吕、張之學，四先生即朱、吕、張之嫡脈。祖年之譜四先生，視閾較黄百家《金華學案》稍闊大。

四先生學術史貢獻，王褘《元儒林傳》言之詳且確矣，其論曰：「程氏之道，至朱氏而始明；朱氏之道，至金氏、許氏而益尊。用使百年以來，學者有所宗嚮，不爲異説所遷，而道術必出于一，可謂有功於斯道者矣。大抵儒者之功，莫大于爲經。經者，斯道之所載焉者也。有功于經，即其所以有功于斯道也。」金氏、許氏之爲經，其爲力至矣，其於斯道謂之有功，非耶？」③商輅《重建正學祠記》亦有見解：「三代以下，正學在《六經》，治道在人心，非有諸儒闡

①　魏驥《南齋先生魏文靖公摘稿》卷六，明弘治間刻本。
②　章鋆《望雲館文稿》，清光緒十四年刻本。
③　王褘《王忠文公集》卷十四。

明之，則天下貿貿焉，又惡知孔孟之書爲正學之根柢，治道之軌範」，「四先生生東萊之鄉，出紫陽之後，觀感興起，探討服行，師友相成，所得多矣」，「夫正學具於《六經》，原於人心者，其體也；見於治道者，其用也。《六經》既明，則人心以正，治道以順，而正學之功，於斯至矣。然則四先生有功於《六經》，即有功於正學；有功於人心，即有功於治道。」①

世人於四先生之貢獻，仍不無異辭，如呂留良《程墨觀略論文》三則其二云：「程子曰：今之學有三，而異端不與焉，一訓詁，一文章，一儒者。余按：今不特儒者絶於天下，即文章、訓詁皆不可名學，獨存者異端耳。昔所謂文章，蘇、王之類也；訓詁，則鄭、孔之類也。今有其人乎？故曰不可名學也。而有自附於訓詁者，則講章是也。儒者正學，自朱子没，勉齋、漢卿僅足自守，不能發皇恢張。再傳盡失其旨，如何、王、金、許之徒，皆潛畔師説，不止吴澄一人也。自是講章之派，日繁月盛，而儒者之學遂亡，惟異端與講章觭互勝負而已。」②陸隴其《松陽鈔存》卷上引呂氏此説，論云：「愚謂呂氏惡禪學，而追咎於何、王、金、許以及明初諸儒，乃《春秋》責備賢者之義，亦拔本塞源之論也。然諸儒之拘牽附會，破碎支離，潛背師説者

① 商輅《商文毅公集》卷十，明萬曆三十年劉體元刻本。
② 呂留良《呂晚村先生文集》卷五，清雍正三年呂氏天蓋樓刻本。

誠有之，而其發明程朱之理以開示來學者，亦不少矣。」①姚椿《何王金許合論》辯説：「至謂四氏之説，或有潛畔其師者，雖陸氏亦有是言。夫毫釐秒忽之間，誠不可以不辨」，「自漢學盛行，競言訓詁，學使者試士，至以四先生之學爲背繆。夫四先生之學，愚誠不敢謂其與孔、孟、程、朱無絲毫之異，然言漢學者，不敢詆孔、孟，而無不詆程、朱。詆程、朱者，詆孔、孟之漸也。夫既以程、朱爲非，則其于四先生也何有？是視向者觝排之微辭，其相去益以遠矣。夫四家言行，各有所至，要皆力務私淑，以維朱子之緒，其居心不可謂不正，而立言不可謂不公。」②又引許謙《與趙伯器書》「由傳注以求經，由經以知道，藴而爲德行，發之爲文章事業」之説③，論云「四氏之學，大約盡於此言」④。所言庶幾允當矣。

① 陸隴其《松陽鈔存》卷上，清刻《陸子全書》本。
② 姚椿《晚學齋文集》卷一，清咸豐二年刻本。
③ 許謙《許白雲先生文集》卷三。
④ 姚椿《晚學齋文集》卷一。

四、四先生著述概況

宋元人著述體例，不當以今之標準來衡論。四先生解經，重於義理，自王柏以下，兼重訓詁考據，講求融會貫通。其解經之法，承朱、吕著述之統，諸如編次勘定、標抹點書、句讀段畫、表箋批注、節録音釋，皆以爲真學問，與經傳注疏之學相通。在王柏等人看來，經書篇目勘定次第、去取分合，意義甚而在撰文立説之上，「標抹點書」亦撰著之一體。故王柏《行狀》盛贊何基「無一書一集，不加標注」①，「無一書一集，不施朱抹，端直切要」②。葉由庚《壙誌》稱説王柏「無一書一集，不加標注」，「一言之題，一點之訂，辭不加費而義以著明」。柳貫《金公行狀》載金履祥「無一書不加點勘，鉛黄朱墨，所以發其凡」。黄溍《墓誌銘》謂許謙句讀《九經》《儀禮》《三傳》，鉛黄朱墨，明其宏綱要旨、錯簡衍文。因此，四先生「標抹點書」，當亦列入著述。四先生著述數量，以王柏最富，何基最少，金履祥、許謙數量大體相當。以下分作考述：

① 王柏《何北山先生遺集》卷四附録，《金華叢書》本。
② 王柏《何北山先生遺集》卷四附録。

（一）何基著述

葉由庚《壙誌》稱何基「志在尚行，訒於立言」。《金華叢書》本《何北山先生遺集》卷四録王柏《行狀》稱：「先生平時不著述，惟研究考亭之遺書」，編類《大學發揮》十四卷、《中庸發揮》八卷、《易大傳發揮》二卷、《易啓蒙發揮》二卷、《太極通書西銘發揮》三卷，「有力者皆已板」，又有《近思録發揮》未刊定，《語孟發揮》未脱稿，「《文集》一十卷，裒集未備也」。何基次子何鉉《北山先生文定公家傳》稱：「先生不甚爲文，亦不留稿，今所裒類《文集》，得三十卷。從先生遊者，惟魯齋王聘君剛明造詣，問答之書前後凡百數。」①《文定公壙記》又云：「《文集》三十卷，編未就。」②《宋史》本傳稱《文集》三十卷，吴師道《節録何、王二先生行實寄文史局諸公》則曰：「先生集三十卷，而與王公問辨者十八卷。」③王柏撰《行狀》，不見於明刻本《魯齋集》，亦罕見他集載及。《金華叢書》本作「《文集》一十卷」，其「一」字疑爲「三」字之誤。檢萬曆《金華府志》卷十六《人物》之《何基傳》，摘録王柏《行狀》，作「《文集》三十卷」。康熙《金華

① 《東陽何氏宗譜》卷二，清咸豐己未重修本。
② 《東陽何氏宗譜》卷二，清咸豐己未重修本。
③ 吴師道《吴禮部文集》卷二十。

縣志》卷七《雜志類》著録《北山集》三十卷，亦可證之。

何鉉《北山四先生文定公家傳》云：「其他諸經有標題者，皆未就緒，今不復見成書矣。」吴師道《節録何、王二先生行實寄文史局諸公》稱何基：「所標點諸書，存者皆可傳世垂則也。」①以上諸書外，何基尚有「標抹點書」數種：

《儀禮點本》，佚。吴師道《題儀禮點本後》：「北山何先生標點《儀禮》，其本用永嘉張淳所校定者。某從其曾孫景瞻借得之……夫以難讀之書，使按考注疏，切訂文義，以分句讀，非數月之功不可。今蒙先正之成而趣辦于半月之間，可謂易矣。……張淳校本，朱子猶有未滿。今先生間標一二，于字音圈法甚畧，或發一二字而餘不及，蓋使人必其自求之耳。今悉仍其舊，而不敢有所增也。」②

《四書點本》，存佚未詳。吴師道《請傳習許益之先生點書公文》：「何氏所點《四書》，今温州有板本。」又，《題程敬叔讀書工程後》：「北山師勉齋，魯齋師北山，其學則勉齋學也。二公所標點，不止於《四書》，而《四書》爲顯。」程端禮《程氏家塾讀書分年日程》卷一「自八歲入學之後」條言讀《四書》應至爛熟爲止，仍參看「何北山、王魯齋、張達善句讀、批抹、畫截、表

① 吴師道《吴禮部文集》卷二十。

② 吴師道《吴禮部文集》卷十八。

注、音考」①。

何基標抹其他經傳之書，俟再考證。其著述雖少，不計標抹之書，亦逾六十卷。

（二）王柏著述

王柏考訂羣書，經史子集，靡不涉獵，著述逾八百卷。王三錫《題文憲公集後》：「生平博覽群書，參微抉奥，往往發前人所未發，當時著述八百餘卷。」②馮如京《重刻魯齋遺集序》：「闡《六經》，羽翼聖傳，即天文地理，旁及稗史，靡不精究，著述不下八百餘卷。」③吴師道《節録何、王二先生行實寄文史局諸公》詳記王柏著述：「有《讀易記》《讀書記》《讀詩記》各十卷、《讀春秋記》八卷、《論語衍義》七卷、《太極圖衍義》一卷、《伊洛精義》一卷、《研機圖》一卷、《魯經章句》三十卷、《論語通旨》二十卷、《孟子通旨》七卷、《書附傳》四十卷、《左氏正傳》十卷、《續國語》四十卷、《闡學之書》四卷、《文章續古》三十五卷、《文章復古》七十卷、《濂洛文統》二百卷、《擬道學志》二十卷、《朱子指要》十卷、《詩可言》二十卷、《天文考》一卷、《地理

---

① 黄宗羲等《宋元學案》卷八十七。
② 王柏《魯齋王文憲公文集》。
③ 王柏《魯齋集》，清順治十一年馮如京刻本。

考》二卷、《墨林考》十六卷、《大爾雅》五卷、《六義字原》二卷、《正始之音》七卷、《帝王曆數》二卷、《江右淵源》五卷、《伊洛指南》八卷、《涵古圖書》一卷、《詩辨説》一卷、《書疑》九卷、《涵古易説》一卷、《大象衍義》一卷、《雜志》二卷、《周子》二卷、《發遣三昧》二十五卷、《文章指南》十卷、《朝華集》十卷、《紫陽詩類》五卷、《文集》七十五卷、《家乘》五十卷。又有親校刊刻諸書，無不精善。比年婺屢毁，散落已多。」所載諸書通計七百九十四卷，標抹諸經尚未記。

吴師道《敬鄉録》卷十四又云：「北山所著少，而有諸書發揮，傳布已久。魯齋所著甚多，比年燼於火，傳抄者僅存。」德祐二年以後，王柏著述大都散失。至元二十六年至二十七年間，金履祥募得諸稿，攜同門士各以類集，雜著卷帙少者用《朱子大全集》之例各附入，編爲《王文憲公文集》。履祥《魯齋先生文集目後題》：「今存於《長嘯醉語》者，蓋存而未盡去也」，「間因述所考編，以求訂證，謂之《就正編》」。迨至端平甲午，學成德進，粹然一出於正。自是以來，一年一集，以自考其所進之淺深，所論之精粗。自甲午至癸卯，凡五卷，謂之《甲午稿》。其後類述倣此，《甲辰稿》二十五卷、《甲寅稿》二十五卷、《甲子稿》二十五卷。其雜著成編者，《論語衍義》七卷、《涵古圖書》一卷、《研幾圖》一卷、《詩辯説》二卷、《書疑》九卷、《涵古易説》一卷、《大象衍義》一卷、《太極衍義》一卷。其餘編集不在此數也。其程課、交際、出處、事爲、著述前後，則見於《日記》。履祥又嘗集公與北山先生來往問答之詞，爲《私淑編》」，「《就正編》

《大象衍義》，北山先生亦俱有答語，與履祥所集《私淑編》，當依《延平師友問答》之例，別爲一書。但《大象》乃公所拈出，謂爲夫子一經，故其《衍義》亦自入集。講義雖嘗刊於天台而未盡，間亦有再講者，今皆入集。」所述《長嘯醉語》《就正編》《日記》《上蔡書院講義》、履祥所輯王柏與何基往來問答之《私淑編》，皆不見於吴師道《節録何、王二先生行實寄文史局諸公》載記。《詩辯説》二卷，即《詩疑》二卷。《讀易記》十卷、《讀書記》十卷、《讀詩記》十卷不傳，今未詳《詩辯説》《書疑》諸書與之内容重複之況。

今人程元敏撰《王柏之生平與學術》，《自序》云：「王氏遺書，爲世人所習知者，不過《書疑》《詩疑》及《魯齋文集》而已。及檢書目，又得《研幾圖》與後人纂輯之《魯齋正學編》。復於《程氏讀書工程》中，見《正始之音》全文。而《詩準》《詩翼》，諸家目録誤題爲何、倪二氏所作者，亦因考之縣志而正其誤，於是總得七書。然去魯齋本傳所言八百卷之數尚遠。因更考其師友與元明人著作，復得魯齋佚詩文數百條。」①第二編《著述考》，按經、史、子、集詳考王柏著述，今録吴師道《節録行實》列目未書、金履祥《魯齋先生文集目後題》所未載及，鑒采程元敏考據，列之如下，并略作補證：

《易疑》，佚。王崇炳雍正七年序金履祥《大學疏義》：「魯齋博學弘文，著書滿車，今所存

① 程元敏《王柏之生平與學術》，華東師範大學出版社，二〇一一年，第五頁。

亦少，而《大學定本》《詩疑》《禮疑》《易疑》等編，曾於四明鄭南溪家見之。」①《繫辭注》二卷，佚。《授經圖》卷四《諸儒著述》附歷代《三易》傳注，云：「《繫辭注》二卷，王柏。」然程元敏謂「殊可疑」。

《禹貢圖説》一卷，佚。見《聚樂堂藝文目録》《萬卷堂書目》《金華經籍志》《經義考》。

《詩考》，佚。康熙《金華縣志》著録。

《禮疑》，佚。王崇炳嘗於鄭性家見之。

《紫陽春秋發揮》四十卷，殘。見葉由庚《壙誌》引王柏題《春秋發揮》。

《春秋左傳注》二十卷，佚。《授經圖》卷十六《諸儒著述》附歷代《春秋》傳注著録。然程元敏謂「洵可疑」。

《大學疑》，殘。《晁氏寶文堂分類書目》著録。

《大學定本》，佚。王崇炳嘗於鄭性家見之。

《訂古中庸》二卷，佚。《經義考》著録。

《標抹點校四書集注》，佚。宋定國等《國史經籍志》載王柏「手校《四書集注》二十四册，抄本」。吴師道《題程敬叔讀書工程後》：「某頃年在宣城見人談《四書集注》批點本，亟

① 金履祥《大學疏義》，《金華叢書》本。

稱黄勉齋，因語之曰：『此書出吾金華，子知之乎？』其人咈然怒而不復問也。……四明程君敬叔著《讀書工程》以教學者，舉批點《四書》例，正魯齋所定，引列於編首者，而亦誤以爲勉齋，毋乃惑於傳聞而未之察歟？」程端禮《程氏家塾讀書分年日程》卷一言熟讀《四書》，仍參看「何北山、王魯齋、張達善句讀、批抹、畫截、表注、音考」，卷二《批點經書凡例》列《勉齋批點四書例》，即吴師道所言「正魯齋所定」。又，吴師道《請傳習許益之先生點書公文》：「王氏所點《四書》及《通鑑綱目》，傳布四方。」程元敏《著述考》既列此條，又列《批點標注四書》一條：「《批點標注四書》二卷，殘。」《批點標注四書》又見《經義考》《金華經籍志》著録。細察吴師道《題程敬叔讀書工程後》《請傳習許益之先生點書公文》，所標注《四書》，即《四書集注》。

《標抹點校資治通鑑綱目》五十九卷，佚。見葉由庚《壙誌》、吴師道《請傳習許益之先生點書公文》。

《朱子繫年録》，佚。見王柏《朱子繫年録跋》。

《重改庚午循環曆》，殘。見王柏《重改庚午循環曆序》。

《重改石笥清風録》十卷，殘。見王柏《重改石笥清風録序》。

《（魯齋）故友録》一卷，殘。王柏編，見萬曆《金華縣志》存《自序》。

《魯齋清風録》十五卷，殘。見王柏《魯齋清風録序》。

《考蘭》四卷，殘。見王柏《考蘭序》。

《陽秋小編》一卷，佚。見王柏《跋徐彥成考史》。

《天地萬物造化論》一卷，存。王柏撰，明周顒注。

《批注敬齋箴》十章，佚。朱熹箴，王柏批注。金履祥《濂洛風雅》卷一録《敬齋箴》，注云：「王魯齋嘗批注，又講于天台。」

《上蔡書院講義》一卷，殘。金履祥《魯齋先生文集目後題》：「《講義》雖嘗刊於天台而未盡。」吴師道《題程敬叔讀書工程後》篇末注：「魯齋亦有《類聚朱子讀書法》一段，在《上蔡書院講義》中。」

《天官考》十卷，佚。《世善堂書目》著録。

《雅藏録》，佚。見王柏《跋寬居帖》。

《朱子詩選》，佚。見王柏《朱子詩選跋》。

《朱子文選》，佚。見宋濂《題北山先生尺牘後》。

《雅歌集》，殘。見王柏《雅歌序》。

《五先生文粹》一卷，佚。《聚樂堂藝文目録》《萬卷堂書目》《千頃堂書目》著録。

《勉齋北溪文粹》，殘。王柏編，何基增定。見王柏《跋勉齋北溪文粹》。

《詩準》四卷、《詩翼》四卷，存。《四庫全書總目提要》：「舊本題宋何無適、倪希程同撰」，

「疑爲明人所僞托。觀其《岣嶁山碑》全用楊慎釋文，而《大戴禮・几銘》並用鍾惺《詩歸》之誤本，其作僞之迹顯然也。」程元敏考辨以爲臺圖藏明郝梁刻《詩準》四卷、《詩翼》四卷，爲王柏所編集，四庫館臣所見之本乃僞作①。又考何欽字無適，咸淳五年夏卒。倪普字君澤，改字希程，婺州人，淳祐十年進士，歷官刑部尚書、簽書樞密院事。今按：《詩準》《詩翼》，宋本尚存國圖。哈佛燕京圖書館藏明朱紱等編《名家詩法彙編》十卷，萬曆五年刻本（四册），卷九爲《詩準》，卷十爲《詩翼》，卷端皆題：「宋金華王柏選輯，明潛川徐珪校正，潛川談録編次。」末附王柏淳祐三年《序》、楊成成化十六年《序》、嘉靖二年邵鋭《序》。王柏《序》：「友人何無適、倪希程前後相與編類，取之廣，擇之精，而又放黜唐律，法度益嚴。予因合之，前曰《詩準》，後曰《詩翼》。」是書殆王柏次定之力爲多，《詩準》《詩翼》當題何欽、倪普編類，王柏次定。

程元敏輯考《上蔡師説》《魯齋詩話》等，嫌於牽强，其他大都詳覈，多所發明。

（三）金履祥著述

金履祥著述，按徐袍《宋仁山金先生年譜》：寶祐二年，作《讀論語管見》；咸淳六年，自弱冠以後至是歲雜詩文三册，彙爲《昨非存稿》；德祐元年，自咸淳七年至是歲雜詩文二册，

---

① 程元敏《王柏之生平與學術》上册，第四二八頁。

自題《仁山新稿》；至元十七年，撰成《資治通鑑前編》，凡十八卷，《舉要》二卷；至元二十八年，自德祐二年至是年雜詩文二册，自題《仁山亂稿》；至元二十九年，是歲以後雜詩文題《仁山噫稿》；元貞二年，編次《濂洛風雅》成；大德六年，《大學指義》成。又有《大學疏義》，早年所作；《尚書表注》《尚書注》《論語集注考證》《孟子集注考證》，不知成於何年；編王柏與何基往來問答之詞爲《私淑編》。

以上通計之，凡十四種。標抹批注又有數種：

《樂記標注》，佚。柳貫《金公行狀》：履祥疑前儒《樂記》十一篇之説，反復玩繹，「則見所謂十一篇者，節目明整，了然可考，而《正義》所分，猶爲未盡，於是一加段畫，而旨義顯白，無復可疑」①。

《中庸標注》，佚。吴師道《讀四書叢説序》：「仁山於《大學》《論》《孟》有《考證》，《中庸》有《標抹》。」②章贄《仁山金文安公傳畧》：「若《大學疏義》《中庸標注》《論孟考證》，我成祖皆載入《大全》，固已萬世不磨矣。」③吴師道《題程敬叔讀書工程後》「金氏《尚書表注》《四書疏義考

① 柳貫《柳待制文集》卷二十。
② 吴師道《吴禮部文集》卷十一。
③ 金履祥《仁山先生金文安公文集》卷五，清雍正九年東藕堂刻本。

證》」注云：「金止有《大學疏義》《論孟考證》。」

《四書集注點本》，佚。吴師道《請傳習許益之先生點書公文》：「金氏、張氏所點，皆祖述何、王。」

《禮記批注》，存。江西省圖書館藏宋本《鄭注禮記》二十卷，顧廣圻《跋》：「此撫州公使庫刻本《禮記》，是南宋淳熙四年官書，於今日爲最古矣。」書中批注千餘條，黄靈庚先生考證謂履祥批注。今按：《禮記》卷四《王制第五》「凡四海之内，九州」以下數章，眉批：「履祥按：方百里，惟以田計。青、兖、徐、豫，山少田多，故疆界若狹。冀與雍，田少山多，故疆界其闊。」可與履祥《答趙知縣百里千乘説》相參證。履祥有《中庸標注》《大學指義》《大學疏義》《樂記標注》，其中《中庸》《大學》無批注，《樂記》僅間有夾批注明數字之音，則不可解。

《夏小正注》，存。國圖藏明刻本楊慎集解《夏小正解》一卷，卷端題：「戴氏德傳，王氏應麟集校，金氏履祥輯。」國圖藏清乾隆十年黄叔琳刻本《夏小正》一卷，卷端題：「戴德傳，金履祥注，濟陽張爾岐稷若輯定，北平黄叔琳崑圃增訂，海虞顧鎮備九參校。」二本所載履祥注，皆録自《通鑑前編》。

《仁山文集》，存。履祥詩文先後自訂爲四稿，集久散落。明正德間，董遵收拾散佚，刻爲《仁山先生文集》五卷，卷一至卷四爲履祥自作詩文，卷五爲附録。正德刻本不存，今傳明萬曆二十七年金應騶等校刻本、明抄本、舊抄本等，雖有三卷、四卷、五卷之異，然皆祖于正德本，僅有篇目多寡、附録增删之異。

（四）許謙著述

許謙著述，按黄溍《白雲先生墓誌銘》：《讀四書叢説》二十卷；《詩集傳名物鈔》八卷；《讀書叢説》六卷；《温故管窺》若干卷；《治忽幾微》若干卷。又有《三傳義例》《讀書記》「皆稿立而未完」；門人編《日聞雜記》「未及詮次」；有《自省編》，「晝之所爲，夜必書之，迨疾革，始絶筆」。載及書名者，以上凡九種。朱彝尊《經義考》卷一百九十四著録《春秋温故管闚》，云：「未見。陸元輔曰：先生於《春秋》有《温故管闚》，又著《三傳義例》。《義例》未成。」①錢大昕《元史藝文志》卷一著録《春秋温故管闚》《春秋三傳義疏》。《義疏》，當即《義例》。以上九種外，黄溍《墓誌銘》載及而未言書名，及所未載及者，又有十餘種：

《假借論》一卷，佚。焦竑《國史經籍志》卷二著録「許謙《假借論》一卷」②。《焦氏筆乘》卷六載及「許謙《假借論》」③。并見《千頃堂書目》《元史藝文志》著録。

---

① 朱彝尊《經義考》卷一百九十四，清乾隆二十年盧見曾續刻本。

② 焦竑《國史經籍志》卷二，明刻本。

③ 焦竑《焦氏筆乘》卷六，明萬曆三十四年謝與棟刻本。

《詩集傳音釋》二十卷，存。《經義考》卷一百十一著録《羅氏復詩集傳音釋》二十卷，存。云：「按：曹氏静惕堂有藏本，乃合白雲許氏《名物鈔》而音釋之。」①《鐵琴銅劍樓目録》卷三著録元刊本《詩集傳音釋》二十卷：「題東陽許謙名物鈔音釋，後學羅復纂輯。黄氏《千頃堂書目》始著於録，流傳頗少。《凡例》後有墨圖記云：『至正辛卯孟夏，雙桂書堂重刊。』猶元時舊帙也。其書全載集傳，俱雙行夾注，音釋即次集傳末，墨圍『音釋』二字以别之」，「蓋以《名物鈔》爲主，更采他説以附益之，與《凡例》所云正合。然此但摘録許書音釋，而其考訂名物則不具載，且音釋亦間有不録者。」②

《絳守居園池記注》一卷，存。《四庫全書總目提要》：「唐樊宗師撰，元趙仁舉、吴師道、許謙注」，「皇慶癸丑，吴師道病其疏漏，爲補二十二處，正六十處。延祐庚申，許謙仍以爲未盡，又補正四十一條。至順三年，師道因謙之本，又重加刊定，復爲之跋。二十年屢經竄易，尚未得爲定稿，蓋其字句皆不師古，不可訓詁考證，不過據其文義推測，鉤貫以求通。」

《四書集注點本》，佚。吴師道《請傳習許益之先生點書公文》：「乃金氏高弟，重點《四書章句集注》。」

---

① 朱彝尊《經義考》卷一百十一。

② 瞿鏞《鐵琴銅劍樓目録》卷三，清光緒間常熟瞿氏家塾刻本。

《儀禮經注點校》，佚。吴師道《儀禮經注點校記異後題》：「許君益之點抹是書，按據注疏，參以朱子所定，將使讀者不患其難。」①黄溍《白雲許先生墓誌銘》：「於《三禮》，則參伍考訂，求聖人制作之意，以翼成朱子之説」，「又嘗句讀《九經》《儀禮》《三傳》，而於其宏綱要旨，錯簡衍文，悉别以鉛黄朱墨，意有所明，則表見之。其後友人吴君師道得吕成公點校《儀禮》，視先生所定，不同者十有三條而已，其與先儒意見吻合如此。」

《九經點校》，佚。見上引黄溍《白雲許先生墓誌銘》。吴師道《請傳習許益之先生點書公文》稱許謙「重點《四書章句集注》，及以廖氏《九經》校本再加校點。他如《儀禮》、《春秋》《公》《穀》二『傳』並注，《易程氏傳》、朱氏《本義》，《詩朱氏傳》，《書蔡氏傳》，朱子《家禮》，皆有點本，分别句讀，訂定字音，考正謬訛，標釋段畫，辭不費而義明。用功積年，後出愈精，學士大夫咸所推服」。宋末廖瑩中刊《九經》，即《周易》《尚書》《毛詩》《禮記》《周禮》《左傳》《論語》《孝經》《孟子》，有《孝經》，無《儀禮》，有《論語》《孟子》，無《公羊傳》《穀梁傳》。故黄溍《墓誌銘》並舉《九經》《儀禮》《三傳》。許謙校點，除句讀外，尚訂定字音，考正訛謬，標釋段畫。

《三傳點校》，佚。見上引黄溍《白雲許先生墓誌銘》、吴師道《請傳習許益之先生點書公

① 吴師道《吴禮部文集》卷十五。

文》。許謙《春秋温故管闚》《春秋三傳義疏》并佚，與《三傳點校》殆各沿其例爲書。

《書蔡氏傳點校》，佚。許謙《回南臺都事鄭鵬南浼點書傳書》：「近辱蕭侯傳示教命，俾點《書傳》。舊不曾傳點善本前輩，方欲辭謝，又恐有辜盛意，遂以己意謾分句讀」，「圈之假借字樣，舊頗曾考求，往往與衆不合，今以異於衆者，具别紙上呈。標上舊題爲《蔡氏書傳》。謹按：古來傳注，必先題經名，然後曰某人注」，「乞命善書者易題曰《書蔡氏傳》，庶幾於義而安。」①又一書云：「某比辱指使點正《書傳》，不揣蕪陋，弗克辭謝，輒分句讀，汙染文籍。」②鄭雲翼字鵬南，延祐二年官南臺都事，延祐六年遷廣東道肅政廉訪使，泰定元年陞兵部尚書。許謙應雲翼之請點校蔡沈《書集傳》，吴師道《請傳習許益之先生點書公文》亦言及是書，今未見傳。

《易程氏傳點校》，佚。見上引吴師道《請傳習許益之先生點書公文》。其不名《程氏易傳》，《回南臺都事鄭鵬南浼點書傳書》已言之。

《易朱氏本義點校》，佚。見上引吴師道《請傳習許益之先生點書公文》。《易朱氏本義》，即《周易本義》。其不名《朱氏易本義》，《回南臺都事鄭鵬南浼點書傳書》已明之。

---

① 許謙《許白雲先生文集》卷三。

② 許謙《許白雲先生文集》卷四。

《詩朱氏傳點校》，佚。見上引吴師道《請傳習許益之先生點書公文》。《詩朱氏傳》，即《詩集傳》。其不名《朱氏詩傳》，《回南臺都事鄭鵬南浼點書傳書》已明之。

《家禮點校》，佚。見上引吴師道《請傳習許益之先生點書公文》。

《典禮》，佚。許鴻烈《八華山志》卷中《金仁山、許白雲立謚咨文》：「若《三傳義疏》《典禮》《讀書記》，皆未脱稿者也。」末署「元至正七年八月初九日」①。此又見於清宣統三年重修本《桐陽金華宗譜》卷一，題作《爲金、許二先生請謚咨文始末》。黄溍《墓誌銘》僅言「有《三傳義例》《讀書記》，皆稿立而未完」。《典禮》，疑爲《三傳典禮》。許謙熟於古今典禮政事，黄溍《墓誌銘》：「搢紳先生至於是邦，必即其家存問焉。或訪以典禮政事，先生觀其會通而爲之折衷，聞者無不厭服。」今難得其詳，俟再考證。

《八華講義》，佚。許謙《八華講義》：「講問辨析，有分寸之知，敢不傾竭爲諸君言？苟所不知，不敢穿鑿爲諸君誑。」②許謙講學八華山中，四方來學。《八華山志》卷中《道統志》收許謙題《八華講義》及所撰《八華學規》《童稚學規》《答門人問》。《八華講義》蓋爲講義之題，非止一篇題作，未刻行，久佚。明正德間陳綱重刻《許白雲先生文集》，改《八華講義》作《金華講義》。

① 許鴻烈《八華山志》卷中，民國戊寅重修本。
② 許謙《許白雲先生文集》卷四。

《歷代統系圖》，佚。戚崇僧《白雲歷代指掌圖説》：「白雲先生《歷代統系圖》，自帝堯元載甲辰，迄至元十三年丙子，總三千六百三十三年，取義已精，愚約爲《指掌》，以便觀玩。」末署「至正乙酉，金華戚崇僧述」①。崇僧爲許謙高弟子，字仲咸，金華人。著有《春秋纂例原指》三卷、《四書儀對》二卷、《歷代指掌圖》二卷等書。雍正《浙江通志》著録《歷代指掌圖》二卷，注云：「金華戚崇僧著，見黄溍《戚君墓誌》。」②《歷代指掌圖》二卷，今佚。按崇僧《序》，其書乃據許謙《歷代統系圖》「約爲《指掌》」。季振宜《季滄葦書目》著録「抄本《歷代統系圖》，一本」③，未詳即許謙之書否。

《許氏詩譜鈔》，存。吴騫《元東陽許氏詩譜鈔跋》：「元東陽許文懿公嘗以鄭、歐之譜世次容有未當，别纂《詩譜》，繫於《詩集傳名物鈔》」，「特所序諸國傳世曆年甚悉，有足資討覈者。爰爲輯訂，附於《詩譜補亡》之後。」④許謙不滿於鄭玄《詩譜》、歐陽修《詩譜》，以爲世次有所未當，别纂《詩譜》，附《詩集傳名物鈔》各卷之末，未單行。吴騫輯訂《詩譜補亡》，從《名物

① 《蓉麓戚氏宗譜》卷二，民國十九年庚午重修本。
② 雍正《浙江通志》卷二百四十三，清文淵閣《四庫全書》本。
③ 季振宜《季滄葦書目》，清嘉慶十年黄氏士禮居刻本。
④ 吴騫《愚谷文存》卷四，清嘉慶十二年刻本。

鈔》採録《許氏詩譜》一書，有拜經樓刻本。

《白雲集》，存。黄溍《白雲許先生墓誌銘》：「其藏於家者，有詩文若干卷。」不言集名。按《八華山志》，東陽許三畏字光大，自幼師事許謙，許謙殁，「乃萃其遺稿，手鈔家藏，待後以傳，賴以不墜」。明人李伸幼時得許謙殘編於祖妣王氏家，皆許氏手稿，明正統間編次《白雲集》四卷。成化二年，張瑄得金華陳相之助，刻行於世。正德間，金華陳綱重刻之，改題《白雲存稿》。

五、關於《全書》整理的幾點説明

四先生自王柏以下貫通經史，考訂羣書，著述弘富。據各類文獻著録可知，王柏著作逾八百卷，金履祥、許謙著作亦多。何基篤守師説，其書題作「發揮」者即有七種，《文集》三十卷裒集未備。惜四先生著述大都散佚，今存不足三十種，多爲精華。如何基著作，胡鳳丹編《何北山先生遺集》四卷，凡詩一卷、文一卷、《解釋朱子齋居感興詩》一卷、附録一卷，篇章寥寥。然四先生解經沿朱、吕之統，若考訂篇目、編類勘定、標抹點校、句讀段畫、批注音釋等，皆爲所重，以爲真學問，可羽翼經傳，有補聖賢之學。此次編纂四先生傳世著述，囊括四部，廣作蒐討，復作甄選，批注、次定之書，亦在收録範圍，冀得四先生著作大全。

前此已述「北山四先生」之目其來有自，故兹編四先生著述名曰《北山四先生全書》（以下簡稱《全書》）。《全書》分爲「何基卷」「王柏卷」「金履祥卷」「許謙卷」凡四編，别附《北山四先生全書外編》（以下簡稱《外編》）一册。收録内容如下：

何基卷：《何北山先生遺集》四卷。

王柏卷：《書疑》九卷；《詩疑》二卷；《研幾圖》一卷；《天地萬物造化論》一卷；《魯齋王文憲公文集》二十卷。

金履祥卷：《尚書注》十二卷；《尚書表注》二卷；《禮記批注》二十卷；《宋金仁山先生大學疏義》一卷；《論語集注考證》十卷；《孟子集注考證》七卷；《通鑑前編》十八卷、《舉要》二卷；《仁山先生文集》三卷；《濂洛風雅》七卷。

許謙卷：《讀書叢説》六卷；《讀四書叢説》八卷；《詩集傳名物鈔》八卷；附《詩集傳名物鈔音釋纂輯》二十卷；《許白雲先生文集》四卷；《絳守居園池記注》一卷。

《全書》并收四先生批注、編類之書，惜所得已尠，僅金履祥編《濂洛風雅》、許謙等人《絳守居園池記注》一卷而已。何基《解釋朱子齋居感興詩二十首》，胡鳳丹已編入《何北山先生遺集》。王柏《正始之音》不分卷，收入《魯齋王文憲公文集》附録。楊慎輯解《夏小正解》一卷、吴騫編訂《許氏詩譜鈔》一卷，分從《資治通鑑前編》《詩集傳名物鈔》中輯録，且有文字改易，雖單行於世，《全書》不重複收録。羅復纂輯《詩集傳音釋》二十卷，亦與《名物鈔》重複，且有改易，然今存《名物鈔》最早傳本爲明抄二種，《詩集傳音釋》存元正至雙桂書堂刊本，可相參證，故附收之。

又有四先生詩文佚篇、講學語録、零句斷章，散見他書。《全書》則廣考方志史料、經史典籍、宗譜家乘、別集總集，勾稽佚篇，以詩文爲主，録爲補遺，附於各集之後。《全書》補遺增至二百餘篇。大略《何北山先生遺集》增《補遺》二卷，凡詩文、語録各一卷，更補附録三卷。《魯齋王文憲公文集》增《補遺》、附録各一卷。《仁山先生文集》增《補遺》二卷、附録四卷。《許白雲先生文集》增《補遺》二卷、附《八華山志》一種、附録五卷。至於王柏、金履祥、許謙語録、雜著，可輯爲條目者尚有不少，因考校非短時可畢功，姑俟將來。

另外，整理者各竭其力，輯録年譜、碑傳志銘、序跋題贈等爲附録，凡一家之資料，分附各卷後，而四先生合評之資料則另編爲《外編》一册，綴於《全書》之末。

本次整理之特點，大體有以下四點：

一是内容全備，首次結集。本書所收四先生著述，盡量蒐羅完備，拾遺補缺，并附研究資料之集成。四先生著作已出整理本數種，《全宋詩》《全宋文》《全元詩》《全元文》各沿體例，收録四先生詩文。《全書》之整理或酌情鑒採前賢時哲已有成果，廣泛蒐討有價值校本，以成新編；或別覓良善底本、校本，新作董理；或未有整理本，首次進行校勘標點。至於蒐輯補遺、編類附録，用力頗勤。故《全書》編校之事可謂首創，求全、求備、求精，雖未臻其目標，然自有新意，覽者可察之。

二是底本、校本良善。在當前條件下，搜集購訪底本、參校本已較過去爲易，然亦非没有難度。先是用時幾近半年進行調查研究，甄選整理底本、參校本。如許謙《讀四書叢説》，今傳八卷本，有元刻本、清刻本及抄本多種。國圖藏元刻本八卷，《讀論語叢説》三卷原缺，常熟瞿氏以所得德清徐氏藏元刻本配之，遂爲合璧本。國圖藏清嘉慶間何元錫影抄元本與《宛委别藏》本《讀論語叢説》三卷，并據德清徐氏舊藏本影寫。臺北故宫博物院藏元刻本八卷殘帙，又藏舊抄本八卷，據元刻本寫録，顯非據於德清徐氏舊藏元本。浙圖藏明藍格抄本八卷，有清佚名校注。國圖藏瞿氏鐵琴銅劍樓影元抄本，據合璧本影抄。此外，又有國圖藏嘉慶間何元錫刻本、《經苑》本、《金華叢書》本。今訪得諸本，詳作考訂，乃以元刻八卷合璧本爲底本，參校殘元本五卷、舊抄本八卷、明藍格抄本八卷等本。

三是勾稽拾遺。以四先生著述多散佚，遍檢方志、宗譜、總集等，勾稽佚作，用力仍多在詩文，所得逾二百篇。如《魯齋集》輯佚詩六十六首、詞一闋、文十七篇。《仁山集》輯佚作四十三篇、附存疑六篇，約當本集三之一。《白雲集》輯佚文三十四篇（含殘篇二篇）、佚詩十四首及許謙之子許亨文二篇，約當本集四之一。

四是立足考據。在研究的基礎上進行校點整理，有關考證涉及版本源流、篇目真僞、文獻輯佚等方面。如《仁山文集》，傳世明抄本、舊抄本庶幾見正德本原貌，而抄寫多誤字，萬曆刻本經履祥裔孫校勘，訛誤爲少，勝於後來春暉堂、東藕堂及退補齋諸刻。東藕堂刻本有補苴之功，惜文字臆改居多，徒增歧説，非別有善本據依。《金華叢書》本、《四庫全書》本少有校讎之功，復多擅改之弊，實無足觀。故此次整理，以萬曆刻本爲底本，僅參校明抄本、舊抄本、春暉堂刻本、東藕堂刻本。又如輯佚，翻覽宗譜數千種，所得篇目亦豐。然據宗譜勾稽，可信度下方志一等。宗譜良莠不齊，時見攀附僞托之作，且編集校印多不精，故異姓之譜常見一人同篇，同宗之譜時見一篇分署多人。或一望而知假托，或詳考而始明真僞，採輯遂不得不慎。附録資料亦然，篇目真僞亦需考辨。如《芧園叢書》本《金氏尚書注》集前《金氏尚書注自序》末署「寶祐乙卯重陽日，蘭溪吉父金仁山書」，實宋人方岳之筆，見於《秋崖集》卷四十《滕和叔尚書大意序》，朱彝尊《經義考》作「方岳序」，不誤。《碧琳琅館叢書》本《金氏尚書注》集前亦録此僞作。《芧園叢書》本《金氏尚書注》又有王柏《金氏尚書注序》，并是僞托。《碧琳琅館叢書》本《金氏尚書注》又有《金氏尚書注跋》一篇，末署「歲在丁巳仲春望日，桐陽叔子金履祥書於桐山書軒」，實方時發之筆。署柳貫《書經周書注敘》及佚名《金氏尚書注跋》，皆係僞托。今人蔡根祥、許育龍等已證《芧園叢書》本、《碧琳琅館叢書》本《金氏尚書注》繫僞作。今鑒取相關成果，詳作考辨，盡量避免僞作羼入。

《全書》整理之議，始於二〇一四年。先是浙江師範大學與金華市政協合作編纂《呂祖謙全集》，歷時八年，成十六册，二〇〇八年由浙江古籍出版社印行。繼與金華市委宣傳部合作編纂《重修金華叢書》，歷時七年，彙輯二百册，二〇一三至二〇一四年由上海古籍出版社印行。其時我們以復興浙學爲己任，提倡從基礎文獻梳理與學術史建構兩方面對浙學展開研究，以爲四先生有功浙學匪小，整理四先生之書亟爲當前所需，遂於《重修金華叢書》首發式上，倡議整理《北山四先生全書》。經多方呼籲，金華市委宣傳部於二〇一七年聯合浙師大啓動《全書》編纂，委托我們負責組織團隊，開展整理工作。陳開勇、王錕、慈波、崔小敬、宋清秀教授，孫曉磊、鮑有爲、方媛、李鳳立、金曉剛博士先後參與進來。二〇二〇年，《全書》入選「浙江文化研究工程」重大項目。前後歷時四年，今夏終於完稿。各書整理者名氏已標册端，此不一一介紹。黄靈庚、李聖華擬定體例，通讀全稿，并各自承擔校勘任務。

《全書》整理出版，無疑是浙學研究史上一件盛事。我們參與其中，投入心力，可謂人生之幸事。在此衷心感謝金華市委宣傳部副部長曹一勤女士，浙師大副校長鍾依均教授，上海古籍出版社高克勤社長、奚彤雲編審、劉賽副編審給予大力支持，一編室黄亞卓、楊晶蕾編輯等人悉心校讀全稿，多所訂正，使得《全書》得以減少訛誤，在此一併表示謝意。

由於整理者學識水平所限，《全書》整理定會存在不妥及錯誤之處，祈盼讀者不吝指正。

黄靈庚　李聖華

二〇二一年九月二十日

凡例

一、《全書》所收四先生著述，在廣徵版本基礎上，考訂其源流、異同、得失、優劣，從而裁定底本與校本。金律刻《率祖堂叢書》本、胡鳳丹編《金華叢書》本及文淵閣《四庫全書》本（簡稱「庫本」），皆因擅自改易而慎爲取用。大體庫本在棄用之列；若其他版本難稱良善，始取《率祖堂叢書》本、《金華叢書》本用作底本，或作校補之用。

二、《全書》校勘、輯佚以及各書附録編集，皆留意考證，力求黜僞存真。因補遺之文托名僞作不乏見，且多得自宗譜家乘，慮其編纂校印良莠不齊，故採輯謹慎，以免濫入。

三、《全書》整理成於衆手，分册出版，整理者名氏標於册端。各册均由整理者撰寫前言或點校説明，以述明本册整理情況。底本卷端或標編次、校刊名氏，今均省去，於書前點校説明略載述之。

四、《全書》校勘大體遵循以下規則：一般底本不誤，他本誤者，不出校記。底本文字顯有譌誤，如訛、脱、衍、倒等，宜作改易，撰寫校記。偶有文字漫漶殘損者，用他本校補；無可補者，用缺字符□標識，并出校記。諱字回改，古人刻抄習見己、已、巳不分之類，徑用其正字。異體字、通假字、古今字，均不出校。虚字非關涉文意者，亦不出校。校記不徒列異文，間列考據，庶明其是非、高下。

尚書注

[宋]金履祥　撰
鮑有爲　整理

整理説明

浙江師範大學人文學院　鮑有爲

金履祥（一二三二—一三〇三），幼名祥，長名開祥，後更名履祥，字吉父，號次農，蘭谿桐山人。因家居蘭谿仁山之下，學者稱仁山先生。十六歲，補郡博士弟子員。十八歲，考取待補太學生。二十三歲，受業于王柏，後因王柏紹介而登何基之門。恭宗德祐年間，授迪功郎、史官編校，皆辭不就。曾執教嚴陵（今浙江桐廬）釣臺書院。宋亡，居金華山中，後歸蘭谿。入元不仕，于齊芳書院從事講學。元大德七年（一三〇三）卒，元順帝至正中賜謚文安。金華許謙、浦陽柳貫爲其弟子。《元史·金履祥傳》云：「時宋之國事已不可爲，履祥遂絶意進取。然負其經濟之略，亦未忍遽忘斯世也。」明《宋仁山金先生年譜》云：「先生夙有經世大志，而尤肆力于學，凡天文地形、禮樂刑法、田乘兵謀、陰陽律曆，靡不研究其微，以克極于用。」

金履祥生前注釋《尚書》内容主要見於《通鑑前編》與《尚書表注》，二書内容有差異。而所謂十二卷本《尚書注》，又稱《金氏尚書注》，此書明末黄虞稷《千頃堂書目》有著録。今所見版本主要分抄本與刻本。其中抄本有兩個系統：

一爲秦蕙田、徐乾學藏抄本。此抄本有秦蕙田、陳蘭麟等人印章，後歸日本静嘉堂文庫（簡稱秦抄本）。周季貺另有一抄本（簡稱周抄本），即據秦抄本録副。周抄本卷端有陸心源題跋，末云「季貺插架」，鈐印「季貺」。書中有翁斌孫印（按其子在解放後曾捐書于國家圖書館）。又陸心源藏抄本十二卷，此本有陸心源題跋，云於周季貺處得見秦抄本，而此抄本即據秦抄本録副。由此可知，無論是周季貺抄本還是陸心源抄本，都源自秦抄本。

一爲張金吾藏抄本（簡稱張抄本），與秦抄本相比，此本僅存後六卷，且《秦誓》篇末有跋文。後歸日本静嘉堂文庫。瞿鏞藏抄本即據張抄本録副，《鐵琴銅劍樓藏書目録》著録。篇末跋文，瞿鏞考證爲他人僞作，乃抄自許謙《讀書叢説》俞實序（《鐵琴銅劍樓藏書目録》卷二「尚書注」條目）。通過版本比對，張抄本與秦抄本略有文字異同。如張抄本脱文，而秦抄本未脱。又有張抄本與《通鑑前編》文同而秦抄本訛誤者。可見秦抄本與張抄本皆有一定校勘價值。張抄本《秦誓》篇中有大段脱文，他處脱文亦間有之，可能依據底本即如此。另有張抄本與《通鑑前編》文同，而與秦抄本、陸本不同者。又有秦抄本、陸本（陸心源《十萬卷樓叢書》本）脱文，而張抄本反不脱者，與《通鑑前編》保持一致。可見張抄本應爲一個不同來源的本子，據跋文知爲嘉靖年間，但跋文真假有待進一步考證。但張抄本又有很多與秦抄本訛誤相同之處，因此二本當有一定關係，但具體詳情不可考知。

刻本有陸心源《十萬卷樓叢書》本（簡稱陸本），據卷端陸心源序文，知此本源自秦抄本。

十萬卷樓本有改正秦抄本訛誤處，亦有刊刻時新出的訛誤。基本上秦抄本訛誤的地方，周抄本、陸抄本亦沿襲之，未有改正。陸本則有所更正，但又造成了一些新的訛誤。

顧湄《尚書表注》跋云徐乾學所藏《尚書注》十二卷爲金履祥早年未完成之書，其言「今錫山秦氏、崑山徐氏皆藏先生《尚書注》十二卷，予嘗見之，即早歲之書，非定本也。顧世未見《表注》真本，即以是爲《表注》，謬矣」。按顧湄曾助徐乾學校訂《通志堂經解》，其斷定秦抄本即金履祥早年所作，實則出於猜測。其批評世人誤以《尚書注》爲《尚書表注》，可知一些人未能知曉二書的差異。張金吾藏殘本《秦誓》篇末云「按是書菉竹堂、萬卷堂、澹生堂三家均有之」。檢《澹生堂書目》，只有《尚書表注》二卷，無《尚書注》。很可能抄寫者誤以二書爲一書，這種認識在徐乾學等清人著録中也可見到。徐乾學《憺園文集》卷十（清康熙三十六年冠山堂刻本）著録元金履祥《尚書表注》十二卷，并云：「引據精確，可裨補蔡《傳》。履祥作《通鑑前編》，即自采用其説。」今《尚書表注》所存最早刻本爲南宋末建安刻本，只有兩卷，後世亦著録爲二卷。此十二卷實際是徐氏所見《尚書注》十二卷抄本，而非《表注》。其《傳是樓書目》即著録十二卷抄本。而明人黄虞稷《千頃堂書目》卷一亦著録金履祥《尚書表注》十二卷，此亦當是抄本《尚書注》十二卷，而誤斷爲《尚書表注》。清倪燦《補遼金元藝文志》亦誤作《尚書表注》十二卷。熊賜履《學統》卷四十一載金履祥《尚書表注》四卷。錢大昕《補元史藝文志》著録云：「金履祥《尚書表注》四卷（或作十二卷，一作一卷），《尚書注》十二卷，《尚書雜論》一卷。」錢氏所云「或作十二卷」可能是見到了徐乾學等人的著録。邵懿辰等《增訂四庫全書簡明目録》卷二「尚書注」條下，把《尚書注》版本一一列入，未加分別。邵懿辰云：「金仁山《書》説，全載《通鑑前編》中。昭文張氏得舊鈔《尚書金氏注》殘本，較之《表注》甚詳，惜其不全，而不知其全固在也。考金氏《書》説，當於《通鑑前編》求之，學者不可不知。」此即道出《尚書注》内容源自《通鑑前編》。通過諸版本比對，可以發現，《尚書注》中有《尚書表注》文、《通鑑前編》文，而且部分地方引《通鑑前編》文有「某某紀」字樣。内容雖基本源自《通鑑前編》，但個別地方亦有内容調整，比如删改，插入蔡沈《書集傳》文、《尚書表注》文。主要部分則與《通鑑前編》一致。此《尚書注》殘本末云「嘉靖戊午仲冬録完」，如爲真實，則嘉靖時期已有抄本流傳，或此本即在此時編定。至於此書抄本始自何人，我們無法考證。但明末黄虞稷《千頃堂書目》已有著録，説明此書至少在明末已經出現。

另外尚有兩個版本的《尚書注》，其内容與金履祥無關。即方功惠《碧琳琅叢書》本和《芋園叢書》本，後者其實本據《碧琳琅叢書》刊刻（參見蔡根祥《金履祥〈尚書注〉十二卷考異》，《中國經學》第五輯，廣西師範大學出版社，二〇〇九年）。由此，我們至少可以肯定金履祥生前作有《尚書注》的可能性很小。他對《尚書》的理解主要在《通鑑前編》及《尚書表注》中。因此，到了清初突然出現的《尚書注》抄本，實際上爲後人編定的幾率很大。又，張抄本卷末有一跋文，不題撰人，後來被移植到《碧琳琅叢書》本《尚書注》中。此本末尾跋文在張金吾目録書中有記載，而且此跋文僅見於張本，秦抄本無。但《碧琳琅叢書》本《尚書注》内容與張抄本完全不同，而是抄自元陳師凱《書蔡氏傳旁通》以及與金履祥有關的文獻，拼凑而成。實際上張抄本跋文乃《經義考》中許謙《讀書叢説》條下所引的俞實序。可見《碧琳琅叢書》本作僞之痕迹。

此次點校，以陸心源十萬卷樓刻本（簡稱陸本）爲底本，以日本静嘉堂文庫藏秦抄本、日本静嘉堂文庫藏張抄本爲主要校本，同時參校《通鑑前編》（日本静嘉堂文庫藏元刻明修本，簡稱《前編》）、《書集傳》（哈佛大學圖書館藏明刻本）相關内容。

凡陸本與他本不同，且難以辨别是非時，則在校記中列出，不作判斷。凡底本脱文，他本有不脱者，則據以補足，并出校記。

本書校點，由于整理者水平有限，錯誤在所難免，敬請方家不吝賜教。

書經注卷之一

虞書「虞」，古文作「㐺」。

堯典古文作「㭁箕第一」。

粤若稽古，帝堯曰放勳。古文作「粤若乩古」。劉敞[一]不見古文，亦謂當作「越若」，朱子從之。

「粤」，起語。「若稽」，追記之辭。「古」，崇之也。「堯」，名。古者世質，雖天子不諱其名。「放」，大也。「放勳」者，總名其德業之大也。一曰「放」如推而放諸之放，謂推廣以成其功也。聖人亦善推其所爲而已，意與下文二章相應。二字本史官稱堯之語，後世因以爲堯稱焉。

欽明文思安安，允恭克讓，光被四表，格于上下。

此叙堯之德也。「欽」，誠敬也。「明」，精明也。「文」，文理也。經緯天地曰「文」，謂其彌綸天地之道，倫理明順，煥乎其有文章也。「思」，言其運量裁處，意思周密，所謂其智如神也。「安安」，舊説止其所止，然二字氣象自别。蓋其盛德從容之極難以形容，故以「安安」言之。「恭」、「讓」，欽之接於人也，謂之「允」「克」，則其至誠之發，真實氣象又自不同。「光被四表」，言其發越覆冒之盛。「格于上下」，言其充塞感通之極也。史臣叙堯之德而以「欽」爲首，此聖人之心法也。「允恭」以下，即四德之推。「恭」「讓」者，欽之發。「被四表」者，明文之著。「格于上下」，則思之感通也。朱子常言聖人之心精明純粹而已，則「欽明」二字已足以盡聖人之德矣。而又曰「文思」，陳文蔚曰：兼語其用也。「文」者，明之用。「思」者，欽之用。「欽明」即「惟精惟一」，「文思」即「允執厥中」也。子王子曰：「欽明文思」猶言「仁義禮智」。

克明俊德，以親九族；九族既睦，平章百姓；百姓昭明，協和萬邦。黎民於變時雍。

「明」，推明也。「俊德」，《大學》作「峻」，蓋其得乎天而出乎其類者，即上文所叙之德也。「平」者，和同之。「章」者，品節之。「百姓」者，帝畿之民。「昭明」，則民心風俗之俱新也。「萬邦」，諸侯也。「協」，考比也。如「協時月」，如《國語》「司民協孤終」、「司徒協旅」之「協」，皆考比之義。「和」，調齊也。萬邦諸侯豈無賢庸之不齊，聖人朝覲、巡省、考禮、正刑、一德、黜幽、陟明，皆所以協和之也。「黎民」，黑首之民，舉天下生靈之衆也。上文紀聖德之盛，此章紀治化之序。聖人治天下，其機有二：一則盛德發越，自然感化；一則布政施化，推而廣之也。

乃命羲和，欽若昊天，曆象日月星辰，敬授人時。

「羲」、「和」，二氏也。「曆」，紀數之書也。言「天」者，所謂堯曆也。「象」者，觀天之器，後篇所謂璣衡之屬是也。言「天」者，謂渾儀實始于此。上古以來，因時作事，而曆法蓋未備，帝堯始爲曆象之制，定其財成輔相之節，以授其民，遂爲後世常行之準焉。朱子曰：此所命蓋羲伯、和伯，下文分命其仲、叔。履祥按：《尚書大傳》舜巡四岳，祀太山、霍山，皆奏羲伯之樂；華山、弘山，奏和伯之樂。其方與時與二氏所掌者合，則羲伯、和伯當有其人。蓋四子分職，必有二伯總之，不然曆法無所統矣。

分命羲仲，宅嵎夷，曰暘谷。寅賓出日，平秩東作。日中星鳥，以殷仲春。厥民析，鳥獸孳尾。

申命羲叔，宅南交。

劉氏云：宅南曰交。陳氏云：「宅南交」曰明都。

平秩南訛，

《史記索隱》作「爲」。

敬致。日永星火，以正仲夏。厥民因，鳥獸希革。分命和仲，宅西，曰昧谷。寅餞納日，平秩西成，宵中星虛，以殷仲秋。厥民夷，鳥獸毛毨。申命和叔，宅朔方，曰幽都。平在朔易，日短，星昴，以正仲冬。厥民隩，鳥獸氄毛。

「宅」，度也。蔡雝石經作「度」。朱子云：「宅」、「度」古文通。曆法以日行起度，以日出入方隅，定晷刻氣候。「宅嵎夷」、「南交」，「宅[二]西」、「朔方」，「出」、「納」，「敬致」，皆所以定卯酉子午之中，推日道出入之方，候朝夕之景及致日中之景。「寅」、「敬」、「賓」、「餞」，謹其事也。「永」、「短」、「中星」皆自是推，然候中星又所以定日度也。「宅嵎夷，曰暘谷」，《周禮》所謂日東則景夕[三]，多風之地也。「南交」，日南則景短，多暑之地也。「昧谷」，日西則景朝，多陰之都也。「幽都」，日北則景長，多寒之地也。四方地勢不同，風氣亦異，各有宜也。故測候之際，因度其所宜，爲授時之節，所謂「平秩東作」、「南訛」、「西成」、「朔易」者也。「易」如《周官》所謂一易、再易、三易。「作」、「訛」、「成」、「易」皆謂民事，各以方異辭耳。「平秩」，《史記》依今文作「便程」，其義尤明。「日」、「宵」、「永」、「短」與「中星」連言者，初昏而候中星，以星之初見爲晝夜之分，又分摺四中[四]以得日度之的，以日宵之中立二分，以永短之極立二至，參之民生「析」、「因」、「夷」、「隩」而爲四時之政。「鳥獸孳尾」等語，則候之物生。此曆家七十二候之法所由起也，皆授羲和以作曆之綱要。四子分爲四節，每節自「作」、「訛」、「成」、「易」以上分方，自「日」、「宵」、「永」、「短」以下分時。

帝曰：「咨！汝羲暨和，朞三百有六旬有六日，「有」，古文作「又」。以閏月定四時成歲。允釐百工，庶績咸熙。」

帝既命羲和曆象，又四時推候皆合矣。積一朞而天有餘度，歲有餘日，於是又置閏法，而日月氣候始參會。今曆家所定章法昉乎此。隆古風氣未開，民淳事簡，曆數既定，因時頒政而已，他無爲也，故「允釐百工」而「庶績咸熙」焉。朱子《書傳》曰：歲，周三百六十五日四分日之一，而曰三百六旬有六日者，舉成數也。天體至圓，周圍三百六十五度四分度之一。繞地左旋，常一日一周而過一度。日麗天而少遲，一日繞地一周，無餘而常不及天一度，積三百六十五日九百四十分日之二百〔五〕三十五而與初纏會，是一歲日行之數也。月麗天而尤遲，一日常不及天十三度十九分〔六〕度之七，積二十九日九百四十分日之四百九十九而與日會，十二會得全日三百四十八，餘分之積〔七〕五千九百八十八，如日法九百四十而一月得六日〔八〕，不盡三百四十八，通計得日三百五十四九百四十分日之三百四十八，是一歲月行之數也。歲有十二月，月有三十日。三百六十日〔九〕，歲之常數也。故日行而多五日九百四十分之二百三十五者爲氣盈，月行而少五日九百四十分日之五百九十二者爲朔虚，合氣盈朔虚而閏生焉。故一歲閏餘〔一〇〕，率則十日九百四十分日之八百二十七〔一一〕，三歲一閏則三十二日九百四十分日之六百單一。五歲再閏則五十四日九百四十分日之三百七十五，至十有九歲七閏，則氣朔分齊，是爲一章也。履祥按：章法雖云氣朔齊，然猶有分秒之餘。至二十七章爲會，三會爲統，三統爲元，積四千六百一十七年，則日月皆無餘分，卻得十一月甲子朔子時半冬至，則又爲曆元矣。今立成法，率三十二月而置一閏。

朱子曰：按帝堯時冬至日在虚，昏中昴。今冬至日在斗，昏中壁。中星不同者，蓋天有三百六十五度四分度之一，歲有三百六十五日四分日之一，天度四分之一而有餘，歲日四分之一而不足，故天度常平運而舒，日道常内轉而縮，天漸差而西，歲漸差而東，此歲差之由。古曆簡易，未立差法，但隨時占候，以與天合。至東晉虞喜始以天爲天，歲爲歲，乃立差法以追其變，約以五十年退一度。何承天以爲太過，乃倍其年而反不及。至隋劉焯取二家中數，七十五年爲近之，然亦未爲精密也。履祥按：帝堯之言天常寬而曆則密，後世言天者常密而曆則疏。蓋帝堯生知，即事洞要，其於周天固已知圓奇之妙，四分度之〔一二〕一不足以盡天矣。其命羲和，不過授之以作曆之綱要，如於中星互舉辰象，於期數暨舉全日。至於推步度數，隨時占候，則羲和有司之事，帝堯固不必〔一三〕數數然也。然世日不足而始爲度，度不足而更爲分秒，分秒愈多則算法常愈密矣〔一四〕。然久亦未嘗不差也，蓋聖人因時制曆，雖舉要而不遺，後世定曆推天，始積分以求密。因時制曆，則曆與天常相應；定曆推天，而曆與天常易差。無他，天圓以動，圓故奇，動故不測，而後世執定法以拘之也。然常就其説而考之，所謂四分度之一也，析爲九百四十分日之二百三十五。果若所言，則止曰四分之一可也，何必析爲小分哉？太初草創，乃以八十一分日之二十分少，固不足論。《晉志》載劉洪、王蕃之法，則析爲五百八十九分度之百四十五，如此則四分度之一者乃其大約，而於四分一之外天舒日縮，又餘小分之九也。十年則九十分，計百三十年而積差二日矣。唐《開元大衍曆》又析一度爲三千四十分，每歲日餘三十七分太，積八十年而差一度，又餘六分。自唐至今皆用之。然自開元至寶祐，五百四十年而差十度，則唐曆積分雖多，反不如《晉志》之近密也。《紹興繞元曆》，漢上朱震典之。析一度爲萬分，每歲氣周三百六十五日二千四百四十六分七十二秒半，而周天則三百六十五度二千五百七十二分二十五秒。又按堯仲春星鳥，宋東井二十一度中。仲夏星火，宋亢七度中。仲秋星虛，宋斗十一度中。仲冬星昴，宋壁一度中。堯曆中星與日所次至是差四十餘度矣。去堯之世三千五百餘歲而差四十餘度，至景定甲子冬至之日，已在斗初，漸入東陸，後此三千六百年，已在東陸。又三千六百年過東陸之中。又三千六百餘年，冬至之日，遂行南陸，則冬長夏短，幾相貿易，造化不幾於變乎？曰非然也。唐張説《一行曆議》曰：

日之所行即爲黄道。日差，則黄道與之俱差，必不至於冬長夏短矣。抑後世豈無聖人隨世裁成，良太史隨時推移者，此固不必長慮也。

帝曰：「疇咨若時登庸？」放齊曰：「胤子朱啓明。」帝曰：「吁！嚚訟，可乎？」

登庸之命，不言所職，帝之意固有在矣。「朱」，丹朱也。放齊以嗣子朱爲對。「啓明」者，謂其才智之開明也。朱之爲不肖也亦以此。朱子曰：此下爲舉〔一五〕舜張本。

帝曰：「疇咨若予采？」驩兜曰：「都！共工方鳩僝功。」帝曰：「吁！静言庸違，象恭滔天。」

今本「滔天」二字，下文之衍。孔穎達曰：「經三言求人，未必一時之事，但歷言朝臣不賢，爲求舜張本也。」

帝曰：「咨！四岳。湯湯洪水方割，蕩蕩懷山襄陵，浩浩滔天，下民其咨，有能俾乂？」

「四岳」者，掌四方方岳之官。古者大事則咨四岳，使詢訪四方之言也。「方割」，始爲害也。「懷山襄陵」，叙其實也。「浩浩滔天」，言其勢也。「滔天」，當時方言云爾。滿望皆水而天影其平〔一六〕，若滔天然。

僉曰：「於！鯀哉！」帝曰：「吁！咈哉！方命圮族。」岳曰：「异哉！試可，乃已。」

「僉曰」者，四岳以衆言告也。「鯀」，有崇伯也。「方命」，舊説逆命，《史》作「負命」。按《堯典》上文「方鳩」、「方割」皆作方始之義，則此當云我始命他爲職時即敗群自用，則治水大任弗可爲也。「圮族」，猶《詩》言「敗類」。「岳曰」者，上舉衆言，此因獨對。「异」義未詳，《列子》注及柳文與「異」字同，言但用其才可以治水則已，不必病其圮族也。

帝曰：「往，欽哉！」

帝順衆言而使之往，復云「欽哉」以救其失。蓋能敬謹，則必不圮族自恃，而事功成矣。

九載，績用弗成。

程子曰：治水，天下之大任也。非其至公之心，能舍己從人，盡天下之議，則不能成其功，豈方命圮族者所能哉？鯀雖九年而功弗成，然其所治固非他人所及也。惟其功有緒，故其自任益强，咈戾圮族益甚。公議隔而人心離矣，是其惡愈顯而功卒不可〔一七〕成也。

按周漢以來諸書〔一八〕多稱堯有九年之水。今考其時，自洪水方割即舉鯀俾乂，九載無成，而後舉舜。又二三年始舉禹，禹八年於外而始告成功。前後計二十餘年矣。而曰九年者，蓋指鯀九載之間也。計自方割以來，洪水之害無歲無之。如後世歲有河決之患，鯀於其間多爲隄防以鄣之，而患日滋甚。孟子叙泛濫之禍，在舉舜敷治之上，則九年之云，蓋謂此時也。然洪水之害，一日不可緩，而待鯀九載無功始易之，何也？傳稱禹能修鯀之功，則九載之間非盡無功，但無成耳，而三考黜陟之典不可廢，是以有羽山之貶焉。或曰僉之舉鯀也，方命圮族，帝已知之矣。知而使之，何與？蓋爲天下擇人，天下之公也。當是時舜、禹未興，在廷諸人固皆舊德，乃若其才則無出鯀之右者。人皆知鯀之才足以集事，惟聖人知其剛悻違衆，易於敗事爾。時將戒其所短，以用其所長，則曰「欽哉」以勉之。夫「欽」者，心法之要，萬事之所由成也。以鯀之才，加之敬謹，何患無成。惟其棄帝之命，忽不務此，是以輕視愎言，訖潰無成。然則帝固將全鯀之才，而鯀則棄帝之命矣。天下之以才自負，而忽不加謹，祇以取敗者，皆是也，寧獨鯀哉？又按經稱鯀堙洪水，傳稱鯀障洪水，《國語》又稱其墮高堙庳，經稱禹決九川。孟子稱禹疏九河，瀹濟、漯，決汝、漢，掘地而放之海。然則鯀之治水也障之，禹之治水導之也，其成敗之由以此。當其在鯀也，禹何以不諫？曰：禹安得不諫，以鯀之「方命圮族」，況其子之言乎！故禹必有諫，鯀必有所不從。舜之知禹，亦必以此。舜之罪也殛鯀，其舉也興禹。大公之道，聖人無容心焉。抑鯀既以「方命圮族」失之，禹念父功之未就，於是暨益暨稷思日孜孜以成之，非惟克勤于邦以爲忠，而補前人之愆〔一九〕以濟天下，乃所以爲大孝也。然以禹之聖，猶八年於外，何也？禹八年之間，非但導水濬川而已，中間畫井田，爲溝洫，定經制，物土宜，立賦法，通朝貢，廣教化，於八年之間定千萬世之計，此禹之功所以爲不可及也。

帝曰：「咨！四岳。朕在位七十載，汝能庸命，巽朕位？」岳曰：「否德忝帝位。」

「巽」，入也，使入居帝位也。或曰「巽」與「遜」同。

曰：「明明揚側陋。」師錫帝曰：「有鰥在下曰虞舜。」

「師錫」，四岳以衆議對也。「錫」，予也。以衆言對而曰「錫」，重之也。薦聖人於帝，此天子也，安得不重爲之辭。老而無妻曰「鰥」。舜三十未娶而即曰「鰥」，古者聖人繁育人民，三十而娶者，期之極也。至此而未娶，即鰥也。《書大傳》曰：「父頑母嚚而不見室家之端，故謂之鰥。」

帝曰：「俞。予聞，如何？」

「予聞」者，已知其人也。「如何」〔二〇〕，更詳其實也。以舜之玄德，年二十而聞于天下。以堯之明思，天下固無遺照也。然聞之而不自舉之，蓋爲天下擇人，必盡天下之議。聖人目大心平，大公無我意象，於此可想見也。

岳曰：「瞽子，父頑，母嚚，象傲。克諧以孝，烝烝乂，不格姦。」

舜處頑嚚之下，非可以諫諍回父母之心，非可以言語喻父母於道，加之傲很之弟，又豈聲音笑貌可以得其歡心哉？「克諧以孝，烝烝乂」，是蓋真誠之充積，和氣之薰烝也。「不格姦」，則衆亦不至於爲惡矣。家難而天下易，觀諸克諧烝烝之氣象，則舜治天下神化之功用於此可見矣。

帝曰：「我其試哉！女于時，觀厥刑于二女。」釐降二女于嬀汭，嬪于虞。帝曰：「欽哉！」

【校記】

〔一〕「劉敞」，原作「劉歆」，秦抄本作「劉敞」。按《尚書表注》作「劉敞」，不誤，今據此改正。
〔二〕「宅」，《前編》無「宅」字。
〔三〕「夕」，原作「長」，據《前編》《周禮》改。
〔四〕「中」，原作「十」，據《前編》改。
〔五〕「二百」，原作「一百」，據《前編》、蔡沈《書集傳》改。
〔六〕「分」，原無，據《前編》《書集傳》補。
〔七〕「積」下，《書集傳》有「又」字。
〔八〕「月得六日」，原作「日得六日」，《書集傳》無兩「日」字，據《前編》改。
〔九〕「日」，《前編》作「者」。
〔一〇〕「餘」，《書集傳》無。
〔一一〕「十七」，原作「十歲七」。按「歲」當衍，據《前編》删。
〔一二〕「度之」，《前編》無。
〔一三〕「必」，原作「加」，據《前編》改。
〔一四〕「分秒」至「常愈密矣」，原無「分秒」，據《前編》補。「常」，《前編》作「當」。
〔一五〕「舉」，《書集傳》作「禪」。
〔一六〕「平」，《前編》作「中」。

〔一七〕「卒不可」，原無「卒」，據《前編》補。

〔一八〕「書」，《前編》作「史」。

〔一九〕「愆」，原作「心」，據《前編》改。

〔二〇〕「如何」下，《前編》有「者」字。

舜典

粤若稽古，帝舜曰重華，協于帝。濬哲文明，温恭允塞。玄德升聞，乃命以位。

放勳以成功言，重華即重放勳之華也。「協于帝」，則自「欽明」而下，皆與帝堯協矣。然聖德則一，而資質功力氣象自各不同，故又以「濬哲」以下形容之。「光被」至「時雍」，君道也。「玄德」至「弗迷」，臣道也。伏生以《舜典》合于《堯典》，「欽哉」以下即受之以「慎徽五典」，孔安國《古文尚書》復出此篇。古文，孝平時始列學官，尋以亂廢，終漢世不列學官。東晉會稽内史梅頤始上其書，而缺《舜典》，學者以今文補之，起自「慎徽五典」。齊建武中，吴人姚方興上孔《傳》，《舜典》多「曰若稽古」以下二十八字。未幾，方興以罪誅，人無信者。江陵版蕩，其文北入中原，北方學者咸信之。隋開皇中，得爲全書。子王子曰：史官本爲虞作典，推及堯爾，蓋〔二〕舜之功，即堯之功，故係之曰《堯典》。孟子曰：「《堯典》曰：二十有八載，放勳乃徂落。」今皆載于《舜典》，有以證孟子所讀《堯典》未嘗分也。孔壁之分，以册書舒卷之長分之，無他義也。自蕭齊姚方興以二十八字加於「慎徽五典」之上，然後《典》

分爲二，勢不得合矣。且「玄德」二字，六經無此語，此莊老之言，晉宋所尚，愚知其非本語。履祥按：「重華」見於《楚辭》，「玄德」見於《淮南子》，則此二十八字《虞書》當已有之，非至宋齊間方作此附會也，今存之以俟來哲。

慎徽五典，五典克從。納于百揆，百揆時叙。

《左傳》太史克曰：昔高陽氏有才子八人，蒼舒、隤敳、檮戭、大臨、尨降、庭堅、仲容、叔達，齊聖廣淵，明允篤誠，天下之民謂之八愷。高辛氏有才子八人，伯奮、仲堪、叔獻、季仲、伯虎、仲熊、叔豹、季貍，忠肅共懿，宣慈惠和，天下之民謂之八元。此十六族也，世濟其美，不隕其名。以至於堯，堯不能舉。舜臣堯，舉八愷，使主后土以揆百事，莫不時叙，地平天成。舉八元，使布五教于四方，父義、母慈、兄友、弟恭、子孝，内平外成。故《虞書》數舜之功曰「慎徽五典，五典克從」，無違教也。「納于百揆，百揆時叙」，無廢事也。履祥按：「高陽」，顓頊也。「氏」，謂其朝代。「才子」，謂高陽氏之世，其故家遺俗也。高辛氏才子之云亦然。故總謂之十六族。或者不知，遂真以爲二帝之子，則高陽八子何其壽，而高辛氏之八子豈果堯之庶弟與？

賓于四門，四門穆穆。

《左傳》太史克曰：「舜臣堯，賓于四門，流四凶族，渾敦、窮奇、檮杌、饕餮，投諸四裔，以禦螭魅。故《虞書》曰：賓于四門，四門穆穆。無凶人也。」履祥按：螭魅，山林異氣所生，爲人害者。古者聖人爲民驅其龍蛇惡物而處之平土，故四裔無人之境螭魅聚焉。

程子曰：「四凶之才皆可用。堯之時，聖人在上皆以才任大位，而不敢露其不善之心。堯非不知，其不善也，伏則聖人亦不得而誅之。及帝舉舜於匹夫之中而授之位，則是四人者始懷憤怨不平之心而顯其惡，故得以因其迹而誅竄之也。」履祥按：太史克叙四凶之辭，疑多溢惡。蘇氏《古史》亦謂《左氏》所言皆後世流傳之過，今故略之。

納于大麓，烈風雨雷弗迷。

《淮南子》曰：四岳舉舜而薦之堯，堯妻以二女，以觀其内；任以百官，以觀其外。既入大麓，烈風雷雨而不迷。

太史公曰：堯使舜入山林川澤，暴風雷雨，舜行不迷。

蘇氏曰：洪水爲患，堯使舜入山林，相視原隰，雷雨大至，衆懼失常，而舜不迷。其度量有絶人者，而天地鬼神亦或相之與？

孟子曰：天下之生久矣，一治一亂。當〔二〕堯之時，天下猶未平，洪水横流，氾濫於天下，草木暢茂，禽獸繁殖，五穀不登，禽獸逼人，獸蹄鳥迹之道交於中國。堯獨憂之，舉舜而敷治焉。舜使益掌火，益烈山澤而焚之，禽獸逃匿。禹疏九河，瀹濟、漯，決汝、漢，排淮、泗，然後中國可得而食也。當是時也，禹八年於外，三過其門而不入。后稷教民稼穡，樹藝五穀。五穀熟而民人育，人之有道也。飽食暖衣逸居而無教，則近於禽獸。聖人有憂之，使契爲司徒，教以人倫。父子有親，君臣有義，夫婦有別，長幼有序，朋友有信。放勳曰：勞之來之，匡之直之，輔之翼之，使自得之，又從而振德之。履祥按：洪水之爲患也，堯使舜治之，舜於是使益掌火，禹敷土，稷教稼穡矣。舜使禹治之，禹於是曁益奏鮮食，曁稷奏艱食〔三〕矣。二聖人之規模，其視鯀之「方命圮族」者，不其相遠乎？故觀《書》者必得聖人之規模焉。又按孟子稱「天下之生，一治一亂」，則是氣化消息固有定勢矣，獨不關諸人事歟？曰：朱子固曰氣化盛衰，人事得失，反覆相尋，理之常也。大抵氣化有盛則必有衰，人事處盛則必有失，此一治所以一亂也；氣化衰則必復盛，人事失則必復變，此一亂所以一治也。惟聖人在上，則能以道御氣，以治制亂，此所以常盛常治而無衰亂也。古今之言堯舜者，皆曰極治之時，而不知帝堯乃善制亂之主。何則？帝堯治天下，天下雍熙者至是六十餘年，氣化可謂極盛，天下可謂極治矣。盛則必衰，惟其人事無致亂之因，故散而爲子朱之不肖，洪水之横流。四罪在朝，聖人在下，是亦一亂矣。惟帝堯善於制亂，故水之爲災也則敷治，子之不肖也則與賢。舜禹并興，四罪終去，所以處亂而迄不害其爲治也。然則世皆以堯爲極治之主，愚獨謂堯、舜皆善治亂之君，後之爲君者無徒曰氣數云。

帝曰：「格汝舜，詢事考言，乃言底可績，三載，汝陟帝位。」舜讓于德，弗嗣。

子王子曰：堯之試舜如此之詳，而讓德弗嗣之下無再命之辭，巽位之際亦無丁寧告戒之語〔四〕。按《論語・堯曰》篇首載「帝曰：咨爾舜，天之曆數在爾躬，允執其中，四海困窮，天禄永終〔五〕」。二十四字乃二《典》之脱文也。

正月上日，受終于文祖。

堯老而舜攝也。堯終其事而舜受之也。

在璿璣玉衡，以齊七政。

以玉爲璣，以象天體之運轉。以璿珠飾之，以象星辰之位次。以玉爲横筩，推其分度時節，以窺天而與璣合。羲和之法至是益密，後世渾天儀象，蓋其法也。朱子曰：渾天説曰天之形狀似鳥卵，地居其中，天包地外，猶卵之裹黄，圓如彈丸，故曰渾天。其術以爲天半覆地上，半在地下。其天居地上，見者一百八十二度半强，地下亦然。北極出地上三十六度，南極入地下亦三十六度，而嵩高正當天之中。極南五十五度當嵩高之上，又其南十二度爲夏至之日道，又其南二十四度爲春秋分之日道，又其南二十四度爲冬至之日道。南下去地三十一度而已，是夏至日北去極六十七度，春秋分〔六〕去極九十一度，冬至去極一百一十五度，此其大率也。其南北極持〔七〕其兩端，其天與日月星宿斜而迴轉。此必古有其法，遭秦而滅。漢武帝時，洛下閎、鮮于妄人始經營量度之。宣帝時，耿壽昌始鑄銅而爲象。宋錢樂之〔八〕又鑄銅作渾天儀。衡，長八尺，孔徑一寸。璣，徑八尺，圓周二丈五尺强。轉而望之，以知日月星辰之所在，即璿璣玉衡之遺法也。歷代以來，其法漸密，本朝因之，爲儀三重。其在外者曰六合儀，平置黑單環，上刻十二辰，八干四隅，在地之位，以準地面而定四方。側立黑雙環，背刻去極度數，以中分天脊，直跨地平，使其半出地上，半入地下，而結於其子午，以爲天經。斜倚赤單環，背刻赤道度數，以平分天腹，横繞天經，亦使半出地上，半入地下，而結於其卯酉，以爲天緯。三環表裏相結不動。其天經之環，則南北二極皆爲圓軸，虚中而内向，以挈三辰四遊之環。以其上下四方於是可考，故曰六合。次其〔九〕内曰三辰儀，側立黑雙環，亦刻去極度數，外貫天經之軸，内挈黄赤二道。其赤道則爲赤單環，外依天緯，亦刻宿度，而結以〔一〇〕黑雙環之卯酉。其黄道則爲黄單環，亦刻宿度，而又斜倚於赤道之腹，以交結於卯酉，而半入其内以爲春分後之日軌，半出其外以爲秋分後之日軌。又爲白單環，以承其交，使不傾墊。下設機輪，以水激之，使其日夜隨天東西運轉，以象天行。以其日月星辰，於是可考，故曰三辰。其最在内者曰四遊儀，亦爲黑雙環，如三辰儀之制，以貫天經之軸。其環之内，則兩面當中，各施直距，外指兩軸而當其要中之内面。又爲小窾〔一一〕以受玉衡要中之小軸，使衡既得隨環東西運轉，又可隨處南北低昂，以待占候者之仰窺焉。以其東西南北無不周遍，故曰四遊。此其法之大略也。《儀禮經傳通解·曆象》篇曰：「渾天儀，唐貞觀中李淳風爲之，開元中浮屠一行、梁令瓚又爲之，宋太平興國中張思訓創爲，元祐中蘇頌更造，其法尤密。置渾儀於上以仰觀，置渾象於下以俯視，樞機輪軸隱於中，以水激輪，則儀象皆動，不假人力。」

肆類于上帝，禋于六宗，望于山川，遍于群神。

朱子曰：「類」、「禋」、「望」，皆祭名。「類」謂非常祀而祭告于天，其禮依郊祀爲之。「上帝」，天也。「禋」，精意以享之謂。「宗」，尊也。謂〔一二〕尊祭者，其祀有六。《祭法》曰：「埋少牢於泰昭，祭時也。相近於坎壇，祭寒暑也。王宫，祭日也。夜明，祭月也。幽宗，祭星也。雩宗，祭水旱也。」「山川」，名山大川，五嶽四瀆之屬。望而祭之，故曰「望」。「群神」，謂丘陵墳衍、古昔聖賢之類。言受終觀象之後，祭祀以攝位告也。

輯五瑞，既月乃日，覲四岳群牧，班瑞于群后。

合五等諸侯，朝攝于都，各執命圭璧爲信，以合符于天子。盡正月皆至，於是日日覲見四岳九牧，以察問五等諸侯之政，班還其命圭璧，如新命受也。

歲二月，東巡狩，至于岱宗，柴望秩于山川。

《禮記》作「柴而望祀山川」。蓋古者祭山埋之，祭川沈之，今於東岳之下祀東岳，而及東方山川，不能遍埋沈也，故柴而望祭，取其氣之旁達也。舊説「柴」句，謂燔柴以祭天。古者祭天必於郊，有大事特告，則放郊禮而謂之類，天子將出類于上帝，未聞至岱宗而始祭告也。餘三岳皆如岱禮，則一歲巡狩而四祭天，不已瀆乎？當從《禮記》〔一三〕以「柴望秩于山川」爲句。

肆覲東后，五玉、三帛、二生、一死贄。

「五玉」至「贄」，舊在「修五禮」之下，朱子謂當在「覲東后」之下。蓋東方五等諸侯及公侯之子附庸之君，與卿大夫命士贄見之儀等也。聖人制爲覲享之禮，「五玉、三帛、二生、一死」，皆取服食器用而已。古時多玉，故公侯以玉爲贄，以共天子之器用賜予。古者玄衣纁裳，黄亦爲裳，故侯之世子執纁，公之孤執玄，附庸之君執黄，以共衣服。卿羔，大夫雁，士雉，以共飲食也。羔羊、舒雁二物皆可以生得。士異於庶人，故執雉，取其文也。而雉不能生得，故以死者爲贄。可以見聖人制禮詳密而簡易也如此。

協時、月，正日，同律、度、量、衡，修五禮，如五器。卒乃復。

朱子曰：「時」謂四時，「月」謂月之大小，「日」謂日之甲乙。諸侯之國有不齊者，則協而正之也。「同」，審而一之也。「律」謂十二律，黄鍾、太簇、姑洗、蕤賓、夷則、無射，六律爲陽；太吕、夾鍾、仲吕、林鍾、南吕、應鍾，六吕爲陰。凡十二管，皆徑三分有奇，空圍九分，而黄鍾之長九寸，太吕以下律吕相間，以次而短，至應鍾而極焉。以之制樂而節聲音，則長者聲下，短者聲高，下者則重濁而舒遲，上者則輕清而剽疾。以之審度而度長短，則九十分黄鍾之長。一爲一分，而十分爲寸，十寸爲尺，十尺爲丈，十丈爲引。以之審量而量多少，則黄鍾之管其〔一四〕容子穀秬黍中者，一千二百以爲龠，而十〔一五〕龠爲合，十合爲升，十升爲斗，十斗爲斛。以之平衡而權輕重，則黄鍾之龠所容千二百黍，其重十二銖。兩龠則二十四銖爲兩，十六兩爲斤，三十斤爲鈞，四鈞爲石。此黄鍾所以爲萬事根本。諸侯之國，其有不一者，則審而同之也。時月之差，由積日而成，其法則先粗而後精。度、量、衡受法於律，其法則先本而後末。故言「正日」在「協時月」之後，「同律」在「度量衡」之先，立言之叙蓋如此也。「五禮」，吉、凶、軍、賓、嘉也，修之所以同天下之風俗。「如」，同也。「五器」，即五禮之器。「卒乃復」者，舉祀禮、覲諸侯、一正朔、同制度、修五禮、如五器數事皆畢，則不復東行，而遂西向，且轉而南行也。今按「如五器」即《禮記》所謂「考制度、衣服正之」之類是也。

五月，南巡狩，至于南岳，如岱禮。八月，西巡狩，至于西岳，如初。十有一月朔巡狩，至于北岳，如西禮。歸，格于藝祖，用特。

朱子曰：「南岳」，衡山。「西岳」，華山。「北岳」，恒山。二月東，五月南，八月西，十一月北，各以其時也。「格」，至也，言至于其廟而祭告也。「藝祖」，疑即文祖；或曰文祖，藝祖之所自出，未有可考。「特」，特牲也，謂一牛也。古者君將出，必告于祖禰。歸又至其廟而告之，孝子不忍死其親，出告反面之義也。《王制》曰「歸格于祖禰」，鄭注曰：「祖下及禰皆一牛。」程子以爲但言藝祖，舉尊爾，實皆告也，但止就祖廟共用一牛，不如時祭各設主於其廟也。二説未知孰是，今兩存之。

五載一巡狩，群后四朝。敷奏以言，明試以功，車服以庸。

林氏曰：天子巡狩，則有「協時月」以下等事。諸侯來朝，則有「敷奏」「明試」〔一六〕以下等事。

肇十有二州，封十有二山，濬川。

《禹貢》九州奠高山大川，此分爲十二州，故又分表其山，及通朝貢水道。吴氏曰：此節在禹治水之後，其次叙不當在四罪之前。蓋史官泛記舜所行之大事，初不計前後之序是也。九州之來舊矣，而冀爲其北。自陶唐都冀，其聲名文教自冀四達，冀之北土所及固廣矣。及水土既平，人民加聚，於是分州〔一七〕。自衛水以北爲并州，醫無閭之地爲幽州，碣石以東接青州之北爲營州，是爲十有二州焉。考《詩》《書》傳記所紀，其後復爲九州。蓋九州爲正，而幽、并、營不過分統青、冀之故地。是以殷之制合并爲幽，合青爲營，分梁以入于雍州。周之制，合梁爲雍，合徐爲青，而并與幽、冀復三焉。略見《爾雅》，詳見《職方氏》所記。《職方》：幽州，其山鎮曰醫無閭，其川河、泲；并州，其山鎮曰恒山，其川滹沱、嘔夷。然則營州，其山碣石，其川遼水與？

象以典刑。流宥五刑。鞭作官刑，扑作教刑，金作贖刑。眚災肆赦，怙終賊刑。欽哉！欽哉！惟刑之恤哉！

朱子曰：「『象』，如天之垂象示人。『典』，常也，示人以常刑，所謂墨、劓、剕、宫、大辟，五刑之正也，所以待夫元惡大憝，殺人傷人，穿窬淫邪，凡罪之不可宥者也。流，流遣之〔一八〕，使遠去。『宥』，寬也，所以待夫罪之稍輕，雖入於五刑而情可矜、法可疑，與夫親貴勳勞而不可加以刑者，則以此而寬之也。『鞭』，木末垂革，官府之刑。『扑』，夏楚，學校之刑，皆以待夫罪之輕者也。『金』，罰其金。『贖』，贖其罪也。所以待夫罪之極輕，雖入於鞭扑之刑，而情法猶有可議者也。此五句者，寬猛輕重各有條理，法之正也。『眚』謂過誤。『災』謂不幸。若人有如此而入於刑，則又不待流宥、金贖而直赦之也。『賊』，殺也。『怙終賊刑』者〔一九〕，『怙』爲有恃，『終』爲再犯。若人有如此而入於刑，則雖當宥當贖，亦不許其宥，不聽其贖，而必刑之也。此二句者，或由重而即輕，或由輕而即重。蓋用法之權衡，所謂法外意也。聖人立法制刑之本末，此七言者大略盡之矣。雖有輕重取舍，陽舒陰慘之不同，然『欽哉！欽哉！惟刑之恤』之意，則未始不行乎其間也。蓋其輕重毫釐之間各有攸當者，乃天討不易之定理，而欽恤之意行乎其間，則可以見聖人好生之本心也。」

流共工于幽州，放驩兜于崇山，竄三苗于三危，殛鯀于羽山，四罪而天下咸服。

《書》叙四罪，在舜攝位之末，蓋作《書》者紀舜象刑之法與其恤刑之意，因記二十八年之間，刑者[二〇]四人而已，外是無刑者。是則因而係諸典刑之下，非攝位季年之事也。若果季年之事，則崇鯀羽山之殛，嵇誅於三考之後，而追罪於三十年之餘也。且是時禹已成功而罪鯀，人情之必不然者，而謂聖人爲之乎？

二十有八載，

舜攝二十八載也。

帝乃殂落，百姓如喪考妣，三載，四海遏密八音。

魂氣歸天爲「殂」，體魄歸地爲「落」，鬼神之義盡矣。聖人在上，又鬼神之盛，故言其崩曰「殂落」。「百姓」者，畿内之民。「四海」，則凡天下之民也。

月正元日，舜格于文祖。

蘇氏：「受終告攝，此告即位也。」

詢于四岳，闢四門，明四目，達四聰。

「四岳」，累朝元老，其職周知四方，故首詢之。「闢四門」者，來四方之賢。「明四目」者，察四方之事。「達四聰」者，通四方之言。皆四岳職也。吕氏曰：舜繼堯，法度章，禮樂著，而又野無遺賢，嘉言罔伏。舜至此復詢闢明達，何哉？天子初政如日之升，方積陰之後，日之初升，則固光明精彩矣。若常晴之後，日之朝升，其光明精彩亦自若也。舜之繼堯，其常晴之出日與？愚謂天下之大，一日照察之不及，則一日有所遺，是以聖人常慮其不及也，况當初政之日乎？

「咨！十有二牧。」曰：「食哉惟時，柔遠能邇，惇德允元，而難任人，蠻夷率服。」

「牧」，養也。每州以諸侯之長爲牧，專任養民之事。諸侯固各牧其民，然或各私其國，曲防遏糴，州牧所以通濟之也。故曰「食哉惟時，柔遠能邇」。「惟時」言民食不可後時也。養民者，視年之上下而爲之備，視地之豐耗而爲之通，周知民之貧困孤寡者而爲之恤，不使民食之後時也。崇厚道德，信任元善，畏難壬佞。牧率諸侯者，意尚如此，則當時治體風俗可知矣。十二州，冀、豫爲中，餘州皆外邊四裔。「蠻夷率服」，蓋推言其效也。

舜曰：「咨！四岳。

特書「舜曰」，則此前稱帝者堯也，後稱帝者舜也。

有能奮庸熙帝之載，使宅百揆，亮采惠疇？」

舜前以百揆攝政，至是即位而別命百揆焉。「庸」，民功，謂愛民之功也。「載」，事也。「亮」，明也。「采」亦事，即「熙載」也。「惠」如安民則惠之「惠」，即「奮庸」也。二《典》之「疇」皆謂誰，言有能奮起民功而明帝堯之事者，使宅百揆，以亮相吾之事與吾之仁，其誰乎？

僉曰：「伯禹作司空。」帝曰：「俞，咨！禹。汝平水土，惟時懋哉！」

「平水土」者，司空之職。「惟時」，則指百揆之職。朱子曰：帝咨禹，使仍作司空而兼行百揆之事，録其舊績而勉其新功也。以司空兼百揆，如周以六卿兼三公，後世以他官平章事知政事，亦此類也。

禹拜稽首，讓于稷、契暨皋陶。帝曰：「俞，汝往哉。」

帝曰：「棄，黎民阻飢，汝后稷，播時百穀。」

棄之爲稷久矣，帝始即位，因其職而申命之也。《舜典》凡不咨而命，命而不讓者，皆因其職而申命之也。「阻飢」，謂或阻於飢。「時」者，不失農時也。古者聖人以時教民稼穡，常有再登三登之積，不使之阻於飢也。

帝曰：「契，百姓不親，五品不遜。汝作司徒，敬敷五教，在寬。」

「契」，一作「卨」，又作「禼」。孟子曰：使契爲司徒，教以人倫，父子有親，君臣有義，夫婦有別，長幼有序，朋友有信。放勳曰：勞之，來之，匡之，直之，輔之，翼之，使自得之，又從而振德之。孟子所載，初命契之詞也。《書》則因其職而申命之也。

帝曰：「皋陶，蠻夷猾夏，寇賊姦宄。汝作士，五刑有服，五服三就，五流有宅，五宅三居，惟明克允。」

朱子曰：「夏」，明而大也，中國文明之地，故曰華夏。劫人曰「寇」，殺人曰「賊」，在外曰「姦」，在内曰「宄」。「士」，理官也。「服」，服其罪也。「三就」，孔氏以爲大罪於原野，大夫於朝，士於市，不知何據。竊恐惟大辟棄之於市，宫辟則下蠶室，餘刑亦就屏處。蓋非死刑，不欲使風中其瘡，誤而至死，聖人之仁也。「五流」，五等象刑之當宥者也。「五宅三居」者，流雖有五，而宅之但爲三等之居也。孔氏以爲大罪居於四裔，次則九州之外，次則千里之外。雖亦未見其所據，大概當略近之。此亦因禹之讓而申命之。前后稷養之，司徒教之，其不化者，則有士師之刑。「猾」，亂也，謂蠻夷之氣習，污染華夏，於是有寇賊姦宄也。皋陶爲士舊矣，至此聖人又制爲三就三居之等。「惟明克允」，蓋折獄不明，豈能當其罪而服人心，此最聖人之要旨。舊説二十二人不言兵政，蓋總皋陶掌刑之職，故蠻夷猾夏，苗頑不率，帝舜皆以委皋陶。古封建之世亦無大夷狄，聖人在上亦無大征伐，故外以蠻夷委州牧，内以委刑官，所謂大刑用甲兵也。兵藏於田賦，徒衆掌於司徒，戎器制於共工，馬乘兼於朕虞，則兵政無專官，自不廢事。

帝曰：「疇若予工？」僉曰：「垂哉！」帝曰：「俞，咨！垂，汝共工。」垂拜稽首，讓于殳斨暨伯與。帝曰：「俞，往哉！汝諧。」

此教民利器用，爲國除器械也，所謂審曲面勢，以飭五材，以辨民器者也。凡百工之事，共工主之。凡言「汝諧」者，謂能調和其徒屬也。朱子曰：「若」，順其理而治之也。《曲禮》六工有土工、金工、石工、木工、獸工、草工，《周禮》有攻木之工、攻金之工、攻皮之工、設色之工、刮摩之工〔二〕、摶埴之工，皆是也。帝問誰能順治予百工之事者。「垂」，臣名，有巧思。《莊子》曰「攦工垂之指」，即此也。「共工」，官名。「共」，供也，言供其事也。殳斨、伯與，二臣名。「往哉！汝諧」言汝往和其職，不聽其讓也。《路史》曰：「殳」，國名，伯陵之子所封，其後有殳斨，又作朱斨。

帝曰：「疇若予上下草木鳥獸？」僉曰：「益哉！」帝曰：「俞，咨！益，汝作朕虞。」益拜稽首，讓于朱、虎、熊、羆。帝曰：「俞，往哉！汝諧。」

此虞、衡之職，各順動植飛走之性而封植繁毓之，取之以時，用之以節，使材木不可勝用，鳥獸魚鼈不可勝食，馬畜繁息，澤及萬物者也。朱子曰：「『上下』，山林澤藪也。『虞』，掌山澤之官，《周禮》分爲虞、衡，屬於夏官。朱、虎、熊、羆，四臣名也。高辛氏之子有曰仲虎、仲熊，意以獸爲名者，亦以其能服是獸而得名歟？《史記》謂『朱、虎、熊、羆爲伯益之佐』。前殳斨、伯與當亦爲垂之佐也。」

帝曰：「咨！四岳，有能典朕三禮？」僉曰：「伯夷。」帝曰：「俞，咨！伯，汝作秩宗，夙夜惟寅，直哉惟清！」伯拜稽首，讓于夔、龍。帝曰：「俞，往，欽哉！」

朱子曰：「『典』，主也。『三禮』，祀天神、享人鬼、祭地祇之禮也。『伯夷』，臣名，姜姓。『秩』，叙也。『宗』，祖廟也。『秩宗』，主叙次百神之官，而專以秩宗名之者，蓋以宗廟爲主也。《周禮》亦謂之宗伯，而都家皆有宗人之官，以掌祭祀之事，亦此意也。『夙』，早。『寅』，敬畏也。『直』者，心無私曲之謂。人能敬以直内，不使少有私曲，則其心潔清而無物欲之污，可以交於神明矣。『夔、龍』，二臣名。」按周太史曰姜，伯夷之後也。《史記》叙齊世家繫出四岳，及其叙十一國則又曰伯夷之後，周封於齊，豈伯夷四岳之子與？若是，則岳爲能内舉矣。夫禮樂之本，同體異用，伯夷遜于夔、龍，則夔亦固可掌禮矣。而謂其達於樂，不達於禮，是豈夫子之言哉？

帝曰：「夔，命汝典樂，教胄子。

「胄子」者，自天子以至于士之長子也。是皆將繼其父，以有天下國家職位之責者，故教之尤專。古之教者，非有簡編文字之多也，而必以樂。蓋簡編文字者聞見之粗，而樂者轉移氣質之妙也。所以消融其查滓，滌蕩其血氣，而涵暢乎中和者，其妙機在乎是也。今之教者，皆其粗而已矣。程子曰：「古之成材也易，今之成材也難。」

直而温，寬而栗，剛而無虐，簡而無傲。

此教胄子之目也。人之氣禀不同，故其性質有異，非數端所能盡者。胄子生長富貴之家，其性氣惟是數端爲多也。直而使之温，寬而使之栗，所以濟其偏也。剛而使之無虐，簡而使之無傲，所以防其過也。然皋陶九德之目，亦自是數端而細推之。

詩言志，歌永言，聲依永，律和聲。八音克諧，無相奪倫，神人以和。」

此典樂之目也。天理流行，具於人心，感而爲詩者，無非天理之真機也。而況聖人在上，治化清明，則人心感而爲詩者，此固和氣之所發也。聖人以其足以暢和氣，感人心，存啓發，驗政化，格人神，於是採而播之樂。夫其有〔二二〕詩也，則必有聲音唱詠以歌之，歌所以詠其言也。夫其有歌也，則必有清濁高下以節之，五聲所以依其永也。律呂者，又清濁高下之度，所以協其清濁高下而被之八音者也。然既依諸聲，則自〔二三〕有其節，而可以協諸律呂。既協諸律呂，則聲有其度，而可以諧之八音。音有其譜，則可以成其韻調也。此作樂之原也。

帝曰：「龍，朕堲讒説殄行，震驚朕師。命汝作納言，夙夜出納朕命惟允。」

「堲」，疾之也。「殄」，絶也。讒邪之説，使人昧於所聞，是絶人爲善之行也。一曰「殄」者，過絶之行，《中庸》所謂「行怪」者也。「震驚朕師」者，謂其駭衆亂群也。邪説之行，其勢起於民情之不達，政化之不明。故俗移於下而上不知，令出於上而下不聞，此讒説之所以行也。「納言」，所以伸民言而觀民風也。「出納朕命惟允」，所以審君言而播民教也。此道化所以通於民，民心所以化於上，而邪説所以不行也。夫邪説詖行，古今要不能無。觀唐虞之時，風俗醇厚，政化修明，一有讒説殄行之興，則衆以爲駭，上以爲疾，而觀民風，修教化，所以邪説者不得作。後世上無教，下無學，邪説詖行肆然而行於其間，民皆安之，而上之人又或從而助之，此所以莫之禁也。噫！其來久矣。《書》稱「予欲聞六律五聲八音，在治忽，以出納五言」，又曰「工以納言，時而颺之」。然則納言、典樂二職固相關也，此夔、龍所以并命與？後世出納之司則有之，納言則非矣。

帝曰：「咨！汝二十有二人，欽哉！惟時亮天功。」

「欽」之一辭，堯、舜之心法，前後所以相傳，君臣所以相警，惟此一語。二十二人之命，雖人各有一職，職各有所重，而「欽」之一辭，實總而終之。無此心，則職荒矣。

三載考績。三考，黜陟幽明，庶績咸熙。分北三苗。

唐孔氏曰：「考績法明，人皆自勵，故得衆功皆廣也。『分北三苗』，即是黜幽之事，故於『考績』之下言其流之。『分』謂别之。云『北』者，言相背。舜之黜陟，善惡明也。」古史曰：三載考績，三考黜陟幽明，庶績咸熙。惟三苗之遺民爲惡不悛，乃復分北處之，以散其衆。「分北」之者，分其民順化者與違命者，猶後世部分夷狄爲生户、熟户。

按有苗始末説者不同，愚嘗綜其實。《書》之所稱，於前曰三苗，於後曰有苗，曰苗民。《書》有異辭，則事有不同矣。蓋其始部落不一，總謂三苗。說見《堯紀》〔二四〕。當堯之時，竄三苗于三危，罪其渠魁也。當舜之時，分北三苗，則削其地，分其民，别其部落，離其黨類，於以黜陟，亦以銷其勢也。至其後徂征之時，止曰有苗，曰苗民，而不復曰三苗云者，蓋已竄之後，既分之餘，存者特其一種耳。說者又謂分北之政在舜季年來格之後，故係之《舜典》之末，是又不然。夫《舜典》之事，初年之事也。古者無事之世，帝王〔二五〕有作，其規模設施，皆於其初年。自是守之而天下治，雖其間隨時消息，蓋無幾也。舜自初年即政，分命群賢，三考黜陟，庶績咸熙，獨三苗以罪分北，則自餘無事可知矣。故終之以陟方，而餘不屢書焉。

且於《典》曰「庶績咸熙，分北三苗」，於《謨》曰「各迪有功，苗頑弗即工」，則分北之事，爲三考黜幽之典，在衆功咸熙之後無疑也，非季年之事也。且季年之事莫大於禪禹，而《典》不書，徂征亦不書，何獨分苗而特書之？然則《典》之所書，止其初年之大政，所以權輿五十年之治者也。若征苗之事，則薦禹之餘，如舜巡狩四岳，肇州。四罪之政，不繫之堯而繫之舜者也。不然來格之後，彼既服矣，又從而分北之，所謂如追放豚，既入其笠，又從而招之，而謂聖人，能之乎？

舜生三十徵庸，三十在位，五十載陟方乃死。

言舜生三十而登庸，又三十年而在位，又五十年乃崩，言其年數耳，非號也。「陟方」，猶言升遐也。韓子曰：「《竹書紀年》：帝王之沒皆曰『陟』。『陟』，昇也，謂昇天也。」朱子曰：「『方』猶云『徂乎方』之『方』。『陟方乃死』，猶言殂落而死也。」

【校記】

〔一〕「蓋」，原作「益」，據《前編》改。
〔二〕「當」，原作「常」，據《前編》、秦抄本、張抄本改。
〔三〕「食」，原作「鮮」，據《前編》改。
〔四〕「語」，《前編》「語」下有「何也」二字。
〔五〕「載帝曰」至「永終」，《前編》無。
〔六〕「秋分」，原無「秋」，據《前編》補。
〔七〕「持」，《書集傳》作「特」。
〔八〕「錢樂之」，原無「之」，據《宋書・律曆志》補。
〔九〕「次其」，原文倒，據《前編》乙。
〔一〇〕「以」，《前編》作「爲」，《書集傳》作「于」。
〔一一〕「竅」，《前編》作「竅」。
〔一二〕「謂」，《前編》作「所」。
〔一三〕「禮記」，原無「禮」，據《前編》補。
〔一四〕「其」，原作「而」，據《前編》《書集傳》改。
〔一五〕「十」，原作「合」，據《前編》改。
〔一六〕「明試」，《書集傳》作「以言」。

〔一七〕「州」，《前編》作「冀州」。
〔一八〕「流流遣之」，原無上「流」字，據《前編》、《晦菴先生朱文公文集》（《四部叢刊》影印上海涵芬樓藏明刊本）卷六五補。《書集傳》「流」作「流宥五刑者」。
〔一九〕「賊殺」至「刑者」，《前編》無。
〔二〇〕「刑者」，《前編》作「所刑者」。
〔二一〕「刮摩之工」，《書集傳》無。
〔二二〕「有」，原無，據《前編》補。
〔二三〕「自」，原作「字」，據《前編》改。
〔二四〕「紀」，原作「記」，據《前編》改。
〔二五〕「王」，原作「者」，據《前編》改。

書經注卷之二

大禹謨

粵若稽古，大禹曰：「文命敷于四海，祗承于帝。」

朱子曰：「文命敷於四海，即《禹貢》所謂『東漸』、『西被』、『朔南暨聲教訖於四海』者也。史臣言禹既已布其文教於四海矣，於是陳其謨以敬承于舜，如下文所云也。『文命』，《史記》以爲禹名。蘇氏曰：以『文命』爲禹名，則『敷於四海』者爲何事耶？」

曰：「后克艱厥后，臣克艱厥臣，政乃乂，黎民敏德。」

朱子曰：「曰已下〔一〕即禹『祗承于帝』之言也。孔子曰：『爲君難，爲臣不易。』即此意也。『敏』，速也。禹言君而不敢易其爲君之道，臣而不敢易其爲臣之職，夙夜祗懼，各務盡其所當爲者，則其政事乃能修治而無邪慝，下民自然觀感，速化於善而有〔二〕不容已矣。」

帝曰：「俞。允若茲，嘉言罔攸伏，野無遺賢，萬邦咸寧。稽于衆，舍己從人，不虐無告，不廢困窮，惟帝時克。」

朱子曰：「舜然禹之言，以爲信能如此，則必有以廣延衆論，悉致群賢，而天下之民咸被其澤，無不得其所矣〔三〕。然非忘私順理，愛民好士之至，無以及此，而惟堯能之，非常人所及也。蓋爲謙辭以對，而不敢自謂其必能，舜之『克艱』於此亦可見矣。」「無告」指民，「困窮」指士。程子曰：「舍己從人，最爲難事。『己』者，我之所有，雖痛舍之，猶懼守己者固，而從人者輕也。」

益曰：「都！帝德廣運，乃聖乃神，乃武乃文。皇天眷命，奄有四海，爲天下君。」

朱子曰：「廣者大而無外，運者行而〔四〕不息。大而能運，則變化不測。故自其大而化之而言則謂之聖，自其聖而不可知而言則謂之神，自其威之可畏而言則謂之武，自其經緯政化而言則謂之文。堯之初起不見於經，傳稱其自唐侯特〔五〕起爲帝。觀益之言，理或然也。或曰：舜之所謂帝者，堯也。群臣之言帝者，舜也。益蓋因舜尊堯，而遂美舜之德以勸之。言不特堯能如此，帝亦當然也。今按此説固爲有理，但此語接〔六〕連上句『惟帝時克』之下，未應遽舍堯而譽舜，又徒極稱其美，而不見勸勉規戒之意。唐虞之際，未遽有此諛佞之風也。依舊説，贊堯爲是。」此舜初年之謨。所謂「帝」者，皆述堯也。

禹曰：「惠迪吉，從逆凶，惟影響。」

朱子曰：「『惠』，順。『迪』，道也。『逆』，反道也。『惠迪』、『從逆』猶曰順善從惡也。禹言天道可畏，吉凶之應於善惡，猶影響之出於形聲也，以見不可不艱者以此，而終上文之意。」履祥謂舜因禹克艱之謨而論堯之克艱，益[七]因舜論堯之辭而推堯之德業，蓋[八]舜明堯之心而益明堯之德。禹因益言堯得天之效，而推言感格之由，則又以警舜也。

益曰：「吁！戒哉！儆戒無虞，罔失法度。罔遊于逸，罔淫于樂。任賢勿貳，去邪勿疑。疑謀勿成，百志惟熙。罔違道以干百姓之譽，罔咈百姓以從己之欲。無怠無荒，四夷來王。」

「無虞」，無可慮之時也。無虞之時，法度易弛。「逸樂」易過，故戒之。「疑謀勿成」，謂謀之未決者未可行，凡事必已審決而後行也。「百志惟熙」，謂心之應事皆明而無所累也。益之言「罔」者五，「勿」者三，「無」者二，皆儆戒之目也。「失度」、「逸樂」，戒其修諸身者也。「賢」、「邪」、「謀」、「疑」，戒其施諸朝廷者也。「違道」、「從欲」，戒其施於百姓者也。「無怠無荒，四夷來王」，戒其不倦以終之，雖達之夷狄可也。「干百姓譽」與「咈百姓」二句相反，須是兼看。戒其干譽，則或至咈民；戒其咈民，則或至干譽。要在「道」、「欲」二字。

禹曰：「於，帝念哉！德惟善政，政在養民。

此總言治之本原綱領也。

水、火、金、木、土、穀惟修，正德、利用、厚生惟和，九功惟叙，九叙惟歌。

「水、火、金、木、土、穀」，謂之六府。「正德、利用、厚生」，謂之三事。此推言德政養民之自也。所謂六府者，府蓋官府之府，六府所以裁成天地之性，遂萬物之宜而致天下之利者也。傳稱古者「物有其官，官修其方」，故有五行之官，所謂木工、火工、金工、水工、土工是也。其在唐虞，豈非六府與？《禮記》殷制，天子之六府曰司土、司木、司水、司草、司器、司貨，典司六職，蓋本有虞氏之舊制也。土、木、水三司，其名不易。司草則穀府，司貨則金府，司器則火府，鎔冶之事也。鄭氏謂在周則司土，土均也。司木，山虞也。司水，川衡也。司草，稻人也。司貨，丱〔九〕人也。然則其在有虞，豈非司空、朕虞、后稷、共工之職與？或九官之外，自有專司六府者與？或當時六府以事而名，不必專職與？六府各修其職矣，而政事之大有三〔一〇〕焉。教之以正其德，通之以利其用，節之以厚其生，此三事所以同天下也，故謂之和。「正德」則厚典庸禮之事，如司徒敷教，伯夷降典，后夔典樂，士制百姓，皆是也。「利用」即〔一一〕同律度量衡，懋遷有無化居之事。「厚生」則制用均節之事，如老者衣帛食肉，黎民不飢不寒，三年耕必餘一年之食，以三十年之通，雖有凶荒水旱，民無菜色是也。舊説三事既指人力之爲，而六府乃指五行自然之利。如此，則并爲九功，非類例矣。縱曰「修」屬人事，可列爲功，然「修」與「和」對耳，非「正」「利」「厚」三〔一二〕言之比也。且行有五，府有六，土爰稼穡而離爲二〔一三〕，於義不通。不若從《禮記》〔一四〕天子六府之説，則六府以職言，三事以事言，而九功之説得矣。六府之所掌，三事之所運，謂之「九功」。皆有成績功緒，謂之「九敘」。民樂其樂，利其利，沐其化而歌其事，采而貢之上之人，比而成章，謂之「九歌」。「九歌」也者，太史公所謂沐浴膏澤而歌詠勤苦〔一五〕者也。蘇氏謂其辭事若《豳風》之類，其是與？

戒之用休，董之用威，勸之以九歌，俾勿壞。」

自水土既平以來，六府之修，三事之和久矣。和豫之世，人情易緩，庶事易弛，故禹於此論德政養民之事，必「戒之用休」，謂時戒喻之而使之休。「休」者，知樂業安常之爲美也。必「董之用威」，「威」，古文作「畏」，謂時董督之而使之畏。「畏」者，知廢事失常之爲惡也。必勸之以「九歌」。「九歌」者，以其昔日之歌協之律吕，播之聲音，用之鄉人邦國，以及閭巷，莫不歌之，使民樂而不忘，思而不貳，勤而不倦焉。此德政養民無窮之治也。蘇氏謂「九歌」若《豳風》之類。愚謂如此則《周官》吹《豳詩》以樂田畯，吹《豳頌》以息老物，亦勸民「九歌」之遺意與？

帝曰：「俞。地平天成，六府三事允治，萬世永賴，時乃功。」

朱子謂「舜因禹言養民之政，而推其平水土之功以美之也」。

帝曰：「格，汝禹。朕宅帝位，三十有三載，耄期倦于勤。汝惟不怠，總朕師。」

朱子曰：「九十曰『耄』，百年曰『期』。舜至是年已九十三矣。『總』，率也。舜自言既老，血氣已衰，故倦於勤勞之事，汝當勉力不怠而總率我衆也，蓋命之攝位之事。堯命舜曰『陟帝位』，舜命禹曰『總朕師』者，蓋堯欲使舜真宅帝位，舜讓弗嗣，後惟居攝，亦若是而已。」

禹曰：「朕德罔克，民不依。皋陶邁種德，德乃降，黎民懷之。帝念哉！念兹在兹，釋兹在兹。

名言兹在兹，允出兹在兹。惟帝念功。」

虞廷大臣，德之相似者禹、皋而已，故禹於命攝之時所遜惟皋。禹懼帝舜惟見己之功而不見皋之爲功也，故勉帝以念〔一六〕。「念兹在兹，釋兹在兹」者，謂念之也熟，則雖捨之而不可易。「名言兹在兹，允出兹在兹」者，謂言之也熟，則雖外之而不可違。禹以帝與己而不與皋，或者言念之或遺而不見皋之功與？如見皋之爲功，則自有不可捨皋而他與者。此禹必欲遜皋之辭也。一説我念皋陶，固在皋陶。舍之不念，亦在皋陶。名之於言，固在皋陶。允出於心，亦在皋陶。亦通，但與上下句「帝念」不相應爾。

帝曰：「皋陶，惟兹臣庶，罔或干予正。汝作士，明于五刑，以弼五教，期于予治。刑期于無刑，民協于中，時乃功。懋哉！」

禹恐帝舜不念皋之功，故反覆以念功勉之。帝固未嘗不深知皋之功也，故因禹言以推明皋之功焉。大抵皋之知見密於禹，而禹之勞績著於皋。禹之功天下所共知，而皋之爲功非舜、禹不知也。然帝雖不聽禹之遜，而亦不遺皋之美。雖美皋陶之功，而不爲遜位之辭。觀於此，而聖人公平正大之心又可見矣。

皋陶曰：「帝德罔愆，臨下以簡，御衆以寬。罰弗及嗣，賞延于世。宥過無大，刑故無小。罪疑惟輕，功疑惟重。與其殺不辜，寧失不經。好生之德，洽于民心。兹用不犯于有司。」帝曰：「俾予從欲以治，四方風動，惟乃之休。」

舜方推美皋陶之功，皋則歸美於帝舜之德，而帝復以美皋焉。君臣有功，更相歸美，此固虞廷之盛。然君臣之體，相須以成，實有不可相無者，宜其成功之交相歸美也。

帝曰：「來，禹。降水儆予，成允成功，惟汝賢。

「降」，《孟子》作「洚」。「洚水」者，洪水也。「成允成功」者，成實成之功也。朱子曰：「『允』，信也。奏〔一七〕言而能踐其言，試功而能有其功。」

克勤于邦，克儉于家，不自滿假，惟汝賢。

上「惟汝賢」，美其功也。此「惟汝賢」，美其心也。有是心能有是功者鮮矣，有是功而又有是心抑尤鮮矣。

汝惟不矜，天下莫與汝爭能。汝惟不伐，天下莫與汝爭功。

「矜」者，自大。「伐」者，加人。「不矜」、「不伐」，禹之所以爲大。

予懋乃德，嘉乃丕績。天之曆數在汝躬，汝終陟元后。

朱子曰：「『曆數』者，帝王相繼之次第，猶歲時節氣之先後。汝〔一八〕有盛德大功，固知曆數當歸於汝，汝終當升此大君之位，不可辭也。是時舜方命禹以居攝，未即天位，故以『終陟』言也。」

人心惟危，道心惟微，惟精惟一，允執厥中。

堯之授舜曰「允執厥中」，此授之以治天下之則也。一人之治天下，惟在於持此無過不及之則，以裁天下之事，使之各得而已爾。舜之授禹也，而益之以三言，則又授之執中之則也。天地一理，運而爲陰陽五行之氣，其化生斯人也，氣以成形而理亦賦焉。而「心」者，則理氣之會而知覺焉者也。「人心」者，知覺之生乎氣，如耳、目、鼻、口、四肢與凡攻取之欲是也。「道心」者，知覺之生乎理，如惻隱、羞惡、辭讓是非之端，蓋管乎耳、目、鼻、口、四肢者也。生乎氣者，固亦理之所有，而易流於欲，故「危」。原乎理者，攝乎氣之中而不充則晦，故「微」。先言「人心」而後言「道心」，蓋道心之所以微，亦以人心之危有以微之也。「精」則察此念之發，爲人心、爲道心也。「一」則守道心之正而不貳也。如此則自吾心而達之天下，凡所云爲皆有以得其中矣。「中」即道之用也。朱子曰：「心之虛靈知覺，一而已矣。而以爲有人心、道心之異者，則以其或生於形氣之私，或原於性命之正。而所以爲知覺者不同，是以或危殆而不安，或微妙而難見耳。人莫不有是形，故雖上智不能無人心。亦莫不有是性，故雖下愚不能無道心。二者雜於方寸之間，而不知所以治之，則危者愈危，微者愈微，而天理之公卒無以勝人欲之私矣。『精』則擇夫二者之間而不雜也，『一』則守其本心之正而不離也。從事於斯，無少間斷，必使道心常爲一身之主，而人心每聽命焉，則危者安，微者著，而動靜云爲自無過不及之差矣。

夫堯、舜、禹，天下之大聖也；以天下相傳，天下之大事也。以天下之大聖行天下之大事，而其授受之際，丁寧告戒不過如此，則天下之理豈有以加於此哉？」

無稽之言勿聽，弗詢之謀勿庸。

「言」，人之言也，無考於實者勿聽。「謀」，己之計也，不詢於衆者勿庸。舊説「謀」亦人謀，猶史所謂以一人之言而進退之者。

可愛非君？可畏非民？衆非元后何戴？后非衆罔與守邦？欽哉！慎乃有位，敬修其可願。四海困窮，天祿永終。惟口出好興戎，朕言不再。」禹曰：「枚卜功臣，惟吉之從。」帝曰：「禹。官占惟先蔽志，昆命于元龜。朕志先定，詢謀僉同，鬼神其依，龜筮協從，卜不習吉。」禹拜稽首，固辭。帝曰：「毋！惟汝諧。」

「蔽」，斷也。「昆」，後也。

正月朔旦，受命于神宗。率百官，若帝之初。

按此年，禹以十二州仍爲九州。此一氣數，邵子係之丁巳，其必有考也。

帝曰：「咨！禹。惟時有苗弗率，汝徂征。」禹乃會群后，誓于師，曰：「濟濟有衆，咸聽朕命。蠢兹有苗，昏迷不恭，侮慢自賢，反道敗德。君子在野，小人在位。民棄不保，天降之咎。肆予以爾衆士，奉辭伐罪。爾尚一乃心力，其克有勳。」

世之言有苗者，多謂其負險阻，抗衡中夏，若後世荆楚之爲。觀舜、禹《吕刑》之辭，不過以其弗率反道，賢否易置，棄民虐刑耳，初不爲其抗衡而征之也。於此見聖人之征伐，其究以爲民耳。

三旬，苗民逆命。

禹之徂征也，不必直擣其穴也，奉辭以臨之，警其悔悟耳。苗之逆命也，不必發兵拒守也，不從辭命，未知悔悟耳。「三旬」而未奉令，蓋猶欲其久而自悟，故贊禹班師也。聖人征伐之師，于此可見矣。

益贊于禹，曰：「惟德動天，無遠弗届。滿招損，謙受益，時乃天道。帝初于歷山，往于田，日號泣于旻天，于父母，負罪引慝，祗載見瞽瞍，夔夔齊慄，瞽亦允若。至誠感神，矧兹有苗。」

苗民之逆命也，非舜禹德有未至，亦非行之或滿也。而益云然者，古者聖賢行有不得，反求諸己，大率如此。夫以苗之頑，至于臨之兵，又至于兵不可懼，亦極矣，豈必果進師以滅之哉？又謙以處之，又反求其所謂德而已矣。以帝舜之事父，豈有不至？而不得于父，帝亦惟自負罪引慝，而終能厎豫。故凡自反誠切者，終必有格。又至誠之道可以感神，而况有苗乎？

禹拜昌言，曰：「俞。」班師振旅。帝乃誕敷文德，舞干羽于兩階。七旬，有苗格。

「誕敷文德」，大敷其文命德教，使教化明于諸侯。交暢旁通謂之「誕敷」，不必施之有苗也。「舞干羽」者，示之以禮樂也。「干」，武舞。「羽」，文舞。蓋示反武敷文之意。「兩階」，賓階、主階。蓋舞之群臣、群后朝會覲享之地也。古人無文字書册之煩，凡衣服物象器用禮樂之具，皆所以示意向而明教化也。

【校記】

〔一〕「曰已下」，原無「曰」，據《前編》《書集傳》補。

〔二〕「有」，原無，據《書集傳》補。

〔三〕「矣」，原作「以」，據《前編》《書集傳》改。

〔四〕「而」，《書集傳》作「之」。

〔五〕「特」，原作「時」，據《前編》改。

〔六〕「接」，原作「按」，據《前編》、秦抄本、《書集傳》改。

〔七〕「益」，原作「蓋」，據《前編》改。

〔八〕「蓋」，原無，據《前編》補。

〔九〕「丱」，原無，秦抄本訛作「非」，據《前編》改。

〔一〇〕「三」，原無，據《前編》補。

〔一一〕「即」，原無，據許謙《讀書叢説》補。
〔一二〕「三」，原作「二」，據《前編》改。
〔一三〕「爲二」，《前編》作「於上」。
〔一四〕「禮記」，原文倒，據《前編》乙。
〔一五〕「苦」，原作「若」，據《前編》、秦抄本改。
〔一六〕「以念」，原無「念」，據《前編》、秦抄本補。
〔一七〕「奏」，《書集傳》作「禹奏」。
〔一八〕「汝」，原作「故」，據《前編》《書集傳》改。

臯陶謨

粵若稽古，臯陶曰：「允迪厥德，謨明弼諧。」禹曰：「俞。如何？」臯陶曰：「都！慎厥身修，思永，惇叙九族，庶明勵翼，邇可遠，在兹。」禹拜昌言，曰：「俞。」

「允迪厥德」，勉君也。「謨明弼諧」，勉臣也。有「允迪厥德」之君，則有「謨明弼諧」之臣，古人言行無二致。臯陶以此二語爲平日立言之首，蓋其所允蹈之者。故《臯謨》之首，史臣〔一〕不假他語以贊臯，而以此二語之謨爲首。「慎厥身修，思永，惇叙九族」，「允迪厥德」之事也。「庶明勵翼」，「謨明弼諧」之義也。自「謹厥身修」以至「邇可遠，在兹」，即《大學》之道也。凡臯陶之言，體用具備，品節詳明，簡而盡，詳而粹。前古以來未有若此篇者，其萬古立言之法與？後世稱皋陶者，獨以謨名，信乎不可及矣。

皋陶曰："都！在知人，在安民。"

此推明爲治之綱要在此二者，而"知人"又所以"安民"也。終篇發明，皆"知人"、"安民"之目。

禹曰："吁！咸若時，惟帝其難之。知人則哲，能官人。安民則惠，黎民懷之。能哲而惠，何憂乎驩兜？何遷乎有苗？何畏乎巧言令色孔壬？"

"哲"、"惠"二字，古者聖仁之異稱。"哲"者，聖之資。"惠"者，仁之功也。"帝"，堯也。言二事雖帝堯亦未易盡，使二事而易盡，則何以有工、兜、三苗之慮哉？唐虞君臣皆自以爲不足，故其言如此。

皋陶曰："都！亦行有九德，亦言其人有德，乃言曰：載采采。"

此以下言知人也。言人之德見於行者，其凡有九。而論其人之有德者，固當歷述其於九德之行有幾事實也。

禹曰："何？"皋陶曰："寬而栗，柔而立，愿而恭，亂而敬，擾而毅，直而温，簡而廉，剛而塞，彊而義。彰厥有常，吉哉！日宣三德，夙夜浚明有家。日嚴祗敬六德，亮采有邦。翕受敷施，九德咸事，俊乂在官。百僚師師，百工惟時，撫于五辰，庶績其凝。

此知人之目也。以此九者定有德之名，其別凡十有八字，而合爲九德者，自「寬」以至「强」九者，其氣質之性也；自「栗」以至「義」九者，其變化進修之學也。有上九者而無下九者以濟之〔二〕，是氣禀之偏，非所以爲德之中也。寬者多不堅密，是弛也，故寬而栗則爲德。柔者多不能卓立，是弱也，故柔而立則爲德。「愿」，謹愿也。愿者多同流合污而不莊，是鄉愿也，故愿而恭則爲德。治亂曰亂，謂有治亂解紛之材也。能此者多恃材而易忽，故亂而敬則爲德。「擾」者，馴熟而易耎，故擾而毅則爲德。「直」者，徑行而易訐，故直而温則爲德。簡易者多不修廉隅，故以「簡而廉」爲德。「剛」者多無止蓄，故以「剛而塞」爲德。一曰「塞」，實也，實則非素勵也。「塞」，古文作「㥶」。「强」者恃勇而不審宜，故以强而義爲德。「有常」者，謂有是德而能持久者也。若今日寬栗而後日不然，一事强義而他事不爾，則不常易變，不足以成德也。故雖有是九德，必能有常，則始足爲有德之人，用之則得〔三〕矣。小人勉强於一時，亦似有德，然未幾而變用之，豈可保其福哉？凡是九德也，得其三而用之，則有家之事振舉矣；得其六而用之，則一國之事精明矣。至於「翕受敷施」，盡得而用之，則職無不修，治無不舉，而財成輔相之事無不成矣。蓋以得人多寡爲治道小大之差也。「日宣」、「日嚴」，疑作「曰」。

無教逸欲有邦，兢兢業業，一日二日萬幾。無曠庶官，天工人其代之。

此章又自君心推之，以結知人之本，而起安民之端也。天下之治，雖散於條目顯設之間，實在於戒謹恐懼之本。無是心，則雖有政不行焉。此皋陶警切之意，聖賢論治之本也。

天叙有典，敕我五典五惇哉！天秩有禮，自我五禮有庸哉！同寅協恭和衷哉！天命有德，五服五章哉！天討有罪，五刑五用哉！政事懋哉！懋哉！

此安民之目也。「天叙」者，天理自然之倫叙也。其典則君臣、父子、兄弟、夫婦、朋友之五典也。「敕」則正之，「惇」則厚之也。民德之不厚，以五典之未正。正五典，所以厚之也。「天秩」者，天理自然之品節也。其禮，吉、凶、軍、賓、嘉之五禮也。「自」則自我制之，「庸」則自我用之也。禮之不行，以制之非出於上也，故自我制之，所以庸之也。「同寅」者，即典禮以同人心之寅，協人心之恭，和人心之衷，均有以全其「降衷」之初也。舊説君臣，則文意似不相入。安民者先之以五典之教以導之，繼之以五禮之制以齊之，則斯民莫不安行乎天理之中矣。全此者爲德，於是乎有賞。悖是者爲罪，於是乎有刑。政事則因刑賞而舉，凡治民之事者言之也。典禮賞刑，安民之綱目。始終本末，備於此矣。此固聖賢之所謂安民者與？

天聰明，自我民聰明，天明畏，自我民明威。達于上下，敬哉有土。」

「聰明」，聽其言、視其行也。「明威」，監其德、禍其淫也。《尚書》古文「威」皆作「畏」。此節言天心由於民，而民心不可欺，有民者不可以不敬。前章言知人之目，而以人之代天終之。後章言安民之目，而以天之自民終之。警戒之意深矣。

皋陶曰：「朕言惠可厎行。」禹曰：「俞。乃言厎可績。」皋陶曰：「予未有知，思曰贊贊襄哉！」

皋陶之陳謨悉矣，其切於悟主也，故終之曰「朕言惠可厎行」，欲人不以爲空言而必行之也。其切於自反也，故又繼之曰「予未有知，思曰贊贊襄哉」，欲己不爲空言而輔行之也。

【校記】

〔一〕「臣」，《前編》作「記」。

〔二〕「濟之」，原作「濟之者」。按「者」當衍，據《前編》删。

〔三〕「得」，原作「一」，據《前編》改。

益稷

帝曰：「來！禹，汝亦昌言。」

帝以皋陶既陳知人安民之謨，因呼禹使亦陳其昌言。伏生今文《益稷》合於《皋陶謨》篇末，文勢相接，《史記》亦同。

禹拜曰：「都！帝，予何言？予思日孜孜。」皋陶曰：「吁！如何？」禹曰：「洪水滔天，浩浩懷山襄陵，下民昏墊，予乘四載，

蔡氏《書集傳》曰：「『四載』，水乘舟，陸乘車，泥乘輴，山乘樏也。『輴』，《史記》作『橇』，《漢書》作『毳』，以板爲之，其狀如箕，擿行泥上。『樏』，《史記》作『橋』，《漢書》作『梮』，以鐵爲之，其形似錐，長半寸，施之履下，以上山不蹉跌也。蓋禹治水之時，乘此四載，以跋履山川，踐行險阻者也。」

隨山刊木，暨益奏庶鮮食。

血食曰「鮮」。

予決九川，距四海，濬畎澮，距川，

此井地之原也。蔡氏曰：「一畝之間，廣尺深尺曰畎。一同之間，廣二尋〔一〕、深二仞曰澮。畎澮之間有遂、有溝、有洫，皆通田間水道，以小注大。言畎、澮而不及遂、溝、洫者，舉小大以包其餘也。先決九川之水，使各通於海；次濬畎澮之水，使各通於川也。」

暨稷播奏庶艱食、鮮食。懋遷有無化居，烝民乃粒，萬邦作乂。」

隨山刊木之初，益焚山澤，爲民奏魚獸之食，此其初救民之權宜也。決川濬畎之際，稷降播種，爲民舉艱鮮之食，此其中民食之兼舉也。至於「懋遷有無」之後，穀粟通行而烝民皆乃粒食之，此其末民

食之皆足也。古者民食素備，雖有九年之水，民無菜色。然自鯀九載之後，水患既久，五穀不登，民食竭矣。聖人所以爲通濟之術如此。

皋陶曰：「俞！師汝昌言。」

禹自叙其功云爾，皋陶俞之可矣，而復曰師之，何也？蓋禹所言者孜孜之實，天下事功未有不自艱難辛苦，孜孜而後能成之者。此真實用功之語，所以爲可師與？

禹曰：「都！帝，慎乃在位。」帝曰：「俞！」禹曰：「安汝止，惟幾惟康。其弼直，惟動丕應。徯志以昭受上帝，天其申命用休。」帝曰：「吁！臣哉鄰哉！鄰哉臣哉！」

「止」者，静也，謂未動之時也。「安」猶保養也。「幾」，事端之微也。「康」，安静而不爲也。大抵君心當静止無爲之時，必安静以存養之，惟當察其幾微之端，亦惟當守其康靖無爲之規，其爲之輔弼者亦於此時而常致其忠直之益，必如是而後可以善其動，動而愜乎人心之同然，而其心明白無瑕，天命自與之悠久矣。「臣哉鄰哉！鄰哉臣哉！」帝深感弼直之辭，而又反覆嘆詠以相資也。「鄰」即四鄰，詳見下文。

禹曰：「俞。」帝曰：「臣作朕股肱耳目，予欲左右有民，汝翼。予欲宣力四方，汝爲。

「左右有民」，導之也，明倫齊禮，所以扶持人心之中也。「宣力四方」者，安之也，興利除害，所以維持天下之勢也。

予欲觀古人之象，日、月、星辰、山、龍、華蟲，作會。宗彝、藻、火、粉米、黼、黻，絺繡。以五采彰施于五色作服，汝明。

蔡氏曰：黄帝、堯、舜垂衣裳而天下治，則上衣下裳之制創自黄帝，而成於堯舜也。「日、月、星辰」，取其照臨。「山」，取其鎮。「龍」，取其變。「華蟲」，雉，取其文。「會」，繪也，六者繪之於衣。「宗彝」，虎蜼，取其孝。「藻」，水草，取其潔。「火」，取其明。「粉米」，白米，取其養。「黼」，若斧形，取其斷。「黻」，爲兩己相背，取其辨。「絺」，鄭氏讀爲「黹」，紩也，紩以爲繡也。六者繡之於裳，所謂十二章也。「采」者，青、黄、黑、白、赤也。「色」者，言施之於繒帛也。繪於衣、繡於裳，皆雜施五采以爲五色。「汝明」者，汝當明其尊卑之差等也。

衣服繪畫之末，聖人顧重之，與「左右有民」、「宣力四方」並言之，何也？此制禮之準也。龜山楊氏曰：衣服所以彰有德，五服五章，或加非所稱，不明孰甚焉。

予欲聞六律、五聲、八音，在治忽，以出納五言，汝聽。

「五言」者，言之比於五聲，有清濁高下之節者，所謂詩也。納之者，采詩以知民俗。出之者，播之於樂以感人心也。凡人情之感動，爲風土之歌謡，於是有詩焉。古有采詩之官，采其詩以律吕諧其聲，被之於金、石、絲、竹、匏、土、革、木而謂之樂，因其聲音之和平怨怒，而後其政化之得失、民俗之所感者可知也。此其所謂「納五言」者也。擇其所感者正，其所道者雅，其聲安以平，其樂淡以和者，用之鄉人邦國，使里巷之間皆弦歌之音〔二〕，聽之者莫不淡且和焉。淡則欲心平，和則躁心釋，優柔平中，德之盛也。天下化中，治之至也，此所謂出五言者也。「汝明」以上，聖人之制禮也。「汝聽」以上，聖人之作樂也。禮莫先於服章之等，故以作服爲重。樂本出於言志之詩，故以五言爲主。

予違，汝弼。汝無面從，退有後言。欽四鄰。

漢伏生曰：古者天子必有四鄰。前曰凝，後曰丞。〔三〕左曰輔，右曰弼。天子中立而聽朝，則四聖維之。是以慮無失計，舉無過事，故曰「欽四鄰」，此之謂也。履祥按：《書》有「四鄰」而《文王世子》亦有「設四輔及三公」之言。「四輔」即「四鄰」也。「三公」者，天子師之而不敢臣者也。「四輔」者，豈天子鄰之而不敢臣者，故謂之鄰與？

庶頑讒說，若不在時，侯以明之，撻以記之，書用識哉！欲並生哉！工以納言，時而颺之。格則承之庸之，否則威之。」

有虞之盛，聖人屢以讒說爲憂，既堲之又扑以教刑。蓋太平之世，後生小子「乃逸乃諺既誕」，雖士大夫或不免，後世風流清談、文詞放言皆此類也。惟聖人則知生於其心，播於其口，必亂於其政，故獨憂之而亦以命禹。「侯」，射侯〔四〕也。「明」，教之也。「庶頑讒說」，教之而以射侯爲先，不其迂乎？蓋古者世簡風質，非有文字之繁。古之教人者其義理寓於禮制，猶今之教人者其義理寓於方册也。

故古之教者以射侯，猶今之教者以書册。夫射者，體欲其比於禮，節欲其比於樂，正其心而後可中多也。此射之爲教所以先也。「納言」即所納之五言。時而颺之，則播之樂以出之，所以教也。「射」，禮也。「納言」，樂也。「書識格庸」，政也。「撻記否威」，刑也。禮、樂、刑、政，聖人所以同民心也。百揆之職，無所不總。聞六律六聲，所以命夔者也。化庶頑讒説，所以命龍者也。禮所以命秩宗，刑所以命臯陶者也。禹〔五〕相職無所不統，所以總其綱維而經緯之者歟？

禹曰：「俞哉！帝。光天之下，至于海隅蒼生，萬邦黎獻，共惟帝臣。惟帝時舉，敷納以言，明庶以功，車服以庸，誰敢不讓，敢不敬應？帝不時，敷同日奏罔功。

「俞哉」者，與《春秋傳》「公曰諾哉」意同，口然而心不然之辭。「黎獻」，黎民之賢者也。「敷納」，下陳而上納也。「明庶」，明其衆庶也。禹俞舜之命而又有所言，謂化頑讒者，以明明德於天下爲本，以舉賢才爲先，以考功實爲務，則誰敢不讓，敢不敬應，而爲此傲放縱誕之讒説哉。不如是，則頑讒之風浸〔六〕淫於士大夫，而敷同日奏罔功矣。

無若丹朱傲，惟慢遊是好，傲虐是作。罔晝夜頟頟，罔水行舟，朋淫于家，用殄厥世。

讒説之興，本於傲遊之習，而人君身心又臣民政化之本，一或以太平自縱，則風化之壞端自是始。故禹勉舜以明德爲本，又舉丹朱以傲德爲戒。舜與朱，聖狂相遠，然其幾本一間耳。禹蓋用功於自治〔七〕，故言之懇切如此。「頟頟」，不休息貌，所謂凶人爲不善，亦惟日不足也。

予創若時，娶于塗山，辛壬癸甲。啓呱呱而泣，予弗子，惟荒度土功。

塗山在今濠州。《吕氏春秋》曰：禹娶塗山氏女，不以私害公，自辛至甲四日，復往治水。履祥按：禹娶塗山與生啓亦皆治水八年間事，前後非一時。新婚四日而不留，是禹不暇顧其妻也。生啓呱呱而不入，是禹不暇顧其子也。禹自言不暇顧其妻子耳，而或者之説多妄矣。

弼成五服，至于五千，州十有二師。

孔氏曰：治洪水，一州用三萬庸。《大傳》曰：「古者處師，八家而爲鄰，三鄰而爲朋，三朋而爲里，五里而爲邑，十邑而爲都，十都而爲師，州十有二師焉。」鄭氏曰：「州凡四十三萬二千家，此蓋虞夏之數也。」蔡氏曰：「十二師者，每州立十二諸侯以爲之師，使之相牧以糾群后也。」履祥按：以下文考之，蔡氏之説爲正。《禮記》所謂三十國之正，傳所謂諸侯師，蓋此名猶存爾。

外薄四海，咸建五長。各迪有功，苗頑弗即工，帝其念哉！」

九州之外，迫於四海，每方各建五人以爲之長而統率之也。聖人經理之制，其詳内略外者如此。謂十二師五長，内外「各迪有功」而獨「苗頑不即工」，則苗之頑又有大於庶頑者。庶頑之讒，轉移之機尚在我。苗頑之頑爲中國患，而轉移之機有未易致力者，故禹尤以苗頑爲警也。

帝曰：「迪朕德，時乃功，惟叙。皋陶方祗厥叙，方施象刑，惟明。」

禹迪德，皋陶象刑，帝舜化苗之機在此二者，故兼以命禹、皋。

夔曰：「戛擊鳴球，搏拊琴瑟，以詠，祖考來格。虞賓在位，群后德讓。下管鼗鼓，合止柷敔，笙鏞以間，鳥獸蹌蹌。《簫韶》九成，鳳皇來儀。」

蔡氏曰：「『戛擊』，考擊也。『鳴球』，玉磬名也。『搏』，彈。『拊』，循也。樂之始作，升歌於堂上，則堂上之樂惟取其聲之輕清者。人聲相比，故曰『以詠』，蓋『戛擊鳴球，搏拊琴瑟』以合詠歌之聲也。『虞賓』，丹朱也。丹朱在位，與助祭群后，以德相讓，則人無不和可知矣。『下』，堂下之樂。『管』，猶《周禮》所謂孤竹之管、孫竹之管、陰竹之管也。『鼗鼓』，如鼓而小，有柄，持而搖之則旁耳自擊。『柷』，如漆桶，方二尺四寸，深一尺八寸，中有椎柄連底，撞之令左右擊。『敔』，狀如伏虎，背上有二十七鉏鋙，刻以籈，櫟之。籈長一尺，以木爲之，始作則擊柷以合之，將終則櫟敔〔八〕以止之，蓋節樂之器也。笙以匏爲之，列管匏中，又施簧於管端。『鏞』，大鍾也。鍾與歌相應者曰頌鍾。頌或謂之鏞。《大射禮》：樂人宿縣西階之西，頌磬之南。頌鍾即鏞鍾也。上言以『詠』，此言以『間』，相對而言，蓋與詠歌迭奏也。『蹌蹌』，行動貌，言樂音不獨感神人，至於鳥獸無知亦且相率而舞，蹌蹌然也。『簫』，古文作『箾』，舞者所執之物。《説文》云『樂名箾韶』，蓋舜樂之總名。今文作『簫鼓』，故先儒誤以簫管釋之。『九成』者，樂之九成也。功以九敘，故樂以九成。『鳳皇』，羽族之靈。『來儀』，來舞而有容儀也。『戛擊鳴球，搏拊琴瑟，以詠』，堂上之樂也。『下管鼗鼓，合止柷敔，笙鏞以間』，堂下之樂也。樂之作也，依上下而遞奏，間合而後曲成。祖考尊神，故言於堂上之樂。鳥獸微物，故言於堂下之樂。

九成致鳳，尊異靈瑞，故別言之也。」

夔曰：「於！予擊石拊石，百獸率舞，庶尹允諧。」

夔論《韶》樂，所感備矣。又申言之，以明《韶》之所以感也。《韶》之所以感，有非樂正之所能與者，此夔所以深嘆之。「鳥獸蹌蹌」，在衆樂備作之後。「鳳皇來儀」，在「《簫韶》九成」之餘。而此云「擊石拊石」，即「百獸率舞」，何也？《韶》樂以球爲主，絲、竹、革、匏、金、木皆次之。夔爲樂正，實掌鳴球，而群工以次舉之也。故夔自言「予擊石拊石」而已，而「百獸」自「率舞」，「庶尹」自「允諧」。是則非予之所能知者，是必有妙於聲音之間者矣，蓋推本帝舜之德也。千載之下《韶》有存焉者矣，而不聞有來儀率舞之盛者，蓋人亡政息，音存而操變矣。

帝庸作歌，曰：「敕天之命，惟時惟幾。」乃歌曰：「股肱喜哉！元首起哉！百工熙哉！」皋陶拜手稽首，颺言曰：「念哉！率作興事，慎乃憲，欽哉！屢省乃成，欽哉！」乃賡載歌曰：「元首明哉！股肱良哉！庶事康哉！」又歌曰：「元首叢脞哉！股肱惰哉！萬事墮哉！」帝拜曰：「俞。往，欽哉！」

蔡氏曰：「『敕』，戒敕。『幾』，事之微。『惟時』者，無時而不戒敕也。『惟幾』者，無事而不戒敕也。蓋天命無常，理亂安危相爲倚伏，頃刻謹畏之不存，則怠荒之所自起；毫髮幾微之不察，則禍患之所自生，不可不戒也。此舜將欲作歌，而先述其所以歌之意也。『股肱』，臣也。『元首』，君也。人臣樂於趨事赴功，則人君之治爲之興起，而百官之功皆廣也。『拜手稽首』者，首至手又至地也。大言而疾曰『颺』。『率』，總率也。言人君當總率群臣以起事功，又必謹其所守之法度。『屢』，數也。興事而數考其成，則有課功覈實之效，而無誕謾欺蔽之失。兩言『欽哉』者，興事考成，二者皆所當深敬而不可忽也。此皋陶將欲賡歌，而先述其所以歌之意也。『賡』，續。『載』，成也。『叢脞』，煩碎也。言君明則臣良，而衆事皆安，所以勸之也。君行臣職，煩鎖細碎，則臣下懈怠，不肯任事而萬事墮廢，所以戒之也。舜作歌而責難於臣，皋陶賡歌而責難於君，君臣之相責難者如此，有虞之治茲所以爲不可及也與？」

【校記】

〔一〕「二尋」，原作「一尋」，據《前編》《書集傳》改。

〔二〕「音」，原無，據《前編》補。

〔三〕本句中二「曰」，原作「四」，據《前編》改。

〔四〕「射侯」，原無「侯」，據《前編》補。

〔五〕「禹」，《前編》作「而皆以命禹」。

〔六〕「浸」，原無，據《前編》補。

〔七〕「禹蓋用功於自治」，「蓋」原作「益」，「自」原作「是」，據《前編》改。

〔八〕「敔」，原作「鼓」，據《書集傳》改。

書經注卷之三

夏書

禹貢

夏史叙禹平水土之功，總以「貢」名，識其成也。每州有賦、有貢、有篚，而貢則夏后氏田賦之總名也，故以爲名。《禹貢》叙水土之事，在唐虞之際。《禹謨》叙功[一]之事，則在有虞之時。舊皆名《夏書》，以夏史之所述也。夫子定《書》，升《禹謨》於《虞書》，以著三聖相傳之道也。冠《禹貢》於《夏書》，以明大禹有天下之本也。

禹敷土，隨山刊木，奠高山大川。

「敷」如敷治之敷，有布置周遍之義。禹治九州，非一手足之爲烈，亦布置規畫之有道耳。「隨山刊木」，禹功之始。「奠高山大川」，禹功之終。其始洪水泛濫，草木繁興，禽獸逼人，種藝無地，禹於是隨山刊木，使益掌火，烈山澤而焚之，奏庶鮮食，且使民居高種藝以給粒食。又以升高望遠，規畫疏導，其後懷襄之患悉定，則又定其高山大川，以爲每州表鎮望祀之典焉，此禹功之終也。又古者州域既廣，國小而多，地無定名，凡《禹貢》所書山川，皆因山以名其地，非謂專導其山也。此讀《禹貢》之凡例，今表見於此云。

冀州：

冀爲帝都，故爲九州之首。不言所至，《春秋》王者無外之義也。九州豫爲中，帝畿實跨冀豫，然自唐虞都冀，天下遂指冀爲中州，如《楚詞》謂中州爲冀州是也。聲教自冀四達，則自冀以北所及固廣矣，此異日并、幽所以分也。冀之爲州三面皆河，水患特甚。蓋河自崑崙東北流，阻陰山一帶，則折而南流爲冀西河。至華陰，又折而東流爲冀南河。至大伾，折而北流爲冀東河。自西河出孟門之上，南河壅砥柱之西，東河旋淤大陸之野。此冀州水患所以爲甚也。而兗在冀東，又爲下流之衝，故先冀而及兗。自禹載壺口，治梁、岐，闢龍門，疏砥柱，豬大陸而冀之患息。播爲九河，使之北流，釃爲灉、漯，使之東殺，通于淮、泗，使之南泄，於是兗之患平，而青、徐次第皆平矣。冀州之境，今之河東、燕雲、遼西、河北四〔二〕路皆是。

既載壺口，

「載」，始事也。「壺口」，山名，在今慈州吉昌〔三〕縣冀雍之交，夾河而南皆山也。壺口，蓋受河之口。龍門，則河南出之門也。

治梁及岐。

「梁」，吕梁山也，在今石州離石縣北。吕不韋謂「吕梁未闢，河出孟門之上」。《春秋》「梁山崩」，《傳》謂「壅河三日不流」。《水經注》謂吕梁之山，巖層岫紆，澗曲崖深，巨石崇竦，壁立千仞，河流激盪，震天動地，蓋大禹所闢以通河也。孟門亦在石州，今有孟門關。「岐」，狐岐山也，在今汾州介休縣，勝水所出，統爲西山。古河徑之險阨，治二山以廣河道也。舊説雍之梁岐者非。九州凡山之言治者，或水道之衝有疏闢之功也，或表山以該水土也。言藝者，剪其蓊鬱，與民種藝也，《傳》所謂「以啓山林」也。言「旅」者，祭之以爲其州之鎮望，《記》所謂民所瞻仰、取材、出雲爲雨者也。

既修太原，至于岳陽。

「修」，治也。《記》曰「禹能修鯀之功」，蔡氏謂「因其舊而修之也」。「太原」，在今太原府榆次縣，鄭漁仲謂乃今平定軍。按平定軍亦本以太原府廣陽、樂平二縣置。《爾雅》：「高平曰原。」河東視天下最高，率多山險，今太原府亦險阻，但榆次與平定諸處爲高平爾。「岳」即太岳，今晉州霍邑縣霍太山也。山南曰「陽」，今晉州岳陽縣也。汾水出太原諸山，經晉州，蔡氏謂此條爲治汾水而言。然禹經理水土，濬畎澮，畫井疆，物土宜，凡事蓋并手皆作，不獨汾也。

覃懷厎績，至于衡漳。

「覃」，大也。「懷」，地名。太行爲河北脊，其山脊諸州皆山險，至太行山盡頭，地〔四〕始平廣，田皆腴美，俗謂小江南，古所謂「覃懷」也，即今懷州，其地亦有懷水入河。「衡漳」即今漳河，有兩源。其一出今平定軍樂平縣少山者曰清漳，其一出潞州長子縣發包山者曰濁漳。沈存中謂凡二水合流而有文者皆名漳。酈道元以濁漳爲衡水，以清漳東南流而濁漳横入之也。按《唐志》，冀州以衡水名縣，而漳水在縣治之南一里。洺州，舊清漳名縣，而其地有衡漳瀆，則非二名也。漳河本入河，自河徙之後，漳自至今滄州清池縣入海。唐時有請以漳水備四瀆者，以其獨達于海也。

禹治冀州，「載壺口，治梁、岐」，則冀西河患息。「修太原，至岳陽」，則冀之中郊甸治。「覃懷厎績，至衡漳」，則冀之東南水土平。至於恒衛島夷，則冀之東北皆可知矣。此神禹治冀之次第也。

厥土惟白壤，

此辨地也。「白」，其色也。無塊曰「壤」，言其性也。顔師古謂柔土曰壤。《周官·大師徒》辨「十有二壤之名〔五〕物而知其種，以教稼穡樹藝」。而草人又有糞種之法，亦因其色性而各異，《傳》所謂先王物土之宜而制其利者也。先王辨地教民，不失其宜，故五穀熟而民人育。

厥賦惟上上錯，厥田惟中中。

「賦」者，田所出穀米、兵、車皆是也。《禹貢》田賦上中下三分，而三之中又三之爲九等，以人功之有多寡也，其實則皆什一。諸州先田而後賦，以賦之出於田也。冀州先賦而後田，以賦之不專出於田也。冀爲帝都，地大人衆，天子所自治，鄉遂、正軍、羨卒必雄於外服，粟、米、黍、稷〔六〕、併與漆林雜物并征之，亦不别立貢篚。總其數之入，爲九州第一。但聖人取民不盡其力，又有時錯出於次等。河東太行，地勢全體皆石，土戴其上，但壤性柔細，故其地爲九州第五。

恒、衛既從，大陸既作。

「恒」，水名，出恒岳之北谷，合于滱而入易。「衛」，出真定府靈壽縣，古入河，今合于滹沱，古書謂舜分衛水以北爲并州。又按滹沱河出恒岳諸谷，而衛水與之合流，恐「恒衛既從」即滹沱爲是。「大陸」，《爾雅》在九藪之數，今邢州鉅鹿猶有廣河澤，唐杜佑、李吉父謂今邢、趙、深三州皆大陸之土。按地説大河東北流，過洚水，千里至大陸，爲地腹。蓋古河本穿西山之麓以北流，既出枯洚，西山勢斷，地勢平廣，脊上諸水，鍾匯於此爲藪。河水泛溢，又盤洄其間，是爲大陸。沈存中謂〔七〕大陸皆濁泥所堙，今爲平土矣。又按《禹貢》，諸州山澤地水皆叙厥田之上，貢篚包匭皆叙田賦之下，末惟言入都水道耳。冀爲帝都，不别出貢篚，固矣。而恒、衛、大陸，復叙於田賦之下，何也？此非治水施功之例，亦言入都水道，因以見其成功爾。蓋冀爲帝都，而自平陽四達，甸服之外，東北最遠。又限以太行之脊，其北境侯采則自衛入河，其東偏則自大陸入河，其東北島夷則自碣石入河也。

島夷皮服，夾右碣石入于河。

「島夷」，海島之夷，冀東北邊之國，如遼、潼、朝鮮之地，不附庸于青而徑屬于冀者也。其貢皮服，《爾雅》所謂「東北方之文皮」者。「夾」，旁行也。右碣石，負海之山也。碣石有二，故有左右之名，舊以右爲大行山之右，非也。右碣石在平州石城縣南，舊爲大河入海之處。今河徙海淪，碣石去岸五百里矣。其山頂踵皆石，頂又有大石如柱，世名天橋柱云。其左碣石，唐《通典》云在高麗界中。

濟、河惟兖州。

「濟」，古文作「泲」，兖州西北界河，東南跨泲，其時黄河北流，泲入河，而南溢以東，又北東入海，《爾雅》所謂泲河之間爲兖州。自周定王五年，河決而東。漢孝文時，河決東郡。武帝元光中，繼決瓠子，又決於館陶，遂分爲屯氏河。元帝時，大河分流而屯河塞，其後又決於平原，而下流與漯一。王莽末，河遂行漯川，泲水亦不復南出。後世代有河決之患，其後遂行泲水故道，則兖州之境土，無非河患淪徙之地。漢王横言：往者天嘗連雨，東北風，海水溢，西南出，浸數百里。九河之地，已爲海所漸，則兖州之境，北已海淪，西又河徙，南則泲洑，其川澤源委，咸非其舊矣。今河北東路，大名、開德、恩、博、德、濱、棣、滄、永、静，京東之泲。濮，京西之滑。小海以東，距于營平，皆故兖之地也。

九河既道，

河至大伾，折而北流，則兖當其東。又地平曠，無高山之限，而當河勢之衝，禹於是播爲九河以殺其勢。《爾雅》所謂徒駭、太史、馬頰、覆釜、胡蘇、簡、潔、鉤盤、鬲津是也。言地理者多謂徒駭即滹沱，在今滄州之清也。馬頰、鉤盤在今德州之平昌。胡蘇在今滄州之臨津。覆釜在今瀛州之樂壽。鬲津在今滄州之無棣。簡即今大名之間。潔在今滄州之南皮。按河自大伾北流，過大陸以北，方播爲九。

而今於魏、瀛、德、棣之間，更求其故迹，遠矣。據王横所言，大風海溢，即今小海。碣石，古河入海之處，今在海中五百餘里，則九河之地淪爲小海久矣。况自河徙之後，經流既息，枝流尚可尋乎？

雷夏既澤，

今濮州雷澤縣西北雷夏陂，東西二十里，南北十五里，計古雷夏，必大於今。

灉、沮會同。

晁氏曰：《爾雅》「水自河出爲灉，泲出爲濋」。「沮」有楚音。二水，河、泲之别也。然則河遷泲洑，則灉、沮不可復尋矣。説者以爲濮耀二水，古入雷澤。一説「灉」即汳水。張明謂禹開陰溝以通河泗。許氏謂汳受陰溝，至蒙爲灉水，東入于泗，即汳水。「汳」，今作「汴」。「沮」，即今灉水，首受滎澤，過應天，今入南清河。近時黄河亦入此路，但經稱「會同」，古當合入泲，後世導之入淮入泗爾。

桑土既蠶，是降丘宅土。

兖土宜桑，後世所謂桑間，亦一證也。今水平桑長而蠶事興矣。兖土無山，洪水則民居高丘，今土平而「降丘宅土」矣。

厥土黑墳，

「墳」謂土性起發也。

厥草惟繇，厥木惟條。

九州土田連舉，惟兖、徐、揚三州，又入草木一條。蓋三州皆東方下流之地，洪水泛濫，草木不生，至是始繇茂條長也。

厥田惟中下，厥賦貞。作十有三載，乃同。

田第六，賦第九。「貞」字，本下下字也。古篆凡重字者，或於上字下添二。兖賦下下，篆從下二，或誤作「正」，通爲「貞」。又篆文「真」字作「𤯍」，與下下相類，因以致誤。學者不知古文，説多不通。兖地平下，被害特甚，水患雖平而水道居多，人民鮮少，蓋十有三年而治田與賦，始同他州。

厥貢漆、絲，厥篚織文。

黑壚之地宜漆，桑土宜絲。「篚」者，幣帛之類，以篚盛貢之。「織文」者，織絲成文也。

浮于濟、漯，達于河。

此兖入都水道也。沛入河而南出，故浮沛可以達河。《史記》禹釃二渠引河，其一漯也。薛氏謂古漯自今開德府朝城縣，受河而東入海，故浮漯可以達河。西漢末，河并行漯川，其後河徙，而漯亦不復存矣。

海岱惟青州：

青州於國爲正東，故名從東方之色，其地東北跨海，西南距岱。「岱」即泰山，是名岱宗，在今襲慶府奉符縣西北三十里，其山特起東方，爲中國〔八〕水口表鎮，連延而生諸山。北即原山，汶出其西，淄出其東。東即蒙乂，爲沂水諸源。又東濰山，濰水所出。西南即泗水所出。青州之地，即〔九〕今青、齊、濟南、淄、濰、登、萊、密，東跨海而高麗，北跨河而遼東。但小海所淪，則青之北境，亦非全壤，不獨兗州爲然。

嵎夷既略，

首書「嵎夷」，諸州無此例也。但青州實跨海而有東夷，兼堯命羲仲「宅嵎夷」以俟正東之景，故特表於前。或云即今登州之地。「略」者，經略之也。

濰、淄其道。

濰出今密州莒縣東北濰山，至濰州昌邑入海。淄出今淄州淄〔一〇〕川縣東南原山，今入北清河。

厥土白墳，海濱廣斥。

「濱」，古文作「潁」。青之土色白而性墳起，其海瀕之地則廣大而斥鹵，可煮爲鹽，故齊有魚鹽之利，今登州千里長沙是其地。

厥田惟上下，

九州冀田第一，青徐即次之。後世所謂秦得百二，齊得十二，亦言其地利之饒，非獨形勢也。百二、十二猶言百倍、十倍。

厥賦中上。

田第三，賦第四。

厥貢鹽、絺，海物惟錯。岱畎絲、枲、鉛、松、怪石。萊夷作牧。

「鹽」，廣斥所出。「絺」，細葛布也。海物非一種，皆雜貢之。「岱畎」，太山之谷，其所出絲枲。「枲」〔一二〕，麻也。「鉛」，黑錫。「松」，太山之名材。「怪石」，異石也，如今萊之温石，可爲器。今青州黑山紅絲石，紅黄相參，文如林木，或如月暈，如山峰，如雲霞，如花卉，即古怪石也。淄川梓桐山石門澗〔一三〕，石色若青金，紋如銅屑，理極細密，亦奇石，但不如紅絲石之堅。凡此諸品，皆可爲器用，今取以爲硯。「萊夷」，萊山。夷俗地宜畜牧，亦取其畜以貢，今萊州之東是其地。

厥篚檿絲。

「檿」，山桑也，其絲堅韌，宜弦瑟琴，故篚以貢之。一説通上文，謂萊夷貢檿絲，蓋今萊人猶謂之山繭云。

浮于汶，達于濟。

汶水出今襲慶府萊蕪縣原山，古入泲，今入北清河。兖州浮泲達河，故青州止書達泲，則達河可知。

海、岱及淮惟徐州。

東至海，北至岱，南被淮，今襲慶、泗、沂、淮陽、漣水、海、鄆、宿，西接單、陳、蔡、潁之地。

淮、沂其乂，蒙、羽其藝。

「淮」出今唐州桐柏山，行千七百里，至海州入海。徐之水以「沂」名者非一，其出兖州泗水縣尼丘山，過魯城南入泗者，曾點浴沂之沂也。今海州沭陽縣有沂河口者，《周禮》沂沭之沂也。出沂州新泰縣艾山西南，至淮陽下邳入泗者，此沂爲最大，即《禹貢》之沂也。蒙山在今沂州費縣。羽山在今海州朐山縣。「藝」，種藝也。淮沂之水既平，則蒙羽之墟皆可種藝矣。

大野既豬，東原厎平。

「大野」即鉅野澤，在今濟州鉅野縣。唐鉅野屬鄆州，石晉時混於梁山濼。鄆，今東平府，即東原之地。大野之水既豬，則東原之地厎平。

厥土赤埴墳，草木漸包。

「埴」，細而黏，若今陶器之泥。《考工記》「摶埴」，《老子》「埏埴」是也。「漸包」，古文作「蕲包」。

厥田惟上中，厥賦中中。

徐土黏埴而墳起，故田視九州爲第二。當時生聚人工未及，故賦第五。

厥貢惟土五色，

貢土五色，用以立社。《逸周書》曰：「建太社國中，其壝東青土，南赤土，西白土，北驪土，中央亹以黄土。將建諸侯，則鑿取其方面之土，包以黄土，苴以白茅，以爲侯社〔一三〕。」

羽畎夏翟，

「羽畎」，羽山之谷。「夏」，五色。「翟」，雉也。《左傳》注：南方曰翟雉，古車服旌旄以雉羽爲飾。

羽山出夏翟，以此得名。

嶧陽孤桐，

嶧山在兖州鄒縣，名鄒嶧山。《九域志》以爲嶧山在淮陽下邳，所謂嶧陽者是。山南曰「陽」。「孤桐」者，特生之桐也。桐性虚，特〔一四〕生於山陽，則清虚特異，貢之以爲琴瑟。後世難得，則取凡桐之舊者爲之，謂桐不百年則木之生氣不盡。木生氣盡，而後能與天地陰陽之氣相應也。

泗濱浮磬。

泗水之濱，浮生之石，可以爲磬，如今硯石之取于石者。蓋石根不著巖崖而自特生者，故謂之「浮」，今下邳猶有石磬山，乃其遺迹。又宿州亦有靈壁石，但浮生者不可得耳。

淮夷蠙珠暨魚。

淮出唐州，其百餘里内尚淺而多潭，有蠙珠潭，今其地凡十四潭，而不復生珠矣。「魚」即淮白魚，若蠙珠、玉磬，古今風氣不同，蓋不常有。

厥篚玄、纖、縞。

「玄」，黑赤色。沈括謂今深紫類皂者是，古人以爲上衣。「纖」，黑經白緯者。「縞」，素繒也。

《記》有虞氏「縞衣而養老」。又古者祥而縞素，禫而纖。

浮于淮、泗，達于河。

《古文尚書》作「達于菏」。《説文》引《書》亦作「菏」，今俗本誤作「河」爾。泗出兖州泗水縣陪尾山，有四源，故謂之泗。菏澤與泲水相通〔一五〕，而泗水上可以通菏，下可入淮。徐州浮淮入泗，自泗達菏。青州書達于泲，則達河可知，故徐州書達于菏，則達泲可知。河、泲、泗、淮，在古必有相通之道。禹所以殺河流，使之可以南泄，通南北，使之可以朝貢灌輸。後世河徙而南，會于菏澤，匯于鉅野，分爲南清河，并行于泗以入淮，蓋亦其故道也。

淮、海惟揚州：

北至淮，東南至海，即〔一六〕今淮南、江南、東西二浙之地，福建、廣東亦屬焉。

彭蠡既豬，陽鳥攸居，

「彭蠡」，今鄱陽湖，自洪宫亭，受江西嶺北江東諸水，在江、饒、南康、興國之間，至池州湖口入江。《漢志》所謂湖漢九水〔一七〕者即是也。禹豬彭蠡，廢其旁地爲蘆葦，以備浸淫，故陽鳥居之。「陽鳥」，雁也。如漢築河隄，去河各二十五里，以防泛濫，其後民頗居作其間。故河水漲溢之時，動則漂没，以此知神禹廢彭蠡之濱，以居陽鳥，其爲民〔一八〕防患之意蓋深。

三江既入，震澤底定。

「震澤」，今太湖。「三江」，太湖之下三江入海者。一説吴松江七十里，分流爲三入海，中爲松江，東南爲東江，北爲婁江，《吴越春秋》所謂三江之口是也。一説太湖之下元有三江，吴松乃其一。陳述右在浙西，嘗尋故道，開其一以泄白水之患。蓋後世故道多湮，雖松江尚存，然亦淺，故浙西歲有白水。太湖謂之震澤者，「震」，動也，今湖翻是也。在今湖州烏程之北，北入常州、無錫、晉陵，東入蘇州吴江縣，周回六百五十四里。按舊三江之説不一，其可據者二。一説謂古名漢爲北江，江爲中江，則彭蠡之水爲南江，至揚雖已合爲一，然以其三水合流謂之三江，猶洞庭九水俱匯，謂之九江也。范蠡所謂吴之與越，三江環之，民無所移，謂俱在大江之南爾。今通州福山鎮，猶名三江渡是也。然三江既以彭蠡爲一，則上文既出「彭蠡」，不應下文又出「三江」。且經文二「既」字對舉，皆本效之辭。「彭蠡既豬」矣，則「陽鳥攸居」。「三江既入」矣，則「震澤底定」。是三江者，乃震澤下流之三江。北方之水，河爲大，故凡水名皆以河爲總稱。南方之水，江爲大，故凡水名皆以江爲總稱。然則三江之江，不必疑爲大江也。今按揚州之境，嶺至郴、虔，北枝趨敷淺原，水皆東流。又自建嶺一枝，轉而北趨，介衢爲歙嶺，亘宣而抵建康。其岡脊以西之水皆西流，是俱匯爲彭蠡。其岡脊以東之水，南則浙江，北則震澤也。彭蠡之水不豬，則今江西、江東諸州之水爲揚西偏之患。震澤之水不泄，則今浙西諸州之水爲揚東偏之患。揚雖北邊淮，而於徐已書「乂」。雖中貫江，而於荆已書「朝宗」。獨大江之南，西偏莫大於彭蠡，東偏莫大於震澤。二患既平，則揚之土田皆治矣。故特舉二湖以見揚之告成。若其南偏，率是山險，浙亦山溪，計不勞施功，故餘不書。

篠簜既敷，厥草惟夭，厥木惟喬，

「篠」，箭竹。「簜」，闊箭竹也。《爾雅》「東南之美者，有會稽之竹箭焉」。

厥土惟塗泥。厥田惟下下，厥賦下上上錯。

揚，江湖之區，下流之地，其土塗泥，而其田反居第九。古人尚黍稷，田雜五種，故雖水潦旱乾而各有所收。塗泥之土，其田獨宜稻，不利他種，故第爲最下，厥賦第七。又有時雜出於七等之上，則人功亦稍修矣。自唐以來，則江淮之田號爲天下最，漕餉皆仰給於東南。

厥貢惟金三品，瑶、琨、篠、簜、齒、革、羽、毛惟木。島夷卉服。

「三品」，金、銀、銅也。「瑶」，石之美似玉。古有瑶爵，今瑪瑙、水晶、壽山石皆可爲杯器，蓋瑶之類。「琨」，今琨山石是。「篠」以爲矢笴。「簜」以爲管。《儀禮》「簜在建鼓之間」是也。「齒」，象齒。「革」，犀兕之皮。「羽」，翟雉。「毛」，旄牛尾。古〔一九〕爲揚貢，今嶺海之間有之，凡此皆爲器、服、車、甲、旌、旗、樊纓之飾。「惟木」，「惟」，與也；「木」，豫章之屬。「島夷」，海島之夷。「卉服」，草服也，如今黄草蕉布之類。

厥篚織貝，

《博物續志》曰：「閩中多木綿，植之數千株，採其華，紡以爲布，名吉貝。《南史》言林邑等國出吉貝木。」薛氏云：「織貝」，今木綿也。或曰織貝即島夷所貢，如今南海諸番，皆以木綿爲服，謂之搭布，其細者則名吉貝。

厥包橘、柚，錫貢。

小曰「橘」，大曰「柚」，惟荆、揚有之，逾淮而北則爲枳，《橘頌》所謂「受命不遷」者也。沈存中謂《本草》柚皮甘，今所謂柚，其皮極苦，而橙皮甘，古之柚蓋橙云。「錫貢」，錫命則貢，聖人不常以口腹之味擾民也。

沿于江海，達于淮、泗。

徐州已言淮、泗達河，故此但言「達于淮、泗」。

荆及衡陽惟荆州：

北抵荆山，南跨衡山以南。荆山在今襄陽府南漳縣。衡山在今衡州之北九十里，屬潭州湘潭縣。荆州即〔二〇〕今荆湖南北路，北接京西，西侵夔峽，南控廣西。

江、漢朝宗于海，

蔡氏曰：「江漢合流于荆，去海尚遠。然水道已安，下流無壅，奔趨于海，猶諸侯朝宗于王也。」

九江孔殷。

「九江」，洞庭也。「孔殷」，甚得其中也。朱子謂國初胡祕直，近世晁詹事、陳冠之皆以九江爲洞庭。按《山〔二一〕海經》亦云洞庭沅澧之水，瀟湘之泉，是爲九江。今按《禹貢》「東至于澧」、「過九江」，則是古者澧先入江，而後九江入也。澧，當在〔二二〕九江數外。今考《朱子文集》及《漢史》及《江陵新志》，更定九江源委。一曰瀟江，出道州營道縣九疑山，亦名營水，過零陵，下與湘江合。二曰湘江，出静江府興安縣陽海山東北，名鏵觜，東北至潭州，入洞庭。三曰蒸江，出衡州衡陽縣西，會衡山諸源而下合于湘，以其水氣特盛，故名爲蒸。舊説不在九江之數。《朱子文集》言九江云湖南有蒸、湘之屬，而記文亦云蒸、湘之會，今入于此。四曰資江，出武岡軍唐糾山，又名邵陵江，亦名益陽江，至益陽縣西北入洞庭。五曰沅江，出沅州西蠻界中，至辰州與酉江合〔二三〕。據《西漢志》則沅水出牂柯郡界故且蘭縣山，東北流二千五百三十里，至益陽入洞庭。且蘭，今屬播州，是與牂柯江隔嶺而分者也。六曰漸江，出索縣，東流與沅合。七曰序江，出辰州溆浦縣鄜梁山，西流與沅合。八曰辰江，出辰州西南蠻界中，東流與酉合。九曰酉江，出會溪城西山中，至辰州東，合沅辰北流，至鼎州東入洞庭。此九江也。但郴江亦一州之水，其源出嶺，至郴城縣始勝舟，又五十里與東江合而始大，北入湘江。舊皆不在九江之數，但不知其與漸、序二水孰爲大小，今不敢更有升降。已上九江，會爲洞庭。

計禹時九江入江，會合未甚廣，故未有洞庭之名。其後漸、序〔二四〕日廣，方八百里而洞庭山遂在其中，故因山得名。今所謂荆湖南北路，自是而分。

沱、潛既道，

《爾雅》「江出爲沱，漢出爲潛」。今江陵府松滋縣南枝江縣北，江分三十餘所，下流復合，曰笓籬江。公安縣有沱潛港，此沱之證也。潛出今江陵府潛江縣。《漢志》謂華容有夏水，首受江，東入沔，説者以爲潛水。華容，今監利縣，此即潛江縣。

雲土、夢作乂。

舊「雲夢土作乂」，太宗得古本《尚書》改焉。江北爲雲，《左氏》所謂「濟江入于雲中」，沈存中、鄭漁仲謂今監利、王沙、景陵等處是。江南爲夢，《左氏》所謂「田于江南之夢」，沈、鄭謂今公安、石首、建寧等處是。然二氏之説，皆在今江陵府之境。但今安德府有雲夢縣，而荆門之長林縣、岳州之巴陵縣亦皆有雲夢。司馬相如謂雲夢方八百里，其所連亘固廣。楚之藪澤不一，後人既以雲夢兼稱，故所在藪澤皆謂雲夢爾。又按荆州之地中間卑濕，江漢至此支分沮洳，故藪澤爲廣。今枝分爲沱、潛者既道，則其沮洳爲雲者皆爲平土，爲夢者皆可「作乂」矣。

厥土惟塗泥。厥田惟下中，厥賦上下。

荆、揚之土皆塗泥，性止宜稻，故田爲第八，視揚稍高爾。今世謂江陵爲魚稻之鄉，其餘類此。然而賦入第三，以近中土，人功修也。

厥貢羽、毛、齒、革，惟金三品，杶、榦、栝、柏，

荆貢略與揚同。羽、毛、齒、革，所謂利盡南海也。金次于揚而木加焉。「杶」，古文作「杻」。《爾雅》杻一名檍，郭璞謂「材中車輞」。「榦」，柘也，材中弓弩之幹，《周官》所謂荆之幹是也。「栝」，檜也。揚止言木，荆又備言群材。

礪、砥、砮、丹。

「礪、砥」，石可用磨者。粗曰「礪」，細曰「砥」，今郢石是也。「砮」者，石可以爲矢鏃，今思、播有之。周初肅慎氏貢楛矢、石砮。《家語》孔子嘗以對陳侯石砮之問。蘇氏謂孔子不近取諸荆梁，而遠取之肅慎，則荆梁之不貢此久矣。「丹」，朱砂也，今辰錦所出光明砂，及溪洞老鴉井所出尤佳。

惟箘、簵、楛，三邦厎貢厥名。

「箘、簵」，竹也。趙宣子所謂箘簵之勁。「楛」，其本堅小而直，陸璣謂葉如荆而赤莖似蓍，三物皆中矢笴。三邦所貢，又爲名材。三邦之名不傳，《考工記》曰「妢胡之笴」，鄭氏謂「胡子之國，在楚之旁者」，《唐志》零陵貢葛笴，蓋此類云。

包匭菁茅。

「菁茅」，一茅三脊，《管子》謂出江淮之間。召陵之師責楚「貢包茅不入」，「無以縮酒」。朱子謂古人醡酒，不以絲帛而以編茅。王室祭祀之酒，則以菁茅，取其至潔。「包」者，苴之。「匭」者，匣之也。劉贇謂辰州盧溪縣包茅山，一茅三脊，今屬麻陽縣。然鄂州山上亦有之，祥符東封取諸此。

厥篚玄、纁、璣、組。

《爾雅》：「一染謂之縓，再染謂之赬，三染謂之纁。」《考工記》曰：「三入爲纁。」一説謂六入爲「玄」。古人玄衣纁裳。「璣」，珠生於水，類玉。「組」，辮絲以貫珠，以爲冠纓，佩以貫玉帶，以爲紐約。是三者皆冕服所需。

九江納錫大龜。

尺有二寸以上謂之「大龜」。龜之神在甲，故可以卜。「納錫」，神之也。

浮于江、沱、潛、漢，逾于洛，至于南河。

荆之諸國，或從江，或從沱，或從潛，以入于漢。自漢入丹河、白水河，即踰山路入洛，達于南河。

荆河惟豫州。

豫於九州爲中土，南跨漢而抵荆山，北距南河，即今東西南三京，潁、許、汝、亳、陳、曹、孟、鄭、唐、隨、襄、均、鞏〔二五〕、陜、虢、商、鄧諸州之地。

伊、洛、瀍、澗既入于河，

世傳禹闢伊闕，今河南伊闕縣北，兩山相對如門闕，伊流出其間，北至洛陽縣南入洛。洛出熊耳山，在商州上洛縣，今虢州盧氏縣、河南永寧縣皆有熊耳山。邵康節謂當以上洛者爲是。瀍水出今河南府河南縣穀城山，至堰縣入洛。澗水出河南府澠池縣東北白石山，至河南縣入洛，洛至鞏入河。

滎、波既豬，

「滎波」，孔氏以爲一水。《周官·職方》「其川滎雒，其浸波溠」，則二水也。泲水入河而南出，溢爲滎，今鄭州〔二六〕滎澤是其處。《爾雅》「水自洛出爲波」，而《山海經》曰：「婁涿之山，波水出其陰，北流注于穀。」二説未知孰是。西漢末，泲水不復南溢而滎涸。漢明帝使王景即滎故瀆，東注浚儀，名浚儀渠。

導菏澤，被孟豬〔二七〕。

菏澤在今曹州泲陰縣，孟諸在今應天府虞城縣。自菏澤至孟諸，凡百四十里，二水舊相通。今菏澤自分南北清河，近時大河亦被孟諸，併行潍水矣。

厥土惟壤，下土墳壚。

其上者無塊而柔，其下者或膏而起，或剛而疏，如轘轅之濘淖，汜關之沙陷，皆所謂「下土」者。

厥田惟中上，厥賦錯上中。

田第四，賦第二，雜出第一。唐虞甸服，跨河而南，故豫之賦與冀相埒，計皆上上。冀言「上上錯」，豫言「錯上中」，特異文耳。

厥貢漆、枲、絺、紵，厥篚纖纊，錫貢磬錯。

「紵」，以爲布。「纊」，綿也。餘見上。「磬錯」，磬玉不可多琢，以錯磨成。「錯」，鑄鐵爲之，今鑢是。有用，則錫命而貢。

浮于洛，達于河。

華陽、黑水惟梁州：

東北距華山之陽，西南抵黑水，即〔二八〕今興元、成都、潼川、夔州四路，及松外諸戎，東西珥河諸蠻，漢永昌、唐姚州，今大理之地。

岷、嶓既藝，

岷山，江源。嶓冢，漢源。説見下文。岷山之下，沃野千里，與漢中俱號天府之土。江漢之源既滌，則岷嶓之墟皆種藝矣。

沱、潛既道。

沱，自今永康軍導江縣大江，分流入成都及彭、蜀諸州，至新津縣與大江復合，此皆沃野灌注之利也。水自漢出爲潛。然《地志》巴郡宕渠縣有潛水，西南入江，今渠州流江縣也。又漢中安陽縣有潛谷，水出西南，北入漢，今洋州貞符縣也。然此潛自指西漢水，出秦州清水縣，亦名嶓冢山，東南流，徑西和州，南名犀牛江，東合于嘉陵江以入江。梁州不言江漢，以岷、嶓、沱、潛源流之始〔二九〕見之。

蔡、蒙旅平，

蔡山在今雅州嚴道縣南，諸葛武侯征南，夢周公於此，遂立周公廟，因以周公名山。蒙山在今雅州名山縣東，謂之蒙頂山，雲霧常蒙其頂，上合下開，沬水徑其中，出爲溷涯水。沬即大渡河也。「旅」，祭也。「平」謂蔡、蒙之墟，水土皆平也。

和夷厎績。

雅州雅道以西，地名和川，即青衣水也。夷人所居，今爲羈縻州，有和良、和都之名。禹之治梁，西則導江，東則導漢，而青衣、大渡諸水，又在岷山之南以東。故禹於蒙山致平者爲大渡河諸水，於蔡山和夷致功者爲青衣水諸源也。青衣水與大渡河合，至今嘉州南岸青衣山，下入于岷江。青衣，蠶叢氏之神也。

厥土青黎，厥田惟下上，厥賦下中三錯。

「黎」，細而疏也。梁土色青，故生物易；性疏，故散而不實。向聞吏牘謂成都土疏難以築城，蓋此也。田第七，賦第八，或七或九。

厥貢璆、鐵、銀、鏤、砮、磬，熊、羆、狐、狸織皮。

梁州産鐵。《漢書》蜀卓氏、程氏皆以冶鐵富擬邦君。「銀」，白金。「鏤」，鋼鐵。「磬」，石磬。漢於犍爲水濱得古磬十六枚，蓋其土人所琢也。熊、羆、狐、狸，四獸其皮可以爲裘，其毳可以織爲金罽。

西傾因桓是來，浮于潛，逾于沔，入于渭，亂于河。

「西傾」，雍州山，在今洮州臨潭縣西一百八十里，洮水出其北，入河，桓水出其東南，今名白水江。又一源名墊江，出洮，及其南，疊州、岷州、階州、宕昌諸處，東南合嘉陵江以南入江。嘉陵江者，出大散關嘉陵谷。西傾諸國，雖隸雍牧，而水道則於梁有桓水之可因。梁州通都水道，或自潛，或自沔。潛、沔於渭無可通之道，乃逾山而後可以入渭。經當言「入于沔，逾于渭」，如上文「逾于洛」之例，今本誤也。蓋潛即西漢水，沔即褒水，自江泝嘉陵江而上，至大散關。一至秦州天水，則踰關可以入渭矣。沔水出京兆武功褒中，南至褒城縣褒城鎮入漢。斜水亦出武功，而北入渭，漢時人上言通漕，謂褒絶水，至斜間百餘里，以車轉從斜下渭。經自沔逾渭，不言斜者，因大以見小也。由渭入河，絶流而渡曰「亂」。

黑水、西河惟雍州：

西南距黑水，東北距西河，即〔三〇〕今永興、秦、鳳、涇、原、環、慶、鄜、坊、麟、府、熙河等路，及唐隴西、西涼、吐蕃、吐谷渾、疊、宕、甘、肅、瓜、沙等地。

弱水既西，

說見導水。

涇屬渭、汭。

見下文導水。涇水出原州百泉縣，南流至京兆府南陵縣入渭。「屬」，注也。

漆、沮既從，

漆出今同州白水縣，即《漢志》西洛水。或云出西夏界中，歷保安、鄜、同之境而入渭。沮出今坊州昇平縣北子午嶺，與漆水合，至同州朝邑縣東南入渭。

灃水攸同。

灃水出今京兆府鄠縣終南山，東北流入渭。

荆、岐既旅，終南、惇物，至于鳥鼠。

「荆」，北條荆山，在今耀州富平縣。岐山在今鳳翔府岐山縣。「旅」，定其祭秩也。「終南」，在今京兆府南。自西傾秦隴，連亘雍南，以至太華，故謂之終南。「惇物」，在武功。「鳥鼠」，即渭源。説見下文。三山不言所治，皆即山以名其地。自東而西，舉其起止，中間水土之平可見矣。

原隰厎績，至于豬野。

「原隰」，《詩》所謂「度其隰原」者，在今邠州。「豬野」，在今梁州姑臧縣，名休屠澤。魏太武伐涼，謂姑臧城東西門外，湧泉合于城北，其大如河，其餘溝渠流入澤中，其間乃無燥地，澤草茂盛。按水土如此，此禹所以「厎績」也。

三危既宅，三苗丕叙。

沙州燉煌縣東四十里有卑兩山，一名化兩山，有三峰甚高，人以爲三危。又宕〔三二〕昌羌即三苗之種，其地有疊州，山多重疊。三危山有三重，或在其地。戎人凡山有三峰者，便指以三危。故《漢志》西指化雨〔三三〕，樊綽又指麗水之山。但《禹貢》即山以名地，而自唐以來地屬吐蕃，難於考定。聖人黜惡，以遠爲罰，經理則不以遠爲間，故於三危之地亦安定之，而三苗之在其地者亦知順序矣。

厥土惟黄壤，厥田惟上上，厥賦中下，

「黄」，土之正色，而又細柔，故厥田爲九州第一。後世號關中爲沃野，謂之天府，蓋以此也。然就其間較之，亦惟涇、渭、灃、漆之區最爲沃壤，西邊近沙磧，北邊山狄。故禹於雍州，自終南至鳥鼠，則自東而西。自原隰至豬野、三危，則自内而外。賦出第六，生聚蓋不同也。雍州之地，至戰國、秦、漢富庶甲天下。漢衰，地力耗。自唐漸復，然不能及東南。至宋朝滋不及。然雍、冀之非古，西以夏、北以契丹也。揚州厥田下下，而賦下上。自唐以來，雖關中亦仰東南之粟，至宋朝則軍國之需皆仰給於東南矣。生聚之繁，於此爲盛。古今地力風土其不同，蓋有由矣。

厥貢惟球、琳、琅玕。

「球」，玉，可以爲磬。「琳」，美玉。「琅玕」，青玉。雍之西有崑崙之玉，其類非一，皆球琳也。其東有藍田青玉，蓋琅玕也。

浮于積石，至于龍門、西河，會于渭汭。

渭爲雍中巨流，南則灃，北則涇、漆、沮皆入之，至西河爲甚徑，但自岍、隴以西，則皆浮于積石河。而下至龍門之上，其入于西河者，至華陽會于渭汭。則浮渭而下者，至是會于河，可知也。朱子按《濬水集》云：邢恕奏乞下熙河路，造船五百隻，於黄河順流，載兵下會州，以取興州。熙河路漕臣李復奏：黄河過會州，入韋精山，石硤險窄，自上垂流直下，高數十尺，船豈可過？至西安州之東，大河分六七道，散流謂之南山，逆流數十里方再合，逆溜水淺，灘不勝舟。此聲若出，必爲夏人侮笑。事遂寢。朱子謂浮于積石，至于龍門西河，則古來河道固可通舟矣，而復之言如此，何也？

履祥按：神禹導水濬川必有通道，但天地人事每亦相因，自三代之衰，河源皆爲戎狄，不通朝貢。至秦并兼，而河源亦在長城之外。漢武帝極力開拓，僅得河南空無匈奴，開朔方始得渠搜之地。受休屠之降〔三三〕，始得豬野之澤。然自積石以下，源委未盡得也。則故道堙廢，其來久矣。如蜀南大渡河，自吐蕃界，經雅州諸部落，至黎州，爲南邊要害之地。建隆三年平蜀，以地圖來上，太祖皇帝見大渡之南城寨勞遠，以玉斧畫河爲界，曰此外吾不有也。此後河流忽中陷五六十丈，澎湃如瀑，船筏不通，名爲噎口。蠻人不復可以窺伺，殆天設險以限戎蠻也。又如自荆入蜀，素號水險，近數〔三四〕十年，四川請於荆湖和糴，運米入蜀，舟人貫習，三峽遂爲安流。以此推之，李復所奏河道，一則固恐出於吏民之托辭，一則故道久廢，岸谷變遷，亦恐非復禹迹之舊也。

織皮：崑崙、析支、渠搜，西戎即叙。

蘇氏謂此錯簡，當在「厥貢球琳琅玕」之下。然雍州西界黑水，此諸國又在黑水之外，故附於後。以「織皮」冠之者，此皆皮服之國，貢織皮者也。「崑崙」，國名，崑崙山旁小國也。崑崙無定所，而《莊》、《騷》雜書皆云西王母所居爲是，則在今肅州酒泉郡南，山石室玉堂，珠璣鏤飾尚在。事具《晉書・張駿傳》太守馬岌所言，是必古崑崙國也。今西北別有崑崙都國，去中國甚遠。「析支」，國名。有析支河，唐與吐蕃舊界也，當在唐北庭金滿縣西。《漢書・西域傳》言輪臺以東捷枝、渠犂，捷枝即析支，渠犂即渠搜與?然漢武帝開朔方，又自有渠搜縣，爲漢北極界，今屬夏州。「西戎」，班孟堅謂即西域。

導岍及岐，至于荊山，逾于河。壺口、雷首，至于太岳。厎柱、析城，至于王屋。太行、恒山，至于碣石，入于海。

此以下導山也。「岍」、「岐」、「荊」，雍山也。岍在今隴州吴山下，一名吴岳，蓋虞周之世疑以此爲西岳，故又有岳山之名。汧水出其西而南入渭，汭水出其北而東入涇。「岐」、「荊」説見雍州。壺口而下九山，冀山也，禹於帝都所親治導，故冀山爲多。「壺口」、「太岳」、「碣石」，説見冀州。「雷首」在今河中府河東縣，雷水出焉，山臨大河，北去蒲坂三十里。「厎柱」在今陝州陝縣三門鎮，大河中流，有石如柱，世言禹鑿厎柱爲之三門，至今爲河流之險。唐時又嘗鑿之，不能殺其勢也。然三門又分天門、地門、人門，惟地門不可過耳。「析城」在今澤州陽城縣，山峰四面如城。「王屋」在今孟州西北王屋縣，沸水出焉。「太行」在今懷州之北，連亘數州，爲河北脊，以接恒岳。程子謂太行山千里片石，衆山皆石上起峰爾。「恒山」，北岳，在今定州之北。「碣石」一在平州之南，一在高麗界中。「至于碣石，入于海」，一説謂恒碣之間諸水，皆入于海，亦通。

《禹貢》一篇，經緯脉絡，舉天下山川，分載九州，北南以緯之，又合爲導山、導水，西東以經之，然後源委脉絡可指諸掌，不爾則散而無統矣。「導岍」而下，鄭、王諸儒分爲三條、四列。條之説：導岍而下北條，西傾而下中條，嶓冢以下南條也。列之説：導岍而下正陰列，西傾而下次陰列，嶓冢而下次陽列，岷山而下正陽列。列之説比條爲密，然皆不離地脉之説。就地脉之説論之，則西傾、嶓、冢、岷山，三列猶可通。導岍而下一列爲不可通，蓋雍之西，其山隴自南而北，冀之諸山皆又自北而南，今北條陰列所紀乃自西而東，此其説之不可通者也。言地理者，謂太行西南跨大河，與商、虢、秦、楚諸山相接。諸山總在山形之内，則北條逾河之説固有此理，然此亦大地全體之常形爾。大抵《禹貢》所書，多是即山以名其地，故導山之説，所以治水土也。然隨山刊木，禹功之始，而經叙導山，又在導水之前，而其導山又必自西而下，則聖人之規模次第暨可知矣。蓋其治水之初，利在奠民，擊鮮續食，固是一時之急著，然必自西而下者，天下山川相爲綱紀，必且自西徂東，窮源極委，廣覽天下之形勢，周知川源之險阻，而後分畫賦功，次第而舉，故導山乃所以爲導水計也。

自其大者言之，導岍而下爲河，漆、沮、泲、洚、陸也。西傾而下，爲渭、涇、灃也，爲洛，爲淮、泗也。嶓冢而下，爲漢、沔、潛三澨也。自岷山而下，爲江、沱、九江、彭蠡也。自其細而言之，則固多矣。如導岍則汧汭可知，及岐則杜漆可知，至荆則合、洛、池瀕[三五]可知，析城則汾、洚可知，太行則懷、沁、淇、池、國蕩諸水可知，恒山則恒、衛、潞、滋、易、桑乾可知，至碣石則大小遼水可知。導西傾則西黑、北洮、南桓可知，朱圉、鳥鼠至于太華則西漢、嘉陵、褒斜、灞、滻可知，熊耳、外方則丹、白、波、穀、伊、潁可知，桐柏至于陪尾則汝、渦、濠、泗、沂可知，導嶓冢至于荆山則漳、沮、潛、夏可知，岷山之陽則青衣、大渡、馬湖、涪、黔江可知。至于衡山則九江諸源，至于敷淺原則水之西入洞庭，東會彭蠡者，又皆不言可知矣。凡此諸説，禹蓋兼舉并行，不可以一説斷也。

西傾、朱圉、鳥鼠，至于太華。熊耳、外方、桐柏，至于陪尾。

「西傾」至「太華」，雍山也。「西傾」，説見梁州，一名强臺山。謂之「西傾」，則其西地勢反而下，水皆西流入黑水矣。自此而東，則洮出其北，白水江出其南，朱圉山在今秦州伏羌縣，一名白巖山。「太華」，今華州。「熊耳」、「外方」、「桐柏」，豫山也。「熊耳」見下文。「外方」，舊説嵩山，非也。嵩高世名中岳，安得反謂外方？又與江夏内方，相爲内外哉？按今河南府伊陽縣伊闕鎮之西陸渾山，據《唐志》一名方山，蓋古爲外方，春秋時秦、晉遷陸渾之戎居此，因以陸渾名其山〔三六〕。其山固嵩高之聯峰，然謂爲嵩高則非爾。「桐柏」見下文。「陪尾」，徐山也。泗山陪尾，在今襲慶府泗水縣桃虚西北。舊説拘於地脉，以陪尾即漢志横尾山，在安州安陸縣，今屬信陽軍。

導嶓冢，至于荆山。内方，至于大别。

「嶓冢」説見梁州，其形如冢。「荆山」説見荆州，漳水所出，舊南入江，近世導之東流入諸湖濼，合潛江以通漢。内方山，《漢志》竟陵縣章山，古文以爲内方，今荆門軍長林縣也。大别山，在今漢陽軍漢陽縣。其形如鼈，西有小别山，漢水至此入江，謂之沔口云。

岷山之陽，至于衡山，過九江，至于敷淺原。

「岷山」，梁州，説見下文。山南曰「陽」。蓋岷山一帶南出爲大渡之源，又包青衣以東，馬湖江、黔江諸源。東山一枝爲衡山，其南行而東者爲嶺，包瀟、湘之原。而又一枝北向，以至敷淺原。故禹自衡山過洞庭，而至敷淺原也。「敷」，古文作「傅」。《通典》注：江州潯陽縣有蒲塘馹，前有敷淺原，原西有傅陽山，朱子親至其處，謂廬山當其地，而敷陽山乃在廬阜之西南，則是敷淺原之陽也。蓋廬山雖高，而其中原田連亘，人民奠居，所以有敷淺原之名。後世匡俗，結廬居之，遂名廬阜，而其支隴林麓猶存舊名爾。導山而云過九江，則導山即所以導水可知。

導弱水，至于合黎，餘波入于流沙。

此以下導水，蓋總叙水之源委[三七]，泝源而及流，即大以統細也。弱水出吐谷渾界窮石山，至甘州張掖縣合黎山下。《唐志》言自合黎峽口西出，即居延澤。經云「至于合黎，餘波入于流沙」，則居延乃古合黎澤爾，水溢則被流沙也。雜書言西域使者乘毛車以渡弱淵，豈非指此爲弱淵與？蓋弱水散漫無力，不能負芥，投之則委靡墊溺，及底而後止。惟皮船可渡，其間一渡名娑夷水，廣盡一矢，用藤爲橋，極費工力，以水沙不可施柱，故用藤橋也。「流沙」，《通典》謂在沙川西八十里，其沙隨風流行，大抵西北之地多是沙磧。史書所謂河沙諸國，佛書所謂沙界，恒河沙是也。沙則水滲而下，如沙州以西、山北之地，即連流沙，弱水滲其下。山南之地即連蒲昌海，西域二河潛其中。王元章云山東孫氏子，自少爲兵，嘗乘皮船以渡，久之又船行至南詔。蓋軍人不知典籍，此非但渡弱水而西，又循黑水而南矣。又嘗問西域賈人識流沙否？曰識之。非惟沙流，石亦隨之流也。

導黑水，至于三危，入于南海。

《漢志》：黑水出張掖雞山，南至燉煌，過三危山。張掖，今甘州。燉煌，今沙州也。按黑水出雍之西，而南入于南海，爲雍、梁二州之西界，蓋出崑崙之南谷也。自積石西傾，岷山、青衣岡脊以西諸水，天竺以東諸水皆入之，故黑水諸源亦非一。唐樊綽云：西夷之水南流而入于南海者凡四，曰區江、曰西珥河、曰麗水、曰瀰渃江。其曰麗水者，古黑水也，三危山峙其上，程泰之以爲麗水遠小。其所謂西珥河，却與《漢志》葉榆澤相貫，廣處可二十里。又漢滇池即葉榆之地，漢武初開滇池，其地有黑水祠，乃蜀之正西，北距宕昌不遠。宕昌即三苗之種，又與叙于三危者合。履祥按：二氏所考諸源非一，其實則合而爲瀘水。沈存中謂夷人謂黑爲盧，則瀘水即黑水也。蠻中固有西珥河，亦有東珥河。東西二珥者，皆因諸蠻而得名，安知其不指正流爲西珥也。唐以漢永昌故地置姚州，有西瀘，蓋唐既以馬湖江爲瀘，故遂以姚州之瀘爲西瀘。而雲南之地又有瀘南縣，諸葛孔明征南中，五月渡瀘，即此水也。但兩《漢志》以「瀘」爲「温」字，從省誤，後人失考爾。故《東漢志》謂黑水祠爲温水者，即此瀘水也。

今按西南夷圖，西珥河北合龍德河，中合印鴻川，南合導江川，其印鴻川東過葉榆之水，又東合流，名西珥河。過滇池，則黑水祠在焉。東南與麗水合，而區江亦合于麗水者，此皆黑水諸源也。故黑水經過雲南，但名瀘水。至交趾，又名歸化江，廣如江漢合流處，東南入海，而海道圖自名黑水口，在大理國東南。大理即雲南也，唐名南詔，至宋名大理云。

導河，積石至于龍門，南至于華陰，東至于厎柱，又東至于孟津。東過洛汭，至于大伾。北過洚水，至于大陸。又北播爲九河，同爲逆河，入于海。

《爾雅》「河出崑崙」，而説崑崙者多誕妄，今不盡辨，而説具總論。「積石」在今積石軍，其下蘭州臯蘭山石門，黄河所出，西南涵浸，轉而東北流，洮水北流入之。又北，而湟水會星海諸水入之。其祁連山青海諸水出浩亹，東流合于湟水，皆入焉。皆崑崙北谷諸水也。又北入北狄界中，漸轉而東，至唐受降城，折而南流，爲冀西河。大抵盤東山硤之間，千數百里，禹載壺口、治梁岐，皆爲冀河，已見冀州，故此不書。又南至河中府龍門縣之西，山開岸闊，自高而下，奔放傾瀉，聲如萬雷，是爲龍門。南至華州華山之陰，渭水入焉。水勢撞擊，地名潼關，折而東流，爲冀南河。至陝州陝縣，厎柱壅河中流，世傳禹鑿三門以通之，又名三門山。又東至今孟州孟津，河流始緩，南北通津，謂之孟津。東過今河南府鞏縣，洛水入焉，名爲洛汭。又東至澶州黎陽縣大伾山，即今黎陽山也。折而北流，爲冀東河，至今冀之信都，降水入焉，今名枯降河是也。又北至大陸，説見冀州。又「北播爲九河」，説見兖州。逆河之得名，以潮至而水逆流也。《漢志》作迎河，謂迎接九河也，亦通。古河入海之地，蓋在右碣石。自周定王五年，河始徙。蓋自禹以前，河决而北，故禹播九釃漯以東殺之。至漢，河决而東，故并行於漯，而沛亦爲河所并。至宋，則河決而南矣。蓋古河北流既久，濁流舊淤，土膏日息，則地形反高，故河不復北趨，漸次東決。至五代晉、漢時，河遶梁山以東北入海。至紹熙甲寅，南連大野，并行泗水以入于淮，於是有南北清河之分。北清河即泲水故道，南清河并泗水入淮，今淮安之西二十里，對岸清河口是也。今梁山又塞，而黄河遂西浸睢陽之境，此古今之變也。

嶓冢導漾，東流爲漢，又東爲滄浪之水，過三澨，至于大别，南入于江。東匯澤爲彭蠡，東爲北江，入于海。

「嶓冢」，説見梁州。漢水初出，舊名爲「漾」至漢中爲「漢」，又一源名沔水，故以漢沔通稱。然據《書》意，則沔蓋褒水也。「又東爲滄浪之水」，今均州武當山之北四十里，名滄浪州。「三澨」，即泌河，其一源名三家河，又一源名三里河，西南流至鄧州東南，合白河、清水河入漢，是名「三澨」也。又東南，至今漢陽軍大别山而南入江，是名沔口。自嶓冢至此，凡二千四百二十里。「東匯澤爲彭蠡」，朱子以爲多句。「東爲北江，入于海」，鄭漁仲以爲羨文。意禹治水之時，與今不同。方江漢未奠，今江西諸水壅遏不通，匯而爲湖，雖非江漢所匯，而勢實匯之。史官追記，固易差失，而古書多是隱見互見，若先叙江而匯澤在江條之内，似無甚失。惟先叙漢以及彭蠡，而後叙江，如此互見，則首尾横決，反爲失之。中江，北江。想當時方言如此，以識江漢合流之别。彭蠡源淺，而與江漢并列爲北中南，此恐亦當時東南之方言爾。

岷山導江，東別爲沱，又〔三八〕東至于澧，過九江，至于東陵，東迤北會于匯，東爲中江〔三九〕，入于海。

江出岷山。岷山數百峰，大西山爲最大，雪山三峰闖其後，冬夏如爛銀。山一谷名鐵豹嶺者有西岳廟，廟下名羊膊石，江水正源也。其西南分一源，又爲大渡河矣。江至永康軍導江縣，諸源既盛，遂分爲沱。東至眉州彭山縣，復合于江。江南受青衣、大渡、馬湖江，北受嘉陵江，又南受黔江，出三峽而後東至于澧。不書諸水，以梁州蔡、蒙、和夷、潛、沔皆互見，而三峽天險非入都通道，計不施功，故不書。東至澧，過九江，則禹時澧自入江，而九江始入。今則澧與九江俱匯爲洞庭，而併入江矣。故說者遂以澧亦在九江之數，非也。詳見荆州。至于東陵，今岳州巴陵也。東迤北會于匯，當特會于漢。蓋江勢迤北處，正受漢口。若至彭蠡，則東流久矣。「匯」字必因上文而誤也。禹於導江之功，在荆爲多，蓋荆地卑〔四〇〕濕沮洳，江漢朝宗，則揚自彭蠡而下，不復致力矣。

導沇水，東流爲濟，入于河，溢爲滎，東出于陶丘北，又東至于菏，又東北會于汶，又北，東入于海。

泲出王屋，在今孟州王屋縣西北，始發源山頂崖下，曰「沇水」。既見而伏，東出於泲源縣，湧爲二源。東源周迴七百步，其深不測。西源周迴六百八十五步，其深一丈。合流至温縣，是爲泲水。至懷州武德縣入河，伏而南出，溢爲滎澤。東出于陶丘北，則今曹州濟陰縣。又東至于菏，說見豫州。又東北會于汶，在今東平府中都縣。又北，東入于海，今青州北海也。泲水性沈勁，太行爲河北脊，其西水皆西流，其東水皆東流，泲出王屋，本太行脊西之山，而伏流以東南出。及既入河，又伏橫而南出。至王莽末，泲入河不復南出，而河南無泲瀆。滎自受河爲浚儀渠，然泲則未嘗不伏流地中。今阿井煮膠，爲性鎮墜，能清濁水。吴興陳氏謂今歷下，凡發地皆水溢，蓋〔四一〕泲水過其下也。

導淮自桐柏，東會于泗、沂，東入于海。

地里并見前章。淮出桐柏，初甚湧，復潛流三十里，然後東馳。亦尚淺，其深處爲十四潭。至并汝、潁〔四二〕、渦。禹時不費治導，故不書。豫之沮，隋唐之汴，今之黄河，皆入淮矣。自桐柏至海，凡千七百里。

導渭自鳥鼠同穴，東會于灃，又東會于涇，又東過漆、沮，入于河。

鳥鼠山説見雍州。《爾雅》：「其鳥爲鵌，其鼠爲鼵。」穴「地三四尺，鼠在内，鳥在外」。孔氏《書傳》：「共爲雌雄。」張氏《地理記》：「不爲牝牡。」又其山一名青雀山。渭自鳥鼠至入河，一千八百七十里。

導洛自熊耳，東北會于澗、瀍，又東會于伊，又東北入于河。

説見豫州。北方諸水雖大，河亦冰，惟洛水不冰，所以謂之温洛。一是天地之中，二是其北連山以障北風，三則前人謂其中有礬〔四三〕石。東漢都洛陽，以漢運火德，故去水加隹爲雒，後世仍從水名。

九州攸同，四隩既宅。九山刊旅，九川滌源，九澤既陂，四海會同。

此總結平治之功也。「九州攸同」者，言九州之内經理無間也。「四隩既宅」者，言九州之外、四海之隈亦已安居也。「刊」者，去蓊鬱，驅猛獸，興種藝也。「旅」者，定祭秩、立表鎮也。「九川」，凡九州之川。不曰通流而曰「滌源」者，此所謂「濬畎澮距川」，則田里無水潦壅塞之患也。「陂」者，九州之澤，有陂障無潰決也。「四海會同」，凡水皆會同于海，各得所歸，無復横流也。

六府孔修。庶土交正，厎慎財賦，咸則三壤，成賦中邦。

此總叙貢賦之典也。「府」，官府也。「六府」，水、火、金、木、土、穀之府也。水土既平，故六者之利無不興，而六者之官無不舉也。「庶土交正，厎慎財賦」，此土賦也。「咸則三壤，成賦中邦」，此田賦也。「庶土」謂凡山、澤、丘、陵、墳、衍、原、隰之土。「交」，皆也。謂皆物其土地之所宜，以任土事也。「厎」，定。「慎」，謹也。謂定庶土之所出，謹財賦之所入，則任民所宜，貢土所有，不强其無，不盡其有也。則等其土田爲上中下，而各定其什一之賦也。「中邦」，中國也。古者田之可井者，則整齊經理，謂之中國。其田不可井者，則隘塞之地，疆以戎索，故有九州内之夷狄。蔡氏曰：「土賦，或及於四夷。田賦，則止於中國也。」

錫土姓，祗台德行，不距朕行。

水土既平，田制既定，於是修封建之法，各使守之。「錫土」者，賞其功勞，定其限制也。錫姓者，表其勛德，輯其分族也。封建之來固久，經洪水之患，則限制多不明。有水土之功，則庸勞所宜賞，此所以修封建之制也。當時〔四四〕堯舜在上，封建雖非禹所專，而實出禹所畫，所謂「弼成五服」者，此章以下是也。「台」、「朕」指禹也，如《春秋》「我」，魯也。禹既任天下之事，則率屬倡牧，儀刑百辟者，固其職。此所以祇敬我德以爲率先，而其所行諸侯自無所違距也。周公謂「作周孚先」是也。

五百里甸服：百里賦納總，二百里納銍，三百里納秸服，四百里粟，五百里米。

此節以下，太約言遠近征役、朝貢疆理之宜也。「服」，事也，皆所以供王事也。五百里甸服，自都城以外，四面各廣五百里，商、周所謂王畿千里者也。「甸」，田也，千里之内天子所自治，是爲天子之田，而畿内百姓所供事也。「賦納總」者，其賦則禾連稾束之以納也。禾以爲糧，稾以茨屋，以飼國馬，以爲薪芻，凡雜用也。「銍」者，刈其穗也，若今刈粟刈黍者，惟刈取其穗也，其工省於總矣。「秸」，稾也。「服」，役事也，謂輸將之事也。有殼曰「粟」，無殼曰「米」。總納繁重，故惟百里之内納之。若二百里，則去總而納銍。四百里遠，則簡銍而納粟。五百里又遠，則去殼而納米。近者重而遠者輕，重者粗而輕者精。賦皆什一，力則以遠近爲輕重爾。古人九數，有粟米均輸二法，蓋本於此。然獨三百里之民，納稾而不粟，視它處爲甚輕，而有服役之事焉。服役獨在三百里者，蓋酌五百里之中，爲轉輸粟米之賦也。

《史記》謂古之善賈者，「百里不販樵，千里不販糴」，以其遠而重也。然則聖人賦民，必不使之四百里而負粟，五百里而負米矣。故制爲田賦，自百里而止於二百里焉。乃若四百里粟，五百里米，不言賦納，蓋不遠納於帝都，亦行百里，或二百里，而三百里之民轉而輸之於都爾。夫三百里之民，受遠郊之米粟而爲轉輸，力苦勞而賦則省，又以見古者賦役不兩重。此帝王之良法，而後世之所可行者也。

五百里侯服：百里采，二百里男邦，三百里諸侯。

甸服之外，四面各五百里，爲諸侯之服。「侯」，維也，所以維衛天子也。一曰「侯」，后也，爲民群后也。「采」，朝廷公卿大夫元士食采之邑也。甸服千里，固不以封。而凡公卿大夫之邑，亦取於侯服。則千里之畿，天子專之，後世不然，故天子之地浸弱。「男邦」，小國也。「諸侯」，大國也。內小國，則弱有所依；外大國，則內無所逼而外足以禦。蔡氏曰：「甸服分爲五等，侯服分爲三等，外諸侯分各二等。」

五百里綏服：三百里揆文教，二百里奮武衛。

侯服之外，四面各五百里爲綏服。「綏」，安也。內則侯甸，外則要荒，而綏服當其中，故取綏安之義。內「三百里揆文教」，所以接華夏之教以撫要荒。外「二百里奮武衛」，所以禦要荒之變以安華夏。優文險武，又有深意。然內「三百里揆文教」，則自此以內，凡有國者，文教可知。外「二百里奮武衛」，則自此以外，凡有國者武備可知。

五百里要服：三百里夷，二百蔡。

綏服之外，四面各五百里爲要服。「要」如裳之有要也，所以綱統四裔也。舊説「要」，約也。其地遠於畿甸，雜於夷狄，雖州牧侯伯爲之綱領控制，而其文法則略於中國矣。又於其中分三百里爲夷，二百里爲蔡。「夷」者，易也，取簡易之意。「蔡」者，放也，如蔡叔之蔡，有罪者則蔡〔四五〕於此焉。

五百里荒服：三百里蠻，二百里流。

要服之外，四面各五百里爲荒服。此爲四遠蠻夷之地，田野不井，人民不多，故謂之「荒」。所以經略之者，又簡於要服矣。其中三百里謂之蠻，因其俗也。二百里謂之流，則有罪者流徙於此，如流共工于幽州是也。蔡、流皆放逐罪人之地，罪有輕重，故地有遠近云。右五服一面，各二千五百里，四面相距方五千里。雖幅員二萬里，夷蠻又在其中，聖人不務廣地如此。然此亦大約限制，以爲朝貢之節，詳略之宜耳。每服之中又自分爲二三節，此周制九服之所由起也。

東漸于海，西被于流沙，朔南暨聲教，訖于四海。

「漸」，如「漸民以仁」之「漸」。「被」，如「被四表」之「被」。此統言聲教之達也。「聲」，如「立〔四六〕之風聲」之「聲」。「教」，則上行下效之謂。禹迹所至，不惟治水土而已。其聲律身度，觀民設教，本末備舉。「東漸于海」，則教化漸淪于海。「西被于流沙」，則教化冒覆于流沙。至於北雖止於恒碣，南雖止于衡陽，而南北地長，聲教旁達，不可爲限，故南北不言所至。總而言之，其教化則盡於四海矣。聖人爲後世計，雖立爲五服之限，而教化所及，感慕無外。故外薄四海，咸建五長以經理之焉。

禹錫玄圭，告厥成功。

此告成也。「錫」如師錫之「錫」。玄，水色也。禹既平水土，故以玄圭爲贄，入覲而告成于帝焉。

一說禹治水獲玄玉之瑞，故謂之錫。禹不自居，以歸之帝而告成功焉。

履祥按：《禹貢》一篇，夏史之追書也。夫既夏史之追書，則紀成功之書爾。夫既紀成功之書，則禹之治水，其先後次第規模不盡見於此，而於此可以推見爾。何者？《禹貢》於九州獨冀州載修治之辭於上，餘州則皆曰某山既藝既旅，某水既道既從，某澤既豬厎定，是皆記其成功耳。其先後次第不盡見於此矣，而謂於此可以推見，何也？曰《禹貢》一篇，分敘九州以經之，總敘山川以緯之。每州之下，奠山川、豬藪澤，而後繼之以物土宜、定田制，又繼之以經賦法、通朝貢。其總敘於後，則列山川，敘源委，總成功，定封建，別限制，同教化。是禹八年之間，其先後次第，經理規模，廣大周密，本末備具，蓋可想也。而其先後次第，則證諸禹所自言者而尤〔四七〕可見。禹曰：「洪水滔天，懷山襄陵，予乘四載，隨山刊木，暨益奏庶鮮食。」此禹功之始。《孟子》所謂龍蛇禽獸之害，「烈山澤而焚之」者也。此《禹貢》分敘所以先於刊定諸山，總叙所以先於導山是也。禹曰：「予決九川，距四海，濬畎澮，距川，暨稷播奏庶艱食、鮮食。」此禹功之中，孔子所謂「盡力乎溝洫」者也。此《禹貢》分叙所以定川澤、辨厥土、等田制，總叙所以有導川、則壤、成賦、甸服等事也。蓋禹之治水，不但疏決河患、鑿阻濬川而已。凡天下平土，皆制其井畝，疏爲溝澮，以達于川。所謂「畎澮」者，即田間之畎、一同之澮也。所謂「溝洫」者，即一井之溝、一成之洫也。則是井田之制，自禹定之。此禹中間功庸，最爲周密。至於所謂「懋遷有無」、「萬邦作乂」，所謂「弼成五服，至于五千」，「外薄四海，咸建五長」，則禹功之終也。分叙之浮于某水、達于某水，總叙之「六府孔修，庶土交正」，「迄于四海」，皆是也。或曰：《書》曰「洪水滔天」，既曰「滔天」矣，則禹之治水若何用功耶？曰：「滔天」云者，當時方言，形容其勢耳。

愚昔聞之家庭曰：「洪水滔天」即如後世淫雨，大水河決之灾。但堯末年連歲有此，然洪水之變多在水潦既降之後，秋水時至之節，而禹之疏鑿則在其間水泉縮退，霜降水涸之日爾。或曰禹之治水，固先冀都，而兖、青、徐、揚次第先及，何也？曰：朱子有言，洪水之患河爲大，禹之用功於河爲多。且以後世證之，漢時河決，東入青、齊，西被梁、楚，南溢淮、泗，宋朝前後河決亦然。至紹熙甲寅以後尤甚，遂分爲南北清河，而南清河遂并泗水以入淮，而患始息。河患所被，大率古兖、青、徐之境也。緬想神禹導河，載壺口、治梁岐、闢龍門、疏砥柱、淤大陸，播爲九河，使之北流；釃爲沛、漯，使之東殺；又通于菏、泗，使之甚則可以南泄。是以冀、兖、青、徐次第皆平。至於揚、荆，則以江、漢下流，水澤所〔四八〕聚，而揚爲尤下，亦不得不次第先及。豫雖近河，而自太華、殽函以東，至于鞏，連山以爲之限，但滎、菏在其東偏耳。河既導，則伊、洛不勞而入。梁、雍諸水之源，計不甚用功，所以獨後。乃若正疆理，物土宜，定井地，濬畎澮，經貢賦，同風化，則無間也。

或者又曰：古今有變更，山川無消長，而《禹貢》地理有與今日不同者，何也？曰：是固不同也。有人力之變者，汴之通河、淮，潛之通江、漢是也。有名號之變者，九江、洞庭之異名，敷淺、匡廬之異號，外方、陸渾之異稱。諸若此類，多有不可究詰者是也。但江漢同歸而分爲中北，彭蠡諸水而指爲漢匯，此則尤有可疑者，予已釋而辨之矣。抑蓋有天地自然之變者，如河徙而南，泲潤而洑，而冀、兖、青、豫、徐之支流水澤，皆易其源委。甚至九河淪而爲小海，碣石陷而在海中，此尤其變之大者也。大抵天地之間，山陵土石自有消長，顧其消長之數甚長，而人之年壽有限，則不及見其消長，遂以爲古今有定形爾。山與土石且有消長，而况水乎？昔沈存中奉使河北，邊太行而北，山崖之間，往往銜螺蚌之殼及石子，横亘石壁如帶。謂必昔之海濱，今東距海已千里，以愚觀之，此即昔之河濱也，所謂自東河至東海千里而遥者也。夫以昔之河濱，而今在山崖石壁之間，即河日邊、山日長、石日凝，蓋〔四九〕可知也。此皆天地之間，今人尚可考見，其類非一，而人鮮不謂迂者，朝菌不知晦朔，夏蟲不可語冰，其斯之謂矣。然則《禹貢》地理古今之不同，又安知其非天地之變遷消長，若河、碣之比耶？

或曰：條列之説如何？曰：予嘗疏於前矣。王、鄭分每章爲條，每段爲列，可爾。若指爲山勢之脉絡，恐未然也。夫天地常形，固相爲句連貫通，然其條理亦各有脉絡。若以脉絡之可見者言之，崑崙四垂而爲海，天下諸山皆起於崑崙，而崑崙無定名。地之最高，山之所聚，江河諸源之所出，即崑崙爾。崑崙之山，綿亘糾繆，句連盤錯。其南爲岷山最大，其東北爲積石諸峰，其東爲西傾、朱圉、鳥鼠諸峰。其西北諸山，尤爲綿亘紛錯。河之所以北，弱水之所以西，黑水之所以南，皆是也。惟江、河、渭、漢行乎中國。自崑崙而東北言之，則自積石而北爲湟水、星海、青海，以至浩亹，皆河源也。入匈奴以東爲陰山，又東南自代北、雲、朔，分而南趨爲北岳，以至太行，是爲河北之脊，壺口、雷首、太岳、析城、王屋皆其群峰。河之折而南，汾晉諸水之所以西入河，涿、易、寇、漳、恒、衛之所以東入海也。

分而東趨者，行幽、燕之北，爲五關之險，以至營平而爲碣石，此北絡也。自崑崙以東言之，則東爲西傾，而洮水出其北入河，恒水出其南入江。又東爲朱圉、鳥鼠諸隴，則爲渭之源。自渭源以北，即夾河源，而北以東若岍、岐，若荆山諸峰，涇水、漆、沮諸源也。自渭以南，即西傾而下諸峰，亘爲終南，屹爲太華。東北爲殽、陜，東南爲熊耳，外方、嵩高、伊、洛之源，又南爲桐柏、淮源，以達于淮西諸山，此中絡也。又自西傾朱圉而南分，是爲嶓冢，漢源，夾漢而趨者。北即終南、華、熊諸隴，南則蜀東諸峰。説者謂蜀東諸山皆嶓冢，正謂其岡岫綿亘爾。又東則爲荆山、内方，此中絡之次也。自崑崙之東南言之，是爲岷山，江源，夾江而東者。北支即西傾以南，嶓冢以西之脉，爲桓水、西漢水、嘉陵江諸源。其南支即南趨爲蒙、蔡諸山，青衣、大渡、馬湖江諸源。又東包涪、黔，一盤而北爲三峽，其東出者包絡九江之源。中盤中爲衡山，其再盤而北爲廬阜。其嶺之東出者，又爲袁、吉、章、貢、旴、信諸江之源，至分水魚梁嶺，三盤而北趨，過新安，峙天目，盡昇、潤。凡再盤之間，其水聚爲洞庭。三盤之間，其水聚爲彭蠡。三盤以東，則南爲閩、浙，北爲震澤，此南絡也。惟泰山則特起東方，横亘左右，以障中原，此所以爲異與？

大抵水者山之液，故山盤而水之源出焉，此所以聚爲川流之盛。地道以句連爲固，故山東而水之流壅焉，此所以資於疏鬫之功。凡此其大約云爾。

或曰：古今天下，廣狹一也。《禹貢》五服，四距五千里，而周制九服，自王畿以外，每方自爲五千里，何也？或謂尺有長短，則周尺不應半禹之尺。或謂禹五服之外，外薄四海，不在其數。周則盡外薄所至而經畫之。此説爲近，然亦不應外薄之地，與五服之地相半也。考之經文，甸服方千里，而曰五百里，則凡所謂五百里者，舉一面計之也。若《周官》則曰規方千里曰王畿，又其外方五百里曰某服，則舉兩面通計之也。是則《禹貢》所謂五百里甸服者乃千里，而《周官》所謂外方五百里者乃二百五十里也。至《漢·地志》又言東西九千餘里，南北一萬三千餘里，則漢東西視《禹貢》幾一倍，南北視《禹貢》幾二倍。然考其所載山川，又不盡出禹迹之外。何也？古者聖人制數周密，其制方田之數，以御田疇廣狹；制句股之數，以御遠近高深。方田之制行，則自井畝徑遂之直，積而爲道路川澮，截然直方，無有迂曲。故中邦之地雖廣，而里數則徑。自秦、漢開阡陌，於是道里始迂遠矣。此古今里數多少之不同，一也。

《周髀》之經曰：「數之法始出於圓，圓出於方，方出於矩，矩出於九九。故折矩以爲句，句廣三，股，修四，徑隅五。禹之所以治天下者，此矩〔五〇〕之所由生也。」是則句股算法，自禹制之。蓋積矩以爲方田，而句股以測高下、淺深、遠近，此禹之所以疆理天下，而弼成五服者也。句股之數密，則於山川迂回之處，與道里曲折之間，以句股之多，計弦之直，而得遠近之實。大率句三，股四，弦直五，以正五斜七取之。自秦、漢以來，誇多務廣，固盡外薄之遠。其計道里，又但以人迹爲數，不復論句股弦直。故漢之九千里，大約準古六千五百里；漢三千里，準古一千九百七十一里。而尺步長短之異制，又不在此數。此古今里數多少之不同，二也。至於《禹貢》外薄之地，在五服之外，而後世斥候所到，盡在里數之内。此其多少之不同，又不待言者。

或者又曰：冀在九州爲北，堯都冀州，則自甸服之外，北短南長。五服之地，北無所展，而南有所棄，則如之何？曰：隆古都冀，政教四達，則冀北之野，生聚教訓，必不如後世之爲窮漠，所以冀賦爲九州第一，而水平之後分爲幽、并，其廣可知。兼堯都平陽，雖曰在冀，自平陽以南，渡河至陝，於今地理三百七十五里，正五斜七，於古蓋二百六十餘里耳。則是甸服之地，自跨冀、豫，冀山而豫平。緬想當時甸服之地，當亦如周室王畿之制。蓋成周之制，雖云規方千里，以爲王畿，然西自郊、岐、豐、鎬爲方八百里，東則洛陽四達，方六百里，總爲千里爾。五服之制，其間絶長補短，計亦如此。何則？周都豐鎬，西至犬戎，約餘千里，而犬戎之地，自爲荒服。先王之制，賓服者享，荒服者王。自穆王以犬戎地近，責其從賓服之享，自是荒服者不至。則是五服之制，計古亦有因地而爲長短者。蓋諸侯之分，特以爲朝貢之限制，亦有在近而視遠，雖遠而視近者。大率地有廣狹，俗有夷夏，未必四面截然如此正方。聖人立爲限制之經，於中固必有通變之義。讀《書》者不可拘於一説，而不知聖人體用之大也。

【校記】

〔一〕「功」，《前編》作「功謨」。

〔二〕「四」，原作「西」，據《前編》改。

〔三〕「昌」，原作「鄉」，據《括地志》（《史記·夏本紀》正義引）改。

〔四〕「地」，原無，據《前編》補。

〔五〕「名」，《周禮》原文無。

〔六〕「稷」，《前編》作「秸」。

〔七〕「謂」，原作「爲」，據《前編》改。

〔八〕「中國」，原作「下上」，據《前編》改。

〔九〕「即」，原作「得」，據《前編》改。
〔一〇〕「淄」，原無，據《前編》補。
〔一一〕「臬」，原無，據《前編》補。
〔一二〕「澗」，原作「間」，據《前編》補。
〔一三〕「侯社」，《逸周書·作雒解》作「土封」。
〔一四〕「特」，原作「時」，據《前編》改。
〔一五〕「通」，《前編》作「連」。
〔一六〕「即」，原作「得」，據《前編》改。
〔一七〕「九水」，原文倒，據《前編》乙。
〔一八〕「民」，原無，據《前編》補。
〔一九〕「古」，原作「故」，據《前編》改。
〔二〇〕「即」，原作「得」，據《前編》改。
〔二一〕「山」，諸本皆誤作「江」，徑改。
〔二二〕「在」，原無，據《前編》補。
〔二三〕「合」，原作「今」，據《前編》、秦抄本改。
〔二四〕「漸序」，《前編》作「會聚」。
〔二五〕「即今東西南」至「襄均鞏」，「即」原作「得」，「鞏」原作「拱」，據《前編》改。

〔二六〕「州」，原作「川」，據《前編》、秦抄本改。
〔二七〕「豬」，原作「諸」，據《前編》改。
〔二八〕「即」，原作「得」，據《前編》改。
〔二九〕「始」，《前編》、秦抄本作「治」。
〔三〇〕「即」，原作「得」，據《前編》改。
〔三一〕「宕」，原作「巖」，據《前編》、秦抄本改。
〔三二〕「雨」，原作「兩」，據《前編》、秦抄本改。
〔三三〕「降」，原作「隆」，據《前編》改。
〔三四〕「數」，《前編》作「四」。
〔三五〕「合洛池瀕」，原作「伊□□□」，秦抄本作「洽洽也瀕」，據《前編》改。
〔三六〕「因以陸渾名其山」，《前編》作「名陸渾云」，秦抄本作「名陸渾云其山」。
〔三七〕「水之源委」，《前編》作「之原委」。
〔三八〕「又」，原無，據《前編》、秦抄本補。
〔三九〕「東爲中江」，原文「東」上衍「東匯澤爲彭蠡」。據《前編》、秦抄本刪。
〔四〇〕「卑」，原作「界」，據《前編》改。
〔四一〕「蓋」下，《前編》、秦抄本有「皆」字。
〔四二〕「汝潁」下，《前編》有一段文字：「始大。東會泗、沂，説見徐州。今水之入淮者，不獨沂、泗、汝、潁。」

〔四三〕「礬」，原無，據《前編》、秦抄本補。

〔四四〕「時」，原作「曉」，據《前編》改。

〔四五〕「蔡」，《前編》、秦抄本作「蔡放」。

〔四六〕「立」，《尚書·畢命》作「樹」。

〔四七〕「尤」，原作「猶」，據《前編》、秦抄本改。

〔四八〕「澤所」，原文倒，據《尚書表注》乙。

〔四九〕「蓋」，原作「益」，據《前編》改。

〔五〇〕「矩」，《周髀算經》作「數」。

書經注卷之四

甘誓

大戰于甘，乃召六卿。

古者四方有變，專責之方伯，方伯不能討，然後天子親征之。天子之兵有征無戰，今啓既親率六軍以出，而又書「大戰于甘」，則有扈之怙强稔惡，敢與天子抗衡，豈特《孟子》所謂六師移之者。《書》曰「大戰于甘」，以深著有扈不臣之罪。按甘在京兆鄠縣有〔一〕甘水、甘亭，蓋西方諸侯也。時夏都安邑，在關河之東，而有扈在關西之地叛，以天下大勢論之，不爲小變矣。「六鄉」，六鄉之卿也。按《周禮》鄉大夫，每鄉卿一人，六鄉六卿。平居無事，則各掌其鄉之政教禁令，而屬於大司徒。有事出征，則各率其鄉之一萬二千五百人，而屬於大司馬，所謂軍將皆鄉者是也。意夏制亦如此。

王曰：「嗟！六事之人，予誓告汝：有扈氏威侮五行，怠棄三正，

「六事之人」謂六鄉之卿。六卿曰六事，猶三公謂之三事也。「威侮五行」者，暴殄天物。一説不順五行之理，猶所謂狎侮五常也。「三正」，舊説天、地、人之正道。

天用勦絶其命，今予惟恭行天之罰。左不攻于左，汝不恭命；右不攻于右，汝不恭命；御非其馬之正，汝不恭命。

「左」、「右」、「御」皆五伍之長，在車者也。「汝」，六事之人也。古者車戰之法，五人爲伍，五伍爲兩，一車甲士三人，步卒七十二人，則三其兩。其甲士三人，左主射，右主擊刺，中御馬。蓋每兩之長也，一鄉一軍，則一萬二千五百人，蓋五百兩也，卿一人統之。天子六軍，則七萬五千人，凡三千兩。先王之師，左右各攻其事，而不以詭遇爲功，非惟師出以正。然左死於射，右死於刺，甲者死車，步者死列，故能爲不敗之師，此先王之軍法也。左右御不職其事，皆曰「汝不恭命」，蓋責之卿也。天子治軍，惟責之卿，卿各督其所部，然亦至兩之長而止。自兩以下，則其長自治之，此軍制之分數也。

用命，賞于祖；不用命，戮于社。予則孥戮汝。」

古者天子巡狩，以遷廟主行，征伐亦然。軍行祓社釁鼓，是則天子出征，必載遷廟之主，與社主以行也。「祖」，左，陽也，故「賞于祖」。「社」，右，陰也，故「戮于社」。「戮」，辱也。戮非爲殺之，凡罪以令衆皆戮也。所謂殺而戮之，所謂賜死而亡戮辱。凡殺而不以令衆不曰戮，罪不至殺而令衆亦曰戮。孥戮者〔二〕，戮及其妻子。所謂其孥，男子入于罪隸，女子入于舂槀是也。古者罪人不孥，而此曰「孥戮」，蓋軍法尚嚴，故誓師之詞云爾。師之必用賞罰，古今所同也。至若左右不踰，必正〔三〕，此則王者之師而已。

【校記】

〔一〕「有」，原無，據《前編》補。

〔二〕「孥戮者」，原作「戮」，據《前編》改。

〔三〕「正」，《前編》作「以正」。

五子之歌

太康尸位以逸豫，滅厥德，黎民咸貳。

禹之德在民深矣，今一再傳，而太康始爲「逸豫」，「黎民咸貳」，見所未見也。蓋自五帝以來，聖聖相傳，至啓亦賢能敬承。太康尸位，而既爲「逸豫」，生民所未見也，故疑而貳焉。又自堯、舜、禹以來，數聖人之於民，不啻父母於子。其在太康，猶父母死而不仁之兒〔一〕暴棄之，則父母之思爲何如也？民本非易叛，恃祖宗德澤之厚，而不知自反者，亦可省於此。

乃盤游無度，畋于有洛之表，十旬弗反。有窮后羿，因民弗忍，距于河。

夏都河北，太康遊田無度，逾河之南，又自河而逾洛之外，又流連十旬而弗反，此羿所因以得志也。羿者，有窮之君，世善射，亦以世官爲名，傳稱后羿。自鉏遷于窮石，因民以代夏政，則鉏其始封，窮其新國，故曰「有窮」。「因民弗忍」者，即傳所謂因夏民距于河者，即所謂代夏政。蓋距太康于河，不使反國，而羿遂據夏舊都以代夏，僭稱帝夷羿也。

厥弟五人，御其母以從，徯于洛之汭。五子咸怨，述大禹之戒以作歌。

太康在外忘反，而羿入都篡國，故五子御母避難，迹太康所之，逾河而南以從之，望太康以圖復國。故于洛汭而不至洛表，徯而不返，哀宗國之顛覆，痛社稷之危亡。親親之怨，不能自遏，故述大禹之戒而爲歌也。下文五章自是其辭，説者以五子各爲一章，然首尾相應，或共爲之。其一、其二者，歌節，非指五子也。

其一曰：「皇祖有訓：民可近，不可下，民惟邦本，本固邦寧。予視天下，愚夫愚婦，一能勝予。一人三失，怨豈在明？不見是圖。予臨兆民，懍乎若朽索之馭六馬。爲人上者，奈何不敬？」

此章述大禹之戒，檃栝以爲歌。「下」，叶户。「予」，叶與。「圖」，叶杜。「馬」，叶姥。「一人三失」之下似逸一句。章末二語，則五子之詞也，與「皇祖有訓」自相叶。

其二曰：「訓有之：内作色荒，外作禽荒，甘酒嗜音，峻宇彫牆，有一于此，未或不亡。」

此章亦大禹之訓，五子檃栝其辭而爲歌也。

其三曰：「惟彼陶唐，有此冀方。今失厥道，亂其紀綱，乃厎滅亡。」

自陶唐以來皆都河北，是爲冀州之地。今一朝失道，而三聖相傳之都，衆大之區，遂乃失之，爲羿所滅，以至於亡也。按《左氏》引此章曰：「惟彼陶唐，帥彼天常，有此冀方。今失其行，亂其紀綱，乃滅而亡。」

其四曰：「明明我祖，萬邦之君。有典有則，貽厥子孫。關石和鈞，王府則有。荒墜厥緒，覆宗絶祀。」

「有」，叶以。百二十斤爲「石」，大稱也。三十斤爲「鈞」，小稱也。「關」，通。「和」，平。聖人所以同度量衡，以一天下之制也，藏在王府，後世則之。舉此一端，以見典籍規制之備。

其五曰：「嗚呼曷歸？予懷之悲。萬姓仇予，予將疇依？鬱陶乎予心，顔厚有忸怩。弗慎厥德，雖悔可追？」

履祥按：《五子之歌》五章。一章，言太康之失民也。二章，言太康之遊田也，序所謂盤遊無度也。三章，哀京都之不保也。四章，痛故府舊章之淪喪，宗廟社稷之不祀也。而五章，哀恫以終之。夫失國固太康也，而篡〔二〕國則羿也。《五子之歌》皆怨太康之辭，無忿羿之辭者，自反也。《傳》曰：「禹湯罪己，其興也勃焉。桀紂罪人，其亡也忽焉。」然則讀《五子之歌》，君子是以知仲康之宜爲君，而夏之復祀也。然太康雖爲羿所拒，不能濟河，而猶立〔三〕國於外，以傳仲康，豈亦因《五子之歌》而自悔者與？

【校記】

〔一〕「兄」，原作「況」，據《前編》改。

〔二〕「篡」，原作「纂」，據《前編》改。

〔三〕「立」，原作「京」，據《前編》改。

胤征

惟仲康肇位四海，胤侯命掌六師。羲、和廢厥職，酒荒于厥邑。胤后承王命徂征。

「胤侯」，胤國之侯，入爲王大司馬也。「羲、和廢厥職」者，不共王職。「酒荒于厥邑」者，與羿同惡也。

告于衆曰：「嗟予有衆，聖有謨訓，明徵定保。

「明徵定保」者，即謨訓之辭。「徵」如「庶徵」之「徵」，謂明天之徵以定保安之計也。此一語以爲綱領。「克謹天戒」以下，皆「明徵定保」之事。「惟時羲、和」以下，皆「明徵」之反。

先王克謹天戒，臣人克有常憲，百官修輔，厥后惟明明。每歲孟春，遒人以木鐸徇于路。官師相規，工執藝事以諫。

工猶執藝事以諫，豈有爲天官而日食不以告王？

其或不恭，邦有常刑。

此明先王之制，下證羲、和之罪。

惟時羲、和，顛覆厥德，沈亂于酒，畔官離次，俶擾天紀，遐棄厥司。

此正羲、和之罪也。

乃季秋月朔，辰弗集于房，瞽奏鼓，嗇夫馳，庶人走。羲、和尸厥官，罔聞知，昏迷于天象，以干先王之誅。

唐《大衍曆·日度議》曰：「《書》曰：『乃季秋月朔，辰弗集于房。』劉炫曰：『房，所舍之次也。集，會也。會，合也。不合則日蝕可知。或以房爲房星，知不然者。且日之所在，正可推而知之。君子謹疑，寧當以日在之宿爲文？』近代善曆者，推仲康時九月合朔，已在房星北矣。』按古文『集』與『輯』義同。日月嘉會而陰陽輯睦，則陽不疚乎位，以常其明，陰亦含章示冲以隱其形。若變而相傷，則不輯矣。『房』者，辰之所次。『星』者，所次之名，其揆一也。又《春秋傳》『辰在斗柄』、『天策焞焞』、『降婁之初』、『辰尾之末』，君子言之，不以爲繆，何獨謹疑於房星哉？」

古者日有食之，伐鼓于社，所以攻陰而助陽也。其事則樂師掌之。樂師，瞽者也，故「瞽奏鼓」。「嗇夫馳」者，供救日之役。「庶心走」者，爲救日之態，以見日食之變，天子恐懼乎上，官民奔走于下，變之甚也。而羲、和掌曆象之事，乃「罔聞知」，不以聞于上也，其無天無君甚矣。「干先王之誅」，應上文。

《政典》曰：『先時者殺無赦，不及時者殺無赦。』

此以下徇師之辭。《政典》者，大司馬之法，用之於軍旅者也。故「先時」、「後時」者，皆「殺無赦」，所以謹期會，一師徒，明節制也。「先時」者，邀功而亂陣。「不及時」者，失期而怯敵。皆用兵之忌也。是以兵法於此，必嚴「無赦」之律焉。

今予以爾有衆，奉將天罰。爾衆士同力王室，尚弼予欽承天子威命。火炎崐岡，玉石俱焚。天吏逸德，烈於猛火。

此戒其「先時」之過。

殲厥渠魁，脅從罔治。舊染污俗，咸與惟新。嗚呼！威克厥愛，允濟；愛克厥威，允罔功。

此戒其及時之失。

其爾衆士，懋戒哉！」

「威克厥愛」，如公爾忘私，奮不顧身也。「懋戒」，以「殲魁」「威克」爲勉，以「逸德」「愛克」爲戒也。

或問羲和之罪，不過失職爾，何勤徂征之師？曰：王者之制，諸侯三不朝則六師移之，畔官離次，遐棄厥司，不甚於不朝乎？曰：沈亂于酒，六師移之易爾，曷爲申明軍律，激勵威武，若恐弗勝，何也？曰：羲和畔夏即羿者也，意必有聚衆拒命之事焉，故下文有「脅從罔治」之戒也。曰：使果畔夏即羿也，曷爲奉辭伐罪，不名其爲賊，而止於責其不職也？曰：先王之制，官各有職，以事一人。不供其職，即不臣其君矣，而況俶擾天紀爲始亂乎？曰：俶擾天紀之爲始亂，何也？曰：自顓帝以來，羲氏、和氏世其職，先王賴之，授時頒正以一天下之視聽久矣。一旦有羿入間王室，天子播〔一〕遷南夏，而羲和首不爲用，是使正朔不出于天子，諸侯不禀正朔於王朝，夏氏之失統，將自是始，而區區保邑拒命，又其罪之細者爾。故《胤征》之書，始述其法，以明其亂紀之罪，終嚴其威，以破其脅衆之勢也。兵法莫整於《胤征》，曰「先時者，殺無赦。不及時者，殺無赦」也。莫仁於《胤征》，曰「殲厥渠魁，脅從罔治」也。莫勇於《胤征》，曰「威克厥愛，允濟」也。此武之大經也。

【校記】

〔一〕「播」，原作「保」，據《前編》改。

書經注卷之五

商書

湯誓

王曰：「格爾衆庶，悉聽朕言。非台小子，敢行稱亂；有夏多罪，天命殛之。

蔡氏曰：「以人事言之，則臣伐君可謂亂矣；以天命言之，則所謂天吏，非稱亂也。」

今爾有衆，汝曰：『我后不恤我衆，舍我穡事，而割正夏。』予惟聞汝衆言。夏氏有罪，予畏上帝，不敢不正。

蔡氏曰：「亳邑之民安於湯之德政，故不知夏氏之虐。湯則畏上帝，不敢不往正其罪也。」

今汝其曰：『夏罪其如台？』夏王率遏衆力，率割夏邑，有衆率怠弗協，曰：『時日曷喪，予及汝皆亡。』夏德若茲，今朕必往。

蔡氏曰：「湯又言夏王重役以窮民力，嚴刑以殘民生。民皆怠於奉上，不和於國，疾視其君〔一〕，指日而曰：是日何時而亡？吾寧與之俱苦桀之虐，而欲其亡之甚也。桀之惡德如此，今我所以必往也。」

爾尚輔予一人，致天之罰，予其大賚汝。爾無不信，朕不食言。爾不從誓言，予則孥戮汝，罔有攸赦。」

蔡氏曰：「禹之征苗，曰『爾尚一乃心力，其克有勛』，至啓則曰『用命賞于祖，不用命戮于社，予則孥戮汝』，此又益以『朕不食言』、『罔有攸赦』亦可以觀世變矣。」履祥按：讀《湯誓》者有三疑焉，疑王曰以爲追書也；疑亳衆之怨，后不恤也；疑大賚孥戮之爲已薄也。夫湯武之稱王，説者多矣。有謂文王受命稱王，至武王稱王，凡十有一年者，疑湯亦然。有謂民無二王，桀、紂未絶，則未可王者，《湯誓》、《泰誓》之稱王，蓋追書也。至於蘇氏則曰：商、周之王不王，不係於桀、紂之存亡也。愚謂受命稱王之久，其説失之僭，而桀、紂未絶未王之説，則又失之拘。至蘇氏之説不拘矣，然通而無制也。夫湯武興師之時，是即受命之日。張子所謂此事間不容髮，一日之間，天命未絶，則爲君臣，天命既絶，則爲獨夫者，其在此時乎？夫天命已屬，司徒既興，則桀、紂即獨夫矣。豈特南巢之後，牧野之餘，而天命始絶哉？且湯武既已興師矣，而猶自稱曰諸侯，以令於衆，則是以諸侯而伐天子，名實俱不可也。然則稱王誓衆，理固然也。而必謂史臣追書，不幾於嫌聖人而文之哉！然則弔伐之師，義也，而亳衆有不恤之怨，何也？曰：自亳衆而觀，則如在春風，如在慈母，不知有天下之暴亂也。自夏衆而觀，則如水已溺，如火將焚，不可無聖人之拯救也。故在此之怨，雖曰「我后不恤」，「舍我穡事」，而在彼之怨，則又曰「徯我后」，「奚爲後我」。觀成湯辨曉之辭，首之曰「汝曰我后」，曰「不恤我衆，舍我穡事，而割正夏」，「予畏上帝，不敢不正」。蓋亳衆知己事之小，而不知天意之大，在聖人則不可不順天也。繼之曰「今汝其曰：『夏罪其如台？』」夏王率遏衆力，率割夏邑，有衆率怠弗協，曰：『予及汝皆亡。』夏德若兹，今朕必往。」蓋亳衆知商邑之安，而不知夏民之危，在聖人則不可不救民也。常情蔽於苟且，聖人迫於天心，此其所以不同而已。至重賞而慮其不信，嚴刑而至於孥戮，則以亳衆久安、喜逸、惡動。夫用久安、惡動之民，非重賞以誘之，嚴刑以驅之，它事且不可，況以之戰而濟其弔伐之義哉！然此亦誓師之令，不得不云爾。凡執禁以齊衆，不赦過，此軍律也。而遽引罪人不孥以病之，皆未可與語聖人之意也。

【校記】

〔一〕「君」，原作「居」，據《前編》、秦抄本改。

仲虺之誥

成湯放桀于南巢，惟有慙德，曰：「予恐來世以台爲口實。」

「仲虺」，臣名，《大戴》作「仲傀」，《史記》作「中畾」，《荀子》作「中蘬」。奚仲之後，爲湯左相。趙臺卿曰：即萊朱也。「誥」，告也。《周禮》：誥，用之會同。此告湯而亦曰「誥」。唐孔氏謂仲虺必對衆而言，非特釋湯之慙，而且以曉其臣民衆庶也。「南巢」，今無爲軍地，桀奔于此，因以處之，故曰「放」焉。放伐之事，終不若傳授之美，而又湯始爲之，故自以爲有可愧之德，恐後世無君者指此爲實以藉口也。觀《湯誥》之書，成湯憂以天下，至此又憂後世，聖人之心量如此。陳氏曰：堯舜以天下遜，後世好名之士猶有不知而慕之者。湯武征伐而得天下，後世嗜利之人安得不以爲口實哉？此湯之所爲恐也。

仲虺乃作誥曰：「嗚呼！惟天生民有欲，無主乃亂。惟天生聰明時乂。有夏昏德，民墜塗炭。天乃錫王勇智，表正萬邦，纘禹舊服，兹率厥典，奉若天命。

此明上天立君之理也。「天生聰明」以乂生民，而桀以德昏，墜民塗炭，則不君矣，故天生成湯以君之。「天乃錫王勇智」者，蓋氣化聚而生聖人。聚清明之氣而使之智，以無所不知；聚剛厚之氣而使之勇，以無所不能爲也。禹傳禪而湯征伐，乃云「纘禹舊服」者，禪繼征伐，前後聖人俱一公天下之心。桀墜禹之緒，而湯承之，又率其所以紀綱天下之典，是則湯之興，所以繼禹也，所以承上天君天下之責也。林氏曰：齊宣王問孟子，曰：「湯放桀，武王伐紂，有諸？」孟子曰：「賊仁者謂之賊，賊義者謂之殘，殘賊之人謂之一夫。聞誅一夫紂矣，未聞弑君也。」夫立之君者，懼民之殘賊而無以主之。爲之主而自殘賊焉，則君之實喪矣。非一夫而何？孟子之言，則仲虺之意也。

夏王有罪，矯誣上天，以布命于下。帝用不臧，式商受命，用爽厥師。

上言民塗炭，湯受纘服之命，作之君也。此言桀誣天命，湯受爽師之命，作之師也。武王所謂「作之君，作之師」是也。「矯誣上天，布命于下」，蓋假天以神其説，以令於衆也。《大學》所謂桀、紂「所令，反其所好，而民弗從」者是也。「用爽厥師」，「師」，衆也，謂湯開明衆人之心也。吴氏曰：「用爽厥師」與下文「簡賢附勢」意不相貫，疑有脱誤。

簡賢附勢，寔繁有徒。肇我邦于有夏，若苗之有莠，若粟之有秕。小大戰戰，罔不懼于非辜，矧予之德，言足聽聞。

「足」，滿也。上文二節自理言之，則湯固爲所當爲。此章自勢言之，則湯亦不得不爲。朱子嘗謂文武之勢當亦住不得，觀湯此時亦正如此。

惟王不邇聲色，不殖貨利，德懋懋官，功懋懋賞，用人惟己，改過不吝，克寬克仁，彰信兆民。

自此下二節，因上文以述「德言足聽聞」之實也。湯於一身無所私，而惟與天下爲公如此。有如此心，人孰不信也。

乃葛伯仇餉，初征自葛。東征，西夷怨。南征，北狄怨。曰：『奚獨後予？』攸徂之民，室家相慶，曰：『徯予后，后來其蘇。』民之戴商，厥惟舊哉！

此亦承上文而言。征伐一動，而四面人心俱望王師之來，則弔伐之事決不容已，而鳴條之師至此終必爲之也。已上五節，上明天命君師之理，中明夏商疑忌之勢，下明人心歸慕之極，則湯不可不爲，亦不容不爲矣。此皆所以釋湯之慙也。

佑賢輔德，顯忠遂良，兼弱攻昧，取亂侮亡，推亡固存，邦乃其昌。

此言命德討罪之責，撥亂反正之規。夏之末造，簡賢附勢者既繁，則公道晦蝕，是非不明久矣。命德討罪，實在於湯。鳴條之戰，自不可已，然又非可止於鳴條之戰而遽已也。此章以上皆釋湯之辭，此下皆勉湯之辭。

德日新，萬邦惟懷；志自滿，九族乃離。

夫仲虺方釋湯之慙，而又勉其日新，何也？罪己責躬不可無，亦不可長留在心爲悔，悔則不進矣。然而又慮其自滯，何也？人之常情，有所慙者固多自阻，而謂無所慙者又多自滿。防其自阻也，故釋其慙而勉之；防其已釋而自滿也，故又戒之。忠愛之深，則周防之密。湯固未必有是，而仲虺之論亦不容疏也。

王懋昭大德，建中于民，以義制事，以禮制心，垂裕後昆。

此承「德日新」之意而言也。「懋昭」即日新之推也。「中」者，無過不及之正理，舉天下事物，莫不各有自然之中，民心所本具而不能自明，故聖人建之以爲準焉。「以義制事，以禮制心」，即建中之綱目也。立之義以制天下之事，使萬物各得其時中至善之宜，而無過不及。立之禮以制天下之心，使人心各循於規矩準繩之内，不偏不倚。經制既立，人心風俗已正，雖傳之於後世，固綽然有餘裕也，豈有來世口實之憂哉？

予聞曰：『能自得師者王，謂人莫己若者亡。好問則裕，自用則小。』

此承志自滿之意而言也。

嗚呼！慎厥終，惟其始。殖有禮，覆昏暴。欽崇天道，永保天命。」

此總一篇之意以終之。謹終惟始者，謂勿失其不邇不殖，改過寬仁之德。德言來蘇之舊。「殖有禮，覆昏暴」，謂益廣其顯遂兼攻，凡撥亂反正之規。「欽崇天道」，即日新昭德之謂。而以「永保天命」，終篇首之意。然則湯之得天下也，固天命人心，理勢不可不爲之宜。其爲天子也，亦有得失興亡，不可不謹之慮。此篇之意，最爲深密，讀者詳之。

湯誥

王歸自克夏，至于亳，誕告萬方。王曰：「嗟！爾萬方有衆，明聽予一人誥。惟皇上帝，降衷于下民，若有恒性，克綏厥猷惟后。

以形體謂之天，以主宰謂之「帝」。「衷」，中也，如「六藝折衷於夫子」之「衷」。「綏」，定也。「猷」，道也，古文作「繇」。蓋天以一理化生斯人，舉凡人倫庶物，莫不各有自然之中，無過不及者。付在人心，故謂之「降衷」。自其受於人心則謂之性，自其達於事物之間，莫不由之則謂之道。劉子所謂民受天地之中以生，是以有動作禮義之則是也。以「降衷」而言，則固同此不偏不易之性。以氣稟而言，則不能無清濁純〔一〕駁之殊。故必有任撫定之責，以各使之安行於是者，此所以爲之君也。周子所謂聖人定之以仁義中正，而主静立人極焉，蓋綏猷之謂也。蔡氏曰：「夫『天生民有欲』者，以情言也。『上帝降衷于下民』，以性言也。仲虺即情以言人之欲，成湯原性以明人之善。聖賢之論互相發明，然其意則皆言君道之係於天下者，如此之重也。」

夏王滅德作威，以敷虐于爾萬方百姓。爾萬方百姓罹其凶害，弗忍荼毒，并告無辜于上下神祇。天道福善禍淫，降災于夏，以彰厥罪。

猶稱「夏王」，從其始也，此聖人忠厚之意也。此叙夏桀不克綏猷，殘民之性，非天所命，爲天所棄也。

肆台小子，將天命明威，不敢赦。敢用玄牡，敢昭告于上天神后，請罪有夏，聿求元聖，與之戮力，以與爾有衆請命。

此自叙其受命之事。「元聖」，伊尹也。湯類上帝興師，而學者以稱王誓衆爲諱。湯以元聖稱伊尹，而學者不以伊尹爲聖人。夫不以成湯爲王者，避桀故爾。不以伊尹爲聖者，避湯故爾。此學者之病也。程子有言，聖人自至公，何避嫌之有。

上天孚佑下民，罪人黜伏，天命弗僭。賁若草木，兆民允殖。

「孚」、「允」皆信實之意，謂上天之意信在於佑民，故使「罪人黜伏」，桀奔南巢也。蓋[二]上天爲民之心無有僭差，且以一草木之微，上天且生長之，此其心固昭然可見矣。則夫兆民之衆，天蓋信欲生殖之，而不欲遏絶之也明矣。蓋湯指天心之易見者以示人也。

俾予一人，輯寧爾邦家。兹朕未知獲戾于上下，慄慄危懼，若將隕于深淵。

此承上文而言。天意信在於民，故黜夏而命我，此其責亦重矣，故惟恐其不足以當之也。

凡我造邦，無從匪彝，無即慆淫，各守爾典，以承天休。

此皆所以綏猷也。

爾有善，朕弗敢蔽。罪當朕躬，弗敢自赦，惟簡在上帝之心。其爾萬方有罪，在予一人；予一人有罪，無以爾萬方。

「簡」如大閱簡車馬之「簡」。「萬方有罪」，蓋教之不豫，養之不遂，處之失宜，皆不克綏猷也，故曰「在予一人」。朱子謂此意是湯見得，此章尤見聖人正大光明之心，公誠忠恕之道也。

嗚呼！尚克時忱，乃亦有終。」

「忱」，信實也。吴氏曰：此兼人己而言。

子王子曰：自《虞書》危微精一數語之外，惟《湯誥》「惟皇上帝降衷于下民，若有恒性，克綏厥猷惟后」數語足以亞之。性之爲言，實昉乎此。此「克綏厥猷惟后」爲一篇之綱領。「夏王滅德作威」以下即綏猷之反。與衆請命，輯寧邦家，即任綏猷之責。「兹朕未知獲戾於上下」，歛然戒謹恐懼之意。「凡我造邦，無從匪彝，無即慆淫，各守爾典」，是乃所以綏猷。而「萬方有罪，在予一人」，即自任以不克綏猷之咎。是其爲書，辭忱義密，當爲誥書第一，與《武成》大不同矣。

【校記】

〔一〕「純」，《前編》、秦抄本作「淳」。

〔二〕「蓋」，原作「爲」，據《前編》、秦抄本改。

伊訓

惟元祀十有二月乙丑，

《今文尚書》曰：惟太甲元年，十有二月，乙丑朔，伊尹祀于先王，誕資有牧萬明。胡文定曰：前乎周者以丑爲正，其書始即位，曰元祀十有二月，曰三祀十有二月朔，則月不改也。

伊尹祠于先王，奉嗣王祇見厥祖，

「祠于先王」，殷禮，蓋當喪即位，冢宰攝祭告也。「先王」謂玄王以下。「祇見厥祖」，奠于殯宮，告即位也。喪三年之内，事死如事生，故曰「祇見厥祖」。舊説謂「先王」即成湯，則書辭爲重複，而喪奠亦不應言祠也。

侯甸群后咸在，

孔氏曰：「在位次」也。

百官總己以聽冢宰。

孔子〔一〕曰：古者君薨，百官總己以聽冢宰三年。

伊尹乃明言烈祖之成德以訓于王，曰：「嗚呼！古有夏先后，方懋厥德，罔有天災。山川鬼神亦莫不寧，暨鳥獸魚鼈咸若。

此言夏后氏之盛。

于其子孫弗率，皇天降災，假手于我有命，造攻自鳴條，朕哉自亳。

此言夏桀之所以亡也。「造攻自鳴條」者，伐桀於鳴條之野。「朕哉自亳」者，「哉」，始也，始行天子之政於亳邑也。

惟我商王，布昭聖武，代虐以寬，兆民允懷。

此言成湯所以承天，造攻哉自亳之事也。

今王嗣厥德，罔不在初。立愛惟親，立敬惟長，始于家邦，終于四海。

此言太甲嗣位之初，所以接續成湯之德，正在此時也。天子當喪，雖未親政，然愛親敬長，此即所以立德之本，自家而國而推之天下者也。孟子曰：「親親，仁也。敬長，義也。無他，達之天下也。」唐孔氏曰：「先愛其親，推之以及疏。先敬其長，推之以及遠。即《孝經》所云『愛敬盡於事親，德教加於百姓，刑於四海』是也。」

嗚呼！先王肇修人紀，從諫弗咈，先民時若。居上克明，爲下克忠，與人不求備，檢身若不及，以至於有萬邦。茲惟艱哉！

此繼上章因言成湯之德，所以至于有天下者，亦先自親親長長諸事始，所謂「肇修人紀」也。「人紀」即人倫，謂之綱則舉其倫之大，謂之紀則又盡其事之細。「從諫弗咈，先民時若」，則順古今之善。「居上克明，爲下克忠」，則盡上下之道。「與人不求備」，則容衆。「檢身若不及」，則日新。凡此亦皆愛敬之推，積德累行，以至于有萬邦，此豈易事也哉！

敷求哲人，俾輔于爾後嗣。制官刑，儆于有位。曰：『敢有恒舞于宫，酣歌于室，時謂巫風。敢有殉于貨色，恒于遊畋〔二〕，時謂淫風。敢有侮聖言〔三〕，逆忠直，遠耆德，比頑童，時謂亂風。惟茲三風十愆，卿士有一于身，家必喪；邦君有一于身，國必亡。臣下不匡，其刑墨。具訓于蒙士。』

上文言創業之事，此又言垂統之道，以警太甲也。太甲上繼先王之德，必戒一己之病。其病安在？先王所戒詳矣。昔先王求哲人以輔後嗣，而又制官刑以警有位。然其爲戒，則亦言言藥石，人主尤不可忽也，故因舉以戒太甲焉。官刑之儆，隔句韻語，末句箴體，此成湯所作，以箴有國家者，常使人誦之也。「殉」，隨死之謂。「殉」謂其以身發財，忘生縱慾也。「比頑童」與「遠耆德」相反，謂媟近頑冥少年之人。《國語》史伯常譏幽王「近頑童窮固〔四〕」。注謂童昏窮陋之人也。卿士有家，邦君有國，有一于此，足以致喪亡，而況於天子乎？其責尤重，而迹尤危矣。「具訓于蒙士」，蓋古人有國家者，常使瞽誦詩，工誦箴諫。「蒙」即矇也，謂使蒙士誦之，以爲戒也。或云自其爲童蒙之初，固已訓之以此，蓋養正於初也。此伊尹所舉之以告幼君也，此已防其縱慾之漸矣。

嗚呼！嗣王祇厥身，念哉！聖謨洋洋，嘉言孔彰。

此承上文官刑之戒，使之敬身而念之也。聖人謨訓，固多廣大深妙之理，若此官刑之訓，則其嘉言甚明白，易知易行，王所當念，初非高遠難行之説也。凡此皆誘掖幼主之辭，防其顛覆之行。

惟上帝不常，作善，降之百祥；作不善，降之百殃。爾惟德罔小，萬邦惟慶；爾惟不德罔大，墜厥宗。」

上文嘗言皇天假手伐夏之事矣。太甲嗣湯，正當天命方新之際，伊尹深恐其有所恃也，故言「惟上帝不常，作善」，則凡福祥皆應之；「作不善」，則凡殃禍皆應之，天命不可恃也。恐太甲以湯德至大，小善無益而弗爲也，故又曰「爾惟德罔小，萬邦惟慶」。恐太甲以十愆之戒爲小節無傷而弗去也，故又曰「爾惟不德罔大，墜厥宗」。亦所以申愛親敬長終四海，十愆有一必喪亡之説也。大抵德雖小，而意所趨者善，其效積至於「萬邦惟慶」。不德雖小，而意之所趨者惡，其效終至於「墜厥宗」。伊尹誘掖太甲之意，可謂卑而引之，然亦理固爾也。

【校記】

〔一〕「子」，原作「氏」，據《前編》改。
〔二〕「畋」，原作「田」，據《尚書注疏》改。
〔三〕「言」，原作「賢」，據《前編》改。
〔四〕「固」，原作「困」，據《國語》改。

太甲上

惟嗣王不惠于阿衡，

「惠」，順也，謂不順伊尹之言也。「阿」即保也。「衡」，平也。商尊伊尹爲保衡，猶周尊太公爲尚父也。

伊尹作書曰：「先王顧諟天之明命，以承上下神祇，社稷宗廟，罔不祗肅。天監厥德，用集大命，撫綏萬方。惟尹躬克左右厥辟宅師，肆嗣王丕承基緒。惟尹躬先見于西邑夏，自君〔一〕有終，相亦惟終。其後嗣王，罔克有終，相亦罔終。嗣王戒哉！祗爾厥辟，辟不辟，忝厥祖。」

「顧」，孔氏曰：「常目在之。」朱子取之。「明命」，天之所以予我者，即所謂「明德」也。「顧諟明命」，謂常管顧吾心之天理，勿使爲人欲所昏也。「西邑夏」，夏都安邑，商居商丘，視夏爲西也。「自君有終」，漢孔氏以來皆作「自周有終」，子王子謂「周」當作「君」。按古文「君」作「商」，與「周」相似，故誤之也。清霞《經説》亦作「君」。太甲之心爲人欲所昏，不能求其放心，不復知所當敬，故伊尹以先王「顧諟明命」之心法告之。先王常存省此天理，烱然在中，對越天地鬼神，遂爲天所命。尹於其時，亦得以左右厥辟，安定師衆之民。則是成湯中心無爲，以守至正。安民之事，皆尹親之。又恐太甲以天下之事恃有伊尹，不復省也，故又言夏之先君克終其責，則其相亦得以終其責；其後嗣王「罔克有終」，則相亦不得終其責。蓋天下之本在君，雖有賢相，若其本既撥，則相亦末如之何矣，此以警太甲也。

王惟庸，罔念聞。伊尹乃言曰：「先王昧爽丕顯，坐以待旦，旁求俊彥，啓迪後人，無越厥命以自覆。愼乃儉德，惟懷永圖。若虞機張，往省括于度則釋。欽厥止，率乃祖攸行。惟朕以懌，萬世有辭。」

「昧」，晦。「爽」，明。謂夜而初明之時。「丕顯」者，此心之清明發達，不可遏也，此即先王「顧諟」之功也。日出曰「旦」。「坐以待旦」，須明行之也。前篇曰：「敷求哲人，俾輔于爾後嗣。」此曰：「旁求俊彥，啓迪後人。」成湯所求之賢，孰有大於伊尹。所以托孤者，亦孰有加於伊尹。此言若伊尹自指者，蓋嗣王不惠阿衡，惟庸罔念，此必其不知以伊尹言爲重也。故尹言此，且繼之曰「無越厥命以自覆」，則不可失先生托孤之命以自顛覆也。太甲之失，必在驕侈，故戒之曰謹乃儉德；必苟目前，故曰「惟懷永圖」。其爲事也必輕發，故又曰「若虞機張，往省括于度則釋。」「虞」，虞人，掌射獵者也。「機」，弩牙也。「張」，《漢書》所謂「蹶張」。「往」，將發矢也。「括于度」，沈存中曰：頃海州人穿地，得一弩機，其望山甚長，望山之側爲小矩，如尺之有分寸。原其意，以目注鏃[二]端，以望山之度擬之，準其高下，正用算家勾股法以度高深。《書》「往省括于度」，疑此乃度也。「欽厥止」，凡未接物之時，此心須存敬畏，此即「顧諟」「丕顯」之法。若其行事，則一循乃祖之迹，勿妄爲以顛覆之也。然亦惟欽，則能「率乃祖攸行」爾。

王未克變。伊尹曰：「茲乃不義，習與性成。予弗狎于弗順，營于桐宮。密邇先王其訓，無俾世迷。」王徂桐宮居憂，克終允德。

伊尹所言，事事藥石。「王未克變」，蓋人欲熾而不能自克也。「茲乃不義，習與性成」，太甲顛覆，非必稟賦之不善也。其爲不義，習而熟之，則若性自然矣，此不可不慮也。「狎」，習見也。「弗[三]順」，言太甲所爲不順義理也。伊尹嘗見夏桀之爲弗順矣，今又見太甲所爲不順，覆亡之事豈可常見哉！古者天子居憂，則在梁闇。太甲之爲不善，以其深居宮中，有與之習者。又其貴爲天子，心必有所恃而驕也，故伊尹營桐宮以處之。桐，蓋湯葬地。使之居憂於此，所以訓之，「無俾世迷」，勿使之終身迷也。焄蒿悽愴以起其思，悲哀哭泣以感其念，服衰疏食以阻其驕。墟墓之間，未施哀於民而民哀之。太甲此時驕奢淫泆之氣剥落殆盡，此伊尹不言之教，一大鑪冶，太甲所以「克終允德」也與。伊尹之訓深切著明，而不順、不聽，又不變，則〔四〕至於用此，亦大臣之不幸也。

【校記】

〔一〕「君」，各本均作「周」，爲金履祥校改，説見下注。

〔二〕「鏃」，原作「鏇」，據《前編》改。

〔三〕「弗」，原作「不」，據《尚書注疏》改。

〔四〕「則」下，《前編》有「其説亦窮矣，只得以桐宫爲訓」。

太甲中

惟三祀十有二月朔，伊尹以冕服奉嗣王歸于亳。作書曰：「民非后，罔克胥匡以生；后非民，罔以辟四方。皇天眷佑有商，俾嗣王克終厥德，實萬世無疆之休。」

伊尹奉迎太甲之辭，本謂民不可無君耳，而對舉君民相須之義，蓋言言警戒也。已上皆伊尹慶懌之辭。

王拜手稽首，曰：「予小子不明于德，自厎不類，欲敗度，縱敗禮，以速戾於厥躬。天作孽，猶可違；自作孽，不可逭。既往背師保之訓，弗克于厥初，尚賴匡救之德，圖惟厥終。」

「不明于德」，謂不知有此心之天理，此正與「顧諟丕顯」相反也。「厎」，致也。「類」，肖也。「度」者，心之則。「禮」者，事之制。「欲」者，情之流。「縱」者，事之放也。「速戾」，謂自招放廢也。「孽」，災也。太甲自述其受病之原，惟不知有此天理，是以自致其身於不肖，而惟欲縱之徇，以敗禮度，自速放廢。昔成湯「以義制事，以禮制心，垂裕後昆」，所以爲後人者，俱有禮度，惟太甲縱欲，是以敗之。觀此一節，則太甲顛覆之由，放廢之事，怨艾之實，求誨之真，克終之美，俱在言意之間矣。

伊尹拜手稽首，曰：「修厥身，允德協于下，惟明后。先王子惠困窮，民服厥命，罔有不悅。并其有邦厥鄰，乃曰：『徯我后，后來無罰。』王懋乃德，視乃厥〔一〕祖，無時豫怠。奉先思孝，接下思恭，視遠惟明，聽德惟聰。朕承王之休無斁。」

《太甲》一節，顛覆今雖自悔，豈能遽孚於天下，亦惟反求諸身，自修而已。自修之實苟至，則實德自協於民心。昔先王一意愛民，視之如子，此其實意，故民悅服於下，而鄰國之民亦戴之。知其來，則必有安無危，此其允德之協于下也。太甲既自知受病之源，自戒既往之失，但「懋乃德，視乃厥祖」，勿一時怠豫，可矣，不必它求也。改前日之顛覆，則「奉先思孝」，一惟祖德之循。戒前日之驕悖，則「接下思恭」。一惟賢德之順，視不蔽於媟近，則明無不見〔二〕。聽不蔽於邪佞，則聰無不聞。蓋所見遠大，所聽德言，則聰明日開也。此四言者，尤群言之要也。

【校記】

〔一〕「厥」，原作「烈」，《書集傳》同。據《前編》《尚書注疏》及下注文改。

〔二〕「見」，原作「及」，據《前編》、秦抄本改。

太甲下

伊尹申誥于王，曰：「嗚呼！惟天無親，克敬惟親。民罔常懷，懷于有仁。鬼神無常享，享于克誠。

三者俱無常，而皆不能外乎德。敬與誠分言者，誠則真實之意，而敬則加謹畏，所以事天也。

天位艱哉！德惟治，否德亂。與治同道，罔不興；與亂同事，罔不亡。終始慎厥與，惟明明后。

「天位艱哉」，承上無常者而言也。「德」即敬仁誠之謂。「德惟治」也，而與之同道者無不興。「否德亂」也，而與之同事者罔不亡。治言道，順理而行者也。亂言事，則悖道之爲也。然道無終窮，安保其不與之異。事機無極，又安保其不與之同。故必終始常慎其所與同者，則惟明明之君能之。一有不明，則照察不及，即有與治道異，與亂事同，而不自知者矣。此所以君心常欲其明，而不可有一息之昏也。

先王惟時懋敬厥德，克配上帝。今王嗣有令緒，尚監兹哉！

「先王惟時懋敬厥德」，此指明明之的，亦惟時時懋敬其德而已。其極至於「克配上帝」，則天之親之，民懷神享，不待言矣。今王嗣令緒監兹，則勉其與治同道之實也。

若升高，必自下；若陟遐，必自邇。無輕民事，惟難；無安厥位，惟危。慎終于始。

伊尹言成湯盛德配天之盛，又恐太甲或憚其高而難及，或忽於近而躐等，故又言「若升高，必自下；若陟遐，必自邇」。先於民事切近而加之意，知天位之艱難而謹其身。然欲謹於終，必自始而謹之，此皆爲之有本，行之有漸者也。

有言逆于汝心，必求諸道；有言遜于汝志，必求諸非道。

此又勉以聽言之道也，亦「自下」、「自邇」之事。逆心之言，不可以其戾於己而不聽也，必求諸道，合於道則忠言也。遜志之言，不可以其順己而輕信也，必求諸非道，非道則諛言也。蓋天下之言不一，逆心之言雖未必皆道也，但忠言多逆，必先以道求之。遜志之言亦未必皆非道也，但諛言多甘，必先以非道求之。若逆心而先以爲悖，遜志而即以爲善，則逆忠聽佞，多自是始矣。

嗚呼！弗慮明獲？弗爲胡成？一人元良，萬邦以貞。

先王之道固不可遽進，其進之心「自下」、「自邇」，然亦不可不勇進。蓋不思則何以得，不爲則何以成。「弗慮胡獲」，致知之事也。「弗爲胡成」，力行之事也。「元良」，大善也。德如先王，則大善矣。「一人元良」，萬邦之所以正也。

君罔以辯言亂舊政，臣罔以寵利居成功，邦其永孚於休。」

此又戒其與治同道之反，亦因聽言而及之。伊尹與成湯創造王業，紀綱法度，所以經理庶政者周矣。中材〔一〕之主守之，不害爲至治，但恐爲辯言所惑，輕有變動則政壞矣。此伊尹所深憂也。然伊爲是言以勉其君也，而及爲臣之事，何也？意者功成身退，伊尹其將歸乎？抑人〔二〕臣之奉君，一有寵利之心，則患失之念熾，曲徇苟從，以爲固位之謀者，或無所不至矣。故尹之言，亦萬世君臣之大戒也。

【校記】

〔一〕「中材」上，《前編》有「使」字，秦抄本作「仲材」。

〔二〕「人」，原作「大」，據《前編》改。

咸有一德

伊尹既復政厥辟，將告歸，乃陳戒于德。曰：「嗚呼！天難諶，命靡常，常厥德，保厥位。厥德匪〔一〕常，九有以亡。

太甲既已克終厥德，但能有常而不變，則進修功效自是生矣。故伊尹告歸，有一德之誥焉。「諶」，信也。言商受命方新而難信，蓋其眷命靡常也。「常厥德」，「常」即一也。「常厥德」則能「保厥位」，而不常者必亡，此則天理之必可信者也。

夏王弗克庸德，慢神虐民。皇天弗保，監于萬方，啓迪有命，眷求一德，俾作神主。

朱子曰：「庸」、「常」皆一也。此章言桀以不一而亡。

惟尹躬暨湯，咸有一德，克享天心，受天明命，以有九有之師，爰革夏正。非天私我有商，惟天佑于一德。非商求于下民，惟民歸于一德。

「一」者，有常不變之謂，即誠敬之意也。湯以元聖稱伊尹而尹於此乃曰「惟尹躬暨湯，咸有一德」，則尹德所到可知。且湯於伊尹，學焉而後臣之，此先已後湯。蓋其真實工夫所自得之妙，直以告太甲，不避其辭之直也。孟子言伊尹不有天下，相湯以王於天下。尹、湯同德而受天命，聖賢於此以德言，不以位言也。伊尹聖之任，氣象又可見矣。此章言商以一德而興。

德惟一，動罔不吉；德二三，動罔不凶。惟吉凶不僭，在人；惟天降災祥，在德。

上文言桀之所以亡，商之所以興，此總結之以警太甲也。

今嗣王新服厥命，惟新厥德，終始惟一，時乃日新。

「新」者，振作精明之謂。然必終始惟一，接續不已，則其德日新。伊尹嘗言「顧諟天之明命，昧爽丕顯」，而此又言「終始惟一，時乃日新」，聖人心境工夫於此可見。

任官惟賢才，左右惟其人。臣爲上爲德，爲下爲民，其難其慎，惟和惟一。

篇首言尹〔二〕、湯咸有一德，上文既勉太甲以君之一德，故此又論臣之當有一德也。「官」，百官也。「左右」，輔相也。「賢」，有德。「才」，有能。「其人」則通聖賢而爲言也。大抵任用庶官，惟當擇其賢才；左右輔相，又惟當得其人而任之。蓋輔相之職，此聖賢之職任，不止於賢且才也。四「爲」字皆從去聲。大抵爲臣之任，其爲上也，爲輔其德耳，而非爲君身之嗜好從欲也；其爲下也，爲利其民耳，而非爲一身之利禄妻孥也。此臣之一德也。「其難其慎」，謂〔三〕君臣相遇之難，則當謹審所任也。「惟和惟一」，謂君臣協和爲貴，則當咸有一德也。

德無常師，主善惟師；善無常主，協于克一。

此論人君修德擇善，至一德而止也。「德」指行而言，「善」指理而言，「一」指心而言。「師」，法也。「善」，是也。「常」，定也。「協」如《國語》「司民協孤終，司徒協旅」之「協」，蓋參會考比之意。古今之德皆可師也，而制行不同，不可拘一定之師，惟在於擇其善而已。天下之理雖善也，而隨時取中，則又不可拘一定之主。所以參考比之者，又在於此心之克一而已。蓋古今德行，或柔，或剛，或正直，或清，或和，或無爲，或勤勞，在我不可拘一定之法，必擇其善者從之，所謂審其是也。然善無定主，均〔四〕一事也，或施之彼時則爲是，而施之此時則爲否。均一節也，或用之此事則爲非，而用之彼時則爲是者。此古語所謂移是，聖門所謂時中，所以參比會同之者，非純誠有定之心，其孰能精擇而無差也哉！廣漢張氏曰：《書》自「危微精一」數語外，惟此四言。但舜大聖人，言語渾淪，伊尹之言較露鋒鋩耳。朱子曰：舜之語如春生，伊尹之言如秋殺。

俾萬姓咸曰：『大哉王言！』又曰：『一哉王心！』克綏先王之禄，永厎烝民之生。

此由一德而推言其政化之效，以申常德保位之語。

嗚呼！七世之廟可以觀德，萬夫之長可以觀政。后非民罔使，民非后罔事。無自廣以狹人，匹夫匹婦不獲自盡，民主罔與成厥功。」

此又發明餘意，警戒以終之。「七世之廟可以觀德」，即前可以知後。「萬夫之長可以觀政」，即小可以知大。君民理本相須，人主不可有自大而狹小它人之心。一有是心，則人有不得自輸其情者矣。夫人一有不得自輸其情，則上不盡下，下不親上，而事不行矣。人主誰與成其功哉？伊尹素志，視「一夫不獲，則曰時予之辜」，故今所以告君者又若此。

履祥按：《咸有一德》之篇以論學言之，前儒謂自「危微精一」四語之後，惟主善協一四語足以繼之。然此四語者即「惟精惟一」，允執厥中」二語耳，而功夫加詳焉。夫舜授禹精一執中之旨，即繼之后衆守邦，「四海困窮」之語。伊尹告太甲一德之旨，即終之「匹夫匹婦不獲自盡」之戒。今之君子，語理者或遺事，論心者或外天下國家，毋乃與聖人之言有間與？噫！其弊也久矣。又以成書之體觀之，自《皋陶謨》之外，惟《一德》之書最爲明整。首論天命之靡定，以德之常不常爲存亡之分。「常」即一也。以桀之亡，證之不常其德者也；以商之興，證之咸有一德者也。一興一亡既明，則又以一與二三，所以致興亡於天者總之，遂勉太甲以一德之工夫焉。既勉君之一德，又求臣之一德，而以「惟和惟一」總之。「協于克一」，則一德所以能擇天下之善，而持〔五〕天下之中焉者。「俾萬姓」以下，則一德之效，以終常德保位之語。然一德無終始之間，亦不可有小大之間，故「嗚呼」以下又推其餘意，警戒以終之。終始相生，枝葉相對，其爲書未有明整於此者。伊尹以元聖之臣遇成湯之君，君相俱聖，其相與議論經綸之密，不傳於書。太甲不明，賴師保之訓，伊尹於是始有書焉。自伊尹訓太甲三篇，皆精切明白矣，而終之一德之書如此，太甲所進於此亦可窺矣。此皆萬世之幸，後之君臣宜熟讀而精思之。

【校記】

〔一〕「匪」，原作「靡」，據《前編》改。

〔二〕「尹」，原作「伊」，據《前編》改。

〔三〕「謂」，原作「爲」，據《前編》、秦抄本改。

〔四〕「均」，原作「拘」，據《前編》改。

〔五〕「持」，原作「時」，據《前編》改。

書經注卷之六

盤庚上

盤庚遷于殷，民不適有居。

殷在河南郾師，所謂亳殷，蓋西亳也。遷于殷，則宗廟朝市皆以改造，但民未肯往有其居耳。

率籲衆慼，出矢言，曰：「我王來，既爰宅于兹，重我民，無盡劉。不能胥匡以生，卜稽曰其如台。先王有服，恪謹天命。兹猶不常寧，不常厥邑，于今五邦。今不承于古，罔知天之斷命，矧曰其克從先王之烈？若顛木之有由蘖，天其永我命于兹新邑，紹復先王之大業，厎綏四方。」

此盤庚喻民之大旨也。「籲」，呼也。「衆慼」，民之以遷爲憂者也。「五邦」，亳、囂、相、耿、邢也。《史記》《經世》皆謂盤庚自五遷者，蓋信《書序》之誤也。「由」，古文作「甹」，木生條也。「蘖」，芽也。「新邑」，殷也。大意謂自我先王祖乙圮耿，既來遷于兹舊邑矣。重念我民，又懼蕩析之患，不可使之盡墊溺以死。又其土俗不美，不能胥與以正而生，此所以必遷之意。而卜以稽之，所言亦如我意，則天意可知矣。昔先王凡有事爲，無不謹承天命，猶不能常安於一邦。不常其邑者，至今凡五遷矣。今不承前日先王之事，去患即安，則罔知上天之斷絶我命矣，況能從先王之大功烈乎？若我商家猶有生意，則「天其永我命于兹殷新邑」，於以「紹復先王之大業」而「厎綏四方」乎！蓋殷與亳皆在河南，爲天下中，而京師者，四方之本，故云然。

盤庚斆于民，由乃在位，以常舊服，正法度，曰：「無或敢伏小人之攸箴！」

上文喻民之辭明矣。然「率〔一〕籲衆慼」蓋不欲遷者，皆在位者訹之。其有苦於蕩析而言遷者，則又在位者蔽之。故盤庚於此謂教民「必由乃在位」，正其源也。曰「無或敢伏小人之攸箴」，防其蔽也。常舊之服，蓋先王遷都故事。「正其法度」者，今日遷都規模也。

王命衆，悉至于庭。王若曰：「格汝衆，予告汝訓，汝猷黜乃心，無傲從康。

「衆」，群臣也。「汝猷黜乃心」者，此藥群臣心術之病。「無傲」者，警群臣氣習之悍。「從康」者，則謂其不遷之情也。此二語，一書之綱領。蓋自仲丁來，比九世亂其群臣，故家習爲驕蹇，不恭王事，又利瀕河之地，沃饒自豐。此二語，蓋正其本爾。

古我先王，亦惟圖任舊人共政。王播告之修，不匿厥指，王用丕欽。罔有逸言，民用丕變。

蔡氏曰：「盤庚言先王亦惟謀『任舊人共政，王播告之修』，則奉承于内，而能不隱匿其指意，故王用大敬之，宣化于外，又無過言，故民用大變。此所謂『舊人』，蓋世族舊家之人，非謂老成人也。阻遷都者皆世臣舊家之人，下文『人惟求舊』一章可見。」

今汝聒聒，起信險膚，予弗知乃所訟。非予自荒兹德，惟汝含德，不惕予一人。予若觀火，予亦拙謀，作乃逸。

蔡氏曰：「今爾在内則『伏小人之攸箴』，在外則『不和吉言于百姓』，聒聒多言，以罔衆聽〔二〕，凡起信於民者皆險陂膚淺之説，我不曉汝所言果何謂也。非我輕易遷徙，自荒廢此德，惟汝不宣布德意，不畏懼於我耳。我視汝情明若觀火，我亦拙謀不能制命，而成汝過失也。」

若綱在綱，有條而不紊。若農服田力穡，乃亦有秋。

綱舉則目張，以喻下從上，申前傲上之戒。「力穡」則有獲，喻勞遷永逸，申前「從康」之戒。

汝克黜乃心，施實德于民，至于婚友，丕乃敢大言汝有積德。

申前「黜乃心」之戒。不仁者以其所不愛，及其所愛。當時在位之臣，其婚姻僚友皆富家巨室也，占膏腴之地，擅口實之饒，享安居觀遊之樂。在位之臣，顧婚友之利，而忘蕩析之民，以故唱爲異議而不之遷焉。抑不思大水時至，都邑淪流，人民漂没，而爾之婚姻僚友其將焉往，故必黜爾重遷之心，而以計安斯民爲心。都邑既定，百姓安居，則爾之婚姻僚友亦得以同其樂矣，其可牽於私愛而第爲目前計哉！

乃不畏戎毒于遠邇，惰農自安，不昬作勞，不服田畝，越其罔有黍稷。

「戎」，大也。「昬」，强也，當作「敃」。蔡氏曰：「汝不畏沈溺大害於遠近，而憚勞不遷，如怠惰之農不强力爲勞苦之事，不事田畝，安有黍稷之可望乎？此章再以農喻，申言『從康』之害。」

汝不和吉言于百姓，惟汝自生毒，乃敗禍姦宄，以自災于厥身。乃既先惡于民，乃奉其恫，汝悔身何及？相時憸民，猶胥顧于箴言。其發有逸口，矧予制乃短長之命。汝曷弗告朕，而胥動以浮言，恐沈于衆？若火之燎于原，不可嚮邇，其猶可撲滅。則惟汝衆自作弗靖，非予有咎。

蔡氏曰：「『奉』，承。『恫』，痛。『憸民』，小民也。『逸口』，過言也。逸口尚可畏，況我制爾生殺之命，可不畏乎？『恐』，謂恐動之以禍患。『沈』，謂沈陷之於罪惡。『不可嚮邇，其猶可撲滅』者，言其勢焰雖盛，而殄滅之不難也。『靖』，安。『咎』，過也。則惟爾衆自爲不安，非我有過也。此章反覆申言傲上之禍。」

遲任有言曰：『人惟求舊，器非求舊，惟新。』

蔡氏曰：「遲任，古之賢人。人舊則習，器舊則敝，當常使舊人用新器也。按《盤庚》所引，其意在『人惟求舊』一句，而所謂『求舊』者非謂老人，但謂求人於世臣舊家云爾。」

古我先王暨乃祖乃父，胥及逸勤，予敢動用非罰？世選爾勞，予不掩爾善。茲予大享于先王，爾祖其從與享之。作福作災，予亦不敢動用非德。

蔡氏曰：「『世』，非一世也。『勞』，勞于王家也。『掩』，蔽也。言先王及乃祖乃父相與同其勞逸，我豈敢動用非法以加汝乎？世簡爾勞，不蔽爾善，茲我大享于先王，爾祖亦以功而配食於廟。『作福作災』，皆簡在先王與爾祖父之心，我亦豈敢動用非德以加汝乎！」愚按：「非罰」，非所當刑罰者也。「非德」，非所當恩賞者也。盤庚於世家舊臣固不敢動用非罰矣，但其善者則用之而不掩，其不善者乃先王之所必罰，則亦不敢動用非德。恩非所當恩也，人主用捨，體神理之災福如何爾。至篇末皆此意。

予告汝于難，若射之有志。汝無侮老成人，無弱孤有幼。各長于厥居，勉出乃力，聽予一人之作猷。

蔡氏曰：「『難』言謀遷徙之難也。蓋遷都固非易事，而又當時臣民傲上從康，不肯遷徙。然我志決遷，若射者之必於中，有不容但已者。『弱』，少之也。意當時老成孤幼皆有言當遷者，故戒其老成者不可侮，孤幼者不可少之也。爾臣各謀長遠其居，勉出汝力，以聽我一人遷徙之謀也。」

無有遠邇，用罪伐厥死，用德彰厥善。邦之臧，惟汝衆；邦之不臧，惟予一人有佚罰。

此承上文之意，謂不論近遠親疏，用罪則伐之，至於死非可輕用也；用德則彰其善而已，非可以不善而倖恩也。故邦之臧，則惟汝衆之善；邦之不臧，則我一人之失罰，蓋可罰而不罰也。然則我亦將有不可不罰者矣，故下文有「罰及爾身，弗可悔」之戒。

凡爾衆，其惟致告：自今至于後日，各恭爾事，齊乃位，度乃口。罰及爾身，弗可悔。」

「致告」者，使各相告戒也。自今以往，各敬汝事，整齊汝位，法度汝言。不然，罰及汝身，不可悔也。總篇内傲康險膚浮言之戒。

【校記】

〔一〕「率」，原作「所」，據《前編》《尚書注疏》改。

〔二〕「聒聒多言以罔衆聽」，「聒聒」，《前編》《書集傳》作「譊譊」。按《書集傳》「以罔衆聽」作「以惑衆聽」，且文不在此處。

盤庚中

盤庚作，惟涉河以民遷。乃話民之弗率，誕告用亶。其有衆咸造，勿褻在王庭。

「王庭」，行次之庭，猶今云行宮。《周禮》「梐枑再重」，「車宮轅門」，商制又簡質，於此「咸造」「勿褻」，氣象可想。

盤庚乃登進厥民，曰：「明聽朕言，無荒失朕命。嗚呼！古我前后，罔不惟民之承，保后胥慼，鮮以不浮于天時。

「保」，衛也。胥慼相與，憂其所憂也。「浮」，先也。此節言君民相體，一篇大意。

殷降大虐，先王不懷。厥攸作，視民利用遷。汝曷弗念我古后之聞？

言上天降監于殷代，有河决之患，先王不敢懷居，其所以遷者，無非體民所利，此爾民所聞也，何不思之？

承汝俾汝，惟喜康共。非〔一〕汝有咎，比于罰。予若籲懷兹新邑，亦惟汝故，以丕從厥志。今予將試以汝遷，安定厥邦。

「承」，順也。「俾」，使之遷也。「康共」，康寧之樂，上下同之也。「籲」，口所告。「懷」，心所思也。謂今日非以遷汝爲罰，所以區區惟新邑是圖者，亦惟爾民之故，去危就安，將以大適爾之志耳。此節言君之體民。

汝不憂朕心之攸困，乃咸大不宣乃心，欽念以忱，動予一人。爾惟自鞠自苦，若乘舟，汝弗濟，臭厥載。爾忱不屬，惟胥以沈。不其或稽，自怒曷瘳？汝不謀長，以思乃災，汝誕勸憂。今其有今罔後，汝何生在上？

「困」，謂思慮之勞也。既不知體君心之勞，又不直以所疑告於上，祇自取窮苦，何由自解。今以遷徙半塗，若次且不行，如乘舟弗濟，自敗腐其所載之物矣。故遷徙之忱不續，又復淪胥以敗耳。「有今」，謂但爲一時之計。「罔後」，謂不爲後日之謀，何以續生理於地上乎？此章言民不體君，祇以自誤。

今予命汝一，無起穢以自臭，恐人倚乃身，迂乃心。予迓續乃命于天，予豈汝威？用奉畜汝衆。予念我先神后之勞爾先，予丕克羞爾，用懷爾然。

一專意於遷，無有二志，無復動於浮言以自斃也。遷徙之時，人心渙散，姦宄之人易以投隙。因汝遷徙之勞，迂汝以不遷之見，則生理滅矣。故我之勉爾，所以「迓續乃命于天」也。進爾告之，惟懷念爾故如此。接[二]此節言我之體民，亦體先王之意。

失于政，陳于兹，高后丕乃崇降罪疾，曰：『曷虐朕民？』

「陳」，久也，謂不遷也。「崇」，厚也。此節言君不體民之罪。

汝萬民乃不生生，暨予一人猷同心，先后丕降與汝罪疾，曰：『曷不暨朕幼孫有比？』故有爽德，自上其罰汝，汝罔能迪。

「爽」，亂也。「迪」，猶啓告也。此節言民不體君之罪。

古我先后，既勞乃祖乃父，汝共作我畜民。汝有戕，則在乃心。我先后綏乃祖乃父，乃祖乃父乃斷棄汝，不救乃死。

「戕」，害也。汝有害政之念，則在爾心耳，而先后祖父已得而罰之，所謂思慮一啓，鬼神已知者也。此節言君民相體之意，又以申明民不體君之罪。

茲予有亂政同位，具乃貝玉。乃祖乃父丕乃告我高后，曰：『作丕刑于朕孫。』迪高后丕乃崇降弗祥。

商俗尚鬼，故盤庚因其所畏以警之。然福善禍淫，理蓋如此。此節言臣不體君體民之罪。按漢石經「弗祥」作「不祥」，蓋《古文尚書》凡「弗」「不」皆作「亞」，「不」字本平聲，今讀入聲，亦當音「弗」耳。

嗚呼！今予告汝不易，永敬大恤，無胥絶遠。汝分猷念以相從，各設中于乃心。

《古文尚書》「猷念」作「繇」，古字「猷」、「攸」通用。「猷念」，所念耳。「分」，石經作「比」。「設中」，石經作「翕中」，於義爲長。此節勉其體君。

乃有不吉不迪，顛越不恭，暫遇姦宄，我乃劓殄滅之，無遺育，無俾易種于兹新邑。

遷徙之際，服食器用，子女臣妾，皆寓道路，不善不道之人易爲姦宄盜竊之行，此不可不防，故痛警之。按《左氏》引此文大同小異，稱盤庚之誥，然則今《書》篇目逸「之誥」〔三〕二字爾。

往哉生生！今予將試以汝遷，永建乃家。」

【校記】

〔一〕「非」原作「惟」，據《尚書正義》改。

〔二〕「接」，原作「按」，據《前編》改。

〔三〕「誥」，原作「告」，據《前編》《春秋經傳集解》改。

盤庚下

盤庚既遷，奠厥攸居，乃正厥位，綏爰有衆。曰：「毋戲怠，懋建大命。今予其敷心腹腎腸，歷告爾百姓于朕志。

朱子謂《書》傳所云「百姓」多謂庶民，非謂百官族姓也。此篇凡二章，前章告民，後章告臣。

罔罪爾衆，爾無共怒，協比讒言予一人。古我先王，將多于前功，適于山，用降我凶德，嘉績于朕邦。

此章謂亳殷之地高爽依山。古我先王將恢大前人之烈，是以建都于亳，「用降我凶德」，猶傳所謂有汾澮以流其惡，《國語》所謂「沃土民不才，瘠土民好義」之意。蓋消斯民沈溺重墜之疾，而絶後世驕奢淫侈之風也。

今我民用蕩析離居，罔有定極，爾謂朕「曷震動萬民以遷？」肆上帝將復我高祖之德，亂越我家。朕及篤敬，恭承民命，用永地于新邑。

謂今日之遷，亦天意將復我祖德，以治我王家，而我及奉承之耳。

肆予冲人，非廢厥謀，弔由靈各。非敢違卜，用宏兹賁。

蔡氏曰：「『冲』，童。『弔』，至。『由』，用。『靈』，善也。『宏』、『賁』皆大也。言我非廢爾衆謀，乃至用爾衆謀之善者。指當時臣民有審利害之實〔一〕，以爲當遷者言也。爾衆亦非敢固違我卜，亦惟欲宏大此大業爾。蓋盤庚於既遷之後，申彼此之情，釋疑懼之意，明吾前日之用謀，略彼既往之傲惰，委曲忠厚之意，藹然於言辭之表。大事以定，大業以興，成湯之澤於是而益永，盤庚其賢矣哉！」愚按此章以上喻民。

嗚呼！邦伯、師長、百執事之人，尚皆隱哉！

殷制，五官之長曰伯，是《職方》所以謂之邦伯。此章以下喻臣。

予其懋簡相爾，念敬我衆。朕不肩好貨，敢恭生生，鞠人、謀人之保居，叙欽。今我既羞告爾于朕志，若否，罔有弗欽。無總于貨寶，生生自庸。式敷民德，永肩一心。

蔡氏曰：「『相』，導也。我懋勉簡擇導汝，以念敬我之民衆也。『肩』，任。『敢』，勇也。『鞠』，養也。我不任好賄之人，惟勇於敬民，以其生生爲念，使『鞠人謀人之保居』者，吾則叙而用之，欽而禮之也。『羞』，進也。『若』者，如我之意，即『敢恭生生』之謂。『否』者，非我之意，即『不肩好貨』之謂。二者爾當深念，無有不敬我所言也。『無』、『毋』同。『總』，聚也。『庸』，民功也。此則直戒其所〔二〕不可爲，勉其所當爲也。『式』，敬也。敬布爲民之德，永任一心，欲其久而不替也。《盤庚》篇終戒勉之意，一節嚴於一節，而終以無窮期之。」

鄭康成曰：祖乙居耿以後，奢侈踰禮，土地迫近，山川常圮焉。至陽甲立，盤庚爲之臣，乃謀徙居湯舊都，民居耿久，奢淫成俗，故不樂徙。

王肅曰：自祖乙五世至盤庚，元兄陽甲宮室奢侈，下民邑墊隘，水泉瀉鹵，不可以行政化，故徙都于殷。

《世紀》曰：耿在河北，迫近山川。自祖辛以來，民皆奢侈，故盤庚遷于殷。

唐孔氏曰：三者之説，皆言奢侈。鄭氏既言君奢，又言民奢，王肅專謂君奢，皇甫謐專言民奢。言君奢者，以天子宮室奢侈，侵奪下民。言民奢者，以豪民室宇過度，逼迫貧乏，皆爲細民弱者，無所容居。欲遷都改制以寬之，富民戀舊，故違上意，不欲遷也。按孔《傳》之意，蓋以地勢洿下，又久居水變，水泉瀉鹵，不可行化，故欲遷都，不必言奢侈也。此以君名名篇，必是爲君時事，而鄭氏以爲上篇是盤庚爲臣時事，何得輒謬也。

愚按：鄭氏博極古書，當必有据。意者陽甲之世，盤庚相之，常議遷矣，而陽甲卒不果，故盤庚立，遂决遷焉。至謂上篇作於陽甲之世則誤爾。

蘇氏曰：民不悦而猶爲之，先王未之有也。祖乙圮于耿，盤庚不得不遷。然使先王處之，則動民而民不懼，勞民而民不怨。盤庚德之衰也，其所以信於民者未至，故紛紛如此。然民怨誹逆命，而盤庚終不怒，引咎自責，益開衆言，反復告諭，以口舌代斧鉞，忠厚之至，此殷之所以不亡而復興也。後之君子，厲民以用者，皆以盤庚藉口，予不可以不論。

《大紀論》曰：自祖乙都耿之後，三世有兄弟争奪之禍，宗族群下各有黨與，蕩析離居，罔有定極。盤庚欲正名而誅罰之，則傷親親，召變亂；聽其所爲而縱之，則不可以爲國。故必遷於亳，理之以舊制，參之以新民，消散黨與，使定于一也。自是而後，子弟更立十世，無復争奪之禍矣。賢者所爲，盡善盡美如此哉！後世人君，欲有所爲者，既不能行其所無事，則必更張舊制，奬拔新近，沮格群言，誅責貴近，以厲其餘矣。方事未成則戒慎，及事已成則安肆矣。方遷之初，道路阻長，工力勞費，有能以財濟國事者，則必旌顯之矣，此天下所以敗也。《盤庚》三篇有六善焉：以常舊服，正法度，一也。圖任舊人，二也。無或敢伏小人之攸箴，三也。以人情事理反覆訓諭，開導民心，使之通曉，無纖毫恃尊高、馮威勢之意，四也。奠厥攸居，始以無戲怠爲戒，五也。叙欽有德有謀之人，而不肩好貨，六也。一舉而六善，立弭禍亂之根，此孔子所以取之訓後世也。

先儒謂商人尚神，愚初疑之，及觀《湯誥》《盤庚》之文，然後知聖人以神道設教，非如末世及夷教之妄誕也。行妄誕而能成事者，未之有也。子王子曰：土氣有厚薄，風俗有盛衰。冀之爲都，天下之形勢也。山河險固，沃壤迫隘，民淳俗儉，足以自固。後世人民文物，漸至繁阜，風氣日耗，遂自北而南，勢使之然也。夫契始封於商，八遷而后都亳。湯以七十里而有天下，此興王本根之地，後世子孫不可輕去者也。是時濱河之地，近古帝都，地壤土豐，民稠物饒，人之所共趨。亳在中土之東南，去河爲遠，湯始大而未盛，子孫無遠慮，往往輕徙。曰囂、曰相、曰耿、曰邢，皆際河之境。常人之心，知利而不知患，雖數有水禍，時圮時壞，而不悔者，正以厚利奪其避患之心也。盤庚，賢君也，不忍民之沈陷淪没，治亳殷而歸于先王創業之都，非爲己利也，爲民避患也。故其言告戒諄勤，而無一毫怒民之意，然小民亦何敢逆君命而憚遷哉！皆世家大室，嗜利忘患，動以浮言，蠱惑百姓，恐懼盤庚。故盤庚知之，喻百姓之言少，而辯論反覆於世家舊臣者爲詳。其喻民曰「爾謂朕曷震動萬民以遷」，「今我民用蕩析離居，罔有定極」，「汝萬民乃不生生」，「予迓續乃命于天，予豈汝威？用奉畜汝衆」。藹然温厚之意，淪浹心髓，民之浮言，烏得不息，民之胥怨，烏得不消，民之生生，烏得不裕。自是高宗、祖甲相繼百年，殷邦嘉靖。其後武乙復遷河北，國内衰弊，至紂竟以奢淫而亡。是以知盤庚之遠慮絶識，豈不賢乎？

【校記】

〔一〕「之實」，原無，據《前編》補。

〔二〕「所」，原作「所以」；按「以」當衍，據《前編》删。

説命上

王宅憂亮陰，

「亮陰」當作「梁闇」，天子居喪之次也。古者諸侯大夫士，遭喪居倚廬。倚者，謂於中門之外、東墻下，倚木爲廬。大夫士不障，諸侯加圖障，然則天子則又加梁楣，故謂之梁闇與？

三祀。既免喪，其惟弗言。群臣咸諫于王，曰：「嗚呼！知之曰明哲，明哲實作則。天子惟君萬邦，百官承式。王言，惟作命。不言，臣下罔攸禀令。」

「免喪」而猶「弗言」，群臣以爲過於禮，故諫之。其謂之「明哲」者，以高宗天資之不凡也。知之固曰「明哲」，然知之固貴於行之也，故曰「實作則」。天子君天下，百官所承式，命令之行，乃作則之事也。

王庸作書以誥，曰：「以台正于四方，台恐德弗類，兹故弗言。恭默思道，夢帝賚予良弼，其代予言。」

高宗天資明哲，然自以講貫未竟，恐未合乎聖聖相傳之的，所以不輕於作命。「恭默思道」，此高宗始初爲學工夫。「恭」者，敬身以處。「默」者，不言而思。「思道」者，思想此道爲若何也。然惟其「恭默思道」，所以心無異念，純乎誠敬，故「夢帝賚于良弼」。此所謂至誠之道，可以前知，動乎四體者也。

乃審厥象，俾以形旁求于天下。説築〔一〕傅巖之野，惟肖。

高宗之夢，蓋有日矣。遍視群臣，默加求訪而未得，故因群臣之請而言之。「乃審厥象」，以物色訪之也。虞、號之間，地名傅巖〔二〕，澗水壞道，常役胥靡刑人築之。説貧，代其築，形與所夢者類。「説」，名也，不知其姓，蓋以地爲氏云。

爰立作相，王置諸其左右。

蔡氏曰：「《史記》高宗得説，與之語，果聖人，乃舉以爲相。置諸左右，蓋以冢宰兼師保也。荀卿曰：『學莫便乎近其人。』置諸左右者，近其人以學也。史臣將記高宗命説之辭，先叙事始如此。」愚按君心者，天下之本，而相特其助。後世人主忽不知此，既得賢相，自謂逸於任人，則悉以事任委之，而自處於逸，謂得人君用相之體。不知心身不脩，事理未徹，一旦失輔，則亂又自此始。齊威公任管仲，一則仲父，二則仲父。唐明皇用姚、宋，奏事不省，可謂任之專矣。管仲死，姚、宋去，則終於亂。無它，不以身心爲急也。管仲、姚、宋亦昧所本，難以語此。高宗得傅説爲賢相，未及朝政庶事，而先置諸左右，命以納誨，反覆委諭，拳拳於沃心之説。此商之所以中興，爲高宗之知所本也。

命之曰：「朝夕納誨，以輔台德。若金，用汝作礪；若濟巨川，用汝作舟楫；若歲大旱，用汝作霖雨。啓乃心，沃朕心。若藥弗瞑眩，厥疾弗瘳；若跣弗視地，厥足用傷。惟暨乃僚，罔不同心，以匡乃辟，俾率先王，迪我高后，以康兆民。嗚呼！欽予時命，其惟有終。」

此命説之辭也。三節托物之喻，皆有深意。孔子曰：「思而不學則殆。」又曰：「吾嘗終日終夜以思，無益，不如學也。」高宗恭默之思，思之工夫固至。然磨礪相濟，資養之無助，則心孤而無益。「若金，用汝作礪」，蓋思而有所未通，自以爲鈍而資其礪也。「若濟巨[三]川，用汝作舟楫」，蓋思而未能遽至，自以爲險而資其濟也。「若歲大旱，用汝作霖雨」，蓋思雖有得，然心枯而無資養之妙，故自以爲竭而賴其化也。此高宗用功之辭，非泛喻也。故總以「啓乃心，沃朕心」言之。「沃」者，灌溉滋長之妙也。「若藥弗瞑眩，厥疾弗瘳」，謂言不直則己之宿疾不除。「若跣弗視地，厥足用傷」，謂知不明則行有所不遂也。此皆用工之辭，非尋常語。「惟暨」以下，則期其成功以終之。

說復于王，曰：「惟木從繩則正，后從諫則聖。后克聖，臣不命其承，疇敢不祗若王之休命？」

高宗命說之辭皆曾用功之語，言之痛切，而說之復王，其辭反若緩而不切者，此必有見於高宗之病矣。高宗雖舊學終見未澈，視群臣又非甘盤之比，雖有言，高宗亦未敢深仗也，故常反求諸己而思之，其病在於求諸獨而略於人。說知君心之病如此，而己之言可以朝暮入，不必遽數之也。故且以從諫箴高宗，以聖期高宗。此病既除，言則必行，其資必可以聖，其他皆不遺餘力矣。

【校記】

〔一〕「築」，原作「桀」，據《前編》、秦抄本改。

〔二〕「巖」，原作「險」，據《前編》改。

〔三〕「巨」，原作「大」，據正文改。

說命中

惟說命總百官，

命之以總百官，此相職也。相之職固在〔一〕於統百官，此表而出之者，古者人君命相固有常職，然權之輕重，又視其人之等差。此云作相而復曰「總百官」，任之專也，所謂皆聽命於冢宰也。

乃進于王，曰：「嗚呼！明王奉若天道，建邦設都，樹后王君公，承以大夫師長，不惟逸豫，惟以亂民。惟天聰明，惟聖時憲，惟臣欽若，惟民從乂。

此篇多以「惟」起語，蓋古人歷舉之辭也。「建邦」則立后王君公，「設都」則有大夫師長，非富貴安榮其身，皆所以治民耳，此天道也。然君臣上下雖皆有治民之責，而其源則在君，君則民之標表也。君雖爲臣民之標表，而其源則又在天，天又君之法式也。「聰明」者，天理之公也。聽是非，察善惡，用捨賞罰，一惟是理之公，而私意不與存焉。此人主所以憲天之聰明也，下文所叙皆憲天聰明之事。

惟口起〔二〕羞，惟甲胄起戎，惟衣裳在笥，惟干戈省厥躬。王惟戒茲，允茲克明，乃罔不休。

言輕，則起羞辱之應〔三〕。阻兵之機萌，則生戎狄之心。衣裳命服所以褒善，不可輕畀也，於在笥之時則審之，輕加於人，雖褫之亦已褻矣。干戈所以討亂，不可輕動也，於在躬之時則謹之，已命將出師，雖反之亦已黷矣。此四者，皆政令刑賞之大者，故王能戒此，則「允茲克明」矣。然於甲胄干戈重言者，高宗天資英毅，傅説蓋慮其輕於用兵也。其後鬼方、荆楚之師，王威赫然，雖曰勢所不得已，而《易》象猶譏其憊，説蓋先見之矣。

惟治亂在庶官。官不及私昵，惟其能；爵罔及惡德，惟其賢。

此皆總明憲天之事。上文既言承以大夫師長，雖其本源在君心之標表，而擇〔四〕官亦不可不謹。蔡氏曰：「《王制》：論定然後官之，任官然後爵之。官則六卿、百執事，爵則公、卿、大夫、士也。賢能所以治，私昵、惡德所以亂。」吴氏曰：「『惡德』，凶德也。人君當用吉士，凶德之人雖有過人之才，爵亦不可及。」

慮善以動，動惟厥時。

「善」者，理之是也。「時」，則時措之宜也。慮事〔五〕當乎是而後可動，動必合其時而後中節。慮善猶擇乎中庸。「時」，猶時中也。中無定體，隨時而在。事雖善而動不以時，猶非中也。伊尹曰：「善無常主，協于克一。」傅説曰：「慮善以動，動惟厥時。」言異而功同，知道者當默會於此。

有其善，喪厥善；矜其能，喪厥功。惟事事乃其有備，有備無患。

此承慮善而言也。事會無窮，隨時取中，得其善而自滿，則善不繼矣。舉事之善固貴惟時，然事無先時之備，則或時至而動不及矣。

無啓寵納侮，無耻過作非。

「啓寵」，亦一不善之動也。「過」，未善也。遷其未善以從善，斯得矣。耻過而遂非則惡矣，故兼戒之。

惟厥攸居，政事惟醇。

「居」，處也，止於善之謂也。政事而各處其當，則政事醇美矣。

黷于祭祀，時謂弗欽。禮煩則亂，事神則難。」

此亦未盡善之事。高宗於祭祀或有過厚之失，不知祗所以爲褻，非盡善中節之事也。此終上文之意以盡高宗之疵。

王曰：「旨哉！說。乃言惟服，乃不良于言，予罔聞于行。」

「旨哉」，嘆其言之有味也。説之言自它人觀之，若散而無統，惟高宗善思，故知其味也。「服」，行也，謂惟其言是行也。蘇氏曰：「説之言譬如藥石，雖散而不一，然一言一藥皆足以治天下之公患，所謂古之立言者。」

説拜稽首，曰：「非知之艱，行之惟艱。王忱不艱，允協于先王成德。惟説不言，有厥咎。」

説又贊其行也。謂凡得於言者非難，行於身者爲難。今王〔六〕信而欲行之則不難矣，信能行之，則必「允協于先王成德」矣。「惟説不言，有厥咎。」則又將告之也。廣漢張氏謂高宗知之之功已至，故説以知之非艱，行之惟艱告之。若君非高宗，則説必先以致知告之矣。前儒疑《説命中》篇群言無統，必有錯簡。意諸語凡十三「惟」相連成文〔七〕，而「王惟戒茲」四語乃結語耳。以今觀之，語凡二章。自「明王奉若天道」至「惟其賢」爲一章，章凡三節，以憲天聰明爲要。自「慮善以動」至「事神則難」爲一章，而大旨以慮善惟時爲要。夫憲天聰明，王道之公也。慮善惟時，時中之學也。二者真要旨歟？

【校記】

〔一〕「在」，原作「在此」。按「此」當衍，據《前編》删。
〔二〕「起」，原作「既」，據《前編》《尚書注疏》改。
〔三〕「應」，《前編》作「患」。
〔四〕「擇」，原作「釋」，據《前編》改。
〔五〕「事」，《前編》作「則」。
〔六〕「今王」，原作「全」，據《前編》改。
〔七〕「文」，原無，據《前編》補。

説命下

王曰：「來，汝説。台小子舊學于甘盤，既乃遯于荒野，入宅于河，自河徂亳，暨厥終罔顯。

蘇氏謂「遯于荒野」以下，謂甘盤也。朱子初嘗取其説。蔡氏據《國語》謂宅河徂〔二〕亳，商高宗自謂也。然據《君奭》則甘盤嘗爲相，蓋甘盤舊臣，相武丁於初年，其後復政引退。再求之，入宅于河。三求之，自河徂亳，老于采邑也。此言爲學之始與廢學之因。朱子曰：「不知甘盤何人，所學何事，書史不傳，惜哉！」

爾惟訓于朕志〔三〕，若作酒醴，爾惟麴糵；若作和羹，爾惟鹽梅。爾交修予，罔予棄，予惟克邁乃訓。」

此高宗資學於傅説也。蔡氏曰：「作酒者麴多則苦，糵多則甘，麴糵得中，然後成酒。作羹者鹽過則鹹，梅過則酸，鹽梅得中，然後成羹。愚謂敎學之道，貴擇乎中，微過不及，則學術自是偏矣，非聖賢之學也。『交修』，亦兩使適中之謂也。然麴苦糵甘所以成酒，而酒之味則超麴糵之上。鹽鹹梅酸，所以作羹，而羹之味則超鹽梅之表。此又爲學自得之妙，非知學者不能知之。」

説曰：「王，

林氏：句。

人求多聞，時惟建事。學于古訓，乃有獲。事不師古，以克永世，匪説攸聞。

「求多聞，時惟建事。」此學于往行也。「學古訓，乃有獲。」此學于前言也。所謂考迹以觀其用，察言以求其心也。總之曰「事不師古」，以不學前言往行，則不能長世也。

惟學遜志，務時敏，厥修乃來。允懷于兹，道積于厥躬。惟斆學半，念終始典于學，厥德修罔覺。

此論爲學之道也。《學記》作「敬遜務時敏」，其説尤備。朱子曰：遜志者，遜順其志〔三〕，又須時敏。若高氣不伏者，忽不加思；悠悠度時者，或作或輟，則其修不來矣。故「遜志務時敏」，爲學之道，惟此二端，厥修之業所以來也。「允懷于兹」二者，則道乃「積于厥躬」矣。「積」者，來之多也。然王者之學，位居人上，亦必教人。自學者，學也；而教人者，亦學也。其初學之者半也，既學而推以教人，發明日熟，温故知新，是斆之功亦半也。「念終始典于學」，始之自學，終之教人，無非爲學。自始至終，常常于此，忽不自知其德之修矣。古來論學自傅説始，工夫極爲精密。履祥按：「斆學半」之云，自《學記》即以爲教學相長，此朱子之説所由本。而子王子以爲此章方言爲學，未及教人也。履祥竊謂高宗恭默思道，其舊學必有懸慮過高之病。巨川大旱之喻，險竭可知，所謂思而不學則殆者與？故「交修」之喻，欲求適中，而傅説導之，卒就平實。不過前言往行，遜志時敏以求之，講明精密，義理充滿，至于道積厥躬，可謂盛矣。然舊學之功，亦不可謂無助〔四〕。昔朱子嘗謂高宗舊學甘盤，不知甘盤何如人，其所學何學。履祥謂高宗恭默思道之功，蓋得諸甘盤之所教，但於稽古講明格至之學尚欠，故未圓成耳。此所謂斆學之半也。是以傅説於其所學問充積之後，又欲其接續舊學之思，所謂「念終始典于學」。「念」則思也，思學之功交相并進。思而學，則所思者益實；學而思，則所思者益妙。厥德之修至于罔覺，蓋忽不其知〔五〕其入於聖人之域矣。子王子曰：遜志則有細密之功，時敏則無間斷之患，其來其積皆自細密無間斷中得之。大凡工夫細密者，則有勞擾沈滯之病，而進不能敏；勇往奮厲者，則有粗率遺棄之失而志不能遜。「遜志」、「時敏」二端，交修之良方也。

監于先王成憲，其永無愆。

「先王成憲」，前聖所以經緯天下事物者也。上文學造其理也，此履其事也。學至於監成憲，能與之合則無愆矣。《孟子》所謂前聖後聖，「得志行乎中國，若合符節」，則皆至此地位者也。

惟說式克欽承，旁招俊乂，列于庶位。

蔡氏曰：「進賢雖大臣事，然高宗之德未至，則雖欲進賢，有不可得者。」

王曰：「嗚呼！說。四海之內，咸仰朕德，時乃風。股肱惟人，良臣惟聖。

「仰」，望也。四海皆仰朕德，不可無以應之。傅說布其風教，然必輔吾德以至於聖，則始可以厭滿人心之望矣。

昔先正保衡，作我先王，乃曰：『予弗克俾厥后惟堯舜。其心愧耻，若撻于市。』一夫不獲，則曰時予之辜。佑我烈祖，格于皇天。爾尚明保予，罔俾阿衡專美有商。

「保衡」，伊尹官稱也。上言「良臣惟聖」，故取保衡堯舜其君之志以勉之。上言四海「時乃風」，故引「一夫不獲」之慊以勉之。

惟后非賢不乂，惟賢非后不食，其爾克紹乃辟于先王，永綏民。」說拜稽首，曰：「敢對揚天子之休命。」

君臣相遇最難，此高宗所以相期之大，傅說亦不容不自任矣。「克紹乃辟于先王」，終「良臣惟聖」之意。「永綏民」，終「時乃風」之意。

【校記】

〔一〕「徂」，原無，據《前編》補。

〔二〕「志」，原作「心」，據《前編》、《尚書注疏》改。

〔三〕「其志」，《前編》「志」下有「猶云低心下意，入事理之中細思之也。既遜其志」。

〔四〕「助」，原作「者」，據《前編》、秦抄本改。

〔五〕「知」，原作「知知」，據《前編》刪。

高宗肜日

高宗肜日，越有雊雉。

蓋高宗之廟，肜祭之日有雊雉之異。《序》言湯廟者非是。

祖己曰：「惟先格王，正厥事。」乃訓于王，曰：「惟天監下民，典厥義，降年有永有不永，非天夭民，民中絕命。

王之祀，必有祈年請命之事，如漢武帝五時祀之類。祖己言永年之道不在禱祠，在於所行義與不義而已，禱祠非永年之道也。言民而不言君者，不敢斥也。

民有不若德，不聽罪，天既孚命正厥德，乃曰：『其如台？』嗚呼！王司敬民，罔非天胤，典祀無豐于昵。」

言祖宗莫非天之嗣主〔一〕，祀其可獨豐於昵廟乎？履祥按：《書序》稱高宗祭成湯，有飛雉升鼎耳而雊。祖己訓諸王，作《高宗肜日》、《高宗之訓》，是謂二書，祖己爲高宗作也。按《史記》則祖己述高宗之事，爲祖庚作也。高宗名臣，世多稱甘盤、傅說，而無曰祖己云者。又凡書之訓告其君，多繫其所言之臣，如曰《仲虺之誥》，曰《伊訓》，無繫之君者。而此二書皆訓體，乃繫之君，既非義例矣。又凡書之本叙多稱其君之名，或曰王未有以廟號稱者，而此曰「高宗肜日」，則似果若追書之云者，《史記》之言當是也。然三王之祭，其於釋也，夏曰「復胙」，商曰「肜」，周天子諸侯曰「繹」，以祭之明日。大夫曰「賓尸」，以祭之日。蓋「繹」，祭之餘也。繹之於廟門之外，西室主事，以士行，君不親也。夫君既不親矣，而曰「高宗肜日」，且以廟號稱之，又曰「典祀無豐于昵」。然則詳味其辭，又安知非祖庚之時，繹於高宗之廟而有雊雉之異乎？則二書，祖己以訓祖庚明矣。太史公博極古書，係之祖庚之紀，當必有據。子長後交〔二〕孔安國，則又爲安國所誤，故重取而無擇云。

【校記】

〔一〕「主」，原作「王」，據《前編》、秦抄本改。

〔二〕「交」，《前編》作「受」。

西伯戡黎

西伯既戡黎，祖伊恐，奔告于王。

蔡氏曰：「書中無戡黎之事，史氏特標此篇首，以見祖伊告王之因。祖伊，祖己之後也，自其邑奔走告紂也。」

曰：「天子！天既訖我殷命，格人、元龜罔敢知吉。非先王不相我後人，惟王淫戲用自絕。

「格人」猶言至人，謂諸賢也。

故天棄我，不有康食，不虞天性，不迪率典。

王既淫戲自絕于天，故天之所以棄我商者，以不安養其民，以不虞度義理，以不循典章也。

今我民罔弗欲喪，曰：『天曷不降威？大命不摯？今王其如台？』」

「大命」，謂有天命者。「摯」，至也。《史記》云「大命胡不至？」言民苦紂之虐，無不欲殷之亡，曰天何不降威乎？受大命者何不至乎？蓋殷民已望周師弔伐之來矣。「今王其如台」，言紂不復可君我也。上章言天棄殷，此章言民棄殷。

王曰：「嗚呼！我生不有命在天？」

紂爲天人所棄，聞諫不悔，猶自謂有生之初，受命於天，非人所能絕也。《泰誓》所云，謂己有天命是也。

祖伊反，曰：「嗚呼！乃罪多，參在上，乃能責命于天。

「參」，列也。祖伊不更進言，歸而私議之，蓋見紂不復可諫矣。

殷之即喪，指乃功，不無戮于爾邦。」

蔡氏曰：「『功』，事也。言殷即喪亡矣，指汝所爲之事，其能免戮於商邦乎？愚讀是篇而知周德之至也。祖伊以西伯戡黎不利於殷，故奔告于紂，意必及西伯戡黎不利於殷之語，而入以告后，出以語人，未嘗有一毫及周者，是知周家初無利天下之心。其戡黎也，義之所當伐也。使紂遷善改過，則周終守臣節矣。祖伊，殷之賢臣也，知周之興必不利於殷，又知殷之亡初無與於周，故因戡黎以告紂，反復乎天命民情之可畏，而略無及周者，文、武公天下之心於是可見。」

子王子曰：祖己之後，又有祖伊，所謂故家遺族猶有存者，此先王涵養之澤也。湯征葛，西伯戡黎，皆剥床及膚之勢，不待智者而後知。當時周家王業已成，商紂徒以一日名位之尚留，忠臣義士猶冀其一念之或悛，戒警恐懼，未嘗敢廢，此秉彝之至情也。事迫言峻，幸值其未怒，惟以利口禦之而未至於殺。若比干之諫，或值其怒與？或其言有甚於此與？天命之絶、未絶，正繫于比干之殺、未殺也。若祖伊者，凛乎其幸免也。履祥按：商自武乙以來，復都河北，在今衛州之朝歌。而黎，今潞州之黎城。自潞至衛，計今地里三百餘里耳。則黎者，蓋商畿内諸侯之國也。西伯戡黎，武王也。自史遷以文王伐耆爲戡黎，證[一]之以祖伊之告，於是傳注皆以爲文王，失之矣。孔子稱「三分天下有其二，以服事殷」，是爲至德。而《傳》稱文王率殷之叛國以事紂，則戡黎之役，文王豈遽稱兵天子之畿乎？然則文王固嘗伐邘[二]、伐密須矣，而奚獨難於伐黎？蓋諸侯賜弓矢，然後征；賜斧鉞，然後殺。自文王獻洛西之地，紂賜弓矢斧鉞，使專征伐，則西諸侯之失道者，文王得專討之。若崇、若密須，率西諸侯也。自關河以東諸侯，非文王之所得討，況畿内之諸侯乎？三分天下有其二，特江漢以南，風化所感，皆歸之爾，文王固未嘗有南國之師也，而豈有畿甸之師乎？前儒謂孔子稱文王爲至德，獨以其不伐紂耳。至如戡黎之事，亦已爲之。誠如是也，則觀兵王疆，文王已有無商之心矣，特畏後世之議，而於紂未敢加兵，是後世曹孟德之術也，烏在其爲至德？昔者紂殺九侯而醢鄂侯，文王聞之竊嘆，遂執而囚之，而況於稱兵王畿之内，祖伊之告如是其急也。以紂之悍，而於此反遲遲十有餘年，不一忌周乎？故胡五峰、吕成公、陳少南、薛季龍諸儒，皆以爲武王。然則戡黎，蓋武王也。昔者商紂爲黎之蒐，則黎，紂濟惡之國也。武王觀政于商，則戡黎之師或者所以警紂耳，而紂終莫之悛，所以有孟津之師與？觀祖伊之言，曰「天既訖我殷命」，殷之即喪，則是時殷已阽危，亡無日矣。故吴氏遂以爲戡黎之師，在伐紂之時，蓋以其辭氣觀之，斷可知也，其非文王也明矣。然則文王，西伯也，武王而謂之西伯，何也？戡黎列於《尚書》，以商視周，蓋西伯耳。殷之制，分天下以爲左右，曰二伯。子夏謂殷王帝乙時，王季已[三]命作伯，受圭瓚秬鬯之賜。果爾，則周之爲西伯舊矣，非特文王爲西伯也，文王因之受專征之命耳。武王之未伐商也，襲爵猶故也，故傳記武王伐紂之事曰西伯軍至洧水，紂使膠鬲候周師而問曰西伯「將焉之？」曰「將伐紂。」然則武王之爲西伯，見於史傳者有自來矣。

【校記】

〔一〕「證」，《前編》作「繼」。
〔二〕「伐邘」下，《前編》有「伐崇」。
〔三〕「已」，原作「九」，據《前編》改。

微子

微子若曰：「父師、少師，

微子，紂庶兄。「父師」，箕子，紂諸父，一曰親戚也。「少師」，比干也。微子名啓，箕子名胥餘。微、箕，采邑之名。此微子憂悶，謀於二子。「若曰」者，史述其意而追記其辭也。

殷其弗或亂正四方。我祖厎遂陳于上，我用沈酗于酒，用亂敗厥德于下。

「或」者，忽爾之辭。「弗或」者，不復可望其勿爾也。「厎」，致。「遂」，成。「陳」，列。「沈」，溺也。使酒行凶曰「酗」，謂先王成功陳列於上，而紂乃以沈酗之故亂敗厥德于下。不言紂而言「我」者，臣以君爲體，猶《春秋》書魯「我」也。紂之不善衆矣，而指其本，則沈酗爲之而敗亂不可救。

殷罔不小大，好草竊姦宄。卿士師師非度，凡有辜罪，乃罔恒獲。小民方興，相爲敵讎。今殷其淪喪，若涉大水，其無津涯。殷遂喪，越至于今。」

此言殷之亂也。自紂以沈酗敗德，而其臣民相習爲亂如此。「凡有辜罪，乃罔恒獲」，以紂自爲逋逃主也。淪喪之形，不復可濟。幾年有殷，遂乃一旦喪亡於今日，憂驚傷感之意也。

曰：「父師、少師，我其發出狂，吾家耄遜于荒。今爾無指告予，顛隮，若之何其？」

「其」，音箕。「曰」者，微子更端慮謀之辭也。「我」指紂，「吾」、「予」，自指也。言紂爲狂悖，不可諫誨，吾處家如迷耄之人，無能致力，不忍坐視，將逃遜于荒野。然而二子無指告救亂之策，一旦國家顛隮，又將若之何？此微子欲處不可救，欲逃恐遂亡，屈子所謂心煩意亂，不知所從之辭也，其意深可悲矣。「狂」，《史記》作「往」，所以誤有歸周之説。

父師若曰：「王子，天毒降災荒殷邦，方興沈酗于酒。乃罔畏畏，咈其耇長、舊有位人。

此箕子答辭也。自紂爲不道，灾譴頻仍，天毒降災荒于殷邦，而紂復不知驚懼，乃沈酗愈甚，不知畏所當畏，且咈逆耇長、舊人之言。此答微子沈酗敗德之語。

今殷民乃攘竊神祇之犧牷牲，用以容，將食無災。

祭天地曰「犧」，祭宗廟曰「牷」。一説色純曰「犧」，體備曰「牷」，牛羊豕曰「牲」。天地宗廟之牲，民得而竊之，有司相隱，將而食之，無罪焉，紀綱可知矣。此答「小大」、「草竊」等語。

降監殷民，用乂讎斂，召敵讎不怠。罪合于一，多瘠罔詔。

蔡氏曰：「『讎斂』，若仇敵掊斂之也。『不怠』，力行而不息也。『詔』，告也。下視殷民，凡上所用以治之者，無非讎斂之事。夫上以讎而斂下，則下又以敵而讎上。下之敵讎，實上之讎斂以召之。而紂方且召敵讎不怠，君臣上下同惡相濟，合而爲一，故民多飢殍而無所告也。此答微子『小民方興，相爲敵讎』之語。」

商今其有災，我興受其敗。商其淪喪，我罔爲臣僕。

此箕子自處之辭也。二「其」字，疑辭也，謂商今日其止於災變耶？我當起之而任其責，蓋欲諫欲有爲也。商今日其遂至於淪喪耶？我無適異國爲臣之理，是箕子、比干皆欲死諫，與國存亡，無可去之義。

詔王子出迪，我舊云刻子。王子弗出，我乃顛隮。

此爲微子謀所以答遜于荒野之問也。「刻」，害也。箕子舊以微子長〔一〕且賢，勸帝乙立之，帝乙不從，卒立紂，故紂每有忌微子之心。是以箕子告微子，當以出行爲道。我舊所云，反足以害子。若王子弗出，則紂忌微子，且賢微子，己不可諫，又疑箕子之黨微子。箕子雖諫，亦必見疑，勢必俱傷兩敗，國家隨以亡矣。其實紂決不可諫，箕子、比干忠誠惻怛，猶疑其諫之不入者，必犯其所疑也。去所疑，或可以諫而免「顛隮」之禍矣。此答「顛隮」之問也。

自靖，人自獻于先王，我不顧行遯。」

「自靖」，謂各行其地之所當，而即其心之所安也，孔子所謂三仁者是也。人各行其義理所安，有以自通於先王，而無愧於神明足矣。王子有可去之義，蓋不可使紂有殺兄之惡，而元子在外，萬一有維保宗社之計，若我則無復可去之義，故曰「我不顧行遯」，是將以死諫也。詳此辭意，則箕子、比干同以死諫，比干見殺，箕子偶不殺而囚耳。説者遂謂箕子有言，而比干獨無言者，去就之義難明，而死節之愚易見也。殊不知箕子豈有去意，而比干之無答者，亦以箕子意同，不復有異辭爾。

履祥讀《西伯戡黎》《微子》之書，而知商之所以亡，周之所以王也。夫祖伊之辭，在於警紂，而初不及於咎周。微子、箕子諸賢在於嘆紂之必亡，而未嘗忌周之必興。蓋祖伊、箕子、王子比干，與武王、周公皆大聖賢，其於商周之際皆可謂仁之至、義之盡，其有以知紂之必亡，商之信不可以不伐審矣。諸子豈舍理而論勢，武王豈以一毫私意利欲行乎其間哉？然觀微子之所自處，與箕子之所以處微子者，不過遯出而已，而孔氏遂有知紂必亡去而奔周之説，何微子叛棄君親而求爲後之速也？此必不然矣。而傳又有武王克商，微子面縛銜璧，衰絰輿櫬之説，是尤傳之訛也。夫武王伐紂，非伐微子也，使微子而未遯，則面縛銜璧亦非其事也。且如孔氏之説，則微子久已奔周矣。如《左氏》之説，則微子面縛請降矣。武王豈不聞微子之賢，縱其時周家三分天下有其二，業已伐商，無復拘廢昏立明之節。然賓王家備三恪，何不即以處微子，而顧首以處武庚也？武王不亦失人，而微子不亦見却可羞之甚乎？故子王子謂面、縛銜璧必武庚也，後世失其傳也。武王爲生民請命，其於紂廢之而已矣，必不果加兵其頸也。既而不入商，則紂已自焚矣。武庚爲紂嫡冢，父死子繼，則國家乃其責，故面縛銜璧，衰絰輿櫬，造軍門以聽罪焉。武王悼紂之自焚，故憐武庚之自罪，是以釋其縛，焚其櫬，使奉有殷之祀，示〔二〕不絶紂也。若微子則遯于荒野，一時武王釋箕子之囚，封比干之墓，百爾恩禮舉行悉遍，而未及微子，以微子遯野，未之獲也。迨武庚再叛，卒於就戮，始求微子以代殷後，而微子於此義始不可辭爾。前日奔周之説，毋乃躁謬已乎！至於箕子、比干俱以死諫，偶比干逢紂之怒而殺之，箕子偶不見殺，而囚之爲奴耳。囚而爲奴，如漢法髠鉗爲城旦舂，論爲鬼薪是也。而説者又謂箕子之不死，以道未及傳也。夫道在可死，而曰吾將生以傳道，則異日揚雄之美新擬《易》，可以自附於箕子之例矣。且箕子豈知它日之必訪己，而顧不死以待之哉？此皆二千餘載間誣罔聖賢之論，故予不可以不辯。

【校記】

〔一〕「長」，原無，據《前編》補。

〔二〕「示」，原作「亦」，據《前編》改。

書經注卷之七

周書

泰誓上

惟十有三年，春，大會于孟津。王曰：「嗟！我友邦冢君，越我御事庶士，明聽誓。

「王曰」者，多謂史官追稱。武王正名討伐，則稱王舉兵亦爲合義，不必拘追稱之説也。詳見《湯誓》。

惟天地，萬物父母；惟人，萬物之靈。亶聰明，作元后，元后作民父母。

此章明爲君之道。

今商王受弗敬上天，降災下民，沈湎冒色，敢行暴虐。罪人以族，官人以世。惟宫室、臺榭、陂池、侈服，以殘害于爾萬姓，焚炙忠良，刳剔孕婦。

《外紀》云：紂剖比干妻以視其胎，未知何據。此章明紂失爲君之道。

皇天震怒，命我文考肅將天威，大勳未集。肆予小子發，以爾友邦冢君，觀政于商。

「以爾」猶云與爾也。此章明紂爲天所怒，首命文王伐之。文王未忍卒伐，至武王又未忍遽伐。

惟受罔有悛心，乃夷居，弗事上帝神祇，遺厥先宗廟弗祀。犧牲粢盛，既于凶盜，乃曰：『吾有民有命』，罔懲其侮。

此章明周未忍遽伐以觀其悔，而紂愈恣慢，卒不改也。或問紂若能遷善改過，則武王何以處之？朱子曰：武王自別從那一邊做事。横渠云：商之中世已棄西方之地不顧，所以戎狄復進，大王遷岐。然岐下亦本荒凉之地，大王自立家基如此爾。

天佑下民，作之君，作之師，惟其克相上帝，寵綏四方。有罪無罪，予曷敢有越厥志？

此章承上言紂失爲君之道，故天命我以君師之責，則夫當伐與否，不敢違天以用其心，所以卒伐也。

同力度德，同德度義。受有臣億萬，惟億萬心；予有臣三千，惟一心。商罪貫盈，天命誅之。

予弗順天，厥罪惟鈞。

「同力度德」二句，蓋古者軍志之詞，武王引之。謂受黨雖多，其實離心，伐之固不必忌其衆，況其罪既衆，天命我誅之乎？若不卒伐，則我有違天之罪矣。此又承上文「有罪無罪，敢越厥志」之意。

予小子夙夜祗懼，受命文考，類于上帝，宜于冢土，以爾有衆，底天之罰。

上文言弗承天誅討，則「罪惟鈞」，此所以夙夜敬懼而昭告神祇，率衆致討也。「冢」，土社也。古公遷岐，乃立冢土。意古者社主，崇土爲之，若木則因其所自生，後世以石爲之，則又非古義矣。《王制》曰：「天子將出，類于上帝。」又「天子祭天地」，諸侯不得與也。此云「類于上帝」，則是出師之時，即以天子之禮行矣。而儒者猶謂稱王爲追書，是嫌聖人之事而文之也。

天矜于民，民之所欲，天必從之。爾尚弼予一人，永清四海，時哉弗可失。」

此誓師之語，以終承天爲君之責。

泰誓中

惟戊午，王次于河朔，群后以師畢會。王乃徇師而誓，

「次」，止。「徇」，循而定之也。戊午，是一月二十八日。

曰：「嗚呼！西土有衆，咸聽朕言。

蔡氏曰：「周都豐鎬，其地在西。從武王渡河者皆西方諸侯，故曰『西土有衆』。」

我聞『吉人爲善，惟日不足；凶人爲不善，亦惟日不足』。

「惟日不足」者，常若不足也。吉人爲善而自足，則善心怠而入於惡矣。惡人爲不善而亦自足，則惡心消而可以爲善矣。「惟日不足」，所以善惡終不可移也。蓋古語，武王引之，以言商紂力行無度之意。

今商王受力行無度，播棄犂老，

「犂」，當作「黧」。

昵比罪人。淫酗肆虐，臣下化之。朋家作仇，脅權相滅。無辜籲天，穢德彰聞。

「無度」，猶云不法也。「力行無度」，此所謂爲不善而日不足也。其下所敘皆力行無度之事，而被其虐者皆籲告於天。吕氏曰：爲善至極，則至治馨香；爲惡之極，則穢德彰聞。

惟天惠民〔一〕，惟辟奉天。有夏桀弗克若天，流毒下國。天乃佑命成湯，降黜夏命。

因民籲天，遂述天惠民、君奉天之理。「惠」，愛也。「夏桀弗克若天」，是不能順天惠民之意，遂「流毒下國」，故湯放桀，言此以證之。

惟受罪浮于桀，剥喪元良，賊虐諫輔。謂己有天命，謂敬不足行，謂祭無益，謂暴無傷。厥監惟不遠，在彼夏王。

「浮」，過之也。「喪」，去也〔二〕。古者去國爲喪。「元良」，微子也。謂剥之使去其國也。「諫輔」，比干也。此重述受之惡，益以見「惟日不足」之意。然前述其證驗，此指其病源。四「謂」字，其病源，所謂自暴者也。罪既浮于桀，則桀之取亡是其鑒矣。

天其以予乂民，朕夢協朕卜，襲于休祥，戎商必克。受有億兆夷人，離心離德〔三〕；予有亂臣十人，同心同德。雖有周親，不如仁人。

「襲」，會也，言述祥之多也。治亂曰「亂」，一云「亂」本作「乿」，古「治」字也。「十人」，周公旦、召公奭、太公望、畢公、榮公、太顛、閎夭、散宜生、南宮适。孔子曰：有婦人焉，九人而已。謂邑姜治内也。「周」，至也，二句計亦古語。夢卜休祥，占天意有必克之理；十臣同德，占人事有必勝之理。夫以紂〔四〕罪之多，武王伐之，理所必勝，而武王反覆計較彼己多寡，以誓其師，何也？紂衆如林，是亦勍敵，師徒不無懼衆之心，故武王反覆曉之。

天視自我民視，天聽自我民聽。百姓有過，在予一人。今朕必往。

「過」，責也。《漢書》所謂責過是也。蔡氏曰：「武王言天之視聽皆自乎民，今民皆有責于我，謂我不正商罪。以民心察天意，則我之伐商斷在必往。」

我武惟揚，侵于之疆，取彼凶殘，我伐用張，于湯有光。

「揚」，舉。「侵」，入也。謂已渡河，入於紂之疆也。賊義者謂之「殘」，凶殘指紂及其黨也。「于湯有光」，謂弔民伐罪，止〔五〕商之亂，亦湯之心，乃所以爲湯之光也。武王伐其子孫，而謂於湯有光，前後聖人公天下爲心，於此可見。

勗哉夫子！罔或無畏，寧執非敵。百姓懍懍，若崩厥角。嗚呼！乃一德一心，立定厥功，惟克永世。」

「夫子」，指將士也。前言必克之理，又恐將士以忽心視之，故曰「罔或無畏，寧執非敵」，謂寧持我非彼敵之心，所謂先爲不可勝，以待敵之可勝也。「百姓懍懍，若崩厥角」，謂百姓皆已迎王師也。孟子引此，謂「王曰：『無畏，寧爾也，非敵百姓也。』若崩厥角，稽首。」百姓既已如此，即當一德一心，立定成功，以保斯世於悠久也。

【校記】

〔一〕「民」，原作「命」，據《前編》《尚書注疏》改。

〔二〕「也」，原作「訖」，據《前編》改。

〔三〕「德」，原作「得」，據《前編》《尚書注疏》改。

〔四〕「紂」，原作「討」，據《前編》改。

〔五〕「止」，原作「正」，據《前編》、秦抄本改。

泰誓下

時厥明，王乃大巡六師，明誓衆士。

「六師」，武王之兵也。此武王自誓其衆士也。

王曰：「嗚呼！我西土君子，天有顯道，厥類惟彰。

上天有至明之理，其類應之分甚明。蓋善惡率以類從，好善則所爲皆善之一類，好惡則所爲皆惡之一類。君子小人各以其類相從違，而禍福亦各以類應之。故下文明紂之不善，即天下之惡，皆一切爲之，遂爲天人所棄。

今商王受狎侮五常，荒怠弗敬，自絶于天，結怨于民。

紂於君臣、父子、夫婦、長幼、朋友，典常所在，皆玩狎而暴蔑之，所以凡事皆荒廢怠惰而不敬，故其所爲皆惡之一類，所以「自絶於天，結怨于民」也。下文詳之。

斮朝涉之脛，剖賢人之心，作威殺戮，毒痡四海。崇信姦回，放黜師保。屏棄典刑，囚奴正士。郊社不修，宗廟不享。作奇技淫巧，以悦婦人。

此皆狎侮五常〔一〕之實。

上帝弗順，祝降時喪。爾其孜孜，奉予一人，恭行天罰。

「祝」，斷也。已上皆叙其「自絶於天」之事。

古人有言曰：『撫我則后，虐我則讎。』獨夫受洪惟作威，乃汝世讎。樹德務滋，除惡務本。肆予小子，誕以爾衆士，殄殲乃讎。

此章承上「結怨于民」之語。「滋」者，長養滋助之意。務滋則德不孤，務本則刑不濫，二句亦古語。

爾衆士其尚迪果毅，以登乃辟，功多有厚賞，不迪有顯戮。

「迪」，蹈也。殺敵爲「果」，果敢爲「毅」。「登」，成也。「乃辟」，自謂也。紂之惡固毒痡四海，然自其忌惡文王，則所以施於周人者獨虐。此篇專誓周師，故曰「殄殲乃讎」，其怨深。曰「登乃辟」，其分尊。曰「有顯戮」，其辭嚴。與上、中二誓不同。

嗚呼！惟我文考，若日月之照臨，光于四方，顯于西土。惟我有周，誕受多方。

上文以述紂惡類之彰，此又以文王爲善一類，其彰著應效如此以形之。

予克受，非予武，惟朕文考無罪。受克予，非朕文考有罪，惟予小子無良。」

一篇之内，舉受與文王善惡之類相形如此，則周之必勝，紂之必亡，亦必以類應矣。然聖人之心不恃其必然之勢，而常有臨事而懼之意。故不獨上文誓師，明立賞戮，此亦自責，惟恐無良致敗，以隳文考之遺德也。

履祥按：漢初伏生之《書》無《泰誓》，惟孔壁古文有之。然孔《傳》終漢世未列學官，其時有張霸僞書《泰誓》三篇行於世。其書有白魚入舟，火流王屋之事。仲舒、史遷嘗所信用，至東漢王、馬諸儒始覺其非。東晉初，《古文尚書》出而僞書始廢。近世吴氏復疑《泰誓》三篇辭迫而傲，不及《湯誓》，其書晚出，或非盡當時之本文。愚按湯武之事，均爲應天順人而時勢不同。湯當創業之初，武承已盛之業；湯舉事於天下望商之際，而武王舉事於諸侯從周之餘。鳴條之戰惟亳邑之衆，而孟津之會合諸侯之事。事勢不同，繁簡宜異。至若紂浮于桀，周文於商，其爲古今之變，固不待論。然《泰誓》三篇雖或出於當時之潤色，要皆武王之意。今觀其書上篇誓諸侯以下，中篇誓諸侯之師，下篇則誓周邦之衆士也。上篇發明以君道爲主，首尾一意。中篇首尾不同，大意以天命爲主。下篇以善惡之類爲主，又開説天人之應。其書明整，決非後世所能附會。武王之心光明正大，豈必復效後世回互之語哉？讀《書》者知此當有見矣。

【校記】

〔一〕常，原作「帝」，據《前編》改。

牧誓

時甲子昧爽，王朝至于商郊牧野，乃誓。王左杖黄鉞，右秉白旄以麾，曰：「逖矣！西土之人。」

「牧」，地名，在朝歌南，即今衛州治之南也。

王曰：「嗟！我友邦冢君、御事，司徒、司馬、司空，亞、旅、師氏，千夫長、百夫長，及庸、蜀、羌、髳、微、盧、彭、濮人，稱爾戈，比爾干，立爾矛，予其誓。」

此臨戰之誓也。先友邦諸侯，次御事。司徒、司馬、司空，此周之三卿，時未備六卿也。司徒主民，掌率徒庶以從征役。司馬主兵，治軍旅之誓戒。司空主土，治壘壁以營軍。「亞」，次。「旅」，衆也。「亞」者，卿之貳，大夫是也。「旅」，卿之屬，士是也。「師氏」，以兵守王門，王舉則從者也。「千夫長」，統千人之帥也。「百夫長」，一卒之正也。「庸」、「濮」在江、漢之南，《左傳》所謂庸與百濮伐楚者是也。「羌」，西羌。「蜀」、「髳」、「微」，皆巴蜀之國。「盧」亦江、漢之間，《左傳》所謂盧戎。「彭」，今彭州。或云「庸」乃今上庸，未詳孰是。蔡氏曰：「八國近周西都，素所服從，乃受約束以戰者。蓋上文所言『友邦冢君』，則泛指諸侯而誓者也。『戈』，戟。『干』，楯。『矛』，長戟也。干楯所以扞敵，言比則并列而密布也。」

王曰：「古人有言曰：『牝雞無晨。牝雞之晨，惟家之索。』

「索」，蕭索也。此古語，引之以言紂嬖妲己，以致亂亡之因。

今商王受惟婦言是用，昏棄厥肆祀弗答，昏棄厥遺王父母弟不迪，乃惟四方之多罪逋逃，是崇是長，是信是使，是以爲大夫卿士，俾暴虐于百姓，以姦宄于商邑。

「婦」，妲己也。「肆祀」，大祀也。「答」，報也。《史記》作「昏棄其家國，遺其王父母弟」，語意尤備。「遺王父母弟」，言王父母所遺諸孫，蓋從弟也。「不迪」，以不道遇之也。《列女傳》曰：「紂好酒淫樂，不離妲己，所舉者貴之，所憎者誅之。」

今予發惟恭行天之罰。今日之事，不愆于六步、七步，乃止齊焉。夫子勗哉！不愆于四伐、五伐、六伐、七伐，乃止齊焉。勗哉夫子！

惟恭行天罰，固不在於邀功，亦不在於多殺。「愆」，過也。不愆六步、七步而止齊焉，戒其輕進也。「伐」，擊刺也。不愆四伐、五伐、六伐、七伐而止齊焉，戒其多殺也。夫子勉哉，反覆言之，致丁寧之意。

尚桓桓，如虎如貔，如熊如羆，于商郊。弗迓克奔，以役西土。勗哉夫子！

「桓桓」，威武貌。欲其如四獸之猛，以戰于商郊也。「克奔」，能來降者，勿迎擊之，以勞役西土之士也，戒殺降也。

爾所弗勗，其于爾躬有戮。」

總兹三「勗哉」，以弗勗于斯三者，則「爾躬有戮」，以誓戒之也。蔡氏曰：「此篇嚴肅而温厚，與湯誓誥相表裏，真聖人之言也。《泰誓》《武成》一篇之中，似非盡出一人之口，豈獨此篇而全書乎？」

履祥按：《泰誓》上篇誓諸侯而下，中篇誓諸侯之師，下篇自誓周邦之衆士，貴賤等威之辨也。牧野之誓，將戰之時也，故自諸侯、三卿、大夫、師卒之長、夷狄之酋豪而咸誓戒之。然而尊卑内外之序，則亦截然其不可亂，此之謂禮義之師也。荀卿氏謂桓文之節制不足以敵湯武之仁義，然而湯武之仁義則有以該桓文之節制，吾於牧野之事見之矣。又上篇誓諸侯，中篇誓諸侯之師，故其誓止於「永清四海」，時不可失，立定厥功，以克永世而已。下篇自誓其衆士，故「登乃辟」，「殄乃讎」，則爲周人言之。「不迪有顯戮」，皆自敕其士臣之辭也，非所以施於不期而會之諸侯也。至於牧野，則商郊也。歸市者、耕耘者、玄黄者、簞食壺漿者，必將與聞之，故言紂之惡，而止言其積於家與施之商邑者。第將戰之時，一人不謹，易以敗事，故上下均於誓。而爾所不勉，「其于爾躬有戮」，則臨戰之法不可以貴賤異罰也。

武成

惟一月壬辰旁死魄，越翼日癸巳，王朝步自周，于征伐商。告于皇天后土、所過名山大川，曰：「惟有道曾孫周王發，將有大正于商。今商王受無道，暴殄天物，害虐烝民，爲天下逋逃主，萃淵藪。予小子既獲仁人，敢祇承上帝，以遏亂略，華夏蠻貊，罔不率俾。惟爾有神，尚克相予，以濟兆民，無作神羞。」

既戊午，師逾孟津。癸亥，陳于商郊，俟天休命。甲子昧爽，受率其旅若林，會于牧野，罔有敵于我師，前徒倒戈，攻于後以北，血流漂杵。

漂杵之説，孟子不信。按史本作「鹵」，説者謂楯。其意謂軍中有楯而無杵也。要之鹵是地發濕，當是血流而地鹵濕耳。作「杵」誤，解作楯者尤非也。

一戎衣，天下大定，乃反商政，政由舊。釋箕子囚，封比干墓，式商容閭。散鹿臺之財，發鉅橋之粟，大賚于四海，而萬姓悦服。

厥四月，哉生明，王來自商，至于豐，乃偃武修文，歸馬于華山之陽，放牛于桃林之野，示天下弗服。

既生魄，庶邦冢君暨百工受命于周。

朱子曰：「既生魄」，十六日也，或壬寅，或癸卯，或甲辰乙巳，經文在庚戌後，《漢志》在丁未前，蓋經文誤也。按華陽，今華州。「桃林」，今自陝府靈寶縣，西至潼關，皆桃林塞。「受命」，謂聽任使也，於是率以祀。

丁未，祀于周廟，邦甸、侯、衛駿奔走，執豆籩。

朱子曰：「丁未」，或十九日，或二十日，或二十一日、二十二日。

越三日庚戌，

朱子曰：或二十二日，或二十三日，或二十四日、二十五日。

柴望，大告武成。

朱子曰：先儒以「王若曰」宜繫「受命于周」之下，蓋〔一〕不知生魄之日，諸侯百工雖來請命，而武王以未祭祖宗，未告天地，未敢發命，故且命以助祭，乃以丁未、庚戌祀于郊廟，大告武功之成，而後始誥諸侯。上下之交，人神之序，固如此也。

又曰：《漢志》列《武成》篇曰「惟一月壬辰旁死霸，若翌日癸巳，武王乃朝步自周，于征伐紂。粤若來三月既死霸，粤五日甲子，咸劉商王紂。惟四月既旁生霸，粤六日庚戌，武王燎于周廟。」今按伏生《今文尚書》無《武成》，獨孔氏《古文尚書》乃有此篇。今顔注、劉歆所引兩節，見其與古文不同，遂皆以爲《今文尚書》，不知何所考也。諸家推曆以爲此年二月有閏，四月丁未爲十九日，庚戌爲二十二日。然二日皆在生魄之後，則古文爲倒，而此《志》所引者爲順。但其言「燎于周廟」，似〔二〕無理耳。況古文此篇文皆錯謬，安知「既生魄，庶邦、冢君暨百工受命于周」十四字非本在「示天下弗服」之下，「丁未祀于周廟」之上，而「王若曰」以下，乃大告武成之文耶？

又曰以孔注、《漢志》參考，大抵多同。但《漢志》「二月既死魄，越五日甲子」爲差速，而四月既生魄與丁未庚戌先後小不同耳。蓋〔三〕以上文「一月壬辰旁死魄」推之，則二月之死魄後五日且當爲辛酉或壬戌，而未得爲甲子，此《漢志》之誤也。又以一月壬辰、二月甲子并閏推之，則《漢志》言「四月既生魄，越六日庚戌」當爲〔四〕二十二日，而經以生魄居丁未、庚戌之後，則恐經文倒也。曆法雖無四月俱小之理，然亦不過先後一二日耳，不應所差如此之多也。宗廟内事日用丁巳，《漢志》乃無丁未〔五〕，而以庚戌燎于周廟，則爲剛日，非所當用，而燎又非宗廟之禮。且以翌日辛亥祀于天位，而越五日乙卯又祀馘于周廟，則六日之間三舉大祭，禮數而煩，近於不敬，抑亦經文所無有，不知劉歆何所据也。顏注以爲《今文尚書》，則伏生今文二十八篇中本無此篇，顏氏之云又未知何所据也。

王若曰：「嗚呼群后！惟先王建邦啓土，

「先王」，后稷也。商有天下，尊契爲玄王。周有天下，尊稷爲先王。

公劉克篤前烈，至于大王，肇基王迹，王季其勤王家。我文考文王，克成厥勳，誕膺天命，以撫方夏。大邦畏其力，小邦懷其德。惟九年，大統未集，

《秦誓》《牧誓》諸書但稱「文考」，至是曰「文考文王」，蓋始追王也。「大邦畏其力」，猶《荀子》所謂「桓文之節制不足以敵湯武之仁義」。蓋大邦以强力自負，然畏文王道德之强，不敢肆也。文王自爲西伯專征，威德益著，九年而崩。「大統未集」者，謂或伐商而取天下也。

予小子其承厥志。恭天成命，肆予東征，綏厥士女。惟其士女，篚厥玄黄，昭我周王，天休震動，用附我大邑周。」底商之罪〔六〕。

《武成》錯簡，自劉原父、王介甫、程子、朱子皆嘗改定，今從朱子正本。但「用附我大邑周」之下，劉氏謂當有闕文，朱子謂當有遜避警戒之辭。若湯氏之云，愚昔從子王子參訂，以「厎商之罪」係于此，粗爲可讀。但此告諸侯之辭以「王若曰」起文，則史官追述其語，未必皆當時全語也，故不如《湯誥》之密。蓋〔七〕《湯誓》誓亳衆而未及諸侯，故《湯誥》誕告之辭加密。《泰誓》、《牧誓》既屢誓諸侯，故《武成》告命之辭或不待加詳也。

列爵惟五，分土惟三。建官惟賢，位事惟能。重民五教，惟食喪祭。惇信明義，崇德報功，垂拱而天下治。

此與諸侯更定儀等及命之之辭，朱子謂史臣之辭云。

【校記】

〔一〕「蓋」，原作「益」，據《前編》改。

〔二〕「似」，原作「以」，據《前編》、張抄本、《書集傳》改。

〔三〕「蓋」，原作「益」，據《前編》、張抄本改。

〔四〕「當爲」，原文倒，據《前編》乙。

〔五〕「未」，原作「巳」，據《前編》《尚書注疏》改。

〔六〕「厎商之罪」，《書集傳》此句在「于征伐商」之下。

〔七〕「蓋」，原作「益」，據《前編》、張抄本改。

洪範

惟十有三祀，王訪于箕子。

蔡氏曰：「商曰祀，周曰年。此曰『祀』者，因箕子之辭也。箕子嘗言『商其淪喪，我罔爲臣僕』，《史記》亦載箕子陳《洪範》之後，武王封于朝鮮而不臣。『訪』，就而問之。『箕』，商舊封邑之名。『子』，爵也。」愚按書「十有三祀」，則知箕子之不臣於武王。書「訪於箕子」，則知武王之不臣箕。

王乃言曰：「嗚呼箕子！惟天陰騭下民，相協厥居，我不知其彝倫攸叙。」

「騭」，升也，猶云生長也。「協」，合也。「彝」，常。「倫」，理。所謂秉彝人倫也。武王之意蓋謂天宜然生長下民，所以使之相安而不亂者，此必有彝常條理次第，而我不知其詳，爲此疑以發箕子之言。然義理無窮，武王之聖已能知之，其間節目之詳，則亦必講明而後盡也。

箕子乃言曰：「我聞在昔，鯀堙洪水，汩陳其五行。帝乃震怒，不畀洪範九疇，彝倫攸斁。鯀則殛死，禹乃嗣興。天乃錫禹洪範九疇，彝倫攸叙。」

此言《洛書》所爲出之意也。鯀禹相繼治水，《洛書》必待禹而後出者，蓋天不愛道，地不愛寶，必得其人然後畀。鯀陻洪水，逆水之性，所以五行皆汩亂其常，此帝之所以不畀鯀，而彝倫之所以不明也。禹則不然，故帝乃錫之。書出于洛而禹得之，遂推其類，以爲洪範九疇，彝倫之所以叙也。蔡氏曰：「治水功成，洛龜呈瑞，如《簫韶》奏而鳳儀，《春秋》作而麟至，亦其理也。」

初一

朱子曰：此讀也全讀，則是以一、二爲次第，不見《洛書》本文，又不見聖人法象之義，故後人至以此章爲《洛書》本文者，皆爲句讀不明也。下皆倣此。

曰五行，次二曰敬用五事，次三曰農用八政，次四曰協用五紀，次五曰建用皇極，次六曰乂用三德，次七曰明用稽疑，次八曰念用庶徵，次九曰嚮用五福，威用六極。

此神禹所則《洪範》之經也。《洛書》之數以五居中，其餘八位異數而縱横湊〔一〕合。對則兩其五，參則三其五，而五數無不在焉。故以皇極居五，以樞紐乎九疇；以五行居一，以胎育乎衆有。所以皇極不言數，蓋數之體也；五行不言用，蓋用之大也。蔡氏曰：「『敬』，誠身也。『農』，厚生也。『協』，合天也。『建』，立極〔二〕也。『乂』，治民也。『明』，辨惑也。『念』，省驗也。『嚮』，勸。而『威』，懲也。」子王子曰：《洛書》縱横皆五，故九疇每疇五亦在焉。五行、五事、五紀、庶徵、五福皆五也。八政雖八，而以三官統五政，司空統食貨，司徒統祀賓，司寇統師，是亦五也。三德雖三，而剛柔之用各二，是亦五也。稽疑雖七，而卜兆則五，從逆則亦五。六極雖六，然與五福相反。短折，壽之反。貧，富之反。病疾，康寧之反。惡弱，好德之反。凶折，考終之反。是亦五也。愚按二極同文而異義。「皇極」者，準極之極。「六極」者，窮極之極。今醫書亦有「六極」之證，謂氣、血、筋、骨、皮、肉皆竭也，義同此。或疑「六極」之「極」當作「殛」。

一，五行：

漢石經無一字，餘傳首句并不言疇數。

一曰水，二曰火，三曰木，四曰金，五曰土。水曰潤下，火曰炎上，

朱子説「下」去聲，「上」上聲。

木曰曲直，金曰從革，土爰稼穡。潤下作鹹，炎上作苦，曲直作酸，從革作辛，稼穡作甘。

此下九疇之目，蓋大禹本經。其發明者，蓋禹之意而箕子傳文也。朱子曰：吴氏謂《洪範》乃五行之書，其下諸疇各以序類相配。此《洪範》之傳也，後皆倣此。「水曰潤下」以下，言五行之性。「潤下作鹹」以下，言五行之味。五行者，造化之用，其功用甚廣。此獨言其性與味者，以切於民飲食器用言也。水之性，氣潤而勢下。火之性，氣炎而勢上。木之性，有曲而有直。金之性，體從而用革。土無不生，此獨言「稼穡」者，重民用也。不言「曰」而言「爰」，蓋如此獨重也。種曰「稼」，以生言。斂曰

「穡」，以成言。五者亦各有陰陽之分。

二，五事：一曰貌，二曰言，三曰視，四曰聽，五曰思。

此五事之目，其序全體五行，其功後配庶徵。皇極之所以爲極者，專本於是。朱子曰：在天爲五行，在人爲五事。五事以思爲主，蓋不可見而行乎四者之間也。然操存之漸，必自其可見而爲之。

貌曰恭，言曰從，視曰明，聽曰聰，思曰睿。

此五事之則也。大禹敬用之言盡之，而箕子又各發明其則。「從」，順也。

恭作肅，從作乂，明作哲，聰作謀，睿作聖。

此推五則之功也。貌而能恭，則氣象嚴整。襲頑起惰，故肅。言而能從，則行令人順，故乂。視明，則知見必徹，故能哲。聽聰，則多聞善斷，故能謀。至於思能通微〔三〕，則聖矣。周子曰：「睿」，通微也，能通微則無不通矣。

三，八政：一曰食，二曰貨，三曰祀，四曰司空，五曰司徒，六曰司寇，七曰賓，八曰師。

「食」者，民之所本以生。「貨」者，民之所資以用。故食居上，貨次之。食貨所以養生，祭祀所以送死。所謂〔四〕養生喪死無憾，王道之始也。「司空」掌土，所以定其居。「司徒」掌教，所以正其德。

「司寇」掌禁，所以治其邪。「賓」，所以交際，待諸侯懷遠人。「師」，所以除殘賊也。刑者，聖人之不得已，故司寇居三官之後。兵者，聖人之大不得已，故師居八政之末。

四，五紀：一曰歲，二曰月，三曰日，四曰星辰，五曰曆數。

「歲」，四時也。「月」，晦朔也。「日」，躔度也。「星」，有經有緯，隨天者經星，五緯者緯星。「辰」，日月所會十二次也。「曆數」者，推步占候之法，所以紀歲日月星辰也。「八政」者，周禮之綱。「五紀」者，羲、和之職。

曰：王省惟歲，卿士惟月，師尹惟日。歲、月、日時無易，百穀用成，乂用明，俊民用章，家用平康。日、月、歲時既易，百穀用不成，乂用昏不明，俊民用微，家用不寧。庶民惟星，星有好風，星有好雨。日月之行，則有冬有夏，月之從星，則以風雨。

東坡蘇氏、石林葉氏、無垢張氏、容齋洪氏皆曰此五紀之傳，今從之。蓋歲、月、日、星辰之度，具于曆數。箕子於此，特以其切於君臣政事者言之，以明調贊之本。「曰」者，箕子之辭也。「省」，察視也。王言「省」，卿士師尹不言者，冒上文也。一歲該十二月，王當視歲功之運，以總攬群綱。一月該三十日，卿士當視一月之運，以各率其屬。至於官師庶尹，又當視一日之運，而朝夕靡懈，修舉衆務。蓋天之歲、月、日時無易，則百穀用成，治象〔五〕清明，賢俊俱出，民俗平康，易其序則反是。君臣責任之脩廢，其效如之。成功統歸於上，故無易者，先言歲月。廢墜多起於微，故既易者，先言日月。蓋自一日之差，則累累皆差也。「星」指經星。庶民之象，則如星之衆，而星之所尚有不同。有好風者，箕星是也；有好雨者，畢星是也。《漢志》言軫星亦好雨。星占言東井好風雨。日月之行，冬夏各有常度。月之從星，入箕則多風，離畢則多雨。宿軫則雨，宿井則風雨矣。日行黄道，而月有九行。每月周天，則又以日爲紀。日有常度，其從星者惟月耳。按占書，凡太陰所行，各有變異，此但舉風雨者爲例爾。

蔡氏曰：日有中道，月有九行。中道者，黄道也，北至東井去極近，南至牽牛去極遠，東至角，西至婁，去極中是也。九行者，黑道二，出黄道北。赤道二，出黄道南。白道二，出黄道西。青道二，出黄道東。并黄道爲九行也。日極南至于牽牛，則爲冬至。極北至于東井，則爲夏至。行〔六〕南北中，東至角，西至婁，則爲春秋分。月立春，春分從青道。立秋，秋分從白道。立冬，冬至從黑道。立夏，夏至從赤道。所謂「日月之行，則有冬有夏」也。月行東北入于箕則多風，月行西南入于畢則多雨。所謂「月之從星，則以風雨」也。民不言「省」者，庶民之休咎係乎上人之得失，故但以月之從星，以見所以從民之欲者何如爾。夫民生之衆，寒者欲衣，飢者欲食，鰥寡孤獨者之欲得其所，此王政之所先，而卿士〔七〕師尹近民者之責也。然星雖有好風好雨之異，而日月之行則有冬夏之常。以月之常行而從星之異好，以卿士師尹之常職而從民之異欲，則其從民者，非所以徇民矣。言日月而不言歲者，有冬有夏所以成歲功也。言月而不言日者，從星惟月爲可見耳。

五，皇極：皇建其有極，

朱子謂「皇」者，君也。「極」者，至極之義，標準之名也。如所謂北極、星極、民極之謂也。「建」，立也。「其有極」，指人之所有之標準也。謂人君下布五行，上協五紀，端五事於上，而躬行言動皆可以爲民之標準。修八政於下，而法度政事皆有以爲民之標準。此所謂「建其有極」也。

無偏無陂，遵王之義。無有作好，遵王之道。無有作惡，遵王之路。無偏無黨，王道蕩蕩。無黨無偏，王道平平。無反無側，王道正直。會其有極，歸其有極。

傅氏子駿以爲此章乃古書韻語，與箕子前後書文不同。子王子是之，即以繼「皇建其有極」之下，以爲皇極經文。上文所謂「斂時五福」者，乃五福傳文。下「皇極敷言」者，乃箕子此章傳文。今從之。「偏」，不中。「陂」，不平。「作惡」、「作好」，私意之增加也。「黨」，不公。「反」，倍常〔八〕。「側」，欹傾也。「蕩蕩」，廣也，大也。「平平」，易直也。「正直」，公平正直也。偏陂好惡，己私之生於心也。偏黨，己私之見於事也。反側，己私之變於久也。王義、王道、王路，即皇極之所以爲教者，互文以諷詠耳。「蕩蕩」、「平平」、「正直」，即皇極之所以爲體者，亦互文以形容耳。此言人君會建其有極於上，使人皆有所標準，以爲遵行之的。故人皆不敢徇己之私而從上之化，亦不必私意妄爲，而皆可安行於道化之中。遵義、遵道、遵路，所謂「會其有極」。「會」如朝會之「會」。「蕩蕩」、「平平」、「正直」，所謂「歸其有極」。「歸」如安歸之「歸」。此章詠嘆淫液，雖指民之叶極而言，然皇極四方八面，公平正大之體，於此可見矣。信哉其爲古今相傳之語，爲皇極之經也。朱子曰：自「無偏無陂」以下，乃是反覆贊嘆，正說皇極體段。

曰皇極之敷言，是彝是訓，于帝其訓。凡厥庶民，極之敷言，是訓是行，以近天子之光。曰天子作民父母，以爲天下王。

「曰」者，箕子傳辭也。「皇極之敷言」，蔡氏謂即上文敷衍之言也。言人主於「皇極之敷言」，以是爲常行，以是爲訓教，則人主之訓即天之訓也。斯民以此敷言，於是訓而是行之，則亦可以近天子道德之光華矣，謂其賢德可以進用於君。然其心悟，其行同，亦如親而炙之也。曰「天子作民父母，以爲天下王」，蓋於是民始知天子之所以恩育乎我、君長乎我者，其德大矣。

六，三德：一曰正直，二曰剛克，三曰柔克。平康正直，彊弗友剛克，燮友柔克。沈潛剛克，高明柔克。

「正」，公平而不偏尚也。「直」，如直道而行之「直」，無所矯拂。「克」，治之也。「友」，順也。世俗平康則正直而已，不必偏有所尚。「强弗友」，氣習之剛强也，則以剛治之。「燮友」，氣習之柔弱也，則以柔治之。此制之也。深沈潛退，氣禀之柔也，則以剛治之，使之有立。高尚明爽，氣禀之剛也，則以柔治之，使之不過。此化之也。正直之用一，而剛柔之用四，聖人撫世酬物，因時制宜，大用如此。

七，稽疑：擇建立卜筮人，乃命卜筮。曰雨、曰霽、曰蒙、曰驛、曰克、曰貞、曰悔，

灼龜曰「卜」，揲蓍曰「筮」。蓍龜無心，吉凶自以類應，然而善推占之則存乎人。故必擇其人，立爲卜人、筮人，乃可命之卜筮，而後龜兆、蓍卦可推也。「雨」，水兆。「霽」，火兆。「蒙」，木兆，蓋冒土

而出也。「驛」，古文作「圛」，金兆，謂圓圍絡繹也。「克」，土兆，蓋勾連相加也。或云「蒙」，土兆；「驛」，木；「克」，金。五者皆龜兆，古自有其占法，而今不傳爾。「貞」、「悔」則筮卦也，卦之不變者以內卦爲「貞」，外卦爲「悔」。《傳》所謂蠱之貞，風也。其悔，山也。卦之變動者以本卦爲「貞」，外卦爲「悔」。《傳》所爲貞、屯、悔、豫是也。蓋貞之義正也，悔之義改也。又《説文》「悔」當作「𠧪」。

凡七。卜五，占用二，衍忒。立時人作卜筮，三人占，則從二人之言。

「卜五」，雨、霽、蒙、驛、克也。「占用二」，貞、悔也。「衍」，推也。「忒」，差也。兆有定體，卦有定辭，自其有變動之差，而天下之至變生焉。故善卜筮者推衍其差忒而已，必立如是善衍忒之人，以作卜筮之人。凡三人推占，則從二人之言，蓋衆則公也。

汝則有大疑，謀及乃心，謀及卿士，謀及庶人，謀及卜筮。

盡人謀而後卜筮以決之。

汝則從，龜從，筮從，卿士從，庶民從，是之謂大同。身其康彊，子孫其逢吉。汝則從，龜從，筮從，卿士逆，庶民逆，吉。

皆從則龜筮在卿士、庶民之先，重神也。龜筮無心之物，故其吉凶與天地神明同体。

卿士從，龜從，筮從，汝則逆，庶民逆，吉。庶民從，龜從，筮從，汝則逆，卿士逆，吉。

三從、二逆者皆吉。然或汝、或卿士、或庶民，各以其一在龜筮之上，其要亦以人謀爲主。

汝則從，龜從，筮逆，卿士逆，庶民逆，作内吉，作外凶。

「内」、「外」猶《記》言内事、外事。「内」謂祭祀之事，「外」如征伐之事是也。二從三違，吉凶如此。

龜筮共違于人，用静吉，用作凶。

人謀能料其事之可否耳，若氣數推移之變，有出於意料之表者，此則非人謀所能逆知，惟龜筮知之耳。故龜筮共違，雖人謀皆從，而未可爲也。然箕子以龜先筮，又言龜從筮逆，而無曰筮從龜逆者，龜尤古人所重，故《禮記》「大事卜，小事筮」，傳謂「筮短龜長」，亦一意也。蓋龜兆一成，所應久遠，筮則僭信〔九〕應在一時，而時日推遷，又須更筮，故曰筮短龜長。然龜則僭信皆應，若易之垂訓，則惟忠信之事應，否則有戒，不爲小人謀也。故自夫子以來，專以《易》垂訓，而龜書終廢云。

八，庶徵：曰雨，曰暘，曰燠，曰寒，曰風。

「雨」於五行，水也。「暘」，火也。「燠」，木。「寒」，金。四氣皆因風氣而成，亦猶四行皆由土而載，故風屬土。

曰：時五者來備，各以其叙，庶草蕃廡。一極備，凶。一極無，凶。

「曰」，傳文也。「時」，是也。是五者來備，無缺也。各以其叙，無舛也。「庶草」，猶言百種。「蕃廡」，豐茂也。「一極備」，氣過多也。「一極無」，氣過少也。如雨多則澇，雨少則旱，是極備與無皆凶也，餘徵皆然。

曰休徵：曰肅，時雨若；曰乂，時暘若；曰哲，時燠若；曰謀，時寒若；曰聖，時風若。

「休徵」，謂嘉德之證驗也，肅、乂、哲、謀、聖五事，庶徵〔一〇〕相感應，以見九疇之對義。舉一隅言之，餘疇皆然。「時若」，即所謂五者來備，各以其叙也。貌恭而肅，則敬德潤身。人心凝聚，故致時雨之順。言從而義，則號令順理，人心開明，故致時陽之順。視明而哲，則陽明内主，故時燠順之。德聰而謀，則閉藏默運，好謀能繼，故時寒順之。至於思睿作聖，則妙萬物而無迹，時風順之。此箕子各以其德之氣象所似，以明類應。

曰咎徵：曰狂，恒雨若；曰僭，恒暘若；曰豫，恒燠若；曰急，恒寒若；曰蒙，恒風若。

「咎徵」者，惡德之證驗也。「狂」，縱。「僭」，差也。「豫」，《大傳》作「荼」，注謂緩也。「急」，嚴急也。「蒙」，昧也，《大傳》作「霿」，注謂冒也。「急，恒寒若」，猶所謂秦亡無燠年，蓋嚴迫則常寒應之也。所謂「恒若」者，即所謂一極備之凶也。此言「恒若」以見極備之凶，而不明極無之凶，何也？蓋一極備，則一極無可知，如常雨則無暘，常燠則無寒也。凡此通上文，大約以〔一一〕類配，至漢儒則門分户析，指某事致某應，其説始拘。又增入常陰一條，於五事無所配，殊不知常陰已在常寒、常雨、常風之内矣，非箕子之言未備也。

九，五福：一曰壽，二曰富，三曰康寧，四曰攸好德，五曰考終命。

人壽而後能享諸福，故壽爲首。「富」，有廩禄。「康寧」，無疾患。「攸好德」者，樂其道也。「考終命」者，順受其正也。古者上下有辨，人非廩禄，無自富者，故五福不言貴，言富則貴可知矣。「攸好德」者，自修之事，而以此爲福，何也？大抵人生而惡弱昏愚者多矣，今其氣禀清明，知德義之美而樂之，豈非天下之至福也哉？使此心昏然，所好非德，雖富壽安逸，祇以荒亡戕賊而已。且飽暖逸居而無教，則近於禽獸，又何足爲福哉！故「好德」居「壽」、「富」、「康寧」之後。

斂時五福，用敷錫厥庶民。惟時厥庶民于汝極，錫汝保極。

子王子曰：此「五福」之傳文也。「五福」之下曰「斂時五福」，猶「庶徵」之下曰「時五者來備」也。或疑此章言「汝極」「惟皇作極」之語，故舊以爲皇極之傳。今以受之「五福」之下，則章内何以有皇極之説也？愚按八疇皆與皇極相關，非獨五福一疇也，箕子於此舉一隅而發之耳。且言爲君者体天治民，當以天之所以福民者福之，使之仁壽安富，知所向方，然後可以望其協極。使其救死不贍，奚暇治禮義？所謂「汝弗能使有好于而家，時人斯其辜」者也。此猶《大學》平天下之傳，言興起感發之化，而又以絜矩爲言是也。又况章内曰「攸好德」，曰「既富方穀」，曰「錫福」，則爲五福之傳無疑。其間文義，朱子《皇極辨》詳之。

凡厥庶民，無有淫朋，人無有比德，惟皇作極。凡厥庶民，有猷有爲有守，汝則念之。不協于極，不罹于咎，皇則受之。而康而色，曰予攸好德，汝則錫之福。時人斯其惟皇之極。

此節言人之知所好德而不溺於非德，必人君立之標準。然民之能好德者，與未有德而不爲惡者，與革面於爲好德者，皆當念之、受之，錫之以福也。

無虐煢獨而畏高明。

此節謂民有不幸而煢獨衰弱者，有幸而榮富者，人主又當扶之抑之。

人之有能有爲，使羞其行而邦其昌。

此節言人之才德當榮富者，進而福之，亦國之福也。

凡厥正人，既富方穀，汝弗能使有好于而家，時人斯其辜。

「穀」，善也。此節言人之趨正，亦必先有以養之，故錫福于民者當爲先，不然人無所養，下流則易，爲善或難矣。

于其無好德，汝雖錫之福，其作汝用咎。

此節又言非好德之人而錫之福，終爲國家之害而已。按五福雖以「好德」居四，而傳則以「好德」爲重。蓋五福本係于天命，而人之所可勉者惟「好德」而已。「錫福」雖係於人主，而人主所可錫者亦惟富而已。

六極：一曰凶短折，二曰疾，三曰憂，四曰貧，五曰惡，六曰弱。

「凶折」者，横死。「短折」者，夭死。「疾」者，身不康。「憂」者，心不寧。「貧」者，家不足。「惡」者，剛惡。「弱」者，柔惡。蔡氏曰：五福六極在君則由於極之建不建，在民人〔二〕則由於訓之行不行，感應之理微矣。

惟辟作福，惟辟作威，惟辟玉食。臣無有作福、作威、玉食。臣之有作福、作威、玉食，其害于而家，凶于而國。人用側頗僻，民用僭忒。

此五福六極之總傳也。五福六極，人君體之以威福其民。「作福作威」，所謂嚮用五福，威用六極也。「玉食」者，下之所以奉上，此又人主萬乘之福也。臣而僭之，則大夫必害于而家，諸侯必凶于而國。有位者用，則頗僻而不安其分；小民者亦僭忒而踰越其常，則轉而趨於六極矣。其言威福之不可下移，而人臣之不可上僭，以發明一義。朱子曰：《洛書》九數而五居中，《洪範》九疇而皇極居五。故自孔氏《傳》訓「皇極」爲大中，而諸儒皆祖其説。余獨嘗以經之文義語脉求之，而有以知其必不然也。蓋「皇」者，君之稱也。「極」者，至極之義，標準之名，常在物之中央，而四外望之，以取正焉者也。故以「極」爲在中之準的則可，而便訓「極」爲中則不可。若北辰之爲天極，脊棟之爲屋極，其義皆然。而《禮》所謂民極，《詩》所謂四方之極者，於「皇極」之義爲尤近。顧今之説者既誤於此，而并失於彼，是以其説展轉迷繆而終不能以自明也。即如舊説，姑亦無問其他，但即經文而讀「皇」爲大，讀「極」爲中，則夫所謂惟大作中，大則受之，爲何等語乎？今以余説推之，則人君以眇然之身，履至尊之位，四方輻湊，面内而環觀之，自東而望者，不過此而西也；自南而望者，不過此而北也。此天下之至中也。既居天下之至中，則必有天下之絶德，而後可以立至極之標準。故必順五行、敬五事以修其身，厚八政、協五紀以齊其政，然後至極之標準卓然有以立乎天下之至中，使夫面内而環觀者莫不於是而取則焉。語其仁則極天下之仁，而天下之爲仁者莫能加也。語其孝則極天下之孝，而天下之爲孝者莫能尚也。是則所謂「皇極」者也。由是而權之以三德，審之以卜筮，驗其休咎於天，考其禍福於人，如挈裘領，豈有一毛之不順哉？此《洛書》之數，所以雖始於一，終於九，而必以五居其中。

《洪範》之疇，所以雖本於五行，究於福極，而必以皇極爲之主也。原於天之所以錫禹，雖其茫昧幽眇，有不可得而知者，然箕子之所以言之而告武王者則已備矣。顧其辭之宏深奥雅，若有未易言者，然嘗試虚心平氣而再三反覆焉，則亦坦然明白，無一字之可疑。但先儒未嘗深求其意，而不察乎人君所以修身立道之本，是以誤訓「皇極」爲大中，又見其詞多爲含洪寬大之言，因復誤認中爲含胡苟且，不分善惡之意。殊不知極雖居中，而非有取乎中之義。且中之爲義，又以其無過不及，至精至當，而無有毫釐之差，亦非如其所指之云也。乃以誤認之中爲誤訓之極，不謹乎至嚴至密之體，而務爲至寬至廣之量，其弊將使人君不知修身以立政，而墮於漢元帝之優游、唐代宗之姑息，卒至於是非顛倒，賢否貿亂，而禍敗隨之，尚何斂福錫民之可望哉？嗚呼！孔氏則誠誤矣。然迹其本心，亦曰姑以隨文解義，爲口耳佔畢之計而已，不知其禍之至此也。而自漢以來，迄今千有餘年，學士大夫不爲不衆，更歷世變不爲不多，幸而遺經尚存，本文可考，其出於人心者又不可得而昧也。乃無一人覺其非是，而一言以正之者，使其患害流于萬世，是則豈獨孔氏之罪哉？予於是竊有感焉，作《皇極辨》。

又曰：凡數之始，一陰一陽而已矣。陽之象圓，圓者經一而圍三。陰之象方，方者徑一而圍四。圓三者以一爲一，故參其一陽而爲三。圍四者以二爲一，故兩其一陰而爲二。是所謂參天兩地者也。三二之合則爲五矣，此圖書之數皆以五爲中也。《洛書》以五奇數統四偶數，而各居其所，蓋主於陽以統陰，而肇其變，數之用也。三七九各居其五，象本方之外，而二四六八者各因其類，以附于奇數之側。蓋正者爲君，側者爲臣，有條而不紊也。《洛書》主變，故極於九，而其位與實皆奇贏而偶乏，虛其中也，然後陰陽之數均。其陽數則首北，次東，次中，次西，次南。其陰數則首西南，次東南，次西北，次東北也。合而言之，則首北，次西南，次東，次東南，次中，次西北，次西，次東北，而究于南也。其運行則水克火，火克金，金克木，木克土，右旋一周而土復克水也。縱横十五，而七八九六迭爲消長，虛五分十，而一含九，二含八，三含七，四含六，則參伍錯綜，無適而不遇其合焉。此變化無窮之所以爲妙也。

履祥按：洛出書而禹則之，叙爲九疇。疇之取義有三焉：一曰并義。子王子曰《洛書》《河圖》相表裏，故一六、二七、三八、四九皆并位，於是九疇之義相比而應。一與六相并也，係五行於一而係三德於六，以天賦之氣有生克清濁之殊。則人囿于質，有剛柔善惡之異也。二與七相并也，係五事于二而係稽疑於七，見於事者有得有失，則驗于占者有吉有凶也。四與九相并也，係五紀於四而福極于九，運於天者有經緯離合之不齊，則賦于人者有五福六極之或異也。三與八相并也，係八政於三，庶徵於八，施于政者有善有惡，則感于天者有變有常也。

二曰對義。子王子曰：一與九相對也，係五行于一，福極於九，天之所賦有善惡厚薄，則人之所禀有五福六極也。二與六相對也，係五事於二，三德於六，人身皆有當然之則，本然之性也，剛柔善惡之不同，則氣質之性也。四與八相對也，係五紀於四，庶徵於八。五紀者，天道之常經；庶徵者，天道之變化也。三與七相對也，係八政於三，稽疑於七，政有得有失，則稽有吉有凶也。箕子所陳五事庶徵相爲感應，則二與八又相對取義也，四六亦然。箕子蓋舉一隅以見義也，今三縱而一衡，而取義亦粲然矣。

三曰次第。夫《洛書》之數連比對待，縱横錯綜，然而履一則本之所以始，戴〔一三〕九則表之所以終。中五則上下左右錯綜回環，而樞紐斡運於中也。是亦自然之序。故聖人亦因而次第之，係五行於一，以見化生人物之始也。五行化生萬物，人得其秀最靈。而五行之在人者爲五事，故五事次之於二焉。五性感動而善惡分，萬事出矣，而所以治之者其政有八，故八政次之於三焉。人事既繁，庶政具舉，因時作事，則有天時之紀焉，故五紀次之於四。五行、五事、八政、天紀，天人之事備矣，聖人成位乎其中，立人極焉，故皇極次之於五。皇極者，固所以順五行、敬五事、出八政、贊五紀者，以一人立極爲天下之標準，其所以化民成俗者。因其氣習而治教之者，則有三德焉，故三德次之於六。以一人而天下標準攸係，至不輕也，其中否吉凶，小則質之神明，故稽疑次之於七；大則驗之於天地，而五氣四時之運，其休其咎有不可掩者矣，故庶徵次之於八，抑是理也。君子修之吉，小人悖之凶，五福六極各以類應，聖人又即以勸懲斯世焉。蓋體天治人之用盡矣，故次之於九終焉。箕子陳《洪範》獨以次言之，蓋獨陳其辭不可以無叙也。至於五事肅、義、哲、謀、聖，而驗諸庶徵，則於對義固舉一隅矣。或曰《河圖》之位圓，圓者天也。《洛書》之位方，方者地也。自一而次數之，句連錯綜以至于九。句連〔一四〕錯綜者，地道之所以固也。《洛書》之數其用深廣，聖人叙疇於此，未始數數言也。然後世或以推災異，或以擬《易》占、八陣、太乙、遁甲，下至陰陽家者流以推八卦、九宮、八門、黑、白、向、背、吉、凶，亦各得其末流之一節與？抑天地自然之數，周乎萬物，固有所不能外也。

【校記】

〔一〕「湊」，原作「揍」，張抄本作「輳」，據《前編》改。

〔二〕「極」，原作「道」，據《書集傳》改。

〔三〕「思能通微」，原作「所思能通徵」。「所」當衍，據《前編》、張抄本删。「微」，據《前編》、秦抄本、張抄本改。

〔四〕「謂」，原作「以」，據《前編》改。

〔五〕「象」，原作「家」，據《前編》改。

〔六〕「行」，《前編》無。

〔七〕「士」，原無，據《前編》、張抄本補。

〔八〕「常」，原作「弃」，據《前編》、張抄本改。

〔九〕「僭信」，《前編》、張抄本無。

〔一〇〕「庶徵」上，《前編》、張抄本有「之德也箕子以五事」。

〔一一〕「以」，原作「一以」，按「一」當衍，據《前編》删。

〔一二〕「民人」，原文倒，據《書集傳》乙。

〔一三〕「戴」，原作「載」，據《前編》、張抄本改。

〔一四〕「句連」上，原衍「句連錯綜以至于九」，據《前編》、張抄本删。

旅獒

惟克商，遂通道于九夷八蠻。西旅厎貢厥獒，太保乃作《旅獒》，用訓于王。

克商之後，威德遠暢，蠻夷來貢也。東方曰夷，南方曰蠻。《職方》云四夷八蠻，《爾雅》言九夷六蠻。此言「夷」、「蠻」者，四夷之通稱。言「八」、「九」者，謂其非一而已。「西旅」，西夷之國。「獒」，犬也。《爾雅》：犬高四尺曰獒。《説文》曰：使犬也，犬知人心可使者。召公以獒非當〔一〕貢，上易啓人主異好，下非所以示諸侯常禮，故作書以告。然召公在武王時未爲太保，或者史臣之追稱與？五峰胡氏以此篇係成王之紀。

曰：「嗚呼！明王慎德，四夷咸賓，無有遠邇，畢獻方物，惟服食器用。王乃昭德之致于異姓之邦，無替厥服。分寶玉于伯叔之國，時庸展親。人不易物，惟德其物。

謹德乃一書之要旨。「方物」，方土所生之物也。「服食器用」，無異物之貢也。「德之致」，即謹德所感，貢方物者也，如分陳以肅慎氏之矢。寶玉〔二〕，如分魯以夏后氏之璜。然魯有封父之繁弱，晉有密須之鼓、鞏闕之甲，故分伯叔，非無方物也。而以寶玉爲重，所以示親親。分異姓未必無寶玉也，而以方物爲重，所以示服遠。互文見義，各舉所重而言耳。「人不易物，惟德其物」，言諸侯不敢忽易上所賜，皆以德視之〔三〕，若褻之爲物，上下皆非可以爲德矣。

德盛不狎侮。狎侮君子，罔以盡人心；狎侮小人，罔以盡其力。不役耳目，百度惟貞。玩人喪德，玩物喪志。志以道寧，言以道接。

此述謹德之事以戒王也。「狎」，玩褻也。「侮」，慢易也。「君子」、「小人」，以位言也。德至於盛，必無狎玩之失，然於此或有不戒，則狎玩士大夫，是不以禮使臣也，故君子必遠引，而無輸忠之意。「狎侮小人」，是不以義使民也，故小民必難保，而替服役之心，此「玩人喪德」之病也。不役於耳目之好，則百爲之間皆合於禮度，而無不正矣，此「玩物喪志」之反也。夫人主之志，不當以玩物而喪其志，當以道而寧其志。心苟玩物，則役于耳目之欲，而易以失吾心之所守，故謂「喪志」也。「志以道寧」，明乎義理之正，而足以辨天下之是非，故又云「言以道接」，所謂知言也。此章極言不玩物之本，而又要其效如此。

不作無益害有益，功乃成；不貴異物賤用物，民乃足。犬馬非其土性不畜，珍禽奇獸不育于國。不寶遠物，則遠人格。所寶惟善，則邇人安。

「無益」，凡遊玩之類。異物非其土性，不可長養，所以珍禽奇獸不必育于中國。蓋言此非惟啓人之玩，妨人之實，又且違物之性也。「不寶遠物」，則於己不貪，於人不擾，故遠人來格。貢獒雖其自至，然意向之微，非所以觀示遠人矣。上文因玩物而推明玩人之失，所以防其遠也。此章因寶物之戒而又歸重於寶賢之意，所以易其好也。太保格心之言，可謂周密矣。

嗚呼！夙夜罔或不勤。不矜細行，終累大德。爲山九仞，功虧一簣。

「矜」，矜持也。八尺曰「仞」。「簣」，盛土之器也。召公終謹德之意，言益深切。細行一簣，雖指受獒而言，然凡謹德者自當凜然於此矣。

允迪兹，生民保厥居，惟乃世王。」

「迪」，行也。言此以終上文功成民足之意。蔡氏曰：「人主一身實萬化之原，苟於理有毫髮之不盡，即遺生民無窮之害，而非創業垂統可繼之道矣。以武王之聖，召公所以警戒之者如此，後之人君可不深思而加念之哉！」

【校記】

〔一〕「當」，原作「常」，據《前編》改。

〔二〕「寶玉」，原錯置「如分陳」之上，據《前編》、張抄本乙。

〔三〕「上所賜」至「視之」，《前編》、張抄本作「其所賜，皆以德視物也。夫器物之微，上以德致，亦以德示。而下以德視之」。

書經注卷之八

金縢

既克商二年，王有疾，弗豫。

克商之明年也。

二公曰：「我其爲王穆卜。」周公曰：「未可以戚我先王。」

「穆」，敬也。蔡氏謂：「古者卜大事，公卿百執事皆在，誠一和同以聽，故名穆卜。下文亦有勿穆卜之文。『戚』，憂煩之意。周公言此卻二公之卜。」

公乃自以爲功，爲三壇同墠。爲壇於南方，北面，周公立焉。植璧秉珪，乃告大王、王季、文王。史乃册祝，曰：「惟爾元孫某，遘厲虐疾。若爾三王，是有丕子之責于天，以旦代某之身。予仁若考，能多材多藝，能事鬼神。乃元孫不若旦多材多藝，不能事鬼神。乃命于帝庭，敷佑四方，用能定爾子孫于下地，四方之民罔不祗畏。嗚呼！無墜天之降寶命，我先王亦永有依歸。今我即命于元龜，爾之許我，我其以璧與珪歸俟爾命。爾不許我，我乃屏璧與珪。」

自以爲功，獨以爲己事也，故不於宗廟郊社而爲壇。築土曰壇，除土曰墠。「三壇」，大王、王季、文王之位也。又爲壇於三壇之南而北向，則周公所立之位，璧以禮神，植於神位。珪則公所秉者。「史」，卜史也。「某」，武王之名也。「責」，朱子謂如責其侍子之「責」。如爾三王，爲天責其元子來侍，則請以旦代某之身，蓋我能承順祖考之意，能多材多藝，趨奔役使以事鬼神故也。乃元孫則不能趨奔役使，而其大德可以敷佑天下，故帝命以君天下，用能定爾子孫黎民於下地，而四方畏之。今日毋使遽爾，以墜上天昔日所降之重命，我先王亦永有依歸矣。「屏璧與珪」，謂不復得事神也。蓋武王喪則周家必墜，雖欲事神不可得。曰「爾」、曰「我」、曰「許」、「不許」，迫切之意，言不暇文也。

乃卜三龜，一習吉。啓籥見書，乃并是吉。公曰：「體，王其罔害。予小子新命于三王，惟永終是圖。兹攸俟，能念予一人。」

古者卜筮，必立三人以參考吉凶。「三龜」者，三人所卜之龜也。「習」，重也，三人所告龜兆皆以爲吉也。「啓籥」者，啓金縢之匱也。周家卜筮之書皆藏於金縢之匱，卜史掌之，以金緘縢，重其器也。周公啓籥以觀卜兆之書，亦又云吉。「體」謂兆象也，《禮》所謂「君占體」是也。以兆體言之，王其無害，而予小子則新受命于三王，「惟永終是圖」，謂代死也。今日所俟，惟三王念我王一人而已。

公歸，乃納册于金縢之匱中。王翼日乃瘳。

「公歸」，謂占畢而返歸其室也，於是史乃納册於金縢之匱。《周禮》：占人「凡卜筮，既事則繫幣以比其命，歲終則計其占之中否。」鄭康成謂「卜筮，史必書其命龜之事及兆於册，繫其禮神之幣而合藏焉」。是則金縢之匱，周家藏卜書之常器，而終事納册，亦周家占人之常職。世俗謂周公始爲此匱，又納册其中以爲異日自驗之地，可謂陋矣。

武王既喪，管叔及其群弟乃流言於國，曰：「公將不利於孺子。」

「管叔」，名鮮，武王弟，周公兄。「群弟」，蔡叔度、霍叔處也。「流言」，流布其言也。「孺子」，成王也。《金縢》但言管叔及群弟流言，而《大誥》《多方》皆言武庚圖復，則流言非武庚之事，或是以此誘間三叔則有之。其後三叔欲叛，始挾武庚以爲援，而武庚始得逞其圖復之謀耳。

周公乃告二公，曰：「我之弗辟，我無以告我先王。」

「辟」，讀爲「避」。鄭氏《詩傳》言周公以管叔流言避居東都是也。「我之弗辟」，言我不避則於義有所不盡，無以告先王於地下也。履祥按：《古文尚書》「辟」字作「𨐨」。古文凡君辟、刑辟之辟皆作「辟」，唯此作「𨐨」，此必孔壁書，本是「避」字也，「辟」諧聲，从辵从〔一〕辟井，皆「避」之義。

鄭康成曰：周公遭流言之難，避之而居東都。

朱子曰：弗避之説宜從鄭氏。向董叔重辨此，一時答之，謂從注説，後而思之不然。是時三叔方流言於國，周公處兄弟骨肉之間，豈應以言語之故遽興師以誅之，聖人氣象大不如此。且成王方疑周公，周公固不應不請而自誅之。若請之於王，王亦未必見從，則當時事勢亦未必然。雖曰聖人之心公平正大，區區嫌疑有不必避，但舜避堯之子於南河之南，禹避舜之子於陽城，自合如此。若居堯之宮逼堯之子，即爲篡矣。或又謂成王疑周公，故周公居東，不幸成王終不悟，不知周公何以處之。愚謂周公亦惟盡其忠誠而已矣。

按朱子有《金縢説》，其時與事皆與此不同。此乃朱子晚年與蔡沈之書，當爲朱子定論。

又按周公之避所以必告二公而後行者，以成王尚幼，朝廷之事不可以無所屬也。所以周公居外而朝廷不亂，成王雖疑而外不敢誚者，以二公在焉爾。微二公，則周家之禍必有出於意料之外者，周公亦不應避小嫌而忘大計矣。甚矣，朝廷不可無人，而大臣不可以獨運也。

周公居東二年，則罪人斯得。

蔡氏曰：「『居東』，居國之東也。鄭氏謂避居東都，未知何據。孔氏以居東爲東征，非也。方流言之起，成王未知罪人爲誰。二年之後，王始知流言之罪在管、蔡也。『斯得』者，遲之辭也。」

于後，公乃爲詩以貽王，名之曰《鴟鴞》。王亦未敢誚公。秋，大熟，未穫，天大雷電以風，禾盡偃，大木斯拔，邦人大恐。王與大夫盡弁，以啓金縢之書，乃得周公所自以爲功代武王之説。

古者兵凶之事則弁服，遇灾將卜，故遂與大夫盡弁。金縢之匱，周室藏龜卜占書之器。啓之將卜，因得卜史疇昔所納周公之册，所書周公命龜之事，始知周公自任代武王死之説焉。

二公及王乃問諸史與百執事，對曰：「信。噫！公命，我勿敢言。」

周公所禱，二公蓋知其禱武王之疾，而未必知其代死之説也，而卜史又受公之命勿言。聖人盡己之心，固不欲瞭然户曉。非成王卜風雷以啓匱，此事卒不聞於世矣。以此知聖人之事，其不聞於天下後世者，此類蓋多也。

王執書以泣，曰：「其勿穆卜。昔公勤勞王家，惟予冲人弗及知。今天動威，以彰周公之德。惟朕小子其新逆，我國家禮亦宜之。」

王感周公之忠誠，執此金縢之書以泣，謂今風雷之變不必更卜。蓋天以是變儆予，以彰周公之德爾，於是迎周公以歸。

蔡氏曰：「按鄭氏《詩傳》成王既得金縢之書，親迎周公。鄭氏學出於伏生，此篇乃伏生所傳，則『新逆』當作『親迎』，今本誤也。」

王出郊，天乃雨，反風，禾則盡起。

「出郊」者，成王自往迎周公，即上文「親迎」也。又按《九罭》詩意，成王蓋使人以衮衣歸周公，則此俟於郊而以使者先之爾。

二公命邦人，凡大木所偃，盡起而築之。歲則大熟。

「大木所偃」，謂偃仆壇壝、次舍及民居之類。

【校記】

〔一〕「从辵从」，原誤作「从走以」。《前編》作「从辵以」，秦抄本、張抄本作「从走从」，今據改。

大誥

王若曰：「猷！大誥爾多邦越爾御事。弗弔，天降割于我家，不少延。洪惟我幼沖人，嗣無疆大曆服，弗造哲迪民康，矧曰『其有能格知天命』？

《周書》發語多曰「猷」，猶今方言曰「説道」也。「弗弔」，舊音的，至也，猶云不幸也。朱子讀如字，恤也，言不爲天所恤。二説辭意則同。「大曆服」，謂天之曆數，地之九服也。此章言武王崩，成王以幼沖嗣位，流言展轉而事變如此，未能上測天意如何，以起下文求濟卜筮之意。

已！予惟小子，若涉淵水，予惟往求朕攸濟。敷賁，敷前人受命，

「敷」，廣。「賁」，大也。下「敷」字疑衍。此章承上文，謂未能格知天命。然以事〔一〕言之，如涉淵之勢，無可止之理，必求所濟，故必廣大前人受命之業可也。

茲不忘大功，予不敢閉于天降威。用寧王遺我大寶龜，紹天明，即命曰：『有大艱于西土，西土人亦不靜。越茲蠢。』殷小腆，誕敢紀其叙。天降威，知我國有疵，民不康，曰『予復』，反鄙我周邦。今蠢。今翼日，民獻有十夫，予翼，以于敉寧武圖功。我有大事休，朕卜并吉。

「閉」，有所閉，避而不出之意。「寧王」，謂武王也。周初制謚，將葬而謚。此云寧王，或舉初謚，或尚存二謚也。「紹」，猶介紹也。「小腆」，猶云蕞爾國，指武庚也。謂今茲不敢忘武王之大功，故天雖降威，不敢避而不爲，於是用寧王所遺寶龜，以介紹天之明命。「即命」，猶云即命于元龜也。「即命曰」者，命龜之辭也。「西土」，即謂周邦也。「西土人」，謂管、蔡也。其命龜之辭曰，今日有艱于我西土周邦，雖本爲西土之人者，亦且自不靜，爲茲蠢動。而殷之小腆，敢[二]經紀殷之衰叙，屬我不天。主少國疑，三叔流言，自啓變亂。彼知我之有此瑕疵，民之不康若此，乃曰予將復殷之祚，鄙周之邦。今茲蠢動之翼日，民賢有十夫者來爲予助，以敉寧大難，以武圖功，我將有大事于東，爲之必休。此命龜之辭也。既而卜之，果吉。此章决上文未能格知天命之意。

肆予告我友邦君，越尹氏、庶士、御事，曰：『予得吉卜，予惟以爾庶邦，于伐殷逋播臣。』

此以吉卜告邦君、御事往伐武庚也。「逋播」者[三]，逋亡播遷之臣，謂武庚及其群臣也。

爾庶邦君越庶士、御事，罔不反曰：『艱大，民不靜，亦惟在王宮、邦君室。越予小子、考翼不可征，王害不違卜？』

此舉邦君、御事不欲東征之言也。謂事勢艱難重大，蓋三監、商奄、淮夷俱叛，事勢相延亦已熾甚。「民不静，亦惟在王宫邦君室」，意謂且當閉關自守也。「越予小子、考翼不可征」，謂及我小子諸父老敬事之人，亦不允吾東征，下文所謂「舊人」是也。「害」，曷也，謂王何不違卜也。

肆予冲人永思艱，曰：『嗚呼！允蠢鰥寡，哀哉！』予造天役，遺大投艱于朕身。越予冲人，不卬自恤，義爾邦君，越爾多士、尹氏、御事，綏予曰：『無毖于恤，不可不成乃寧考圖功。』

「造」，爲。「卬」，我。「綏」，安慰也。謂我幼冲之人，亦永思其勢之艱大，爲之永嘆，謂爾不欲往，其奈四國蠢動鰥寡之民，可哀也哉！凡予所爲，蓋天使之。天遺此重大，投此艱難于朕躬。予以幼冲之人，不我能自恤。所感義者，爾邦君群臣能安慰我曰無以艱毖爲憂，不可不成武王圖功之事，爾詎可反以艱大阻我哉！凡言寧王、寧人、圖功，皆謂伐殷之事。自此章以前，皆叙述之語。此章以下，始爲責勉邦君、群臣之語。

已！予惟小子不敢替上帝命。天休于寧王，興我小邦周。寧王惟卜用，克綏受兹命。今天其相民，矧亦惟卜用。嗚呼！天明畏，弼我丕丕基。」

此以下决辭也。卜之而告，是天命黜殷也，其敢替乎？且天命武王之時，武王既惟卜是用。今日天意其相民，况卜之而吉，亦惟卜是用乎？因嘆息而言，今日事變之來，雖天之明威可畏，其實相我以大其業爾。上章答艱大之語，此章答違卜之語。

王曰：「爾惟舊人，爾丕克遠省，爾知寧王若勤哉！天閟毖我成功所，予不敢不極卒寧王圖事。肆予大化誘我友邦君。天棐忱辭，其考我民，予曷其不于前寧人圖功攸終？天亦惟用勤毖我民，若有疾，予曷敢不于前寧人攸受休畢？」

自此章以下，重釋艱大之語。「舊人」，蔡氏謂即上文所謂「考翼」者。又邦君、御事之中，亦多有逮事武王克商者。武王創造之初，亦以艱難勤勞而成之，則今日時勢之閟塞艱重，乃我成功之所，是予於寧王之圖功，不敢不卒伐也。我友邦君不知天意，故我大化誘之。夫天意難測，非諄諄有可信之辭，惟考之民心可見耳。民心所欲，予曷其不于寧王之圖功而成其終乎？天亦惟用此事變以煩重吾民，使於四國之害有如疾病，必欲去之，予曷其不于寧王受命之休而畢其事乎？蓋知前日之艱難，則不憚今日之重難；知民心之所欲與民心之所惡，則知天意之所在。此所以决于東征也。

王曰：「若昔朕其逝，朕言艱日思。若考作室，既厎法，厥子乃弗肯堂，矧肯構？厥父菑，厥子乃弗肯播，矧肯穫？厥考翼其肯，曰：『予有後，弗棄基？』肆予曷敢不越卬敉寧王大命？

此釋艱大之語。謂東征之役者，「昔朕即欲往」，然亦疑其艱大未可輕動，於是日日思之。武王撥亂反正，「如作室」者，父定其規畫；治田者，父去其蕪穢矣。今日乃不卒其圖功，正如子不肯築其堂基，况能造成其室乎？子不肯繼其播種，况能收刈其實乎？其父老成敬重之人，見其子若此，其肯謂予有後人不墜基業乎？只此東征一事，不能述事，則於武王之業，何以成其業而收其實？然則予何敢不於我之身，而安定寧王所受之大命也？

若兄考，乃有友伐厥子，民養其勸弗救？」

上文所喻，責之吾身。此節所喻，責之邦君、御事。「兄考」，喻武王。「友」猶敵己者，喻四國。「子」，喻百姓。「民養」，蘇氏謂厮養，喻邦君、御事。謂今日之事，正如爲父兄者，有敵己之人伐其子，而爲之厮養臣僕者，其有勸其攻伐而不救乎？夫邦君、御事不過憚難耳，非有勸之之心也，而云「爾」者，蓋不救則幾於勸矣。

王曰：「嗚呼！肆哉！爾庶邦君越爾御事。爽邦由哲，亦惟十人迪知上帝命。越天棐忱，爾時罔敢易法，矧今天降戾於周邦？惟大艱人，誕鄰胥伐于厥室，爾亦不知天命不易。予永念曰：天惟喪殷，若穡夫，予曷敢不終朕畝？天亦惟休于前寧人。

「肆哉」，作其氣也。「爽」，開明也。「十人」，蔡氏謂亂臣十人，非民獻十夫也。周家開國之時皆由哲人，蓋其時亂臣十人，能真知天命於難諶之中。蓋於人所不可必者，而知其決可必也。爾邦君、御事於其時從上所制，不敢易也。况今天之降戾於周，惟此三監、武庚首作大難，近相攻於我室，其他固無事也，而爾乃不知天命之不變易也。予永念之，天之喪殷如農夫之去草，予曷敢不芟夷其本根，終治田之事乎？是天亦惟欲全美我寧王也。此章重解艱大之疑。

予曷其極卜，敢弗于從？率寧人有指疆土，矧今卜并吉？肆朕誕以爾東征。天命不僭，卜陳惟若兹。」

此章又釋其違卜之意。謂予何爲終於卜用而不汝從，蓋率循前王指定之疆土，責固當爲，況卜之而又吉乎？故朕大以爾東征，往則必克，天命決不差僭。卜之所陳，蓋已如此矣。「陳」，謂卜所陳之兆辭也。

履祥按：武王、周公伐殷誅紂而立武庚，使管叔、蔡叔、霍叔監殷。管叔以殷叛，雖孟子亦認爲周公之過，而蘇氏又盛稱武王之疏。以成敗之迹言之，過則誠過而疏則誠疏矣。而聖人正其誼不謀其利，明其道不計其功，於此略可見。然以處事之理言之，固未爲疏也。君臣之際，天下之大戒。昔者成湯伐〔四〕桀則放之，武王克殷而紂死矣。武王爲天下除殘而已，固不必加兵於其身也。聖人惡惡止其身而已，固不必誅絶其子孫也，於是立武庚以存其祀。以常情論之，誅其父而立其子，安知武庚之不復反乎？慮其反而不立，與立之而不能保其不反，是不得以存之也。於是分殷之故都，使管叔、蔡叔、霍叔爲之監以監之。夫天子使其大夫爲三監，監於方伯之國。國三人，亦殷禮也，況所使爲監者，又吾之懿親介弟也，武庚何得爲亂於其國？假使管叔而至不肖，何至挾武庚以叛哉？聖人於此亦仁之至義之盡矣。不幸武王則既喪，成王則尚幼，而天下之政則周公攝之，是豈其得已也？彼管叔者，國家之謂何？又因以爲利，彼固以爲周之天下，或者周公可以取之，己爲之兄而不得與也，此管叔不肖之心也。而況武庚實嗾之，於是唱爲流言，以撼周公。既而成王悟，周公歸，而遂挾武庚以叛。彼武庚者，矙周室之内難，亦固以爲商之天下，或者己可以復取之，三叔之愚可因使也。此武庚至愚之心也。而況三叔實藉之，於是始爲浮言，以誘三叔。既而三叔與之連，遂挾三監、淮奄以叛。

夫三叔、武庚之叛，同於叛而不同於情。武庚之叛意在於復商，三叔之叛意在於得周也。至於奄之叛，意不過於助商。而淮夷之叛，則外乘應商之聲，內撼周公之子，其意又在於得魯。三叔非武庚不足以動衆，武庚非三叔不足以間周公，淮夷非乘此聲勢又不能以得魯。此所以相挺而起，同歸於亂周也。抑當是時，亂周之禍亦烈矣。武庚挾殷畿之頑民，而三監又各挾其國之衆，東至於奄，南及于淮夷、徐戎。自秦、漢之勢言之，所謂山東大抵皆反者也。其他封國雖多，然新造之邦不足以禦之。故邦君、御事有「艱大」之説，其艱難之勢誠大也。有「民不靜，亦惟在王宮邦君室」之説，是欲閉關自守也。

《大誥》一書，朱子謂其多不可曉，以今觀之，當時邦君舊人固嘗與於武王弔伐之事者，非不知殷之當黜也，特以事勢之艱大，故欲違卜自守爾。是以《大誥》一篇不及其它，惟釋其艱大之疑與其違卜之説。自「肆予冲人」以下，釋其艱大也。「予惟小子」以下，釋其違卜也。「爾惟舊人」以下，釋其艱大也。「予曷極卜」以下，釋其違卜也。若夫事理，則固不在言矣。抑《大誥》之書曰「殷小腆」，曰「殷逋播臣」，於三監則略而不詳，何也？蓋不忍言也。不忍言則親親也。其卒誅之，何也？曰親親、尊尊并行不悖，周道然也，故於家曰親親焉，於國曰君臣焉。象之欲殺舜，止於亂家，故舜得以全之。管叔之欲殺周公，至於亂國，故成王得以誅之，周公不得以全之也。

傳曰：「管蔡爲戮，周公右王。」《書序》曰：成王伐管叔、蔡叔。則管叔之誅，是成王之意。使管叔而可以無誅，則天下後世之爲王懿親者，皆可以亂天下而無死也。可以亂天下而無死，則天下之亂相尋於後世矣而可乎？然黜殷，天下之公義，誅管蔡，亦天下之公義也。夫苟天下之公義，聖人不得而私，亦不得而避也。吁！是亦成王、周公之不幸也。

【校記】

〔一〕「事」，《前編》、秦抄本、張抄本作「事理」。

〔二〕「敢」，原作「故」，據《前編》、秦抄本、張抄本改。

〔三〕「者」，原作「若」，據《前編》、張抄本改。

〔四〕「伐」，原作「放」，據《前編》改。

微子之命

王若曰：「猷！殷王元子，惟稽古崇德象賢，統承先王，修其禮物，作賓于王家，與國咸休，永世無窮。

微子，帝乙之庶長，故曰「元子」。「崇德」，爲先聖王之有德者，尊崇之不泯其祀也。「象賢」，謂先聖王之子孫能象肖其賢者，則命之奉承其祀也。「禮」者，典禮。「物」者，文物，如「輅車爲善而色尚白」之類。「修其禮物」，不使廢壞以備一王之法，使後世有所參考也。賓以客禮遇之，傳所謂「宋於周爲客」是也。凡此蓋古制，而周室稽之，以處微子，皆聖人公天下之心也。

嗚呼！乃祖成湯，克齊聖廣淵，皇天眷佑，誕受厥命。撫民以寬，除其邪虐，功加于時，德垂後裔。

「齊」，一也，與齊其思慮之不齊者同意。齊則無不敬，聖則無不通，廣大無不包，淵深不可窮。「後裔」，指微子。此章即篇首崇德之意。

爾惟踐修厥猷，舊有令聞。恪慎克孝，肅恭神人。予嘉乃德，曰篤不忘。上帝時歆，下民祇協，庸建爾于上公，尹茲東夏。

上述成湯，下嘉微子，中間更不言紂亡、武庚滅之事，蓋微子所不忍聞，故周家不忍言也。「爾」，指微子，謂能踐行脩舉成湯之道。所叙微子恪謹之德，可想見微子之賢。然非有撥亂之才，不能救商亡之勢。向使帝乙捨受而立微子，則豈非守文之賢主也哉！周之所嘉，其惜之之意見於言表。「東夏」，謂〔一〕宋於商畿爲東，然以周室視之，皆東土耳。此章即篇首「象賢」之意。

欽哉！往敷乃訓，慎乃服命，率由典常，以蕃王室。弘乃烈祖，律乃有民，永綏厥位，毗予一人。世世享德，萬邦作式，俾我有周無斁。嗚呼往哉！惟休，無替朕命。」

此以下勉戒之。「服」，謂上公九旒九章之服。「命」，謂上公九命，凡車旗獻享之節也。「宋」，王者之後，得用天子禮樂於先王之廟，然宋公之命服，則不可不謹也。微子之賢不待戒，然周室傷武庚之亂，爲後世慮，亦所以全宋〔二〕也，故勉之戒之加詳焉。「世世享德，萬邦作式」，傳所謂諸侯，宋、魯於是乎觀禮。蓋禮守先代，爵爲上公，亦諸侯之倡也。「無斁」，不厭也。

《路史》曰：弔其民，誅其君，而乃立其子，獨不以其將不利而廢之，此周之至德也。至於周公謾使管、蔡監商，監之云者，所以制止其沉湎淫奔之俗，而納之道爾。土地人民猶我之有，固非利其國而欲之，如宇文之於蕭氏也。及武庚之作難，三監、淮奄并起應之。當此之時，周之事亦洶矣。周公於是濯征龕伐，至久而後克之。茲宜深戒武庚之事，而乃更立商王之元子。夫以微子之賢，吾君之子而商人父師之，顧乃使之代商後而邦之宋。宋爲故亳，商之舊都，民之被其澤者，固未忘也。使微子少異其志，則全商之地必非周矣。成王、周公方且晏然命之，不少爲疑，卒以按堵，非聖人之盛德能如是乎？予以是知立國惟在於賢，而不在於疑之多也。秦、漢而下，不原仁義而徒汲汲於〔三〕防虞天下，豈不大可慙哉！

【校記】

〔一〕「謂」，原作「爲」，據《前編》改。

〔二〕「宋」，原作「家」，據《前編》改。

〔三〕「於」，《前編》作「以」。

康誥

王若曰：「孟侯朕其弟小子封，

蔡氏曰：「『王』，武王也。『孟』，長也。言爲諸侯之長也。『封』，康叔名。」

惟乃丕顯考文王，克明德慎罰，

蔡氏曰：「明德謹罰，一篇之綱領。」

不敢侮鰥寡，庸庸，祗祗，威威，顯民。用肇造我區夏越我一二邦，以修。我西土惟時怙，冒聞于上帝，帝休，天乃大命文王，殪戎殷，誕受厥命。越厥邦厥民，惟時叙。乃寡兄勗，肆汝小子封在兹東土。」

蔡氏曰：「『鰥寡』，人所易忽也，於人易忽者而不忽焉，以見聖人無所不敬畏也；即堯『不虐無告』之意。論文王之德而首發此，非聖人不能也。『庸』，用也。用其所當用，敬其所當敬，威其所當威，言文王用能、敬賢、討罪，一於理而已無與焉。故德著於民，周始造我區夏及我一二友邦，漸以修治。至罄西土之人，怙之如父，冒之如天，明德昭升，聞於上帝，帝用休美，乃大命文王殪滅大殷，大受其命。萬邦萬民各得其理，莫不時叙。汝寡德之兄，亦勉力不怠，故爾小子封得以在此東土也。吴氏曰：『殪戎殷』，武王之事也。此稱『文王』者，武王不敢以爲己功也。按『東土』云者，武王克商，分紂都朝歌以東而封康叔，其西北爲武庚、管、蔡之地。《漢書》言周公善康叔，不從管、蔡之亂，蓋地相比近也。」然此曰「在兹東土」，《酒誥》曰「肇國在西土」，又曰「我西土匪徂」，則此時武王似未來自商以前也。蓋武王克商，留處三月，而後反封康叔，蓋此時與？

王曰：「嗚呼！封。汝念哉！今民將在祗遹乃文考，紹聞衣德言，往敷求于殷先哲王，用保乂民。汝丕遠惟商耇成人，宅心知訓。別求聞由古先哲王，用康保民，弘于天。若德裕乃身，不廢在王命。」

此誥康叔以明德也。「弘于天」，《荀子》引此作「弘覆於天」，意義爲明，言今治民惟在敬述文王耳。康叔爲文王子，聞德言爲多，必紹其所聞，不以久而忘之，必衣其所言，佩服於身而行之。然往治殷民，又當審求其國之故，必廣求其殷先哲王之法，用保治其民。又大遠惟商之先正諸老之言，以安吾心，而知訓民之道。然則又求聞古先哲王之道，以康保其民。義理無窮而康叔本之家學，參之國俗之舊，且又遠求之古先，則所以保其民者可謂弘於天矣。德之在我者，該貫渾全，動有餘用，是爲能不廢王命。「保乂」、「知訓」、「康保」更互成文，皆謂治化耳。

王曰：「嗚呼！小子封。恫瘝乃身，敬哉！天畏棐忱，民情大可見，小人難保。往盡乃心，無康好逸豫，乃其乂民。

封爲侯國，非富貴其身，俗頑責重，是蓋勞苦爾身也，可不敬重而自逸於其國哉！「天畏棐忱」，朱子謂「棐」即「匪」，猶云「天難諶」耳。上而天意可畏非可信，下而民情大可見，惟小民難保。汝往之國，當盡乃心，不可康安而好爲逸豫，則乃所以乂民也。凡此皆「恫瘝乃身」之意。

我聞曰：『怨不在大，亦不在小，惠不惠，懋不懋。』

此接「小人難保」之意。「我聞」，古語也。怨不在明，不見是圖。怨不在大也，與其寡怨，不若無怨。怨亦不在小也，特在於能惠人所不惠，能勉人所不勉耳。能惠勉人之所不及惠勉者，則小大之怨俱無矣。

已！汝惟小子，乃服惟弘王，應保殷民，亦惟助王宅天命，作新民。」

此接「天畏棐忱」之意也。「已」，猶云無他也。汝之事惟在廣上德意，和保殷民，乃所以助王安保天命而作新斯民也。蔡氏曰：「此言『明德』之終也。《大學》言『明德』，亦舉『新民』終之。」

王曰：「嗚呼！封。敬明乃罰。人有小罪非眚，乃惟終，自作不典。式爾，有厥罪小，乃不可不殺。乃有大罪非終，乃惟眚災適爾，既道極厥辜，時乃不可殺。」

此下謹罰也。「終」，猶云怙終。「不典式」，猶云不法也。過自己生爲「眚」，罪自外至爲「災」。人有小罪，非出過誤，乃是怙終自作不法之事，如此雖其罪小，乃不可不殺。此律之情重法輕，即《舜典》所謂「怙終賊刑」是也。人有大罪，本非怙終，乃惟過誤，或爲人所誤，偶然如此，既言極其罪以示之，是乃不可殺。此律之情輕法重，即《舜典》所謂「眚災肆赦」是也。一云「既道極厥辜」，謂自言盡輸其情，諸葛孔明所謂「伏罪輸情者，雖重必釋」，亦通。

王曰：「嗚呼！封。有叙，時乃大明服，惟民其勑懋和。若有疾，惟民其畢棄咎。若保赤子，惟民其康乂。非汝封刑人殺人，無或刑人殺人。非汝封又曰劓刵人，無或劓刵人。」

有叙爲政，固有次第，謂先求諸己而後能及人也。「大明」，智足以服人，則民相戒勉於和，所謂大畏民志也。以惡疾之心惡惡，則民畢棄其咎，所謂令反其好，則民弗從也。以愛子之心愛民，則民自皆從其「康乂」，所謂心誠求之也。三者言政化皆先於己求之。朱子曰：非汝封刑人殺人，則無或敢有刑殺人者，蓋言用刑之權止在康叔，不可不謹爾。「又曰」字當在「非汝封」三字之上。

王曰：「外事，汝陳時臬，司師兹殷罰有倫。」又曰：「要囚，服念五六日，至于旬時，丕蔽要囚。」

「臬」，《説文》：「準的也。」「要」，獄詞之要也。「外事」者，獄之未成，在有司而未達於康叔者，陳氏所謂有司之事也。「要囚」，獄之已成而達于康叔者，此則康叔之事也。「事」，有司之事，非康叔所能盡親，則陳列其準的，且使有司師殷罰之有倫者。「準的」猶今法家所謂條，「殷罰」猶今法家所謂例也。康叔之事在康叔不可輕決，則服膺念之，或五六日，一旬，甚或一時，而後斷之，不敢率易也。「蔽」，斷也。吕氏曰：「外事」，衛國事也。《史記》言康叔爲周司寇。司寇，王朝之官，職任内事，故以衛國對言爲外事。

蔡氏曰：「篇中言『往敷求』、『往盡乃心』，篇終曰『往哉封』，皆令其之國之辭，未見其留王朝之意。但詳此篇，康叔蓋深於法者。異時成王或舉以任司寇之職，而此則未必然也。」愚按康叔爲司寇，載在《左氏》，蓋在成王時。若武王時，蘇公忿生爲司寇耳。

王曰：「汝陳時臬事，罰蔽殷彝，用其義刑義殺，勿庸以次汝封。乃汝盡遜，曰時敘，惟曰未有遜事。已！汝惟小子，未其有若汝封之心，朕心朕德惟乃知。凡民自得罪，寇攘姦宄，殺越人于貨，暋不畏死，罔弗憝。」

「次」，就也，承也。「遜」，順。「暋」，强。「憝」，惡也。此承上章汝陳列其準的與其事其罰，又蔽以殷之彝法，刑殺皆盡於義，勿次就汝封之意，則汝可謂盡順於義，可以謂之得其次序矣。然自以爲皆順義，則喜心生而滿易之心乘之，又必嘗自謂未有順義之事可也。抑汝雖爲小子，而未有若汝之用心者，朕心朕德惟汝知之，刑殺之事豈吾之本心哉！亦惟凡民自作其罪，爲寇攘姦宄，殺人而奪之貨，暋然强悍，不畏刑殺，古人心罔不惡之。是以未免有刑殺之用耳。一意「凡民自得罪」以下自爲一章。

王曰：「封！元惡大憝，矧惟不孝不友。子弗祗服厥父事，大傷厥考心。于父不能字厥子，乃疾厥子；于弟弗念天顯，乃弗克恭厥兄。兄亦不念鞠子哀，大不友于弟。惟弔兹，不于我政人得罪，天惟與我民彝大泯亂。曰乃其速由文王作罰，刑兹無赦。

承上章「罔弗憝」之文，謂惡有大於此，其可惡又有大於此者，若不孝、不友之類是也。蓋子而不敬服父事，乃傷其父之心，故父不能字厥子而疾惡其子。弟而弗念天顯，乃弗克恭厥兄，故兄亦不念父母鞠養哀矜之意，而大不友愛其弟。至於如此，而我爲政之人不從而罪之，則天所與我民彝大泯滅亂亡之矣。速用文王所作罰刑加之，此不可赦也。

不率大戛，矧惟外庶子訓人，惟厥正人越小臣諸節，乃别播敷，造民大譽，弗念弗庸，瘝厥君。時乃引惡，惟朕憝。已！汝乃其速由兹義率殺。

「戛」，《説文》云：「戟也。」《虞書》「戛擊」蓋擊伐之意。此承上文謂不孝不友固大惡，然其不率之罪又有大可伐者。惟外庶子乃訓人之官，正人乃庶官之長，及小臣之有符節者，乃别布條教，違道干譽，弗念其君，弗用其法，反病其君上，此乃引民而爲惡者。蓋背公行私，爲臣不忠之甚，此乃朕所深惡，汝其速由兹義以爲之率，審量而誅殺之。一説《爾雅》：「戛」，禮也。注「謂常禮」〔一〕也。「不率大戛」，作不率常禮亦通。蔡氏曰：「按上言民不孝不友，則『速由文王作罰，刑兹無赦』，此言外庶子、正人、小臣背上立私，則『速由兹義率殺』。其曰刑、曰殺，若用法峻急者，蓋殷之臣民化紂之惡，父子兄弟之無其親，君臣上下之無其義，非繩之以法，示之以威，殷人孰知不孝不義之不可干哉？《周禮》所謂『刑亂國，用重典』者是也。然曰『速由文王』，曰『速由兹義』，則其刑其罰亦仁厚而已矣。」

亦惟君惟長，不能厥家人，越厥小臣外正，惟威惟虐，大放王命，乃非德用乂。

承上以責備康叔也。「臣」者，民之表，故責民之不孝友，其本〔二〕又在責臣之不忠。「君」者，臣之表，責臣之不忠，爲君長者又不可不自盡其道也。「能」者，相安相使之義。「小臣」，即小臣諸節。「外正」，即庶子訓人，惟厥正人也。惟君惟長，而不能於其家人，以至於不能其小臣外正，乃惟威虐之尚，大廢王命，此非以德爲政之義也。

汝亦罔不克敬典，乃由裕民，惟文王之敬忌。乃裕民，曰我惟有及，則予一人以懌。」

此承上文勉康叔之言。蔡氏曰：「汝罔不能敬守國之常法，由是而求裕民之道，惟文王之敬忌。敬則有所不忽，忌則有所不敢。期裕其民，曰我惟有及於文王，則予一人以説懌矣。此言謹罰之終也。穆王訓刑，亦曰『敬忌』云。」

王曰：「封！爽惟民，迪吉康。我時其惟殷先哲王德，用康乂民作求。矧今民罔迪不適，不迪則罔政在厥邦。」

蔡氏曰：「此下欲其以德用罰也。『求』，等也，如『世德作求』之『求』，言明思夫民，當開導之以吉康。我亦時其惟殷先哲王之德，用以安治其民，爲等匹於商先王也。『迪』，即『迪吉康』之『迪』。況民無導之而不從者，苟不有以導之，則爲無政於國矣。『迪』言德而『政』言刑。前既嚴於民，又嚴於臣，又嚴於康叔，此則武王之自嚴畏也。」

王曰：「封！予惟不可不監，告汝德之説于罰之行。今惟民不静，未戾厥心，迪屢未同。爽惟天其罰殛我，我其不怨，惟厥罪無在大，亦無在多，矧曰其尚顯聞于天。」

此總德罰之説，承上文復以自責也。按蔡氏曰：「『戾』，止也。民不安静其心，未有所止。迪之者雖屢，而未能使之同歸于治。明思天其殛罰我，我何敢怨乎？惟民之罪不在大，亦不在多。苟爲有罪，即在朕躬，況曰其尚顯聞於天乎？」又按武王克殷，乃反商政，留三月而後反，皆所以撫導其民，而民之故習未能盡化，故有「迪屢未同」之嘆。

王曰：「嗚呼！封。敬哉！無作怨，勿用非謀非彝，蔽時忱。丕則敏德，用康乃心，顧乃德，遠乃猷裕，乃以民寧，不汝瑕殄。」

蔡氏曰：「此欲其不用罰而用德也。嘆息言汝敬哉，毋作可怨之事，勿用非善之謀、非常之法，惟斷以誠。大法古人之敏德，用以安汝之心，省汝之德，遠汝之謀，寬裕不迫，以待民之自安。若是則不汝瑕疵而棄絕矣。」愚謂「敏德」者，謂其進德之速。「康乃心，顧乃德」，存養省察，所以固是德也。人心本有是德，一有覺焉，其進固敏。然存養省察之功不繼，則將復失之，不足以爲有德矣。

王曰：「嗚呼！肆汝小子封。惟命不于常，汝念哉！無我殄享。明乃服命，高乃聽，用康乂民。」

「肆」，起語辭。惟命不于常，善則得之，不善則失之，汝其念哉！毋我殄絕所享之國也，明汝侯國之服命，高其聽，勿卑忽我言，用安治爾民也。

王若曰：「往哉！封。勿替敬典，聽朕告汝，乃以殷民世享。」

勿廢可敬之常法，聽服我所告命，乃能以殷民而世享其國也。「世享」對「殄享」爲言。古者封建諸侯，賢則世享，不賢則殄享。後世之論封建者，謂其子孫有賢不肖，而乃以一人之私病一國，不知聖人制法，正不欲以一人爲一國病也。私土子民，以一人之私而病一國者，則其末流之弊，聖人在上蓋不爾也。

【校記】

〔一〕「禮」，原作「理」，據《前編》《爾雅》改。

〔二〕「本」，原作「大」，據《前編》改。

酒誥

蔡氏曰：「商受酗酒，天下化之。妹土，商之都邑，其染惡尤甚。武王以其地封康叔，故作書誥〔一〕教之云。」

王若曰：「明大命于妹邦。

「妹」，《詩》作「沬」，皆紂故都之地，或云即邶也。豈沬乃衛之通稱，或武王始封康叔於沬邦，至成王如併與朝歌而爲衛與？不可考矣。此以下令康叔誥殷民之辭也。

乃穆考文王，肇國在西土，厥誥毖庶邦庶士越少正、御事，朝夕曰『祀茲酒』。惟天降命肇我民，惟元祀。天降威，我民用大亂喪德，亦罔非酒惟行。越小大邦用喪，亦罔非酒惟辜。

此述文王所以戒公侯卿大夫士之大命，使康叔以誥妹土也。以謚稱曰文考，以世次曰穆考。文王爲西伯，故得誥庶邦及其庶士少正御事。「毖」，戒謹也。此篇凡言戒酒皆曰「毖」，此必當時方言也。朝夕戒敕之曰，惟祭祀則於此用酒，天之令民作酒，其始爲大祭祀設耳。至於天之所以降威，人之所以大亂喪德者，無非以酗酒之行。及小大邦所以喪亡，亦無非酗酒之爲罪耳。

文王誥教小子，有正、有事，無彝酒。越庶國，飲惟祀，德將無醉。惟曰：『我民迪小子，惟土物愛，厥心臧，聰聽祖考之彝訓。越小大德，小子惟一。』

此述文王所以教戒小子之大命。「小子」，即凡公侯卿大夫之子，所謂國子貴遊子弟者是也。「我民迪小子」，又凡民之子弟生長貴家，血氣未定，易湎於酒，故文王每誥教之。「有正」者，謂各有正長之官，如諸子司業之類是也。「有事」，謂各有子弟之事，如溫清視膳，灑埽應對之類是也。有正有事，不可常於酒。凡諸國家，其飲酒惟於祭祀之時，然亦必以德將之，不可至醉也。國之子弟，文王得以誥教之，至於凡民子弟，則又使其民各導迪之，惟土物之愛，服勤田畝，心不外用，則自然皆善而不爲惡。然惟小子者，亦須明聽祖考之常訓，凡小德大德皆一視之，不以德大而不爲，不以德小而忽之。如謹酒之事，不可以爲小也。

妹土嗣爾股肱，純其藝黍稷，奔走事厥考厥長。肇牽車牛遠服賈，用孝養厥父母。厥父母慶，自洗腆，致用酒。

此武王教妹土之民之大命也。「妹土」，謂妹土之民也。「嗣爾」，猶言繼此以後也。謂爾民繼此以往，其手足但當純一種藝，以趨事其父兄，或服乘遠賈，以孝養其父母。歲時喜慶，然後致其潔厚，以用酒可也。此文王教民「惟土物愛」之意。

庶士、有正，越庶伯君子，其爾典聽朕教。爾大克羞耇惟君，爾乃飲食醉飽。丕惟曰爾克永觀省，作稽中德。爾尚克羞饋祀，爾乃自介用逸。茲乃允惟王正事之臣，茲亦惟天若元德，永不忘在王家。」

此教妹土之臣之大命也。「羞耇惟君」，「惟」猶與也，猶羽毛惟木之「惟」，謂羞老與羞于君所也。古者君燕其臣，宰夫爲主，羞膳、媵爵、執膳爵，凡羞於君者皆士也。「永觀省」，常自顧諟。「省」，察也。凡所作爲，必稽中德，勿使有所過差，則心行無愧，可以交於神明，故「克羞饋祀」也。「介」，介福也。「逸」，燕樂也。謂凡爾士君子，惟養老與侍燕則可以飲食醉飽，惟祭祀事畢則可以受釐介福，燕樂飲酒。此所以信足爲王正事之臣，此亦足以感動上天，順爾大德，使永保厥位，施及子孫，「不忘在王家」矣。

王曰：「封！我西土棐徂邦君、御事、小子，尚克用文王教，不腆于酒，故我至于今，克受殷之命。」

「棐」、「匪」通。「徂」，往也，遠也。上章述文王西土之教以教妹土，故此又總言而明證之。謂我西土非已往遠事也，其邦君、御事、小子今尚克用文王之教，不厚于酒，故我今日克受殷家之天命。此言文王毖酒之效，其大如此。

王曰：「封！我聞惟曰：在昔殷先哲王，迪畏天顯小民，經德秉哲。自成湯咸至于帝乙，成王畏相。惟御事厥棐有恭，不敢自暇自逸，矧曰其敢崇飲？

此述商之先君所以不飲之美也。「殷先哲王」，湯也。「迪畏」，凡見於行事者皆畏敬也，畏天之明命，畏小民之難保。經其德而不變，所以處己也；秉其哲而不惑，所以用人也。湯之垂裕如此，故自湯而下至于帝乙，雖歷久遠，而皆能成其爲君之道，畏敬輔相之臣與凡御事之臣。「惟」，與也。「厥棐有恭」，謂匪外爲是恭敬之貌，其處心實不敢自暇自逸，況敢崇飲於酒乎？此章皆言商先王爲君之事，下章始言爲臣之事，而舊説以「御事」以下爲言臣之事者非也。

越在外服，侯、甸、男、衛邦伯；越在内服，百僚庶尹、惟亞、惟服、宗工越百姓里居，罔敢湎于酒。不惟不敢，亦不暇。惟助成王德顯，越尹人祗辟。

此述商先王諸臣之不飲也。「外服」者，在外治事之臣。「内服」者，在内治事之人。侯服、甸服、男服、衛服，諸侯也。「邦伯」，其國之長官也。「百僚」，百官僚采也。「庶尹」，庶官之長卿士也。「惟亞」，猶云亞旅，長官之副也。「服、宗工」，凡長官之屬，事從其長者也。「百姓里居」，故家巨室也。皆罔敢沉湎于酒，不惟不敢也，亦且不暇。「不敢」者，有所畏而不敢。「不暇」者，有所勉而不暇也。惟上以助其王德之明，下以尹正其人，各敬君事而已。

我聞亦惟曰：在今後嗣王酣身，厥命罔顯于民，祗保越怨不易。誕惟厥縱淫泆于非彝，用燕喪威儀，民罔不衋傷心。惟荒腆于酒，不惟自息乃逸。厥心疾狠，不克畏死。辜在商邑，越殷國滅無罹。弗惟德馨香祀，登聞于天。誕惟民怨，庶群自酒，腥聞在上。故天降喪于殷，罔愛于殷，惟逸。天非虐，惟民自速辜。」

商受以荒腆而亡也。其辭猶曰我聞殷惟以敬畏而興，我聞殷亦惟以荒腆而亡云爾。受沈酣其身，命令不著於民。其所祗保者惟作怨之事，不肯悛改，大惟縱淫泆于非彝，《泰誓》所謂「奇技淫巧」也。用宴飲而喪其威儀，《史記》謂受爲酒池肉林，使男女倮而相逐也。此民所以無不痛傷其心，悼國之將亡也。而受方荒怠，益厚于酒，不思自息其縱逸。其心疾狠，雖殺身而不畏也。辜萃商邑，雖滅國而不憂也。弗事上帝，無馨香之德以格天，大惟民怨，與群酗腥穢之德，以聞于上帝。故天降喪于殷，無有眷愛之意者，亦惟受縱逸故也。天豈虐殷，惟殷人酗酒，自速其辜爾。曰「民」者，猶曰「人」也。

王曰：「封！予不惟若兹多誥，古人有言曰：『人無於水監，當於民監。』今惟殷墜厥命，我其可不大監撫於時？

此接上章兩節而言也。謂予所以歷述商先王與後王之事者，非但如此多言而已，惟深欲以爲監戒也。古人有言，以水爲監見形容，以人爲監見吉凶。今惟殷所以墜厥命者，我其可不大以爲監戒而撫治今民乎？此所以告康叔治衛，而深以酒戒妹土之官民也。

予惟曰：汝劼毖殷獻臣，侯、甸、男、衛，矧太史友、內史友越獻臣、百宗工，矧惟爾事服休、服采？矧惟若疇圻父薄違，農父若保，宏父定辟，矧汝剛制于酒？

「劼」，用力也。「毖」與「誥毖」語意同。「獻」，賢也。「侯、甸、男、衛」，殷畿內外諸侯也，康叔孟侯實爲之長，所當劼毖之也。「太史」、「內史」，殷之史官，博知故實，法制之臣也。「矧惟爾事」以下，則康叔諸臣也。「疇」，類也。「圻父」，司馬，掌政。「薄違」，所以討不順命者也。「農父」，司徒，掌夫家徒役。「若保」，則順安萬民者也。「宏父」，司空，掌事。「定辟」，則定治地之法者也。此諸侯之三卿也。一曰「定辟」，司寇定刑辟之事，或者司空兼之與？康叔孟侯治殷，固必用力誥毖殷之遺臣與其諸侯，況太史、内史文獻在焉。康叔與之友及其賢臣百尊官，又可不毖誥之乎？殷臣猶然，況事爾之臣服休服采者，又不可不毖誥之乎？諸臣猶然，況三卿爲爾之副貳，又可不毖誥之乎？三卿猶然，況爾爲國君，可不剛制于酒乎？武王述殷先王之美，兼叙君臣。其述後王沈酣之習，不及諸臣。以今諸臣尚在，正望康叔告教之，故前章已專教妹土之臣，此章又歷述其群臣諸侯，而使康叔劼毖之也。紂之淫酗，當時諸侯群臣習以成風，故康叔治殷，武王專以酒爲誥。然謂之獻臣，則似賢矣，而亦在誥毖之數，何也？習俗移人，賢人以下概或不免。如兩晉清談，雖諸名勝皆然。蓋燕飲之習，皆士大夫之所易流者，可不戒哉！故併康叔君臣而戒之。管、蔡惟不能謹，故反爲武庚所醉，卒陷於惡云。

厥或誥曰：『群飲。』汝勿佚，盡執拘以歸于周，予其殺。

此防殷民之亂也。古者群飲惟蜡，惟鄉飲、射，則聚衆而飲，皆有司治之。無故而忽群飲，非姦宄即叛亂可知。蘇氏曰：「『予其殺』者，未必殺也，猶今法曰當斬者皆定其獄以待命，不必死也。然必立法者，欲人畏而不敢犯也。群飲蓋亦當時之法，有群聚飲酒謀爲大姦者，其詳不可得而聞矣。如今之法有曰夜聚曉散者皆死罪，蓋聚而爲妖逆者也。使後世不知其詳而特聞其禁，凡民夜相過者輒殺之，可乎？

又惟殷之迪諸臣、惟工，乃湎于酒，勿庸殺之，姑惟教之，有斯明享。乃不用我教辭，惟我一人弗恤，弗蠲乃事，時同于殺。」

殷紂導迪爲惡之諸臣百工，乃湎于酒，此士大夫不美之習，未必遽能爲亂，是以不殺而教。能知有此意，則我其明享之，謂監拔之也。乃不用我教辭，惟我一人亦弗恤之矣，而其爲事又弗蠲潔，則與群飲之人同誅殺之罪矣。「弗蠲」，謂凡因酒而爲污穢之行者。

王曰：「封！汝典聽朕毖，勿辯乃司，民湎于酒。」

「辯」，治也。「乃司」，即上文諸臣百工也。不治諸臣之湎酒，則民將皆湎于酒矣。

履祥按：《書序》稱成王既伐管叔、蔡叔，以殷餘民封康叔，作《康誥》《酒誥》《梓材》。自王安石始疑《梓材》之書，至五峰胡氏始正《書序》之誤，以三書係之武王之紀，朱子是之，而其他證驗亦多。但《康誥》曰「小子封」，《酒誥》惟曰「封」，則康叔之年加長矣。《康誥》曰「在兹東土」，則武王未來自商也。《酒誥》曰「明大命于妹邦」，則武王封康叔之書，前後則非一時矣。康叔始封於衛，《書》無明文，而《酒誥》則曰「妹邦」，豈「衛」、「妹」古或通稱，兼以沬水得名與？或先妹邦而後加「衛」，亦未可知也。《詩傳》稱武王克商分紂都以東曰衛，西曰鄘，北曰邶。紂都朝歌，今在衛州衛縣之西二十二里，謂之殷墟。武王封康叔於衛，但不知何時兼鄘、邶而有之。夫兼鄘、邶而有之，必成王既伐管、蔡黜殷之後，《序》所謂「以殷餘民封康叔」者也。但謂《康誥》以下爲成王書，則不可爾。至於《梓材》前後不同，諸儒固嘗論之，今已别加考訂，附于作洛「大誥治」之後焉。

【校記】

〔一〕「誥」，原作「告」，據《書集傳》改。

梓材

惟三月哉生魄，周公初基，作新大邑于東國洛，四方民大和會。侯、甸、男邦，采、衛，百工播民和，見士于周。周公咸勤，乃洪大誥治，曰：孔氏《傳》作「王曰封」。按伏生今文作「周公曰」而無「封」字。

「以厥庶民暨厥臣達大家，以厥臣達王，惟邦君。汝若恒，越曰：我有師師、司徒、司馬、司空、尹旅。曰：『予罔厲殺人。』亦厥君先敬勞，肆徂厥敬勞。肆往，姦宄、殺人歷人，宥。肆亦見疑作「爲」。厥君事，戕敗人，宥。王啓監，厥亂爲民。曰：『無胥戕，無胥虐，至于敬疑作「矜」。寡，至于屬婦，合由以容。』王其效邦君越御事，厥命曷以？引養引恬。自古王若茲監，罔攸辟。惟曰：若稽田，既勤敷菑，惟其陳修，爲厥疆畎。若作室家，既勤垣墉，惟其塗塈茨。若作梓材，既勤樸斲，惟其塗丹雘。」今王惟曰：「先王既勤用明德，懷爲夾，庶邦享作，兄弟方來。亦既用明德，后式典集，庶邦丕享。皇天既付中國民越厥疆土于先王，肆王惟德用，和懌先後迷民，用懌先王受命。已！若茲監。惟曰：欲至于萬年，惟王子子孫孫永保民。」

履祥按：《梓材》之書本出伏生今文，而伏生《大傳》以爲周公命伯禽之書。及孔安國以所聞伏生之書考定，乃以爲成王命康叔之書。故王介甫、吴才老、朱子、蔡仲默皆疑之，以其辭氣非先王之自言，其辭事非命康叔之事也。然吴才老斷自「王其效邦君」以下非康叔之誥，似《洛誥》之文，朱子是之。蔡氏斷自「今王」以下非康叔之誥，乃人臣告君之語，亦朱子意也。愚嘗考之，《梓材》一篇首尾可疑，吴氏、朱子以爲《洛誥》之文，以「集庶邦丕享」、「和懌先後迷民」皆宅洛之議也。夫宅洛之事，其總叙見於《召誥》，曰「三月惟丙午朏」云云，「甲子，周公乃朝，用書命庶殷侯、甸、男邦伯。厥既命庶殷，庶殷丕作」。其命庶殷之書即《多士》之書，叙所謂「惟三月，周公初于新邑洛，用誥商王士」者也。其命侯、甸、男邦伯，亦必有書矣，其書安在？曰《梓材》之書是也。其叙即《康誥》之叙，所謂「惟三月，周公初基，作新大邑于東國洛，四方民大和會。侯、甸、男邦，采、衛，百工播民和，見士于周。周公咸勤，乃洪大誥治」者也。蘇氏所謂《洛誥》之叙也，朱子亦嘗以爲然。夫蘇氏既以《康誥》之叙爲《洛誥》之叙，吴氏又以《梓材》之文似《洛誥》之文，而朱子皆然之，則是前儒之意，俱以爲宅洛之書矣。今以《康誥》之叙冠《梓材》之首，合爲一書，豈不昭然明白也哉？

然則篇首「王曰封」之語何也？曰此非《梓材》之本文也。何以知之？以伏生之傳知之也。夫《梓材》之書爲周公道王德意，以誥諸侯之書，故伏生誤以爲周公命伯禽之書。《大傳》所説喬梓之事，固非《梓材》之本意。然既以爲周公命伯禽之書，則篇首當有「周公曰」之語，無「王曰封」之語矣。縱「王曰」之辭容或有之，若「封」之一字決所必無矣，此則安國以後誤之也。蓋是書也，本在《多士》之列，而今文、古文躐於《召誥》之前，繼於《康誥》、《酒誥》之後，故其叙誤冠於《康誥》之首，而其文誤衍於《酒誥》之尾。是叙也，蘇氏知其不可冠於《康誥》，則不得不歸之《洛誥》。但《洛誥》乃告卜往復，成王往來，周公留後之文，非「咸勤」「誥治」之事。而《梓材》之書，其前章皆「周公咸勤」之意，其後章則乃「洪大誥治」之辭，其間辭意亦無不吻合焉者。

《左氏》曰：「成王合諸侯城成周，以爲東都，崇文德焉。」是作洛之際，築城，攻位，爲宫室，畫郊里，必合諸侯，各率其卿士大家，將其徒衆，以受役焉。所謂「四方民大和會。侯、甸、男邦，采、衛〔一〕，百工播民和，見士於周」也。「周公咸勤」，則勞來撫恤之也。「大家」，如殷民六族、殷民七族、懷姓九宗之類，皆將其醜類從於諸侯，以聽役於王室者。爲諸侯者，當以其臣民下通意於大家，以其臣上通意於王室，承上勞下，邦君之常職也。故曰「以厥庶民暨厥臣達大家，以厥臣達王，惟邦君，汝若恒」

也。古者動大衆、興大役，則司徒率徒衆，司空晝土疆，司馬以軍法治之。君〔二〕行師從，「師師」者，一師之長也，即三卿也。卿行旅從，「尹旅」〔三〕者，一旅之長，即三卿之副也。周公喻邦君，又欲邦君告其卿大夫，曰予罔暴厲殺人，蓋不欲其以軍法從事也。然亦必邦君先能敬以勞來其民，則自此以往三卿、尹旅皆能敬以勞來其民，故曰「越曰：我有師師、司徒、司馬、司空、尹旅。曰：『予罔厲殺人。』亦厥君先敬勞，肆徂厥敬勞」也。古者徒役起於夫家丘甸，而罪隸之人又服役於其下，故凡往日姦宄殺人者自有本罪，而其所連歷之人，古法所謂胥靡，今法所謂干連知情藏匿者，與爲公家之事而并緣傷人者，皆入于罪隸。今既興此大役，服勞王事，皆與赦除，同於良民，故曰「肆往，姦宄、殺人歷人，宥。肆亦見厥君事，戕敗人，宥」也。凡此優恤赦宥之事，皆侯、甸邦君之所當承流，則又述王啓侯監之言，在於爲民，不在於厲虐，故曰「王啓監，厥亂爲民。曰無胥戕，無胥虐」也。古者興役動衆，孤寡之人無所與，不幸而在焉，必加優恤之。若晉師之歸老疾，句踐反〔四〕耆老之子是也。

古者徒役之中亦有臣妾〔五〕，如女子入於舂稾之類，蓋供樵爨之役，於此亦必優恤之，故曰「至於敬寡，至于屬婦，合由以容」也。則又繼述王教邦君之命，皆爲恬養之仁而不在他，故曰「王其效邦君越御事，厥命曷以？引養引恬」也。自此以上，皆爲「咸勤」之事，而又以「自古王若茲監，罔攸辟」結之。宅洛之事，上承武王定鼎之意，而繼志述事以文太平，故即作洛之時，田里居室器用之事爲喻。自此以下，「既」字爲多，故曰「惟曰若稽田，既勤敷菑，惟其陳修，爲厥疆畎。若作室家，既勤垣墉，惟其塗塈茨。若作梓材，既勤樸斲，惟其塗丹雘」者，此遷洛之議，而又述「今王惟曰」以繼之。夫營洛之事，一爲四方朝貢道里之均，故曰「先王既勤用明德，懷爲夾，庶邦享作，兄弟方來。亦既用明德，后式典集，庶邦丕享」。一爲殷民密邇王室之化，故曰：「皇天既付中國民越厥疆土于先王，肆王惟德用，和懌先後迷民，用懌先王受命。」而又終之曰：「已！若兹監。惟曰：欲至于萬年，惟王子子孫孫永保民。」則又述王之德意，使諸侯皆知之。不惟作洛之際，敬勞其民，而所以爲國家長久之計者，亦無出於保民者。此又《召誥》之意。

凡此已上，所謂「洪大誥治」也。周家營洛之事，總叙於《召誥》，而又各自爲書，各自有叙。其後備召公之誥者則名《召誥》，命庶殷者則名《多士》，侯、甸、男邦伯者則名《梓材》。述君臣往復之辭，成王往來之事，周公留洛之册者，則總曰《洛誥》。意者《周書》當有兩大誥，前「大誥爾多邦」，一大誥也；此「乃洪大誥治」，又一大誥也。前既名「大誥」，故此周公道王之德意者不復名「大誥」，而以篇内「《梓材》」之語名之爾。今以後大誥之叙，逸在《康誥》後，大誥之文名爲《梓材》者，今合爲一篇，以既前哲之意，而俟後之君子庶幾復見古書之舊云。

【校記】

〔一〕「衛」，原作「會」，據《前編》、張抄本改。

〔二〕「君」，原作「軍」，據《前編》、秦抄本、張抄本改。

〔三〕「旅」，原作「從」，據《前編》、秦抄本、張抄本改。

〔四〕「反」，原作「乃」，據《前編》、張抄本改。

〔五〕「妾」，原作「矣」，據《前編》、張抄本改。

書經注卷之九

召誥

惟二月既望，

林氏曰：《漢志》曰周公攝政七年，二月乙亥朔庚寅望。

越六日乙未，王朝步自周，則至于豐。惟太保先周公相宅。

《傳》曰：於己望後六日乙未，成王自鎬京至豐，以遷都事告文王廟。「太保」，三公官名，召公也。

越若來三月，惟丙午朏。

朱子曰：「朏」明也，月三日明生之名。林氏曰：《漢志》曰是年三月甲辰朔，三日丙午，與上既望同意。劉諫議曰：「越」與「粵」同。「粵若」，發語聲也。「來三月」，猶言明月也。

越三日戊申，太保朝至于洛，卜宅。厥既得卜，則經營。

《傳》曰：三月五日也。葉氏曰：《周官·太卜》「國大遷，大師則貞龜」。傳曰：「經營」，規度其城郭、郊廟、朝市之位處。王氏曰：經其南北而四營之也。

越三日庚戌，太保乃以庶殷攻位于洛汭。越五日甲寅，位成。

《傳》曰：「洛汭」，洛水之北。《疏》曰：「庚戌」，三月七日。「甲寅」，三月十一日也。「庶殷」，言本是殷民也。葉氏曰：「攻位」者，闢荆棘平高下，以定所經營之位也。

若翼日乙卯，周公朝至于洛，則達觀於新邑營。

《傳》曰：「翼」，明也。《疏》曰：十二日也。蘇氏曰：遍觀所營也。朱子曰：按後篇是日再卜。

越三日丁巳，用牲于郊，牛二。

《傳》曰：告立郊位於天，以后稷配，故牛二。

越翼日戊午，乃社于新邑，牛一、羊一、豕一。

《傳》曰：告立社稷之位，用太牢也。社稷共牢。《疏》曰：十五日也。禮，成廟則釁之，此其釁之禮與？廟有土木之功，故郊社先成而釁之。朱子曰：此間當有告卜語。

越七日甲子，周公乃朝，用書命庶殷侯、甸、男邦伯。

即《多士》之書也，蓋以王命爲書，誥命庶殷。故下文召公又曰「誥告庶殷，越自乃御事」，謂周公以王命誥庶殷，又當自治也。侯、甸、男邦伯亦當有書，其叙逸出《康誥》之首，其書今《梓材》。

厥既命殷庶，庶殷丕作。

太保乃以庶邦冢君出取幣，乃復入，錫周公，曰：「拜手稽首，旅王若公。

朱子曰：《傳》以爲王與公俱至，文不[一]見王，無事，故諸侯公卿并覲于王。以下篇告卜事觀之，恐不然也。又云公至洛皆書其日以謹之，不應詳臣略君如此。陳氏以爲「旅」，陳也。成王在鎬而諸侯在洛，以幣陳于王以及周公者，周公攝王事故也。葉氏曰：禮，諸侯朝于廟，事畢出，復束帛加璧入享，謂之幣。既致于王，復奉束帛以請覿。大夫之私相見也，亦謂之幣。君臣不同時，今旅王及公，非常禮也。吕氏曰：洛邑事畢，周公將歸宗周。召公因陳戒成王，乃取諸侯贄見幣物，以與周公，且言其拜手稽首，所以陳王及公之意。蓋召公雖與周公言，乃欲周公聯諸侯之幣與召公之誥，達之王。履祥謂周公在洛既以王命誥庶殷及諸侯，召公將陳戒于王，故亦因公以達，故曰「旅王若公」。此亦事從其長，不敢專達之意也。

誥告庶殷，越自乃御事。

蔡氏曰：「欲誥告殷民，其根本乃自爾御事，不敢指言成王。謂之『御事』，猶今稱人爲執事也。」

朱子曰：王時在鎬，豈亦如告卜既吉而後遣使奉幣，具此辭以告之與？

嗚呼！皇天上帝改厥元子，兹大國殷之命。惟王受命，無疆惟休，亦無疆惟恤。嗚呼！曷其奈何弗敬？

朱子曰：「元子」者，天之元子。陳氏曰：元子不可改而天改之，大國未易亡而天亡之。天命之無常如此，今王受天命誠無疆之福，然亦無疆之憂也。此數句者，一篇之大指也。

天既遐終大邦殷之命，兹殷多先哲王在天，越厥後王後民，兹服厥命。厥終，知藏瘝在。夫知保抱攜持厥婦子以哀籲天，徂厥亡出執。嗚呼！天亦哀于四方民，其眷命用懋，王其疾敬德！

朱子曰：「遐」，遠也。「遐終」者，去而不返之辭。「瘝」，病也。「籲」，呼也。天既絶殷命矣。此殷之初多先哲王，謂湯至武丁，賢聖之君六七作也。雖死而其精神在天，故能保佑及其後王後民，使之服其命而不替。其後至紂之時，賢聖之人退藏，病民之人在位。其民困於虐政，痛而呼天，往而逃亡，出見拘執。天哀下民，故眷命於能勉敬者，以代殷位，而周家受之。故王不可不疾敬德，恐無以承天眷命，又〔二〕將如紂也。朱子發云：人之死各反其根。體魄陰也，故降而在下；魂氣陽也，故升而在上，則無不之矣。衆人物欲蔽之，故魄散而氣不能升。惟聖人清明在躬，志氣如神，故其死也精神在上，與天爲一。葉氏曰：「知藏瘝在」，言至紂而愚，其智則藏，而獨病民之心存也。「籲」，和也，言析和於天也。此與舊説不同。履祥按：此章監殷之休與其恤，天哀民而眷周，其命方懋，不可不敬以保之。

相古先民有夏，天迪從子保，面稽天若，今時既墜厥命。今相有殷，天迪格保，面稽天若，今時既墜厥命。

朱子曰：此一節間有不可曉處。舊説有夏敬德，故天道降格以保之。「面」，向也。「稽」，考也。「若」，順也。嚮天所順而考其意也。皆未知是否，然亦不害大意。言既監于殷，又當遠觀有夏，歷代廢興存亡之迹，不過敬德順天，則天保佑之。後王不敬，故墜其命也。履祥謂此章監二代之休與其恤。「面稽天若」，謂其天眷方隆之時，天意若可面質。而今皆墜命，天眷之難保如此。

今沖子嗣，則無遺壽耇。曰其稽我古人之德，矧曰其有能稽謀自天？

朱子曰：已陳夏、商敬德墜命所由，又戒王也。王氏曰：勿棄老成，而考古人之德則善矣。況曰能考謀自天，則又善也。陳氏曰：老成人多識前言往行，故考古人之德必資老成。「稽謀自天」，言觀天命所去就，則知敬德之不可緩矣。履祥謂惟老成之人能稽古，已不可遺，況其能稽天意乎！

嗚呼！有王雖小，元子哉！其丕能諴于小民，今休。王不敢後，用顧畏于民碞。

蘇氏曰：王雖幼，國之元子也，其大能以諴感民矣。當及今休其德不敢後者，疾敬其德，不敢遲也。「用顧畏于民碞」者，「碞」，險也。「民」，猶水也。水能載舟，亦能覆舟，物無險于民者矣。或曰「元子」謂天之元子也。履祥按：此二節勉王敬德之事。敬老、敬民，其實也。

王來紹上帝，自服于土中。

朱子曰：言王今來居洛邑，繼天出〔三〕治。「服」，事也。「土中」，洛邑，爲天下中也。林氏以此句「王來」爲王亦至洛邑之驗，恐未必然，但王命來此定邑耳。履祥謂此亦勉王來宅洛之辭。

旦曰：『其作大邑，其自時配皇天，毖祀于上下，其自時中乂。王厥有成命，治民今休。』

朱子曰：稱周公言，當作大邑，而自此以祀上帝以及慎祀上下神祇。又自此居中以爲治，則是王受天成命以治民矣。蓋召公述周公宅洛之意。履祥謂召公因周公以達王言。於周公，曷名之？蓋君前臣名，將達於王，雖公亦名之。此言今日之休。

王先服殷御事，比介于我有周御事，節性，惟日其邁。王敬作所，不可不敬德。

林氏曰：周王遷殷頑民于洛，蓋與洛之舊民雜居，其善惡之習不同，倘非有以和一之，不能相安以處。故必有以「服殷御事」，使之親比介助於周之御事然後可。蓋周御事習於教令，無事於服之，故以「服殷御事」爲先也。然「服殷御事」在節其性而已，蓋人性無不善，殷人特化紂之惡，是以不義之習遂與性成而忘返爾。上之人有以節之，使之日進于善，則與周人亦何異哉！然欲節民之性，又在王之所化，故王又當敬爲其所不可不敬之德以率之，非政刑所及也。或曰「服」亦事也，猶任也。任殷人爲御事，使之佐我周之御事。蓋欲其共事相習以成善，且使上下通情，易以行化，然後有以節其性而日進於善。王則惟作所，不可不敬德以率之而已。履祥按：化商乃今日之恤，不可不敬德。

我不可不監于有夏，亦不可不監于有殷。我不敢知，曰有夏服天命，惟有歷年；我不敢知曰，不其延，惟不敬厥德，乃早墜厥命。我不敢知曰，有殷受天命，惟有歷年。我不敢知曰，不其延，惟不敬厥德，乃早墜厥命。今王嗣受厥命，我亦惟茲二國命，嗣若功。

王氏曰：言夏、殷所受天命，歷年長短，我皆不敢知也。我所敢知者惟不敬厥德，乃早墜命也。陳氏曰：召公言我王嗣二代而受命，我亦惟以此二國長短之命告於王而繼其功，蓋欲王之敬德也。履祥按：此謂繼二代而受命，當繼二代所以有休美之功者，不可踵其所以亡也。

王乃初服。嗚呼！若生子，罔不在厥初生，自貽哲命。今天其命哲？命吉凶？命歷年？

朱子曰：王之初服，不可不慎其習，猶子之初生，不可不慎其所教。蓋習于上則智，習于下則愚矣。故今天命正在初服之時，敬德則哲、則吉、則永年，不敬則愚、則凶、則短祚也。

知今我初服，宅新邑，肆惟王其疾敬德？王其德之用，祈天永命。

朱子曰：天無一物之不體，已知我初服宅洛矣，王其可不疾敬德哉！所以求天永命者只在德而已矣。履祥按：此二節應前章，謂天之命其休否不可知，我所知者王初服新邑，惟疾敬其德，以德保天而已。

其惟王勿以小民淫用非彝，亦敢殄戮用乂民，若有功。其惟王位在德元，小民乃惟刑用于天下，越王顯。

蘇氏曰：商俗靡靡，其過用非常也久矣。召公戒王，勿以小民過用非常之故，亦敢于法外殄戮以治之。蓋民之有過，罪實在我。又其有功，則王亦有德。何也？王之位，民德之先倡也。如此，則法行於天下，而王亦顯矣。或曰下文有欲王以小民受天永命，「以」字如以某師之「以」，此戒王勿用此小民淫用非彝，而復以殄戮治之也。言當正身率下，不務刑罰其下，乃與蘇説同。葉氏曰：「刑」，儀刑也。

上下勤恤，其曰我受天命，丕若有夏歷年，式勿替有殷歷年，欲王以小民受天永命。」

蘇氏曰：君臣一心，以勤恤民，庶幾王受命曆年如夏、殷，且以民心爲天命也。陳氏曰：小民之心歸，則受天永命矣。林氏曰：王其能敬德于上，而小民儀刑於下，則天永命之矣，所謂用小民以受天命也。履祥按：此篇旅王若公，所以欲其上下勤恤。

拜手稽首，曰：「予小臣，敢以王之讎民、百君子越友民，保受王威命明德。王末有成命，王亦顯。

蘇氏曰：庶殷雖已丕作，然召公憂其間尚有反側自疑者，故因其大和會而協同之。「讎民」，殷之頑民，與三監叛者。「友民」，周民也。「百君子」者，殷周之賢士大夫也。自今以往，殷人、周人與百君子皆同保受王之威德，王當終受天之成命，以顯于後世。林氏曰：「讎民百君子」，猶頑民而謂之多士也。

我非敢勤，惟恭奉幣，用供王能祈天永命。」

蘇氏曰：我非敢以此爲勤勞也，奉幣以贊王祈天永命而已。王氏曰：奉幣以供王毖祀上下而祈永命。履祥按：此末章旅王之辭。

【校記】

〔一〕「文不」，《前編》作「洛下」。按《尚書注疏》疏文作「文不」。

〔二〕「又」，原作「之」，據《前編》、秦抄本、張抄本改。

〔三〕「出」，原作「謂」，據《書集傳》改。

洛誥

周公拜手稽首曰：「朕復子明辟。王如弗敢及天基命定命，予乃胤保，大相東土，其基作民明辟。

此以下周公授使者獻國卜之辭也。「復」，反命也。如「有復於王者」，又如「願有復也」之「復」，蓋告也。後儒遂謂周公攝王，至此復辟，爲王莽篡漢張本，可謂繆矣。「基命定命」，謂定都配天，所以基天命於始而定天命於後也。「王如弗敢及」，謂王謙退，如不敢預此，而使予繼太保，相宅於東土之洛。自此建立基址，以爲君臨天下之地也。

予惟乙卯，朝至于洛師。我卜河朔黎水，我乃卜澗水東、瀍水西，惟洛食。我又卜瀍水東，亦惟洛食。伻來以圖及獻卜。」

卜黎水，卜澗東瀍西，舊云卜王城。卜瀍東，舊云卜下都。下都者，以處殷民也。按召公以戊申之朝，至洛卜宅，則王城爲已卜。厥既得卜則經營，則卜之爲已吉。後七日而周公至，又已達觀于新邑營矣。遷都至重，質神明至肅，已營而卜澗、瀍，定洛而卜河朔。召公卜之，周公又改卜之，聖人不爾爲也。召公戊申之所卜，卜王城也。周公乙卯之所卜，卜下都也。先卜河朔，以殷民懷土，遷焉者便也。且自黎入河，自河入洛，其地亦不爲遠。既而三者皆不吉，而惟洛之食[一]，食者，卜龜之時，史先定墨而灼之，正食其墨也。召公卜王城於洛吉矣，周公卜下都而亦惟洛之吉，則是洛邑之地利於君，亦利於民，真王者之都與?「圖」者，召公攻位之圖。「卜」者，周公食洛之兆。或曰作洛之事，周公主之，召公不敢專達。凡周公所獻圖及卜，即召公之卜，而周公達之。

王拜手稽首曰：「公不敢不敬天之休，來相宅，其作周匹休。公既定宅，伻來，來視予卜，休恒吉。我二人共貞。公其以予萬億年敬天之休。拜手稽首誨言。」

此王授使者復公之辭也。「拜手稽首」，尊周公也。吕氏曰：宅土中而作大邑，天之休命也。周公之來相宅，乃敬天之休命，非出於己私也。曰「敬天之休」足矣，而曰「不敢不敬」，蓋明見天理之當然，而不敢不然也。見之明而後畏之，篤周公之於天命也，知之深然後言之力。成王之於周公也，知周公則知天矣。敬天之休而相宅，所以爲周配答上天之休也。休常之吉，成王期與周公共當之，於周公不敢臣也，故曰「我二人」。然其以成王享歷年敬天之休，則公也。「以」，猶《春秋》師能左右之曰「以」。周公親則叔父，職則大臣。流言之變，可以去矣，而東征來歸之後，可以閑矣，而作洛，周公非固好爲之，畏天命也。畏天命，故不敢不爲也。

周公曰：「王肇稱殷禮，祀于新邑，咸秩無文。

此下乃周公率百工迎成王於周，以居洛而告之也。觀「予齊百工，伻從王于周」，與「惟以在周工往新邑」之辭可見。王氏曰：「殷」，盛也，如五年再殷祭之「殷」。周公既制禮作樂，而成王於新邑舉盛禮以祀。凡典籍所無而於義當祀者，咸次秩而祀之也。朱子曰：自此以下漸不可曉，蓋不知是何時所言。

予齊百工，伻從王于周。予惟曰：『庶有事。』今王即命曰：『記功宗，以功作元祀。』惟命曰：

『汝受命篤弼，丕視功載，乃汝其悉自教工。』孺子其朋，孺子其朋，其往。

此「百工」即作洛時見士之百工也。周公整齊百官，使從王于周，蓋欲成王躬率百官往洛邑也。周公教群臣事君之道，惟曰庶盡其所有之職事耳，不當自以爲有功也。然在王則當即命之曰「記功宗，以功作元祀」。蓋於元祀之時，以其有功者告于神明，所謂銘于太常，藏在盟府者也。「惟」，與也。又命之曰汝受君命，蓋當加厚於輔贊之事，而祀此記功之籍，不可自隳前功也。蓋於群臣使其以有功見知爲喜，而又戒其恃[二]功，勉其保功，此成王之所以悉自教工也。「朋」，友之也，謂友群臣也。「其往」，謂往洛邑也。《後漢書》引此作「慎其往」。

無若火始燄燄，厥攸灼，叙弗其絶。厥若彝及撫事如予。

「燄」，小明也。此戒其以明察自用也。「火始燄燄」，自是彰灼，次第不可撲遏。人君以小明自用，機熟而日熾，則不可救矣。故王之順若彝常，及其撫治政事，皆當如予，不可聰明亂舊，苛察生事也。

惟以在周工，往新邑。伻嚮即有僚，明作有功，惇大成裕，汝永有辭。」

周公欲王以所從于周之百工，率之以往新邑，使嚮往即就其僚采之事，浚明奮揚以成其功，而敦厚圖大以裕其俗，則成王其永有辭於後世矣。蓋建都之始，治體風俗，於是關係。勵精者乏寬大之體，而寬大者少振勵之功。二者兼之，於振勵奮發之中，有優柔寬大之意。此一代治體之所以爲全美，而成王之所以永有辭於世也。

王若曰：「公明保予冲子，公稱丕顯德，以予小子揚文武烈，奉答天命，和恒四方民，居師。惇宗將禮，稱秩元祀，咸秩無文。惟公德明光于上下，勤施于四方，旁作穆穆迓衡，不迷文武勤教。予冲子夙夜毖祀。」

此成王答周公祀于新邑，及教工撫事明作有功等語，舊本類附于後章之下，今附于此。王意謂公明保予冲子，舉大明之德，以我對揚文武之功，奉答上天之命，和久四方之民而居宅洛師，加厚功宗之大禮，以稱秩元祀，咸秩無文。至於教工撫事，明作有功等事，則惟公德之明光，著于上下，勤施于四方而旁達之，人皆作興和敬以迎治平，皆曉然知文武之所勤教耳，豈予冲子所能及哉？予但夙夜齋戒，毖謹奉祀而已，其餘非我所能及也。

公曰：「已！汝惟冲子，惟終。汝其敬識百辟享，亦識其有不享。享多儀，儀不及物，惟曰不享。惟不役志于享，凡民惟曰不享，惟事其爽侮。乃惟孺子，頒朕不暇，聽朕教汝于棐民彝，汝乃是不蘉，乃時惟不永哉！篤叙乃正父，罔不若予，不敢廢乃命。汝往，敬哉！兹予其明農哉！彼裕我民，無遠用戾。」

此周公答成王冲子毖祀之説，而又教成王以統御諸侯、教養其民之道也。舊本在「汝永有辭」之下，今附于此。蓋成王於是年既長矣，而以冲子自居退托也。故周公告之曰「已」者，欲其勿爲退托也。汝爲冲子亦既長矣，當思終之之責。夫有天下，宅土中，朝諸侯，必知諸侯之誠僞，而後黜陟各當。其知之者無他術，亦曰敬而已矣。「享」，獻也，凡諸侯朝貢於天子謂之享。「有」者，或有之辭也。其或有不享，非不供職貢之謂也。諸侯貢享之禮，視其秩固有定數，但其時拜跪、升降、揖遜、俯仰，其儀爲多。使其於儀不及其物，是謂不享。蓋其輕傲存於中，則惰〔三〕容見於外。惟諸侯不用心於享上，故國人化之，亦將曰不必享于天子矣。舉國不知有天子，則其施之政事必有爽亂王度而侮蔑禮法者，此識察諸侯之要也。天下之事無窮，聖人之心不已。周公固有施行未及者，而平日所以告成王棐輔民彝之道，固亦甚悉也。故於此，又勉成王以頒我所不暇者，聽我所教輔民彝者，於此二者而不勉，則非所以爲長國計也。「乃正父」，武王也。周公平日，惟篤厚繼叙武王之事，在成王亦能如此，則天下不敢廢乃命矣。王往洛邑，其敬之哉！我其退休田里，惟民農事。王其往彼洛邑，寬裕我民，則無遠而皆至矣。蓋京師天下之本，寬裕之政行焉，則四方歸之，不在言者。吕氏曰：武王没，周公如武王，天下所以不廢周公之命。周公去，成王如周公，天下所以不廢成王之命也。

王曰：「公功棐迪篤，罔不若時。」

此答周公之辭與明農之請。謂公之功已至，然所以輔導予者，願益加厚，罔不如今日，未可去也。

朱子曰：此下疑有缺文。

王曰：「公，予小子其退，即辟于周，命公後。四方迪亂，未定于宗禮，亦未克敉公功。迪將其後，監我士、師、工，誕保文武受民，亂爲四輔。」

《洛誥》自此以下，疑皆成王在洛之言，上下必有缺文。「迪亂」，謂向進於治也。「宗禮」，即謂周公所制六典，禮制猶未定也。「敉公功」，謂久安於公之成效而不變也。「迪將」，向導而大之。二「後」字，皆謂王歸周，留公於後以治洛也。朱子謂與唐留後之「後」同義。王命周公，謂予小子其自洛退即居于周，而命公在後以治洛。蓋洛邑天下中，四方方向導於治，而周公所制之禮尚未底定，則人心亦豈能久安於公之已效而不變乎？公其開導而將大之，其在後監我多士，與師衆，與百工，誕保文武受民，治爲四方之輔。朱子曰：「輔」，猶四鄰也。

王曰：「公定，予往已。公功肅將祗歡，公無困哉！我惟無斁其康事，公勿替刑，四方其世享。」

朱子曰：此王與公訣而歸之言也。公定居洛，予往歸周。蓋公之功，人心方肅而迎之，祗而説之，公無困我而求去，使我不勝其任也。然我亦惟無怠其所以康乂之事，公但勿替其所以儀刑百辟者，則四方其世享公之功矣。吴氏曰〔四〕：《前漢書》多引「公無困我」，當是。

周公拜手稽首曰：「王命予來，承保乃文祖受命民，越乃光烈考武王，弘朕恭。孺子來相宅，其大惇典殷獻民，亂爲四方新辟，作周恭先。曰：『其自時中乂，萬邦咸休，惟王有成績。』予旦以多子越御事，篤前人成烈，答其師，作周孚先。考朕昭子刑，乃單文祖德。

此周公許成王留之辭也。謂王命予來此洛邑，承保文祖，及乃光烈考武王受命之民，且益大我〔五〕以恭敬其事。此答上文誕保文武受命民之語也。孺子來視宅洛之新規，增重周官之制，加厚殷獻臣之賢，其治爲四方之新辟，爲周家敬德之始王。蓋定都之初，觀望一新，故謂之「新辟」。而始遷之君亦後世之所倡始，故謂之「恭先」。曰其自是土〔六〕中出治，萬邦咸休，則爲王之成績。蓋成王雖歸周，然洛邑爲東都，則朝覲會同，政令皆出於此，王但不常居耳。故周公以「自時中乂」望之，若予以此多子衆卿大夫，及凡治事之臣，增厚前人之成烈，以答天下衆望，爲周家誠臣之首，成我明辟儀刑天下之道，益殫盡文祖之德，使無未盡之事。此答「勿替刑」等語也。

伻來毖殷，乃命寧予。以秬鬯二卣，曰明禋，拜手稽首，休享。予不敢宿，則禋于文王、武王。惠篤敘，無有遘自疾，萬年厭于乃德，殷乃引考。王伻殷乃承敘萬年，其永觀朕子懷德。」

此又述成王命留之禮，而周公以告于文武也。蓋成王既面留周公，又使人以留公之意告殷民，而以秬鬯二卣錫公，安定於洛邑。蘇氏謂黑黍爲酒，合以鬱鬯，所以祼也。宗廟之禮，莫重於祼。王使人來告諭庶殷，且以秬鬯綏寧周公。曰「明禋」、曰「休享」者，何也？事周公如事神明也。古者有大賓客，以享禮禮之。酒清，人渴而不飲。肉乾，人飢而不食也。故享有體薦，豈非敬之至者？則其禮如祭也與？然周公則不敢當此禮，故不敢宿。「宿」，肅也。則以此二卣禋于文武，而爲成王祈福。其辭若曰惠徽篤厚繼敘之福，使王庶無〔七〕疾癘，使子孫萬年厭飽，乃文武之德，殷民亦長有化成之效。王其使殷民承順治叙，雖萬年之遠，其永觀化懷德。此蓋祈治洛化商之福歸之成王也。

戊辰，王在新邑，烝祭歲，文王騂牛一，武王騂牛一。王命作册，逸祝册，惟告周公其後。王賓殺禋，咸格。王入太室，祼。王命周公後，作册逸誥，在十有二月。

「戊辰」，十二月日也。王至洛或久，戊辰祭告爾。「烝」者，每歲冬常祭也。牲用騂，周尚赤也。此爲周公留後於洛，故不用太牢常禮，而各以特牲。「逸」，史逸也。成王時大典册，皆史逸爲之。此祝册所告，惟告王歸周，而周公在後治洛，餘無他辭。「賓」，迎也，謂迎牲也。「禋」，精意以享也。「咸格」，諸侯群臣皆助祭也。「太室」者，清廟中央之室。「祼」，鬱鬯以降神也。「王命周公後」者，命之於廟也。「作册逸誥」，上「册」，祝册也；此「册」，册命也。「逸誥」，史逸讀册以告公也。

惟周公誕保文武受命，惟七年。

舊説「惟七年」者即作洛之年，係年於篇終也。

履祥按：《洛誥》、《召誥》相爲終始，然惟《洛誥》之紀散無倫次。有周公在洛，使告圖卜往復之辭。有周公歸周，迎王往洛對答之辭。有成王在洛，留周公于後而歸周之辭。有周公爲王留洛，而相勉叙述之辭。然辭從其辭，事從其事，各以類附，而無往來先後之序。蓋其月日先後已具在繫年之史，故〔八〕此篇事辭各以類附，不嫌於亂雜也。然是篇當亦多有缺文錯簡，此必伏生口授之訛，而安國於錯亂磨滅者，又多以伏生之書爲定，亦或〔九〕於此失之。

【校記】

〔一〕「食」，原無，據《前編》、張抄本改。
〔二〕「恃」，原作「持」，據《前編》、張抄本改。
〔三〕「惰」，原作「情」，據《前編》改。
〔四〕「曰」，原無，據《前編》、張抄本補。
〔五〕「我」，原作「我恭」。按「恭」當衍，據《前編》、張抄本删。
〔六〕「土」，《前編》、張抄本作「宅」。
〔七〕「庶無」，《前編》、張抄本作「無有」。
〔八〕「故」，原作「故以」。按「以」當衍，據《前編》删。
〔九〕「或」，原無，據《前編》補。

多士

惟三月，周公初于新邑洛，用告商王士。

「惟三月」，七年之三月也。「于」，往也。於是周公以三月乙卯至新邑，越十日甲子以書命庶殷，所謂「初于新邑洛」也。而舊説以爲明年之書，失之矣。周公營洛，至成王烝于新邑，命周公留後于洛矣，奚爲明年而曰「初于」？又何爲周公營洛與〔一〕初政于洛，二年之間皆以三月？然則謂明年之書者，孔氏之失也，亦《書序》誤之也。遷洛之意凡二，一爲土中，二爲化商。《召誥》之叙以王都爲重，故不及化商之詳，止曰以「書命庶殷」，而《多士》自爲一書云。

王若曰：「爾殷遺多士，弗弔旻天，大降喪于殷。我有周佑命，將天明威，致王罰，敕殷命終于帝。肆爾多士，非我小國敢弋殷命。惟天不畀，允罔固亂，弼我，我其敢求位？惟帝不畀，惟我下民秉爲，惟天明畏。

「王若曰」者，周公以王命誥也。「爾殷遺多士」，稱之也。「弗予」，不幸之辭也。「旻天」，以其仁覆閔下者言之，天之喪殷，閔民也。弗弔大降喪于殷，哀商之亡也。周實亡商而奚哀之？亡商非周之得已也。伐商之誓曰「予弗順天，厥罪惟鈞」。聖人全體天德者，天欲亡商而周存之，是悖德也。商周之際，天實爲之，聖人固不得不爲也。謂不幸旻天降喪于殷，我有周受眷佑之命，奉將天之明威，致王者之罰，敕殷命而使之終于帝。自天言之曰「明威」，自人言之曰「王罰」，所從言者異，而大公至正之理則一。「弋」者，繳[二]矢射禽之謂。以小國言之，非有勝殷之勢；以非敢言之，非有翦商之心也。「天」以體言，「帝」以心言。「允罔固亂」者，謂其無保安之治。「下民秉爲」者，民心秉彝之理，其所以流行發用者也。天之理，栽者培之，傾者覆之，畀其治而不畀其不治者。天之心善善惡惡，即民之心也。民之所亡亡之，天之所亡亡之；天之於商也，周之於商也，而一豪之私意不與存焉。

我聞曰：『上帝引逸。』有夏不適逸，則惟帝降格，嚮于時夏，弗克庸帝，大淫泆有辭。惟時天罔念聞，厥惟廢元命，降致罰。乃命爾先祖成湯革夏，俊民甸四方。自成湯至于帝乙，罔不明德恤祀，亦惟天丕建，保乂有殷。殷王亦罔敢失帝，罔不配天其澤。

成湯之於夏，武王之於殷也，其順天應人一也，而商士未釋然於此。然則成湯之伐夏非耶？順其已知而開之也易爲力，强其未喻而告之也難爲言，於是以爾成湯之事告之。然商之亡也，商民思商。夏之亡也，未聞夏人之思夏，何也？夏自太康失邦，帝相遇篡，則夏之衰久矣。而商賢聖之君六七作，加之管、蔡之啓商，武庚之稱亂，宜民之未服也。苦紂之虐而歸周，因武庚之亂而思商，大抵商民之風聲氣習如此。迹其攻位以營洛，奔走以就遷，非有悍然不服之態也，而周家奚爲屢告之？聖賢之化，貴於表裏之交孚，凡其有一人一念之未釋然者，常人以爲緩，而聖人以爲急也。「上帝引逸」者，天生民而立君以安之也。故凡天之所以引長人之國者，以其能安天下也。而有夏不之安，「則惟帝降格，嚮于時夏」，蓋出災異以警示之也。夫天之於君也，德則降格，而否德則亦降格，何也？周内史過之言曰：「國之將興，明神降之，監其德也。將亡，神又降之，觀其惡也。」善惡之積皆足以感動天地，治亂之際，其諸天心之尤可見者與？「弗克庸帝，大淫泆有辭」，「辭」者，祝史昭告之辭也。桀爲淫泆而善其辭説，矯舉以祭，宜帝之「罔念聞」也。《仲虺之誥》所謂「矯誣上天，以布命于下。帝用不臧，式商受命」是也。是以「廢元命，降致罰。乃命爾先祖成湯革夏」，而湯以俊民定四方。自成湯至于帝乙，其間聖賢分量雖有不同，大抵皆明其明德，憂恤宗祀，此則其一代之大略也。夫以殷之多先哲王歷年之久，亦惟天實佑之。在殷王，亦罔敢失天之意。故施諸天下者，周流公〔三〕溥，無不配天其澤也。

在今後嗣王，誕罔顯于天，矧曰其有聽念于先王勤家？誕淫厥泆，罔顧于天顯、民祇。惟時上帝不保，降若茲大喪，惟天不畀不明厥德。凡四方小大邦喪，罔非有辭于罰。」

「今後嗣王」，謂紂也。天下大姦元惡未有不由人欲之長而天理之蔽者，惟紂之誕罔顯于天，況能聽念于先王之勤勞有家者乎？夫不念祖宗之艱難創造者，未有不以位爲樂也。是以誕淫厥泆，罔顧于天理之顯與民之所當敬者。夫桀之淫泆，猶有辭焉，以自釋于天。紂爲淫泆，雖天威之臨，民嵒之險，弗之顧也。故曰桀之「弗克庸帝」，自棄也；紂之「罔顧」，自暴也。桀、紂之惡甚矣，皆其自棄自暴爲之，至於國亡而身爲戮，可不懼哉！商之君其明德者，天丕建保乂之；其不明于德者，天不畀焉。自古小邦大邦，未有無罪而亡國，亦未有無辭而亡人之國。商罪貫盈，我有周奉辭罰罪而已，豈無其故而遂亡商也哉？

王若曰：「爾殷多士，今惟我周王丕靈承帝事，有命曰『割殷』，告敕于帝。惟我事不貳適，惟爾王家我適。予其曰：『惟爾洪無度，我不爾動，自乃邑。』予亦念天即于殷大戾，肆不正。」

前言天之喪殷，於是言周之順天以喪殷，而及於今日之遷殷也。今惟我周王大善順上天之事，奉割殷之命。夫天之命周以有事于商也，豈諄諄然命之乎？知化則善述其事，窮神則善繼其志，周之靈承蓋得於不言之表者矣。「告敕于帝」，《武成》篇所謂「告于皇天后土」，曰「有大正于商」是也。惟我不敢貳于天，惟爾殷家亦當順乎我。「予其曰」猶云豈意，謂爾殷民大惟無度，從武庚以亂，非我震動爾多士以遷也。禍亂之萌自爾商邑，予亦念天之就殷邦，以降大戾于殷者。紂死於是，武庚死於是，何不正如是？生乎其地而爲良者鮮矣，是所以有洛邑之遷也。

王曰：「猷！告爾多士。予惟時其遷居西爾，非我一人奉德不康寧，時惟天命，無違。朕不敢有後，無我怨。惟爾知，惟殷先人有册有典，殷革夏命。今爾又[四]曰：『夏迪簡在王庭，有服在百僚』。予一人惟聽用德，肆予敢求爾于天邑商，予惟率肆矜爾，非予罪，時惟天命。」

朝歌至洛，濟河而西，故曰「遷居西」爾。非我一人奉行其德，而若是喜動惡静，不康寧也。時惟天命不可違，故朕不敢以後之耳。其不可惟我之怨，惟爾亦知殷先人典册之所傳革夏之事矣，何獨至于周而疑之？殷之典册不多見，意者革夏之初，湯於夏士皆「迪簡在王庭」而「有服於百僚」，故殷民以是責周也。夫以夏士之質直，知天固所宜用，而豈若殷民之反覆好亂乎？故律之曰予「惟聽用德」爾。德則用之，而奚間商、周？然即其言，則其怨周者在身之貴賤，非必在商之存亡也。使周而富貴之，吾知殷民無遺恨矣，而周家不爾也。夫富貴其人，求其服己，是利而得商，非公也。以此示民，得無有忘君父而求富貴者乎？幾於勸[五]矣。謂商天邑以昔王之都也，聖人於名言之際猶若此，其忠厚慈祥可想矣。肆予敢求爾于天邑商而西之洛者，是所以大愛乎爾也，非予有罪。「時惟天命」，蓋命德討罪，顧天意何如爾。夫周之化商也，而未嘗不言天人，而至于知天，則安義命而樂循理，商民知此，不以頑稱矣。

王曰：「多士！昔朕來自奄，予大降爾四國民命。我乃明致天罰，移爾遐逖，比事臣我宗，多遜。」

「昔朕來自奄」，此《多方》所謂「王來自奄」者，其時伐淮踐奄，各伏其罪，時爾四國之民罪皆在死，而王皆降減爾民之死命。所以「明致天罰」者，不過移爾于洛，以離逖爾土，使親比臣事于我宗周，習爲多遜。夫「移爾遐逖」，罰之也。「比事臣我宗多遜」，化之也。遷殷民于洛，固所以化之也。而小人懷土，實離爾居，是亦有罪比于罰者與？商民固自以爲不幸，而豈知其爲甚幸也哉！

王曰：「告爾殷多士，今予惟不爾殺，予惟時命有申。今朕作大邑于兹洛，予惟四方罔攸賓，亦惟爾多士攸服奔走，臣我多遜。爾乃尚有爾土，爾乃尚寧幹止。爾克敬，天惟畀矜爾；爾不克敬，爾不啻不有爾土，予亦致天之罰于爾躬。今爾惟時宅爾邑，繼爾居，爾厥有幹有年于兹洛。爾小子乃興，從爾遷。」王曰。又曰：「時予乃或言爾攸居。」

「今予惟不爾殺」，「惟」之爲辭，明示以恩意也。「予惟時命有申」，於是反覆而告之，如此篇之書也。「今朕作大邑于兹洛，予惟四方罔攸賓，亦惟爾多士攸服奔走，臣我多遜。」洛邑之營，固以四方無賓禮之地，亦以使爾多士奔走臣我而習爲多遜也，蓋一舉而二在焉。「爾乃尚有爾土，爾乃尚寧幹止」，期之以安居樂業也。「今爾惟時宅爾邑，繼爾居」，期之以永建乃家也。「克敬」則循理而行，褒賞加焉，天之畀矜乎爾也。「不克敬」則業廢家亡而身爲戮，是天之罰之也。「爾邑」者，井田之制，四井爲邑。或曰受田於郊，受居於邑。古者五畝之宅，在邑者二畝有半焉。殷民之遷洛也，其子弟親戚猶有在殷者，使爾有幹有年，生理遂于兹洛，則爾小子亦興起而從爾遷矣。蓋寬其懷土念舊之思，然亦理勢之必至也。「王曰又曰」之間以《多方》例求之，闕有間矣。然《多士》之末其辭婉，而《多方》之終其辭嚴，所以言之時異也，若其諄勤反覆之意則同。

【校記】

〔一〕「與」，原作「于」，據《前編》、張抄本改。
〔二〕「繳」，原作「絼」，據《前編》、張抄本改。
〔三〕「公」，原作「分」，據《前編》、秦抄本、張抄本改。
〔四〕「又」，原作「其」，據《尚書注疏》改。
〔五〕「勸」，原作「動」，據《前編》、張抄本改。

無逸

周公曰：「嗚呼！君子所其無逸。先知稼穡之艱難，乃逸，則知小人之依。

人主者，小民之主，而所處則安逸之地，易縱於逸。「無逸」者，謂其勿縱於酒色耽樂與遊觀田獵之娛也。君子所以無逸者，必其先知稼穡之艱難，故處安逸之地，則知小人之依，所以能體恤小民，不自縱逸；故能致小人之無怨，亦足以介吾身之壽康。人主而不先知稼穡之艱難，則處安逸之地，不知小人之依；不知小人之依，則但知縱一身之欲。夫不知小人之依，則下致民怨，但知縱一身之欲，則享年不永。此一篇大意，篇首舉其端而篇内詳之。

相小人，厥父母勤勞稼穡，厥子乃不知稼穡之艱難，乃逸，乃諺，既誕。否則侮厥父母，曰昔之人無聞知。」

「諺」，俗語也。「誕」，虛誇也，皆謂其習爲遊談誇誕也。視彼小人，其父母勤勞稼穡，其子尚有不能知者，乃逸之時，其爲不善，無所不至，況人主處尊安之地乎？此周公所以爲後嗣王懼，而首援此以爲戒也。

周公曰：「嗚呼！我聞曰：昔在殷王中宗，嚴恭寅畏，天命自度，治民祗懼，不敢荒寧。肆中宗之享國七十有五年。

《無逸》本一篇之書。「周公曰」者，史臣所加。「中宗」，太戊也。「嚴」，莊重也。「寅」，明肅也。「嚴恭」，敬之齊於外也。「寅畏」，敬之存於中也。「天命」，天所賦予之理也。自度以天理爲己尺度，不敢踰越也。此言商中宗之無逸也。中宗惟無不敬，故自能知小人之依，所以治民敬畏而不敢逸，凡荒縱怠弛之事皆無之。此所以凝固持養，能躋上壽。享國七十有五年，則其壽蓋可知矣。

其在高宗，時舊勞于外，爰暨小人。作其即位，乃或亮陰，三年不言。其惟不言，言乃雍。不敢荒寧，嘉靖殷邦。至於小大，無時或怨。肆高宗之享國五十有九年。

「高宗」，武丁也。「舊勞于外」，小乙欲武丁習知民事，使之處于民間。「爰暨小人」，謂於是及與小人處，而知小人之依也。「亮陰」，説見《説命》。「雍」，和也，所謂「言乃歡」也。「嘉」，謂其教化風俗之美。「靖」，謂其安寧富阜之效也。「至于小大」，蓋不獨小民無怨，凡群臣在位者皆無怨也。此言高宗之無逸也。高宗惟舊在民間，故能知小人之依，所以即位之初，謹於出令言而小民皆歡。在位之間，不敢荒寧，嘉以美化其民，靖以保安其民，非惟小人無怨，而群臣上下皆然。此高宗所以無逸。於民既無怨，而於身遂壽康也。

其在祖甲，不義惟王，舊爲小人。作其即位，爰知小人之依，能保惠于庶民，不敢侮鰥寡。肆祖甲之享國三十有三年。

祖甲事説見《祖甲紀》。此言祖甲之無逸，惟其舊逃民間，身爲小民之事，所以爲天子之日，能知小人之依而保之惠之，尤不敢忽忘窮困之民。此祖甲之無逸，而享國亦永也。詳見《前紀》。

自時厥後立王，生則逸。生則逸，不知稼穡之艱難，不聞小人之勞，惟耽樂之從。自時厥後，亦罔或克壽，或十年，或七八年，或五六年，或四三年。」

此言後王之逸也。「厥後」，謂中宗而後、高宗而後與祖甲而後也。「生則逸」，謂其生長於安逸之中也。惟其生則逸，所以不知小人之依。惟其不知小人之依，所以爲耽樂之從。惟其荒於耽樂，所以傷生伐性，罔或克壽。夫不知小人之依，而惟耽樂之從，此亂亡之所必至，亦以享年之促而僅免耳。或疑年壽之修短，命也，周公以是爲逸與無逸之由，不已迂乎？要之人主所處與常人異，子女之奉，聲色之娛，酒醴之甘，驅騁田獵之好，嗜慾玩好，何求不獲。一有縱逸之心，則必溺於此，皆伐性之斧斤，傷生之蟊賊也。其能克壽者，鮮矣！然其間世主亦有縱逸而能壽者，又何也？是亦禀受之偶龐者爾。然禍亂隨之，如商辛是也，其患有甚於不壽者矣。

呂氏曰：周公既論無逸之理，復舉無逸之君以告成王也。「嚴恭寅畏」，蓋中宗無逸之實。嚴則謹重，恭則降下，寅則肅莊，畏則兢業。合而言之，則敬而已矣。惟敬，故壽也。主静則悠遠博厚，自强則堅實精明，操存則血氣循軌而不亂，收斂則精神内守而不浮，凡此皆敬之力而壽之理也。高宗之嘉靖，不徒與民休息之謂，蓋禮樂教化蔚然安居於樂業之中也。高宗享國五十有九年，於「小大無時或怨」之後，蓋民氣太和，導迎善氣，是亦壽考之理也。祖甲保養惠愛庶民，雖鰥寡之微則不敢侮，故享國之久，亦操敬之力也。厥後立王，生則逸，是無逸之反也。耽樂之極，伐性喪生，無所不至，故「自時厥後，亦罔或克壽」。又歷數悉陳其年，謂耽樂愈甚，則享年愈促也。大抵守身之本，自天子至于庶人，惟先知自愛，不失其身，然後萬事自此次第而舉。起其敬而收其肆者，莫大於是，此則周公忠愛拳拳之意也。商去周未遠，故周公以成王耳目所接者言之。其論逸王，則從其後〔一〕者概言之。非謂三君之後，其君皆逸。以意逆志可也。

周公曰：「嗚呼！厥亦惟我周太王、王季，克自抑畏。文王卑服，即康功田功。徽柔懿恭，懷保小民，惠鮮鰥寡。自朝至于日中、昃，不遑暇食，用咸和萬民。文王不敢盤于遊田，以庶邦惟正之供。文王受命惟中身，厥享國五十年。」

此言我周無逸之家法，而文王爲詳，蓋成王所聞見爲尤近也。「抑畏」，謙畏嚴敬也，抑畏則無逸不在言也。「卑服」，謂自卑下以服勤其事也。「即」，就也。「康功」，謂安民之事。「田功」，即教民稼穡之事，如《孟子》所述制其田里，教之樹畜，耕者九一，關梁無征之類是也。「徽柔」則平易近民，而非姑息之柔。「懿恭」則即之温良，而非外貌之恭。懷保小民，其心常在於保養小民，而小民之中有鰥寡無告者，文王發政施仁，尤先於此。「惠鮮」，利澤之也，其生意藹郁然矣。自朝至于日中昃，不遑安暇而食，蓋聽政之勤，所以和理萬民之事也。「即康功田功」，則知稼穡之艱難不足言。「懷保小民」，則知小人之依不足言。蓋上文所引三宗，皆守成之賢主，而文王則創業之聖君，所以不同也。「不敢盤于遊田」，蓋省耕省斂，非不遊也，不敢盤于遊，恐流連以廢事耳。教民講武，乾豆賓客，非不田獵也，不敢盤于田，恐暴殄或擾民耳。「以」，如師能左右之曰「以」。蓋文王爲西伯，則西諸侯咸聽命焉。文王率之以正，能使庶邦以正應之，所謂正己而物正，觀諸二《南》之化，可見矣。「受命」，謂爲方伯，其時已中年。又享國五十年，蓋文王壽九十七歲也，此其無逸之所致也。

周公曰：「嗚呼！繼自今嗣王，則其無淫于觀、于逸、于遊、于田，以萬民惟正之供，無皇曰『今日耽樂』。乃非民攸訓，非天攸若，時人丕則有愆。無若殷王受之迷亂，酗于酒德哉！」

此勉成王之無逸也。夫觀以廣視，逸以安身，遊以省農，田以講武，皆人君所不能無，但不可淫于此，淫則爲縱逸之私欲，且病民矣。故周公不戒之使無，而但戒其淫。苟必絶之使無，不惟廢禮，且使人君苦於拘，則未必不樂於肆矣。「以萬民惟正之供」，蓋人主正身以率之，則能使萬民以正應之。「無皇曰」，「皇」，大也，猶云自寬也。人君之縱逸，未必便沈溺也，其始不過自寬曰且「今日耽樂」而已，明日不復爾也。然即此一説，已不足以訓民，亦非所以順天。蓋此心有一日之逸，則天理有一日之間斷也，況於此隙一開，日復一日，此必將大有過愆矣。雖紂之不善，安保其不至是哉？故終戒之曰：無若殷王受之沈迷昏亂，又酗于酒德。紂，亡國之主也，以是爲成王戒，蓋深警之也。雖然爲紂非難，凡以一日之耽樂爲無傷者，紂之徒也，終亦必紂而已矣。

周公曰：「嗚呼！我聞曰：古之人猶胥訓告，胥保惠，胥教誨，民無或胥譸張爲幻。此厥不聽，人乃訓之，乃變亂先王之正刑，至于小大。民否則厥心違怨，否則厥口詛祝。」

此章言所以致小人之怨也。「保惠」，猶云保也者，保其身體以歸諸道者也。「訓告」、「教誨」義同而復出，猶云師，導之教誨；傅，傅之德義者與？「譸張」，以俗語誇誑之也，猶上文「乃諺既誕」也。此篇大意勉人主知小人之依，而後章復戒其致小人之怨，所以致怨必有其由。蓋古之人，其爲人已足以表於世，而猶資賢人君子相訓告之，相保養之，相教誨之，故無敢有以俗語誇説誑惑之者。苟人主於此師保之言不聽，則必有導之爲非者矣。彼先王之正法，皆體悉小人之依而爲之者。邪人既導人主以變亂之，則小大之民皆失所依。民否，則怨於心；又否，則詛於口矣。

周公曰：「嗚呼！自殷王中宗，及高宗，及祖甲，及我周文王，茲四人迪哲。厥或告之，曰『小人怨汝、詈汝』，則皇自敬德。厥愆，曰朕之愆。允若時，不啻不敢含怒。此厥不聽，人乃或譸張爲幻。曰『小人怨汝、詈汝』，則信之。則若時，不永念厥辟，不寬綽厥心，亂罰無罪，殺無辜。怨有同，是叢于厥身。」

「迪哲」，蹈行明哲之德也。此四君者既深知小人之依，必不致小人之怨。設或有告之曰小人怨詈，則反躬自省。夫「自敬德」，所謂無則加勉也。「厥愆，曰朕之愆。允若時」，所謂有則改之也，不止於不敢含怒而已，其責己而不尤人如此。夫「含怒」，怒之微者，而猶曰「不敢」，又曰不止於不敢而已，其至厚至誠可想也。人主於此四君之事不知聽，人乃或譸張以誑之，「曰『小人怨汝、詈汝』，則信之。」則以爲必若是，不永念其爲君之道，則不知自責，不寬裕其心，則惟務責人，亂罰無罪，殺無辜。於是小人遂同怨之，怨遂叢于其身矣。夫壅民之口，甚於防川，使其果有怨詈，猶當自反。況聽譸張之幻，不審有無而肆刑殺，此怨之所必聚，而禍亂之所必生也。夫始以一邪人之譸張，而終以聚天下之怨。甚矣讒邪之爲害，人主不可不深戒也。

周公曰：「嗚呼！嗣王其監于茲。」

承上文警戒以終之。

胡氏曰：以《無逸》繫於周公將没者，考於《君奭》、《立政》、《洛誥》諸篇，周公於成王皆有冲孺幼小之稱〔二〕。

履祥按：《無逸》之書七發端皆曰「嗚呼」，其警戒之意蓋切，真周公垂没丁寧之書也。一「嗚呼」，言人主必先知稼穡之艱難，故處安逸之地，知小人之依而無逸。然稼穡艱難，雖小人子弟猶有不知者，何況人主，此所當戒也。二「嗚呼」，援商守成三君，皆先知小人稼穡之艱難，故其治民無逸，身亦期壽；商後王不知小人稼穡之艱難，故惟耽樂之從，亦罔克壽。三「嗚呼」，叙有周無逸之家法，文王尤爲憂勤。四「嗚呼」，勉成王繼無逸之德，防耽樂之源。五「嗚呼」，戒所以致小人之怨。六「嗚呼」，言小人之怨，有則改之，無則加勉，自責所以弭怨，責人祇以重怨。七「嗚呼」，總丁寧以終之。稼穡之艱難，周公嘗備陳於《七月》之詩，而此又首述於《無逸》之書。是二篇者，人主當相對爲圖，左右觀省也。

【校記】

〔一〕「後」，原作「多」，據《前編》改。

〔二〕「之稱」下，《前編》、張抄本有「而《無逸》獨無，故知其爲最後也」。

書經注卷之十

君奭

周公若曰：「君奭，弗弔天降喪于殷，殷既墜厥命，我有周既受。我不敢知曰，厥基永孚于休？若天棐忱，我亦不敢知曰，其終出于不祥？嗚呼！君已曰時我，我亦不敢寧于上帝命，弗永遠念天威，越我民罔尤違，惟人。在我後嗣子孫，大弗克恭上下，遏佚前人光，在家不知。

「若曰」者，述周公之意云爾也。「君」，尊之。「奭」，召公名。古人質，相與語亦名之。「弗弔」，猶云不幸也。「棐」，匪通。「弗永遠念」以下至「在家不知」數語，通爲一句，謂不幸天降喪于殷，亦殷自墜其命，我有周既受之矣。我不知周之基業，其永孚于天休耶？若天不可信，我亦不知其終出于不祥耶？後來吉凶俱不可必，君奭已嘗曰時其責在我而已。蓋謂不可必者在天，而可必者在我也。君之意如此，故我[二]不敢以天命之至爲安，而不長念墜命之威，於天人不尤不違之際，與人及後嗣，弗克敬天敬民，絶失前人之光烈，而云我已退老於家，不復與知也。

天命不易，天難諶。乃其墜命，弗克經歷嗣前人恭明德。在今予小子旦，非克有正，迪惟前人光，施于我沖子。」

此承上文以解不敢知天之意與「時我」之説。天命固不易受，已受天命，亦固難信。然其所以墜天命者，則以不能經久繼續前人恭明之德爾。故我小子旦，雖不能有所正，然所開導者，惟以前人德之光大，施于沖子而已。以用功言之，則曰「恭明德」；以成功言之，則曰「前人光」。

又曰：「天不可信。我道惟寧王德延，天不庸釋于文王受命。」

「若曰」、「又曰」皆史官記其諄復之意。「天不可信」，即上文之意。「寧王」，武王也。言天命雖不可深恃，然在我之道，惟以武王之德接續而延長之，則天自不容釋文王所受之命矣。

公曰：「君奭，我聞在昔成湯既受命，時則有若伊尹，格于皇天。在太甲，時則有若保衡。在大戊，時則有若伊陟、臣扈，格于上帝。巫咸乂王家。在祖乙，時則有若巫賢。在武丁，時則有若甘盤。

「保衡」，即伊尹，伊陟其子也。「臣扈」，與湯時逸《書》臣扈同名，豈《書序》之誤與？當以經言爲正。「巫賢」者，舊云巫咸之子。「皇天」，以全體而言。「上帝」，以主宰而言。凡書所指非有輕重，此章對言之，則賢聖感格大小之分，因可見爾。周公一時歷數諸賢，特以發明創業嗣守之初，皆必有世德受托之臣，以釋召公之疑而留之。至於武丁之相，不言傅説而獨言甘盤者，蓋甘盤初年之師保，傅説乃後進之賢相。此章當成王初年勉留召公之辭，故歷舉世德托孤之相，是以及甘盤而不及傅説耳。

說者不考其時，所以不得其所言之意也。

率惟茲有陳，保乂有殷，故殷禮陟配天，多歷年所。

「率」，凡也。「陳」如我取其陳之「陳」，舊也。「陟」，升。「配天」者，天子祭其祖以配天之禮也。「所」，猶今方言許也。此承上文言，凡此皆有舊臣，輔世托孤，保治有殷之業，故殷之宗祀如此之久也。

天惟純佑命，則商實，百姓、王人罔不秉德明恤。小臣、屏侯甸，矧咸奔走。惟茲惟德稱，用乂厥辟。故一人有事于四方，若卜筮，罔不是孚。」

「百姓」，世家大族也。「王人」，王朝之人，對下文「屏侯甸」而言也。「惟茲」，即上文「惟茲」，指六世也。「有事」，謂征伐、會同、號令之事。此章承上文，言商家有此舊臣爲之輔相，以永其天命，故天純一佑命於上。而商家内有百姓王人，無非執德之人，皆能明察其屬，各得其職；外有藩屏侯甸，亦皆奔走效命於下。惟茲舊臣，惟德是舉，是以若此，所以能致其君於治。故一人凡有號令、征伐、會同之事于四方，若龜筮卜筮，而人心無不感孚也。

公曰：「君奭！天壽平格，保乂有殷。有殷嗣，天滅威。今汝永念，則有固命，厥亂明我新造邦。」

此承上章之殷監，以勉召公平公正也。「格」，感通也。天之所壽多歷年所者，以殷有公正感通之道，能保乂有殷也。其後殷受嗣位，天即降滅亡之威，命之不可恃如此。今汝君奭，能爲永久之計，則天亦[二]有堅定之命，其在於保治昭明我新造之周邦乎？「永念」，即「平格」之意。「亂明」，即「保乂」之意。

公曰：「君奭，在昔上帝，割申勸寧王之德，其集大命于厥躬。惟文王尚克修和我有夏，亦惟有若虢叔，有若閎夭，有若散宜生，有若泰顛，有若南宮括。」又曰：「無能往來茲，迪彝教，文王蔑德降于國人。亦惟純佑秉德，迪知天威，乃惟時昭文王，迪見冒聞于上帝。惟時受有殷命哉。武王惟茲四人尚迪有祿。後暨武王誕將天威，咸劉厥敵。惟茲四人昭武王惟冒，丕單稱德。

此承上章商六臣之事，因舉文王五臣，歷相武王以勉召公也。「割申勸」，傳記引此或作「厥亂勸」，或作「周田觀」。「周」字似「害」，必「害」字也。「害」，何也，如「時日害喪」之「害」。「寧王」，武王也。「虢叔」，王季子，文王弟，其後封于東虢。「閎夭」、「散宜生」、「泰顛」、「南宮适」，所謂文王四友也。周公謂前日上帝曷爲而申勸武王之德，集大命於其身，蓋惟文王能修和諸夏，亦惟有虢叔等五人者助之。向無五人爲之往來，宣導彝教，則文王豈能自使治化下達國人。亦惟五人純一佑助，秉持其德，實知天理之可畏，乃惟昭明文王以迪導其德，見冒於民，升聞于天。惟時文王已受有殷命。至武王時虢叔死矣，四臣者尚在祿位。後暨武王，共伐商受，又昭武王之德以冒於天下，而天下盡頌武王之德。是則武王之興，亦賴文王之德與世德之臣也。按太公歷相文王、武王，世德之臣莫重焉。此言四臣而不言太公，蓋其時太公尚在，聖賢之意録死勉生，相期於無窮，其不生誦太公之功，意蓋如此。

今在予小子旦，若遊大川，予往暨汝奭其濟。小子同未在位，誕無我責。收罔勖不及，耇造德不降，我則鳴鳥不聞，矧曰其有能格？」

「誕無我責」，謂召公專委其責於周公而欲去也。然史傳之意，多言召公不説周公之攝政，辭意亦或如此。「收」義未詳，或有缺文，大意是收斂不爲之意。「耇」，老成也。「造」，往也。「鳴鳥」，鳳也；《國語》所謂周之興，鳳凰鳴于岐山。蓋鳴鳳在郊，王者之瑞世之盛也。此承上文武王之興，尚賴[三]文王世輔之臣，況在今日成王幼沖，在我與汝皆武王之臣，受命托孤，屬此艱難之運，若遊大川，予當勇往，及汝同濟。成王幼沖，雖已即位，與未即位同爾，君奭不可大爲我之責。若收身而退，不勉其所不及。老成之臣又皆引去，則德不降于國人，今日鳴鳳在郊之盛將不復聞矣，況能格于皇天，若昔日之盛乎？

公曰：「嗚呼！君肆其監于兹。我受命無疆惟休，亦大惟艱，告君乃猷裕，我不以後人迷。」

「兹」，指上文所[四]言商六臣文武之事。我周受命，固有無疆之休，然保守之亦大艱難，故我之告君，乃謀爲垂裕之計，不使後人迷亂以墜天命爾。

公曰：「前人敷乃心，乃悉命汝，作汝民極。曰：『汝明勖偶王，在亶。乘兹大命，惟文王德，丕承無疆之恤。』」

「作汝民極」，謂大臣之職，爲民標準。故當時凡言爲大臣者，皆曰以爲民極。「偶」，配也。「乘」，載也。周、召同受武王顧托之命，故周公舉武王之言以勉召公，謂前人布其腹心，盡以命汝，使爲大臣以定其民，其言曰：汝明德勉力以配輔嗣王，盡其誠心，載此天命，思文王之德，以丕承其無疆之憂責。武王之言如此，而可以辭其責乎？

公曰：「君，告汝朕允。保奭，其汝克敬，以予監于殷喪大否，肆念我天威。予不允惟若兹誥。

「允」，信也。「保」，召公官名。我之所信者，保奭耳。以汝克敬，與予監于殷之所以喪亡大否者，與念我周之天命亦復有可畏者，而君奭意乃不然。我之所信者君奭，我之所不信者至若此費辭説也。「允」、「不允」對言。

予惟曰：『襄我二人，汝有合哉？』言曰：『在時二人。天休滋至，惟時二人弗戡。』其汝克敬德，明我俊民，在讓後人于丕時。

「襄」，成也。「戡」、「堪」通，勝也。予惟曰輔成王業者，我與君奭二人耳，汝亦固同此意？言曰在是二人矣，而謂天休滋益至，惟是二人懼弗能戡。蓋人臣總政，以盈滿爲懼也。然此則在於益敬其德，明舉賢俊以擬其後，他日推遜後人於丕大之時可也，今日則未可遜其責也。

嗚呼！篤棐時二人，我式克至於今日休。我咸成文王功于不怠，丕冒，海隅出日，罔不率俾。」

「篤」如克篤前烈之「篤」。「海隅出日」，指東方也。周都西土，去東爲遠，故以海隅出日言之。謂篤厚前人之業者，匪我二人乎！我國家固能至于如今日之休矣。我與君奭當共成文王之功，不自止息，大冒于海隅出日之地，無不率服，咸順使令可也。然則周公之意，固以東方爲憂慮矣。

公曰：「君，予不惠若茲多誥，予惟用閔于天越民。」

「惠」，順也。予不順君奭之意，故若茲多誥，蓋予憂天命之不終，及斯民之無依耳。此聖賢真切之語也。

公曰：「嗚呼！君，惟乃知民德，亦罔不能厥初，惟其終。祇若茲，往敬用治。」

「民德」，猶言民情，謂君亦知民之情矣。人情無不能其初，惟終之爲難，所謂小民難保者也。「祇若茲，往敬用治」，勉其就職之語。

《史記》曰：其在成王時，召公爲三公。自陝以西，召公主之。自陝以東，周公主之。成王既幼，周公攝政當國，召公疑之。作《君奭》，於是召公乃說。

《大紀論》曰：周公不見知於成王，所以敢居外者，恃召公爲保爾。不然，周公其可離成王左右乎？故《君奭》之作，在元年而不在亂定之後也。

按〔五〕《君奭》之書，子王子謂當在成王初年。今考書中言意，率已可見。其事辭之明證有七。書之稱武王爲寧王者惟《大誥》、《君奭》爲然。《大誥》既初年之書，或其時議謚未定，或尚存初謚，或兼稱二謚，其後始定一謚爲武王耳。故其後諸書止稱武王，而《君奭》獨稱寧王，是《君奭》與《大誥》均爲初年之書，其證一也。高宗之相莫著於傅説，而此書獨舉甘盤，蓋初政之相也。成湯之伊尹佐湯取天下，而太甲初年政出伊尹。若伊陟、臣扈、巫咸、巫賢、甘盤諸賢，皆以世德舊臣總聽嗣王之初政，遂保有商歷年之盛。蓋周公引以爲周、召之比，故言不及於傅説，其證二也。至曰「冲子」，曰「小子同未在位」，曰「亂明我新造邦」，曰「在遜後人于丕時」，曰「亦罔不能厥初」，此皆初年之證，故今從胡氏，係於元年之下。

【校記】

〔一〕「我」，原無，據《前編》、張抄本補。

〔二〕「亦」，原作「心」，據《前編》改。

〔三〕「賴」，原作「輔」，據《前編》、張抄本改。

〔四〕「所」，原作「而」，據《前編》改。

〔五〕「按」上，《前編》有「履祥」二字。

蔡仲之命

惟周公位冢宰，正百工，群叔流言。乃致辟管叔于商；囚蔡叔于郭鄰，以車七乘；降霍叔于庶人，三年不齒。蔡仲克庸祗德，周公以爲卿士。叔卒，乃命諸王邦之蔡。

蔡氏曰：「周公位冢宰，正百工，武王崩時也。『郭鄰』，孔氏曰『中國之外地名』。蘇氏曰：『郭』，號也。《周禮》六遂『五家爲鄰』。『管』、『霍』，國名。武王崩，成王幼，周公居冢宰，百官總己以聽者，古今之通道也。當是時，三叔以主少國疑，乘商人之不靖，謂可惑以非義，遂相與流言，倡亂以搖之。是豈周公一身之利害？乃欲傾覆社稷，塗炭生靈，天討所加，非周公所得已也。故『致辟管叔于商』。『致辟』云者，誅戮之也。『囚蔡叔于郭鄰，以車七乘』，『囚』云者，制其出入而猶從以七乘之車也。『降霍叔于庶人，三年不齒。』三年之後，方齒録以復其國也。三叔刑罰之輕重，因其罪之大小而已。『仲』，叔之子，克常敬德，周公以爲卿士。叔卒，乃命之成王而封之蔡也。周公留佐成王，食邑於圻内。圻内諸侯孟、仲二卿，故周公用仲爲卿，非魯之卿也。『蔡』，《左傳》在淮汝之間，仲不別封而命邦之蔡者，所以不絶叔於蔡也。封仲以他國，則絶叔于蔡矣。」呂氏曰：「象欲殺舜，舜在側微，其害止於一身，故舜得遂其友愛之心。周公之位，則係于天下國家，雖欲遂友愛於三叔，不可得也。」舜與周公易地皆然。史臣先書「惟周公位冢宰，正百工」，而繼以「群叔流言」，所以結正三叔之罪也。後言蔡仲克庸祗德，周公以爲卿士。叔卒，即命之王，以爲諸侯，以見周公蹙然於三叔之刑，幸仲克庸祗德，則亟擢用分封之也。

王若曰：「小子胡，惟爾率德改行，克慎厥猷，肆予命爾侯于東土。往即乃封，敬哉！

「胡」，名。「仲」，字。言仲循文祖之德，改父〔一〕蔡叔之行，能謹其所行之道，故爾侯〔二〕于東土。

仲往之國，益當敬之。吕氏曰：命書之辭。雖稱成王，實周公之意。

爾尚蓋前人之愆，惟忠惟孝。爾乃邁迹自身，克勤無怠，以垂憲乃後。率乃祖文王之彝訓，無若爾考之違王命。

此又因其「率德改行」而加勉之。蓋前愆，孝也；順王命，忠也。常言孝則可以移忠，爲蔡仲言忠則可以爲孝。「違王命」蓋自流言之後，成王既知周公之德，必有戒諭之命，而管、蔡卒挾武庚以叛也。

皇天無親，惟德是輔。民心無常，惟惠之懷。爲善不同，同歸于治；爲惡不同，同歸于亂。爾其戒哉！

上文言其改行而已，此又推廣之。言天人之向背靡常，而善惡之事幾亦衆。凡不善之事，皆足以爲亂，非但不爲蔡叔之爲，亦非但如今日之所爲而止也。

慎厥初，惟厥終，終以不困。不惟厥終，終以困窮。

上言治亂，此言差失，亦推言「邁迹」、「垂憲」之意。

懋乃攸績，睦乃四鄰，以蕃王室，以和兄弟，康濟小民。

蔡氏曰：「五者，諸侯職之所當盡也。」

率自中，無作聰明亂舊章。詳乃視聽，罔以側言改厥度，則予一人汝嘉。」

「中」，則無過不及。本聰明者，舉動必中，自不亂舊章。非聰明而强爲聰明者，必以妄作爲智，此其所以亂舊章也。「厥度」，即舊章。「作聰明」者，以私意亂之。「以側言」者，聽人言改之。人言之側，非「視聽」詳審不可。而詳「視聽」者，亦惟「無作聰明」者能之。

王曰：「嗚呼！小子胡，汝往哉！無荒棄朕命。」

《大紀》曰：八年蔡仲之國，過洛，見周公。周公曰：「不如我者，勿與處，累我也。與我齊者，勿與處，無益我也。惟賢於己者，可與處也。」

履祥讀《蔡仲之命》與《棠棣》之詩，未嘗不悲周公之意也，嗟夫周公亦幸有蔡仲耳。然命人子以改於其父之惡，一言足矣。而曰「改行」，曰「蓋愆」，甚而又曰「毋若爾考之違王命」也，夫幸之深，故憂之切；憂之切，故言之詳。周公閔管、蔡之失道，固不容再有懿親之變也，是以丁寧言之，如《棠棣》之詩，自死喪急難，甚而至於鬩鬩之事，辭愈詳，事愈下，而感嘆愈深，其志切，其情哀。蓋處兄弟之變，其辭情若此，觀者蓋當思其言外之意云。

【校記】

〔一〕「父」，原無，據《書集傳》補。

〔二〕「爾侯」，原文倒，據《書集傳》乙。

多方

惟五月丁亥，王來自奄，至于宗周。

成王東伐淮夷，遂踐奄而歸，故云來自奄。「宗周」，豐也。西周之初，凡言「宗周」者，謂豐、鎬也。東遷之後，則洛亦謂之宗周，所謂「即宫于宗周」是也。蓋廟朝所在，即謂之宗周爾。

周公曰：「王若曰：猷，告爾四國多方，惟爾殷侯尹民，我惟大降爾命，爾罔不知。洪惟圖天之命，弗永寅念于祀。

書「王若曰」而冠以「周公曰」，是周公代王言也。成王幼，周公秉政，自《大誥》以後，凡誥命之辭，皆周公代言耳。而於《多方》獨書「周公曰」，古書無費辭，發例而已。「四國」者，三監、武庚國内臣民也。「多方」者，若淮奄、徐戎新服之國，與凡武庚之亂，東北諸侯顧望兩端，或與於亂者。告四國而因以及多方，亦以厭天下之心爾。「殷侯」，武庚也。「尹民」，謂其仍有國君民也。「我惟大降爾命」，謂貸其死也。惟爾武庚仍有民社，蓋我有周貸其死命，乃罔然不知，覬覦非望，圖天之命，弗永遠敬念宗祀，以自取覆絶之禍。此言所以殺武庚之故。一説謂是諭武庚故臣爲殷侯尹民者。

惟帝降格于夏，有夏誕厥逸，不肯慼言于民，乃大淫昏，不克終日勸于帝之迪，乃爾攸聞。厥圖帝之命，不克開于民之麗，乃大降罰，崇亂有夏。因甲于内亂，不克靈承于旅。罔丕惟進之恭，洪舒于民。亦惟有夏之民，叨懫日欽，劓割夏邑。天惟時求民主，乃大降顯休命于成湯，刑殄有夏。

「誕」，大。「迪」，蹈。「麗」，依也。「民之麗」，謂民所依以爲生者，如云「小人之依」是也。「崇」，積。「甲」，始。「靈」，善。「舒」，寬。「叨」，貪。「懫」，忿暴也。此章述有夏天命所以亡而證之。謂昔者帝嘗降格于夏矣，而夏桀大爲肆逸，且不肯加憂慼之言于民，則其不憂愛于民可知矣。不能一日之間勉爲天理之是蹈，則無日不誕逸可知矣。此皆爾之所聞，欲其因桀以知紂也。又言桀亦豈不欲圖天之命，而不知得民爲得天之本，其圖天之命，而不能開生民衣食之原，乃大降其禍罰，以積亂于其民。始則妹喜女謁之盛以亂其内，而桀又不克善順其衆於外，不進用恭德之人，以大寬其民，而崇長叨貪懫暴之人以戕害其民。天爲斯民之無主，而求能主之者，於是大降明命于成湯，以刑滅有夏焉。

惟天不畀純，乃惟以爾多方之義民，不克永于多享。惟夏之恭多士，大不克明保享于民，乃胥惟虐于民，至于百爲，大不克開。

此篇告多方兼告殷多士，故言夏桀之罪而夏之多士亦不爲無罪。謂天不畀夏，其禍所以如此大者，固是夏桀有多方之義民而不能以之享有天命。然亦惟有夏所敬用之多士，大不克明其長保斯民之道，而相與播虐于民，至〔一〕百爾所爲，亦皆不克開于民之所依者。然則夏桀之失民，非惟桀之罪，其臣亦有罪焉，又因引以責殷多士也。

乃惟成湯，克以爾多方簡，代夏作民主。慎厥麗乃勸，厥民刑用勸。以至于帝乙，罔不明德慎罰，亦克用勸。要囚殄戮多罪，亦克用勸。開釋無辜，亦克用勸。今至于爾辟，弗克以爾多方享天之命。嗚呼！

此言商之所以享有天命者，乃惟成湯克爲爾多方所簡，以代夏而作民之主。惟謹修其民之所麗，以勸勉其民，蓋謂務農、重本、修府、和事之類是也。而厥民法之，亦皆用勸。其貽厥子孫，至于帝之罔不明德謹罰。明德則民化於善，謹罰則民不爲不善，所謂「克用勸」也。「多罪」者，人心之所同惡，戮當其罪則人勸。「無辜」者，人之所同，愍赦當其眚則人勸。一章之中，「勸」之一字屢言之，于以見商之先王之於民，其鼓舞不倦如此。「今至于爾辟，弗克以爾多方享天之命。嗚呼！」蓋深嘆紂之自取亡也。夫以商先王如此，紂繼世以有此多方，而不能以之享天之命，忽然而亡，此重可嘆也，故「嗚呼」以終之，其所感者深矣。舊説以「嗚呼」冠下章「王若曰」之上，意淺而不詞，今不取。

王若曰：誥告爾多方，非天庸釋有夏，非天庸釋有殷。乃惟爾辟以爾多方，大淫圖天之命，屑有辭。乃惟有夏圖厥政，不集于享，天降時喪，有邦間之。乃惟爾商後王，逸厥逸，圖厥政，不蠲烝，天惟降時喪。

此承上章言非天用意捨有夏之命，亦非天用意捨有商之命，乃惟爾辟若紂，若武庚，不知其故，但以爾多方大爲淫泆，而欲圖天之命，屑屑然以爲辭。初不知惟有夏之圖治，不集其所以享國之道，而集其所以亡者，故天降此喪亡，使有邦者得以間其命。惟爾商後王又安於縱逸，而所以圖治者不潔不進，故天又降此喪亡。然則非天用意捨之，皆其自取喪亡爾。

惟聖罔念作狂，惟狂克念作聖。天惟五年須暇之子孫，誕作民主，罔可念聽。

「聖」者，通明之稱。「狂」者，昏縱之謂。「克念」、「罔念」，聖狂之幾，於此乎分。此二句蓋古語，周公引之。五祀者，天道一大變，謂天之降喪，亦非遽絶商也。爾辟既有圖天之辭，人若能念，亦孰不可變而之善，故天亦遲之，以須待其或變，或其子孫可作民主，而皆無可念聽者。「念聽」，蓋應「屑有辭」之意。「五年」者，天道一變之節，聖人與天爲一。或前此欲伐商，而又遲之，後又封植武庚，不爲不久，而皆不可復望也。蔡氏曰：五年必有所指。子王子曰：此篇多有錯簡。五祀謂武王克商之後封植武庚者。又五年，武王崩，而武庚卒爲不善，天終絶之。

天惟求爾多方，大動以威，開厥顧天。惟爾多方，罔堪顧之。

承上文，言商既罔可念聽，天於是求民主於多方，動之以變異，開其能顧諟天命者，而爾多方又無有上堪眷顧者焉。「大動以威，開厥顧天」，如周飢克殷而年豐。蓋商末此事甚多，而多方無有能上當天意者。

惟我周王靈承于旅，克堪用德，惟典神天。天惟式教我用休，簡畀殷命，尹爾多方。

承上章言商既不可念聽，多方又罔堪顧之。「惟我周王靈承于旅」，謂善順衆心，是克開于民之麗也。「克堪用德」，所謂德輶如毛，民鮮克舉之，惟周王克堪用之也。是誠可爲神天之祭主，故天啓誘之以休嘉之道，而簡拔畀付以代殷之命，用尹正爾多方焉。呂氏曰：所謂「式教我用休」者，如之何而教之也？文武既得乎天，天理日新，左右逢原。其思也若或起之，其行也若或翼之，是乃天之所以教而用以昌大休明者也，非諄諄然而教之也。

今我曷敢多誥，我惟大降爾四國民命。爾曷不忱裕之于爾多方？爾曷不夾介乂我周王享天之命？今爾尚宅爾宅，畋爾田，曷不惠王熙天之命？

此以下獨責四國士民也。「今我曷敢多誥，我惟降爾四國民命。」其間上下必有缺文。此章以下大意，是責其與於武庚之亂。謂昔伐殷之役，殷之士衆不戮一人，爾曷不信我周家而各安于多方乎？爾曷不夾輔介助，從乂我周王，以享爾之天命乎？世代變遷而田里如故，爾曷不順我周王，益以廣爾之天命乎？

爾乃迪屢不静，爾心未愛。爾乃不大宅天命，爾乃屑播天命，爾乃自作不典，圖忱于正。

此章責其從武庚於叛。爾乃屢蹈不静，自取亡滅，是爾心未知所以自愛也。爾乃大不安天命，爾乃輕棄天命，爾乃自作不典，而欲人之信之以爲正也。凡爾所爲，既不自愛，又唱爲予復之説，是又欲詿誤他人也。

我惟時其教告之，我惟時其戰要囚之，至于再，至于三。乃有不用我降爾命，我乃其大罰殛之。非我有周秉德不康寧，乃惟爾自速辜。」

此一節即《多士》篇所謂「昔朕來自奄，予大降爾四國民命。我乃明致天罰，移爾遐逖」者，謂「我惟時其教告之」矣。蓋東征之時，必有文告之辭也。「我惟時其戰要囚之」矣，謂東征之時，嘗戰勝而俘囚之，然不殺也，至再至三。乃又不用我所以降爾命者，謂不感恩順德也，我乃明致天罰，移爾遐逖，遷之於洛，猶放殛之也。非我有周所以執德者，不使爾民康寧，乃惟爾自速其辜爾。此即《多士》篇所謂「予惟時其遷居西爾，非我一人奉德不康寧，時惟天命」是也。

王曰：「嗚呼！猷，告爾有方多士暨殷多士，今爾奔走臣我監五祀，越惟有胥伯小大多正，爾罔不克臬。自作不和，爾惟和哉！爾室不睦，爾惟和哉！爾邑克明，爾惟克勤乃事。爾尚不忌于凶德，亦則以穆穆在乃位，克閲于乃邑謀介。爾乃自時洛邑，尚永力畋爾田，天惟畀矜爾。我有周惟其大介賚爾，迪簡在王庭，尚爾事，有服在大僚。」

此以下告[二]遷洛之多士也。上章即《多士》篇所謂「明致天罰，移爾遐逖」，此章即所謂「比事臣我宗多遜」是也。「有方多士」者，三國之遺臣。「殷多士」者，武庚之遺臣。「奔走臣我監五祀」者，監即三監，謂其從三監以叛，於今五年也。一説「五祀」屬下句，謂今五年所置胥伯小大多正也。「胥伯小大多正」，謂大胥、小胥，教職也；黨正、縣正，治職也，皆今日周家所置教治之官也，此即《召誥》所謂「比介于我有周御事」也。「臬」，的也，「邑」如四井爲邑之邑，謂所治之部也。夫謂之多士，則皆在官之人，輯其分族，將其醜類，以遷于洛邑者。意者比閭井邑丘甸之類，皆殷士爲之。大胥、小胥之教，黨正、縣正之長，則置王官焉。「忌」，古文作「誋」，即「諅」字，爲人言所欺也。爾多士不可受欺于凶德。「介」，助也。周公既述所以致罰遷殷之意，於是喻四國殷士所以臣我多遜之風，謂今爾自奔走從我，自監而亂以來今已五年，三監既誅，粤置胥伯小大多正，以掌教治。爾當以爲表的，自身而家而在官邑，皆當以和順爲主。至於官邑之事明整，是爲爾之克勤其職。然爾不可爲[三]頑民凶悍所欺誑而從之，亦但以和敬在職，而簡閱乃邑之善者，謀以自助，則善習日勝而惡習日消矣。爾自時洛邑尚永力畋田，安土樂天，則天意將畀矜爾，而我有周其大助賚乎爾矣！啓拔於王庭之上，崇爾職事，服采於大僚之間，言將大用之，所以勉之也。

自此章以至篇終，五峰胡氏謂與《多士》互有錯簡，而子王子謂自此章以下皆爲《多士》之文。如此則章首五祀之説，乃是自七年營洛之時，逆數黜殷之後再爲置監，故云臣我監五祀也。但上文方述遷洛[四]之由，不應全無勞來慰勉之語。或自此數節，不無一二錯簡，今存所疑以俟知者。

王曰：「嗚呼！多士，爾不克勸忱我命，爾亦則惟不克享。凡民惟曰不享，爾乃惟逸惟頗，大遠王命，則惟爾多方探天之威，我則致天之罰，離逖爾土。」

此章「多士」「多方」，首尾必有一誤。古文「方」作「𠃑」，與「士」字相近，尤易誤也。蔡氏謂「多方」字當作「多士」，愚謂皆當作「多方」。蓋此章又喻不遷之國也，篇首既誥四國多方，上章止責四國多士，故此章又重告多方。「不克享，凡民惟曰不享」，與《洛誥》「百辟享」之云同文，當是誥多方者。謂爾多方不能相勸信我教命，則是爾多方不能享上矣。是爾乃爲縱逸爲頗僻，大違遠王命，則是爾多方自取天威，我則將致天之罰，各離遠爾土矣，謂亦將遷之也。若云殷多士則已離逖遷洛，不應於此再言之。

王曰：「我不惟多誥，我惟祗告爾命。」

上文「今我曷敢多誥，我惟大降爾命」，謂不殺而教之也。此章謂教之以生生之道也。

又曰：「時惟爾初，不克敬于和，則無我怨。」

又警戒以終之，謂今日爲爾維新之時，若又不能敬于和，復爲乖亂，則我將別有謀戮，乃爾自取，無所歸怨也。子王子謂《多士》、《多方》之終俱有「王曰」與「又曰」之文，而《多士》「王曰」之下無語，必脱簡在此，當共爲《多士》篇之終。

蘇氏曰：《大誥》、《康誥》、《酒誥》、《梓材》、《召誥》、《洛誥》、《多士》、《多方》八篇，雖所誥不一，然大略以殷人不心服周而作也。予讀《泰誓》、《武成》，常怪周取殷之易。及讀此八篇，又怪周安殷之難也。《多方》所誥不止殷人，乃及四方之士，是紛紛焉不心服者，非獨殷人也，予乃今知湯已下七王之德深矣。方紂之虐，人如在膏火中，歸周如流，不暇念先王之德。及天下粗定，人自膏火中出〔五〕，即念殷先七王如父母，雖以武王、周公之聖，相繼撫之而莫能禦也。夫以西漢道德比之殷，猶碔砆之與美玉。然王莽、公孫述、隗囂之流，終不能使人忘漢，光武成功若建瓴然。使周無周公則亦殆矣，此周公所以畏而不去也。

子王子曰：商自太甲以後，數經衰亂，已四興王業。武乙再都河北，而國尤衰弊者，四五十年。至紂，乃决其壞而蹙其亡者，又三十年。周家仁聲仁聞，日盛日隆；商王之惡德虐政，日累日積。當是時，三分天下，周有其二，非周取之也，皆棄商而歸周也。紂之都，百姓服田力穡者亦未嘗不悦服而安業。其頑嚚喧豗而易摇者，特遊手之民，平時酗酒暴横，草竊姦宄，逋逃匿隱，未嘗伏辜，不習勤勞，不樂安静，呼噪風塵之警，以逞其虎狼之心。加以紂之寵任非人，豪家巨室，不事繩檢者，怨周之不用，招誘無賴爲之爪牙，不過借復商之名以鼓倡群兇，殘害百姓。若以戰國、秦、漢處之，不過坑之而已。周家積累有素，不忍輕殺，非力不足以制之，必欲使之革心從化，此其爲變移之難者，乃所以爲忠厚之至。蘇氏謂人心不服周而難安者，未之思也。

履祥按：《多方》叙稱「王來自奄」，「誥爾多方」，而《多士》書曰「昔朕來自奄」，則《多方》在《多士》之前明也。而自孔安國以來失之，胡氏《大紀》獨叙《多方》於前，《多士》於後云。然則古者事之前後必已具於編年之史，而書則每篇自爲首尾，固未必諸篇相爲次序也。諸篇若此多矣，在又安知書之前後，安國、伏生不無所差互與？是皆未可知也。《多方》《多士》之書，皆化商之書也。《多士》以告殷民，而《多方》則不止於殷民也。《多方》《周官》之書，皆歸周之書也。《多方》以治外，而《周官》以治内也。流言之變，倡於三叔，而亂成於武庚。武庚固易叛者，淮奄、徐戎何爲而亦叛？或者人心之如殷民者尚多也。成王、周公東征，歷幾年而後定，踐奄而歸，遷殷四國之民，至于宗周。諸侯畢會計，淮奄、徐戎多方新服之國，變置之君，咸與在列，故告殷民而及多方，所以厭人心也。《多士》之書則在洛之民〔六〕，安定告戒之而已矣。自踐奄來歸，誥多方，於是〔七〕天下既定，制禮作樂以文太平，始頒周官之法，定一代之制〔八〕，此周官之叙曰「四征弗庭」「六服承德」。「四征弗庭」，謂黜殷、致辟、伐淮、踐奄也。「六服承德」，謂作多方、定庶國、蒐岐陽、盟諸侯也。自是太平四十餘年，刑厝不用，嗚呼盛哉！

【校記】

〔一〕「至」，《前編》作「至于」。

〔二〕「告」，原作「造」，據《前編》改。

〔三〕「爲」，原作「謂」，據《前編》改。

〔四〕「洛」，原作「謫」，據《前編》改。

〔五〕「出」，原缺，據《前編》、張抄本補。

〔六〕「民」，原缺，據《前編》、張抄本補。

〔七〕「誥多方於是」，原缺，據《前編》、張抄本補。

〔八〕「之制」下，《前編》有「此《周官》之書所由作也，傳作謂六年制禮作樂者也」。

立政

周公若曰：「拜手稽首，告嗣天子王矣。」用咸戒于王，曰：「王左右常伯、常任、準人、綴衣、虎賁。」

此篇周公戒成王以任用賢人之道，國史記之，故稱「若曰」。「常伯」，牧民之長伯。「常任」，任事之大臣。「準人」，掌法之卿士，即下所謂「三宅」、「三事」。「綴衣」，掌服器者。虎賁氏，掌禁衛者。獨舉五人者，子王子曰：周公當時率之以進告者，所謂「用咸戒于王」也。

周公曰：「嗚呼！休茲，知恤鮮哉！古之人迪惟有夏，乃有室大競，籲俊尊上帝，迪知忱恂于九德之行。乃敢告教厥后，曰：『拜手稽首，后矣。』曰：『宅乃事，宅乃牧，宅乃準，茲惟后矣。』謀面，用丕訓德，則乃宅人。

「休茲」，猶《虞書》曰「都」，欲言其事而美之。又言「知恤」者鮮，以重人君之聽而勉戒之也。「俊」即三俊，可爲三宅者。「迪知」，躬蹈而真知之也。「九德」，本臯陶所陳知人之目，而有夏君臣世守以爲取人之法。「三宅」亦夏諸大臣之總名，商、周亦世守之。職名雖各不同，而掌事、掌民、掌法其職事則猶故也，故篇中歷述三代用人，皆以「三宅」言之。「謀面」，圖謀親閱之也。言美哉用人之道，知恤者少，古之人蹈此者亦惟有夏氏。其所以國家强盛者，蓋能籲求三俊之賢，以尊事上帝也。而其籲俊，必有大臣真知夫信行九德之賢，而後敢薦於后。而此時之爲后者，又圖謀面察之，真〔一〕爲大順于德之賢，而後宅之也。

兹乃三宅無義民。桀德惟乃弗作往任，是惟暴德罔後。

上文言有夏用人之盛，此言夏桀用人之失。謂至於此後，乃三宅皆無義之民。蓋桀惟惡德，弗行往時先王任用之道，是惟暴德之用，此桀所以喪亡無後也。

亦越成湯陟，丕釐上帝之耿命。乃用三有宅，克即宅；曰三有俊，克即俊。嚴惟丕式，克用三宅三俊。其在商邑，用協于厥邑；其在四方，用丕式見德。

「越」、「粵」通。「亦越」者，繼上文而言也。「耿」，光也，即猶云當也。三宅以職言，三俊以德言，謂其才可以儲三宅之用者，蓋亦三宅之副也。「曰」，論也。「嚴」，密也。「丕式」，法制之大也。亦粵成湯所以升爲天子，能丕釐上帝之明命。夫天之明命示此意而已，而湯能丕以推其大規，釐以理其條理。其用三有宅者，則能各當其職；其論三有俊者，則能各當其才。「嚴惟丕式」，即丕釐之用。言湯之治天下，既事制曲防以定天下之大法矣，而又能用三宅三俊以行之。故近者用協，而四方雖遠，亦莫不於丕式之中而見聖人之德意焉。

嗚呼！其在受德暋，惟羞刑暴德之人，同于厥邦。乃惟庶習逸德之人，同于厥政。帝欽罰之，乃伻我有夏，式商受命，奄甸萬姓。

「嗚呼」，嘆而言之，蓋事接於見聞而言之易感也。「暋」，昏也。「羞刑」，進任刑威者也。「庶習」，備諸醜行者也。言紂之於三宅，使羞刑暴德之人，宅牧宅準；使庶習逸德之人，立政宅事。然刑暴之人足以行威虐於國，故以同邦言；庶習之人足以娛心目於內，故以同政言。其親疏之意如此。上帝所以敬致其罰，使我周有此華夏，而法商革夏受命之事，以奄甸天下之民。「奄甸」，蓋井牧其地，什伍其民也。

亦越文王、武王克知三有宅心，灼見三有俊心，以敬事上帝，立民長伯。立政：任人、準夫、牧，作三事。虎賁、綴衣、趣馬、小尹、左右攜僕、百司、庶府。大都、小伯、藝人、表臣百司、太史、尹伯，庶常吉士。司徒、司馬、司空、亞、旅。夷、微、盧烝。三亳阪尹。

「長伯」，謂凡在上臨民者。「任人」，即常任。「趣馬」，閑廄之官。「小尹」，內臣之尹。「左右攜僕」，凡執器侍衛之僕。「百司」，若司裘、內司服之類。「庶府」，若內府、天府之屬。「大都小伯」，即大小都伯，畿內都邑之長也。「藝人」，凡卜、祝、巫、醫、執技之事上者。「表臣百司」，「表」，外也，對裏之稱。上文「百司」爲在內百司，此「表臣百司」則在外百司。「太史」，史官。「尹伯」，有司之長，如大胥、大師、典司〔二〕之類，則司樂其長；𢿱人、角人、羽人，則虞衡其長。凡此衆庶常職，皆吉德之士。司徒、司馬、司空與其亞，此皆諸侯之官，其卿之命於天子者，或天子使監於侯國者。「夷微盧」，此四夷之國。「烝」，衆也。此王官之監於四夷者。「三亳」，蒙爲北亳，穀熟爲南亳，偃師爲西亳。「阪」，險也。古者形險之地不以封，王官守之。蓋「三亳」，商之舊都，其地平險，故周置監焉。言文武克知三宅之心，而任之不疑，灼見三俊之心，而知其可用，故上以之事天，下以之長民。其立政也，常任、準人、牧夫作三宅之事於上，内而禁衛僕御、百司庶府，外而都鄙藝人、百司、太史、尹伯，皆得吉士以爲之。而其吉士，又分布於諸侯夷狄之國，與要地設險之官。蓋文武所知者三宅三俊，而人以類聚，各舉所知，各選其屬，布列内外，莫不得其人也。此章連舉文、武時事，其官未必皆文、武之官，其人則皆文、武所儲之人。吕氏曰：凡所謂官吏，莫不在内外百司之中，至於特見其名者，則皆有意焉。虎賁、綴衣、趣馬、小尹、左右攜僕，以扈衛親近而見。庶府，以冗賤人所易忽而見。藝人，以恐其作淫巧以蕩上心而見。太史，以奉諱惡書是非而見。尹伯，以小大體統而見。若大都小伯，則分諸郊畿，不豫有司之數者。大都言都不言伯，小伯言伯不言都，蓋互見之也。自諸侯三卿以降，惟列官名而無他語，蓋承上「庶常吉士」之文，以内見外也。

文王惟克厥宅心，乃克立兹常事司牧人，以克俊有德。文王罔攸兼于庶言、庶獄、庶慎，惟有司之牧夫是訓用違。庶獄庶慎，文王罔敢知于兹。

上文總言文、武知人官使之詳，此又獨推文王而言之，蓋恐成王聞其目而不知其綱，聞其效而不知其本。言文王惟先能盡其宅心之學，故能立兹常事司牧之人，皆俊才而有德者。大抵君心患其識見之偏，嗜好之蔽，故不能知人，而人才亦患其有才而無德以將之。惟文王能宅其心，故能識用夫俊有德之人。「常事司牧」，不言準人，亦互見也。此節論用人之本。「庶言」，號令也。「庶獄」，獄訟也。「庶慎」，法禁也。謂之「庶」，固非其大者。若大號令、大獄訟、大法禁，則非大臣所敢專，亦非文王所敢諉。至其衆庶瑣碎之事，則惟有司、惟牧夫是從、是否，文王不以身兼之。或於庶言猶有所豫，蓋號令雖小，教化所關。若庶獄庶謹，文王則罔敢豫知于此矣。此節言任人之體也。

亦越武王率惟敉功，不敢替厥義德，率惟謀，從容德，以并受此丕丕基。

此申述武王之事。凡用人之厚與得人之多，皆文王事，武王率而行之耳。蔡氏曰：「『義德』者，有撥亂反正之才。『容德』者，有休休樂善之量。皆成德之人也。武王率循文王之功，則不敢替其所用義德之人；率循文王之謀，則不敢違其所用容德之人，以武王能與文王并而受此丕丕之基也。」

嗚呼！孺子王矣！繼自今，我其立政、立事、準人、牧夫，我其克灼知厥若，丕乃俾亂。相我受民，和我庶獄庶慎，時則勿有間之。自一話一言，我則末惟成德之彦，以乂我受民。

此章以下勉成王也。「我」，指成王也。「灼知」，猶云克知。「灼」，見也。「亂」，治也。「一話一言」，即上章「庶言」也。「末」，終也，盡也。言孺子已終喪即政，繼此以往，王其於立政，必於宅事、宅準、宅牧之任，能明知其才德如何。丕乃使之爲治，左右我所受之民，均調我庶獄庶謹之事，勿以己意或小臣間之。至於庶言，亦盡惟成德之賢，尊[三]之以乂我受民。言知之明，任之專也。

嗚呼！予旦已受人之徽言，咸告孺子王矣。繼自今，文子文孫，其勿誤于庶獄、庶慎，惟正是乂之。

前所言夏、商、文、武之事，皆至美之言，我所傳受於人者，咸告孺子王矣。又言成王爲今日守文之主，乃文王之文孫，武王之文子，其勿誤于庶獄庶謹之事，惟正人是治之。「誤」者，謂以己兼知之，事煩力獨，易於致誤也。蔡氏曰：「『正』猶《康誥》所謂『正人』，指當職者而言。」

自古商人，亦越我周文王立政、立事、牧夫、準人，則克宅之，克由繹之，兹乃俾乂。國則罔有立政，用憸人，不訓于德，是罔顯在厥世。繼自今立政，其勿以憸人，其惟吉士，用勱相我國家。

此總上文，言自古之人與商、湯及我周文王之立政，其於事牧準三者則克宅之。「克宅」者，謂當其職而專其任也。然亦惟能紬繹審察其德，而後使之任其治耳。自古爲國，罔有於立政而乃用憸利小人者。蓋憸利之人，沾沾便捷，以才陵德，則國家政事日入於蠹，卒以昏斁。繼自今，成王其勿用憸人，其惟吉士則用之，以勉助我國家。

今文子文孫，孺子王矣，其勿誤于庶獄，惟有司之牧夫。

此承上文申言之，以致其丁寧之意。於三庶獨言「庶獄」，於三宅又獨言「牧夫」，蓋刑者民之司命，尤所當重。「有司之牧夫」，固足以互見三宅。然獨表牧夫之名，則是尤以親民之任爲重也。夫三宅在朝廷則爲三事，在外則牧夫於民爲近，而事與法亦其所兼有焉。如今朝廷之事分六部，在外郡縣，雖專爲牧民，而六曹之事蓋亦兼有也。

其克詰爾戎兵，以陟禹之迹，方行天下，至于海表，罔有不服。以覲文王之耿光，以揚武王之大烈。

「詰」，謂儆申簡閱紀律也。「陟」，猶「陟方」、「陟遐」之陟，猶所謂巡侯甸也。禹迹，中國之境，禹之五服舊迹也。「方」，四方也。「表」，四表之地，言德威所及無不服。「覲」，見也，使天下見之。「耿光」，明德。「大烈」，功業也。文光、武烈，各舉其盛者稱之也。時方東征，淮奄未平，故篇終言此。然此與上文通爲一章，告孺子王言刑及兵，故吕氏曰：兵者刑之大，周公詰兵之訓繼勿誤庶獄之後，犴獄之間尚恐一刑之誤，況六師萬衆之命，其敢不審而誤舉乎？推勿誤庶獄之心，而奉克詰戎兵之戒，必非得已不已而輕用其民命者也。

嗚呼！繼自今後王立政，其惟克用常人。」

周公丁寧之意，併後王而戒之，使成王行之，後王傳之以爲家法也。「常人」，常德之人，即上文之吉士也。「常人」、「憸人」，二者相反。凡憸利便捷者憸人也，凡持重守正者常人也。憸人常以生事爲功，常人常以生物爲意。常人如四時有序，萬物生成而莫知爲之者；憸人如盛夏驟凉，隆冬乍燠，一時若快人意而民人疾疫，生物夭札之患，自是滋矣。此用人者所當辨也。

周公若曰：「太史，司寇蘇公，式敬爾由獄，以長我王國。茲式有慎，以列用中罰。」

此周公告君，因言謹獄之事。又於君前，即蘇公謹獄之事命太史併書之，以爲司獄者之法。「蘇」，國名。公名忿生，爲武王司寇，能敬謹所用之獄。此所以培植忠厚之脉，以長我王國，使後爲司獄者能取法於此而有謹焉，則能條列輕重，用其中罰，而無過差之患矣。

履祥按：《立政》之書，前儒以其誤次諸篇之後，謂是周公告君之絶筆，非也。此亦初年之書也，故其官名與今《周禮》未盡合，蓋時猶舊制也。至稱「詰爾戎兵」，蓋其時東征未盡奠也，故胡氏《大紀》係《立政》於四年之下，是爲得之。按古者詰兵，蓋有國之常政。軍伍藏於井甸，陳法講於蒐獮，巡邊四征，寓於巡狩會同，但恐守文之主，或自廢弛焉爾。故成王、康王之初，元老大臣俱有詰戎兵、張六師之告，是皆有國之所當講。而其所謂「詰」者，儆軍實、閱器械、嚴紀律而已，以是陟禹迹，征弗庭，必非黷武勞民之師。非若後世守文之世以兵爲諱，日就廢弛，一旦警急，則荒亂無措，一有好大喜功之心，則又誅求征發於常調之外也。又況當時淮奄未寧，平時武備猶不當弛，況在此時乎？

至謂陟禹之迹，尤有深意。古者聖人疆理中國，華夷異宜，各有界限。故禹迹之舊，中國世守之，一有玷缺，則中國之禍終有不可度者。後世有以燕、雲之地棄之夷狄者，華夷同壤，曾不幾時，子孫親受其禍，而卒貽中國無窮之害如此，而後知周公之言非爲土地，其意蓋遠。然其曰「至于海表」，得毋啓廣伐之漸耶？曰此言其威德聲教之餘效也。「海表」，猶云「海隅出日」，要亦指淮奄而爲言爾。然則後世大臣固有以置燕、雲而成守文之治者，亦有以復燕、雲而致不測之禍者，又何也？曰是皆非周公也。非周公則爲君子而不能爲，爲小人〔四〕而又妄爲矣。世有周公之臣，則吾不憂中國之患矣。

【校記】

〔一〕「真」，原作「貞」，據《前編》、張抄本改。

〔二〕「大胥大師典司」，原無「大」，「司」訛作「同」，據《前編》補正。

〔三〕「尊」，原作「專」，據《前編》改。

〔四〕「爲小人」，原無「爲」，據《前編》補。

書經注卷之十一

周官

惟周王撫萬邦，巡侯甸，四征弗庭，綏厥兆民。六服群辟，罔不承德。歸于宗周，董正治官。

此篇當在《多方》之後，蓋歸自奄以來也。《大傳》所謂六年制禮作樂也。成王東伐，三年于外，至是外患平而太平之典舉矣。「四征弗庭」，蓋黜商伐淮踐奄也。當時兵威所及，不止一國，故曰「四征」，言其四方征討。「弗庭」，謂不來庭之國也。一云「庭」，平也，直也。征弗庭所以安全中國，故曰「綏厥兆民」也。「六服群辟，罔不承德」，謂《多方》誥庶邦，岐陽盟諸侯也。「六服」，中國諸侯在九州之内者，若合九州之外言之，則爲九服矣。「宗周」，即《多方》所謂「至于宗周」，謂豐、鎬也。「董」，督也。「正」，齊也。「治官」，凡治事之官也。傳曰：「自非聖人，外寧必有内憂。」後世外患既平，鮮有不漸致衰亂。惟聖人不然，當天下無事之後，則整理維持之功愈密，此所以爲聖人與？

王曰：「若昔大猷，制治于未亂，保邦于未危。」

自此以下，「王曰」凡二，此以述置官立制之意，後章則訓戒勉勑之辭。「若昔大猷」，謂順古者人道之訓，而制治保邦于未危亂之時，二句蓋古語。然所以制治保邦者，則在於建官定制，得人以爲之，故下文詳焉。

曰：「唐虞稽古，建官惟百，内有百揆四岳，外有州牧侯伯。庶政惟和，萬國咸寧。夏、商官倍，亦克用乂。明王立政，不惟其官，惟其人。

上述古語。此「曰」字，蓋成王自言也。建官其來久矣，雖唐虞亦稽之上古，損益制宜而建爲百職。内則百揆以揆度百事，四岳以察按四方。外則州牧者，一州之長，各總其州國。侯伯者，大國之侯，各率其屬國。内外相承，體統不紊，故庶政和而萬物安。夏、商之時，世變事繁，觀其會通，制其繁簡，官數加倍而亦克用乂，然此特〔一〕制數耳。大抵官得其人則治，非其人，庸則廢事，邪則亂政。明王立政，不惟其官之多，惟得其人而已。傳曰：有虞氏之官百，夏二百，商三百，周三百有六十。

今予小子，祗勤于德，夙夜不逮。仰惟前代時若，訓迪厥官。

「逮」，及也。夙夜常如不逮，此聖賢不已之心。敬德者，求賢任官之本，故成王先於己求之。

立太師、太傅、太保，兹惟三公。論道經邦，燮理陰陽。官不必備，惟其人。

自此以下頒周公官制之大綱。按《文王世子》，則三公之職其來已久。至此立定官制，又以爲首，故曰「立」。「道」者，事理當行之路。「論」則講明以究其極，此所以導君心也。「經」則密比經理之謂。「燮」，和。「理」，治也。「陰陽」，天地之所以造化。論道所以經邦，經邦所以燮理陰陽。蔡氏曰：「非能經綸天下之大經，贊天地之化育者，不足以任此責。故官不必備，惟其人也。」

少師、少傅、少保，曰三孤，貳公弘化，寅亮天地，弼予一人。

蔡氏曰：「『孤』，特也。三少雖三公之貳而非其屬，故曰『孤』。『化』，即經邦之運用。『陰陽』以功用言，『天地』以形體言。三公純乎師，故不曰『弼』，而三孤則曰『弼』，此公、孤之分。」

冢宰掌邦治，統百官，均四海。司徒掌邦教，敷五典，擾兆民。宗伯掌邦禮，治神人，和上下。司馬掌邦政，統六師，平邦國。司寇掌邦禁，詰姦慝，刑暴亂。司空掌邦土，居四民，時地利。六卿分職，各率其屬，以倡九牧，阜成兆民。

此周公制禮先定六官之長，然後各率其屬，而六典之制次第以舉。古者命官各因其事，凡治事之長謂之「宰」，故家相曰「宰」。天子之相謂之「冢宰」，「冢」，長也，大也，猶云冢子也。「冢宰」，天官，凡國之政事法制皆屬焉，故曰「掌邦治」。內統百官，外均四海，百官異職，總攝之使歸于一，故曰「統」。四海異宜，調劑之使得其平，謂之「均」。「司」，專主也。惟冢宰無不統，自此而下則有專主矣。「徒」，人衆也。「司徒」則主凡夫家之徒衆也，故曰地官。治衆莫大乎教，故「司徒掌邦教」。「敷五典」者，君臣、父子、兄弟、夫婦、朋友，人道之常，司徒則布人道當行之則。「擾」者，勞而熟之之謂。凡夫家徒役[二]、頒事、任民、保受、教糾、征役、考比，皆擾之謂也。「宗伯」不言「司」，蓋所掌者禮，禮莫大於祭，祭莫切於宗廟，於宗廟不敢言「司」。又禮王者所重，而春官四時之長，故曰「伯」，所以尊宗廟而崇禮也。宗伯治天神、地祇、人鬼之禮，神祇皆曰「神」。「上下」者，尊卑貴賤等儀之禮。「和」者，使之不僭不逼，各安其分也，所謂有序則和也。

「司馬」，夏官，主兵政。兵以車馬爲重，而莫急於馬，故政官曰「司馬」。「六師」，即六軍也。天子六軍，司馬掌之，自人臣之職言之，故不曰六軍而曰「六師」。「師」，衆也，即謂六軍之衆也。「平」謂使强不得陵弱，衆不得暴寡，而邦國各得其平也。邦國之使皆政也，而獨兵事謂之「邦政」。「政」者，正也，征伐所以正人之不正者也，故王政莫大於此。

「司寇」，主寇賊之官也，秋官，刑官也，不曰刑而曰「邦禁」。「禁」，止也，所以止人之爲惡也，從木從示，謂書刑於木以示之，所以止人之爲惡也，至於刑則加之人矣。聖人立刑，蓋禁於未然，至於刑之，則不得已而然也。呂氏曰：姦慝難知故曰「詰」，推鞠窮詰而求其情也。暴亂易見，直刑之而已。

「司空」，冬官，主空土之官，凡土之曠田之未授者，皆司空主之。故分畫空土，以待四民之受禄、受田、受肆、受廛者。「時地利」，亦任空土而興其利也。凡土之未授者，皆司空主之，既授則司徒掌之矣。故或者謂地官之屬，疑是司空之屬者，此也。司空六十之屬，《周禮》缺，漢儒以《考工記》補之，特四民之一事耳。「六卿分職，各率其屬」，周公既定六官之制，其他屬官所掌之事則六卿詳定焉。朝廷天下之本，故「以倡九牧，阜成兆民」也。

六年，五服一朝。又六年，王乃時巡，考制度于四岳。諸侯各朝于方岳，大明黜陟。」

五服，侯、甸、男、采、衛。篇首言「六服」者，連要服而言也。《周禮·職方》有九服，衛服之外有蠻、夷、鎮藩，行人所掌。六服，則蠻、夷、藩鎮統爲要服。聖人詳内略外，不治夷狄。《職方》極王化所至，雖有九服，而行人所掌限朝會之節，止及六服，《周官》之初又但止於五服焉。王者安全中國，不務遠略，於此可見。然行人所掌，侯服歲一見。至要服，六歲一見，則六年而六服朝覲始遍。此云「五服一朝」者，謂六年之内五服朝覲俱遍也。《周官》立大綱，特舉其略耳，其詳則《周禮》續定焉。不言要服〔三〕，蓋此外有朝會不及者，聖人不責之也。「又六年」，則十二年，而王乃時巡，則五服朝覲凡兩遍。然此舉其粗耳。《周禮》三歲遍頫，五歲遍省，七歲象胥諭言語、協辭命，九歲外史考書名，十有一歲同度量、修法則，十有二歲王巡狩殷國。此王者所以一道同風，治天下之大經也。

王曰：「嗚呼！凡我有官君子，欽乃攸司，慎乃出令。令出惟行，弗惟反。以公滅私，民其允懷。

此下皆訓戒之辭。上章言法，此章法外意也。無此意，雖有法不行焉。此節言政令能謹，則令出而必行；能公，則令出而民服。

學古入官，議事以制，政乃不迷。其爾典常作之師，無以利口亂厥官。蓄疑敗謀，怠忽荒政，不學牆面，莅事惟煩。

此節以學問爲重。蓋古人即學皆事，學優則仕，仕優則學，所以日用常有餘裕。蔡氏曰：「『學古』，學前代之法也。『制』，裁度也。『典常』，當代之法也。周家典常皆文、武、周公之所講畫，至精至備。凡莅官者，謹師之而已，不可喋喋利口，更改而紛亂之也。積疑不決，必敗其謀。怠忽荒略，必荒其政。人而不學，其猶正牆面而立，必無所見，而舉錯煩擾也。」

蘇氏曰：鄭子産鑄刑書，叔向譏之，曰昔先王議事以制，不爲刑辟。其言蓋取諸此。先王人法并任，而任人爲多，故律設大法而已，其輕重之詳，則付之人。臨事而議，以制其出入，故刑簡而政清。自唐以前，治罪科條止於今律令而已。人之所犯，日變無窮而律令有限，以有限治無窮，不聞有所缺，豈非人法兼行，吏猶得臨事而議乎？今律令之外，科條數萬而不足於用，有司請立新法，日益不已。嗚呼！任法之弊，一至此哉！

戒爾卿士，功崇惟志，業廣惟勤，惟克果斷，乃罔後艱。

此節言功業之本。志不立，則苟且而功不崇。行不勤，則作輟而業不廣。不果斷，則失機會而後反艱難矣。

位不期驕，禄不期侈。恭儉惟德，無載爾僞。作德，心逸日休；作僞，心勞日拙。居寵思危，罔不惟畏，弗畏入畏。

此節教士大夫以守爵位之道也。位以行道，非期於爲驕。禄以養廉，非期其爲侈。故貴於恭儉以爲德，恭則自不驕，儉則自不侈矣。然恭儉必實德於中，而毋行其僞也。僞之無不敗者，蓋作德則表裏如一，不事强矯，故心逸而日休焉；作僞則揜匿覆護，欲蓋彌彰，故心勞而日見其拙爾。居寵榮之時，思危辱之禍，則無不謹畏，而不敢驕侈。凡不知謹畏，則驕侈妄行，禍至無日，而反入於可畏之境矣。此教之以制行設心之法，至真至切之方如此。

推賢讓能，庶官乃和。不和，政厖。舉能其官，惟爾之能。稱匪其人，惟爾不任。」

治非可以一人爲，亦非可以一時止，故在於推賢舉能焉。推賢遜能，謂其一時更相推遜也。舉能稱人，則謂其遞相引類也。和則政事如出於一，舉能其官則事功亦猶出於己爾。

王曰：「嗚呼！三事暨大夫，敬爾有官，亂爾有政，以佑乃辟，永康兆民，萬邦惟無斁。」

「三事」謂公、孤。蔡氏謂「三事」即立政三事，公、孤位尊德重，不待戒敕。愚謂當時諸公雖不待戒敕，然王者立法，非爲一人一時也，故於定制之初、誥命之終而通告之。

履祥按：《周官》一篇，周公定制之大綱也，其禮制紀綱與其時士大夫風俗，可想見矣。然是篇，《周禮》之經也。《周禮》，其猶《周官》之傳與？周公制禮，先定公孤與六官之長，使分職而率其屬，自是衆職之纖悉，皆當時六卿分制之而周公總定之也。顧《周官》《周禮》其間有不合者，則其後因時裁定，詳略之間，不無損益，而大略無甚異矣。先儒曰：《周禮》之書，亦立制度焉耳。承襲之舊，權宜之法，要亦不盡出於《周禮》也。《周禮》之篇端皆曰「惟王建國，辨方正位」，則書成於營洛之後也。然成王未遂居洛，況盡用六典之制乎？或又曰《周禮》者，首尾未成之書也，惜哉！

【校記】

〔一〕「特」，原作「時」，據《前編》、秦抄本、張抄本改。

〔二〕「役」，原作「殷」，據《前編》、張抄本改。

〔三〕「服」，原作「服者」，據《前編》、秦抄本、張抄本删。

君陳

王若曰：「君陳，惟爾令德孝恭，惟孝友于兄弟，克施有政。命汝尹兹東郊，敬哉！

「克施有政」，《論語》作「施於有政」。君陳令德孝恭，惟其孝，則在内能友愛于兄弟，在外能施于有政，蓋本立則善推之也。成王營洛邑爲東都，此云「東郊」，蓋主鎬京而言。陳氏謂主東都王城而言，則下都商民所居謂之東郊。「尹」，正也。

昔周公師保萬民，民懷其德。往慎乃司，兹率厥常，懋昭周公之訓，惟民其乂。

師教之保安之。周公以德教安其民，民方思之。君陳治洛，但率循其治，勉明其訓，則其民自治，不必别有作爲也。

我聞曰：『至治馨香，感于神明。黍稷非馨，明德惟馨。』爾尚式時周公之猷訓，惟日孜孜，無敢逸豫。凡人未見聖，若不克見。既見聖，亦不克由聖。爾其戒哉！

「至治馨香」四語，吕氏謂周公精微之訓，蓋成王聞諸周公者也。治道之極，和氣發達，感通神明，謂之「馨香」，非黍稷荐祭而謂之「馨香」也。蓋清明之德，則自然精華發達，無非和氣也。「明德」言其本，「至治」言其效。「式時猷訓，惟日孜孜，無敢逸豫」與由聖之戒，皆勉君陳以明德之事也。君陳逮事周公，令德昭聞，但患其間斷，則爲人欲所昏，又患其玩於見、忽於行，則明德不續矣。兼常人之情，雖莫不有好德景行之心，而少有克己蹈道之力。以周公聖人，不間今古，孰不願見而不可得。然當時親見周公者亦不少，而少有能學爲周公者。蓋恃有聖人，玩於習見，而省察克治之功不能自加，此其所當戒也。

爾惟風，下民惟草。圖厥政，莫或不艱。有廢有興，出入自爾師虞，庶言同則繹。

此已下告之以至治之事也。「爾惟風，下民惟草」，風行草偃，不疾而速，此即「至治馨香」之謂。故必謹所以感之者，是以圖厥政不可不艱難謹重也。故於政事廢興之際，出則與國人，入則與僚友，其虞度之，師衆之言周矣，則又思繹之。蓋在我之德既明，則不蔽於私，而又有以度之，此政之所以善也。

爾有嘉謀嘉猷，則入告爾后于內，爾乃順之于外，曰：『斯謀斯猷，惟我后之德。』嗚呼！臣人咸若時，惟良顯哉！」

葛氏曰：成王殆失斯言矣，欲其臣善則稱君，人臣之細行也。然君既有此心，至於有過則將使誰執哉？禹聞善言則拜，湯改過不吝，端不爲此言矣。嗚呼！此其所以爲成王與？

愚謂此成王因師虞之訓而述君陳之素行也。君陳前日必嘗爲親近之臣，獻納之任，其爲人如此，故成王嘉之。然人臣如此，固爲良德，而人主不可示此意向也。下文「予曰辟，爾惟勿辟。予曰宥，爾惟勿宥」。其諸以此章〔一〕之意，勉君陳之所未及與？

王曰：「君陳，爾惟弘周公丕訓，無依勢作威，無倚法以削。寬而有制，從容以和。

弘周公之訓以訓民，不可執周公之法以責民。蓋立法特以禁民，而用之則又必有寬制從容於法之外者。君陳未必依勢倚法，而成王言此，蓋勢者我之所乘，而法者我之所執，一以喜怒之私加之，即易爲威虐。故上之人常欲忘勢，而論法常主於與民，則庶無此過。「寬而有制」，則寬意常行於法之中，又非廢法以爲寬也。「從容以和」，則其忘勢近民，亦非勉强，勉强則不能和矣。蔡氏曰：「此篇言周公訓者三，曰『懋昭』，曰『式時』，至此則曰『弘周公丕訓』，欲其益張而大之也。」吕氏曰：繼前人之政者，苟止以持循因襲爲心，其所成必降前人數等，惟奮然開拓，期以光大前業，然後僅能不替。蓋造始之與繼成，其力大不同也。

殷民在辟，予曰辟，爾惟勿辟；予曰宥，爾惟勿宥，惟厥中。

上文述君陳善則稱君，故此又勉君陳以執法揆理，勿徇其君之意也。「中」者，審其輕重，隨其時措之宜，無過不及也。

有弗若于汝政，弗化于汝訓，辟以止辟，乃辟。狃于姦宄，敗常亂俗，三細不宥。

此終上文辟宥之意。刑不泛加，凡懲一而可以止百者則刑之。關係者大，而所犯者細，小懲而大誡〔二〕，不可宥也。

爾無忿疾于頑，無求備于一夫。必有忍，其乃有濟；有容，德乃大。簡厥修，亦簡其或不修。進厥良，以率其或不良。

承上文用刑之意，而又以寬和終之。君陳之治東郊，不惟殷民，凡殷士之在官者，與凡庶正之官皆屬焉。「無忿疾于頑」，指民也。「無求備于一夫」，指官也。「頑」者所未化，求備〔三〕者謂所未能。事必有所忍，則能有所成就。量必有所容，則德乃廣大。「修」謂職業修舉，「良」謂行義温純。於職業則兼簡其修廢，使人勸功。於行誼則進其賢者，以率化之，則人勵行。

惟民生厚，因物有遷。違上所命，從厥攸好。爾克敬典在德，時乃罔不變，允升于大猷。惟予一人膺受多福，其爾之休，終有辭於永世。」

斯民之生理無不具，可謂厚矣，但誘於習俗，爲物所遷耳。然其心不從上之命而從上之好，今欲教之以復其所本厚，則不惟在於政教聲色之末，而實在吾攸好如何。「敬典」者，厚典庸禮，深信篤好之意。「在德」者，躬行心得之真。攸好如此，則民心觀感，時乃罔不變化其氣習物欲之蔽，而允躋於大道之中矣。章首「明德惟馨」之意蓋如此。

吕氏曰：君陳之命，周公則既没矣，成王真得實造之學，當於是篇求之。周公之没也，寵臣碩輔尚多立於朝，而分正東郊，成王獨以屬之君陳，是獨何哉？斯時也，東郊治體，所宜盡循周公之典，使付之舊臣，則諸老固非作聰明亂舊章者，然平日與周公比肩同功，慮其兢兢循守者或未專固，微有自用之意於其間，則於治體已有間矣。不若畀之後進端懿之人，則一意奉承，不敢毫髮增損。成王微指，蓋在此也。至于成終之任，開闔變化，非四世元老莫能之，故康王必付之畢公焉。成、康之於治體，其觀時義者精矣。

【校記】

〔一〕「此章」，原作「此此章」。據《前編》、秦抄本、張抄本删。

〔二〕「誡」，原作「警誡」，據《前編》、張抄本改。

〔三〕「求備」，原無「求」，據《前編》、張抄本補。

顧命

惟四月哉生魄，王不懌。甲子，王乃洮頮水，相被冕服，憑玉几。

蔡氏曰："王發大命，臨群臣，必齋戒沐浴。今疾病危殆，故但洮盥頮面，扶相者被袞冕，憑玉几以發命。"

乃同召太保奭、芮伯、彤伯、畢公、衛侯、毛公、師氏、虎臣、百尹、御事。

六卿，百執之長，各書其人。太保、畢公、毛公皆三公。《周禮》三公無職，蓋六卿進兼，或三公下兼六卿。蔡氏曰："平時則召六卿，使帥其屬。此則將發顧命，故自六卿至御事，同以王命召也。"呂氏曰：召公以太保領冢宰，固無可疑。畢公與召公一體，而班在四者，蓋司馬兵權，非元老重臣未易付也。

王曰："嗚呼！疾大漸，惟幾，病日臻。既彌留，恐不獲誓言嗣，茲予審訓命汝。

此下成王之顧命也。"漸"，進。"幾"，危。疾甚曰"病"。"彌"亦甚。"留"，連也。"嗣"者，立元子嗣位之事。"審"，重詳也。成王其時年四十有九，古人多壽，故未及言太子嗣位之事。或嘗言之，而至此又詳審言焉，重其事也。

昔君文王、武王宣重光，奠麗陳教則肄。肄不違，用克達殷，集大命。

蔡氏曰：「言文武宣布重明之德，定民所依麗，陳列教條，則民習服。習而不違，天下化之，用能達於殷邦，而集大命于周也。」

在後之侗，敬迓天威，嗣守文武大訓，無敢昏逾。

「侗」，愚也，成王自謂也。

今天降疾，殆，弗興弗悟。爾尚明時朕言，用敬保元子釗，弘濟于艱難。柔遠能邇，安勸小大庶邦。

「釗」，康王名。「元子」者，正其統也。成王在位雖四十年，天下太平。然先王終，而嗣君立，乃一時艱難之運。昔者成王幼冲，親罹其禍，四國相挺而起，王室幾危。故成王之終，以弘濟艱難，柔遠能邇，安勸小大庶邦爲托。然合遠近大小，又以見君德所施，公平周溥，不可有所偏滯也。

思夫人自亂于威儀，爾無以釗冒貢于非幾。」

「亂」，治也。有威而可畏謂之「威」，有儀而可象謂之「儀」，舉一身之則而言也。劉子所謂民受天地之中以生，所謂命也，是以有動作禮義威儀之則以定命也。此言蓋有自來，周家士大夫蓋相傳以爲立身之本也。成王謂思夫人之所以爲人者，自治於威儀耳，此固元子釗所當自治，然左右大小之臣俱有保傅輔翼之責，不可苟投其君以爲非之幾也。夫當時諸臣固非引其君於非者，然或幾微之事徇之而不謹，自微而大，將自是滋矣。此人主之所甚畏，而輔君者不可不謹也。

呂氏曰：甲子之命，去崩才一日耳。猶盥洗而致潔，冠服以致嚴。顧托之言淵奧精明，蓋臨衆之敬不以困憊廢，而素定之理雖垂没固炯然也。惟善治氣者爲能歷病疾而不惰，惟善養心者爲能臨死生而不昏，此豈一朝一夕之積哉！又曰：斯言也蓋成王平日至親至切之學，至此始發其秘也。周公精微之傳，成王得之，將終方以示群臣。孔子精微之傳，曾子得之，將終方以示孟敬子，皆近在於威儀、容貌、顔色、辭氣之際。然則周公、孔子〔一〕豈惟同道，其用工之次第、品目亦莫不同也。

兹既受命還，出綴衣于庭。越翼日乙丑，王崩。

蔡氏曰：「『綴衣』，幄帳也。群臣既受命，王還内，徹出幄帳於庭。《喪記》云：疾病，君徹懸，東首於北墉下是也。於其明日，王崩。」

太保命仲桓、南宫毛，俾爰齊侯吕伋，以二干戈、虎賁百人，逆子釗于南門之外。延入翼室，恤宅宗。

「太保」以冢宰，攝政出命。「南宫毛」當是括之後。「齊侯吕伋」，太公子，入爲虎賁氏。「爰」，於也。「逆」，迎也。「南門」，路寢之門也。「延」，引也。引入路寢之旁翼室，爲憂居宗主。「翼室」，即東夾室也。天子居喪之次曰梁闇，比諸侯倚廬而加楣梁。此初喪未爲梁闇，故以東夾室爲宅宗之地，此下文東夾所以不陳設也。呂氏曰：發命者冢宰，傳命者兩朝臣，承命者勛戚，顯諸侯體統，尊嚴樞機，周密防微，慮患之意深矣。入自端門，萬姓咸〔二〕覩，與天下共之也。「延入翼室」，爲憂居之宗，示天下不可一日無統也。唐穆敬文武，以降，閹寺執國命，易主於宫掖，而外庭猶不聞。然後知周家之制曲盡備豫，雖一條一節，不可廢也。

丁卯，命作册度。

「命」，即太保命之也。作册以傳顧命。古者册書自有常度，此重顧命，故其册之度又異於常，太保定其制焉。送死事固大，而顧命亦大，故於崩之再明日，即命作册度。其它喪事自有常職，此不復書。

越七日癸酉，伯相命士須材。

天子七日而殯，「癸酉」即殯之明日也，既殯。始傳顧命殯前，以送死爲重也。「伯相」，即太保也。太保以西伯爲相，故謂「伯相」。「士」者，凡幕人、掌次、司几筵、朝士諸職皆士也。「材」，物也。凡朝廷所須〔三〕器物，如下文禮器几席、事輅、戈鉞之類是也。自此以下皆癸酉之事，舊説「須材」爲供喪者，與上下文不相入。

狄設黼扆、綴衣。

「狄」，下士，《祭統》謂「樂吏之賤者」。《喪大記》「狄人設階」，蓋供設張之士者，即幕人、司几之類也。「黼扆」，天子之屏。黼以白黑爲文，畫如斧形。古畫，文之圓而相糾者謂之罍，以象雷也；文之方而四鋭，腰兩旁曲内，首尾曲外者謂之黼，以象斧也，即今銀樣畫也。扆以繒爲之，設黼扆幄帳，如成王存之日也。

牖間南嚮，敷重篾席，黼純，華玉仍几。

此平時見群臣覲諸侯之坐。古者前爲堂，後爲室，室中以東向爲尊，户在其東南，牖在其南，户牖之外爲堂，以南向爲尊。其位在户外之西，牖外之南，故《爾雅》「户牖之間謂之扆」，謂設扆之處也。此所謂「牖間南嚮」之坐也。天子之席三重篾，孔、鄭諸儒皆謂桃枝竹席。「黼純」，以黑白文繒爲緣也。「華玉」，黄玉也。「仍几」，因生時所設黄玉飾几也。

西序東嚮，敷重底席，綴純，文貝仍几。

此朝夕聽事之坐也。《爾雅》「東西牆謂之序」，蓋古者宫室之内以墉牆爲隔，猶今以壁隔也。東西牆猶言東西壁，壁之外即夾室，故又曰東西廂謂之序。自堂言之，則東西壁爲序，自夾室言之，則牆乃夾室之墻也。夾之前謂之廂，故夾室亦通可謂之廂矣。賈氏注《禮》曰：「序以西爲正堂，序東有夾室。」蓋士惟東房西室，乃以室户房間爲中，房前東壁爲序，序東有夾，惟天子諸侯則有東西房，有東西夾。郭氏曰：序者，序别内外也。然左右進以至户牖間者，必先由序，故謂之序，猶云次第經由處也。

「厎」者，蒲席也。「綴」，雜彩文。「貝」，車渠也。

東序西嚮，敷重豐席，畫純，雕玉仍几。

此養老饗群臣之坐也。「豐」，莞席也。「畫」，繪五彩。「雕」，刻鏤也。

西夾南嚮，敷重筍席，玄紛純，漆仍几，越玉五重。

此親屬私燕之坐也。天子之屋，四霤爲四阿、四个，而有東西夾，大夫士止有東夾，然亦不敢爲阿、个也。今此書不言東夾，獨無陳設，惟言「西夾」而又「南向」，與當扆同。又「越玉五重」，蓋東夾者，即初喪宅宗之翼室，而西夾者則新陟王西階之殯宫也。卿大夫無西夾，則殯西階之上，士殯於客位，惟天子有西夾，其殯畢塗屋，故於西夾爲之。所以西夾既設几席，又加玉五重而别不陳寶。漢天子殮以玉札，謂之玉棺，所以不腐。周天子殯而五重設玉，意可見矣。東夾之外未爲梁闇，西夾設位未畢塗屋，以將傳顧命，未備喪禮也。「筍席」，吕氏謂緝竹簟以爲席也。「紛」，雜也。「漆」，黑漆。親親不尚飾，故此坐之設如此。

陳寶、赤刀、大訓、弘璧、琬琰，在西序。大玉、夷玉、天球、河圖，在東序。胤之舞衣、大貝、鼖鼓，在西房。兑之戈、和之弓、垂之竹矢，在東房。

朝廷尊敬，不設寶玉於東西序，夾室則設之。「寶」者，先王之寶器。「赤刀」，《博物志》昆吾鍊鋼赤刀，切玉如泥者。「大訓」，即典謨帝王之書。「河圖」，即伏羲所獲龍馬負圖也。「胤」、「兑」、「和」、「垂」，或地名或人名，其物皆精堅久遠，世所傳寶者。蔡氏曰：「器物之陳，非徒以爲國容觀美。意者成王平日之所觀閲，手澤在焉，陳之以象其生存也。楊氏《中庸傳》曰：宗器於祭陳之，示能守也；於顧命陳之，示能傳也。」

大輅在賓階面，綴輅在阼階面，先輅在左塾之前，次輅在右塾之前。

蔡氏曰：「『大輅』，玉輅也。『綴輅』，金輅也。『先輅』，木輅也。『次輅』，象輅，革輅也。王乘玉輅，綴之者金輅也。最遠者木輅，故木輅謂之先輅，則革輅、象輅爲次輅矣。『賓』，西階。『阼』，東階。『面』，南嚮也。『塾』，門側堂也。五輅陳列，亦象成王之生存也。《周禮・典輅》云『若有大祭祀則出輅』，大喪、大賓客亦如之。是大喪出輅爲常禮也。又按所陳寶玉器物，皆以西爲上者，成王殯在西夾故也。」

二人雀弁執惠，立于畢門之内。四人綦弁，執戈上刃，夾兩階戺。一人冕，執劉，立于東堂。一人冕，執鉞，立于西堂。一人冕，執戣，立于東垂。一人冕，執瞿，立于西垂。一人冕，執鋭，立于側階。

「弁」，士服。凡執器者皆士也。「雀弁」，赤黑色，韋弁也。「綦弁」，鹿胎皮爲之。「惠」，三隅矛，形如耑也。「畢門」，即路寢門也。「上刃」，外向也。「兩階戺」，賓阼兩階之隅也。堂廉曰「戺」。《正義》曰：堂廉者，堂基南畔。「廉」，稜也，廉即隅角也。堂爲兩階，則兩階接堂有隅角，故每階以二人夾之。然堂廉既主於南畔，則兩階之間，每廉二人夾立也。「冕」，大夫冠也，制如弁，但加藻耳。「劉」、「鉞」皆斧屬。「東堂」、「西堂」，即東西夾之前堂也。夾之前有廂，則曰東廂、西廂，不爲廂，則曰東堂、西堂也。「戣」、「瞿」皆矛屬。「東垂」、「西垂」〔四〕，路寢東西之階上也。「垂」，下階之處也，一云「垂」，堂兩邊也。「鋭」，按古文作「鈗」，《説文》「鈗」讀若「允」。「側階」者，北階也。東房半以北爲北堂，其堂西直室墉，東直房户，而爲北階以下，蓋通宫闈之路也，故惟一人守之。自門而階，則立衛者皆士，至堂則立衛者皆大夫。吕氏曰：古者執戈戟以宿衛王宫，皆士大夫之職。無事而奉燕私，則從容養德，有膏澤之潤；有事而司禦侮，則堅明守義而無腹心之虞。下及秦、漢，陛楯執戟，尚餘一二。此制既廢，人主接士大夫者，僅有視朝數刻，而周廬陛楯，或環以椎埋嚚悍之徒。有志於復古者，當深繹也。

王麻冕黼裳，由賓階隮。卿士、邦君麻冕蟻裳，入即位。

「隮」，升也。由西階，未敢爲主也。「蟻」，玄色。卿士邦君皆同服，亦廟中之禮。「即」，就也。「位」者，平日侍朝之班次也。吕氏曰：「麻冕黼裳」，王祭服也。卿士邦君祭服之裳纁，今蟻裳〔五〕者，蓋無事於奠祝，不欲純用吉服。有位於班列，不可純用凶服，酌吉凶之間，示禮之變也。

太保、太史、太宗皆麻冕彤裳。太保承介圭，上宗奉同、瑁，由阼階隮。太史秉書，由賓階隮。

「彤」，纁也，祭服也。「介圭」，王之大圭，長尺有二寸。「同」，爵名。「瑁」，方四寸，邪刻之以冒諸侯之圭璧，齊瑞信也。蔡氏曰：「太保、宗伯以先王之命，奉符寶以傳嗣王，有主道焉，故升自阼階。『太史秉書』，『書』即册也。以成王之殯在西階之上，故亦由賓階升。」

御王册命，曰：「皇后憑玉几，道揚末命，命汝嗣訓，臨君周邦，率循大卞，燮和天下，用答揚文武之光訓。」

「御」，奉持也。此即丁卯所作册也。吕氏以此即爲册命之辭。蔡氏以成王顧命已書之册，此則太史口陳之辭也。「皇后」，大君也。「末命」，臨終之命也。「大卞」，字書無正訓，孔氏訓法。按「卞」本從廾，與「弁」同，是恭供之義，則當訓爲禮。或云大弁即謂天子之冕，謂服天子之服以朝也。惟有此命，故康王冕服見諸侯行顧命也。此數辭固隱括成王之命而約言之。「命汝嗣訓」，則嗣守文武大訓之謂也。「率循大卞」，則自亂于威儀之謂也。「燮和天下」，則柔遠能邇，安勸小大庶邦之謂也。然成王之命，蓋爲命群臣相康王之辭，亦必別有敕康王之語，若此册所云者，史書前後互見，故不屢書耳。若本無其語而虛爲此册，則是後世遺詔，儷語不情之言，非古人所爲也。

王再拜，興，答曰：「眇眇予末小子，其能而亂四方，以敬忌天威。」

「眇」，小。「而」，如也。顧命有「敬迓天威」之語，故此亦有「敬忌天威」之説。

乃受同、瑁，王三宿、三祭、三咤。上宗曰：「饗。」

受同以祭，受瑁以爲主。「宿」，肅也。「祭」，祭酒也。「咤」，嘆也。王受上宗同、瑁，則受太保介圭可知。王搢大圭，以同爵祭告受命也。祭訖，以同受太保。「三咤」，嘆也。親没而始受顧命，雖不敢死其親，用祭服祭禮而不哭，然三咤之情則不可遏也。上宗曰「饗」，傳神命以饗告也，猶嘏以慈〔六〕告也。

太保受同，降，盥以異同，秉璋以酢。授宗人同，拜，王答拜。

「同」，《白虎通》作「銅」，蓋同必銅爵之名。太保受同，則王三祭，以同授太保可知。「降」，反同于篚，又盥洗更用他同。「秉璋以酢」，「酢」，祭也。祭禮，君執圭瓚祼尸，太宗執璋瓚亞祼，故此報祭亦秉璋也。以同授宗人而拜，王答拜者，明爲後也。古者始喪，雖卑者亦拜之。此雜用喪禮，又如代尸拜也。「宗人」，小宗伯之屬也。大宗以供王，小宗以供太保。

太保受同，祭嚌宅。授宗人同，拜，王答拜。

在喪祭告，王不飲福，故太保攝飲福，所以受同祭而飲福。「嚌」者，至齒而已。方在喪疚，雖歆神之〔七〕賜而不能甘也。「宅」，亦當作「咤」。

太保降，收。

太保下堂，有司徹。

諸侯出廟門俟。

吕氏曰：「廟門」，路寢門。成王在殯，故名廟也。俟見康王於門外，下篇康王亦出外朝告諸侯，蓋在廟門内則子道也，出廟門則君道也。新天子之尊，屈於門内而伸於門外，父子君臣之義著矣。

【校記】

〔一〕「周公孔子」，《前編》作「周孔」。

〔二〕「咸」，原作「盛」，據《前編》、張抄本改。

〔三〕「所須」下，原本衍「癸酉」，據《前編》、張抄本删。

〔四〕「西垂」，原無，據《前編》、張抄本補。

〔五〕「裳」，原無，據《前編》、張抄本補。

〔六〕「慈」，原作「饗」，據《禮記·禮運》改。

〔七〕「之」，原衍一「之」，據《前編》删。

康王之誥

王出，在應門之内，太保率西方諸侯入應門左，畢公率東方諸侯入應門右，皆布乘黄朱。賓稱奉圭兼幣，曰：「一二臣衛，敢執壤奠。」皆再拜稽首。王義嗣德，答拜。太保暨芮伯咸進，相揖。

王出畢門，則立應門之内，蓋外朝也。周制，分天下以爲左右，曰二伯，陜以東周公主之，陜以西召公主之。周公没，畢公繼之。故此二公各率其方之諸侯，入門而左而右，亦各從其方。「布」，陳也。「乘」，四馬也。黄色朱鬣，陳之以爲庭實。「賓」，諸侯也。「稱」，舉也。「圭」，守圭。「幣」，籍幣，以荐圭也。曰「一二」者，明非一。曰「臣衛」者，謂諸侯蕃衛王國者也。「壤奠」，謂以土地所出爲〔一〕奠贄也。皆再拜稽首於地以致敬。「義」，審宜也。王審宜，以在喪而嗣先德、朝諸侯，宜答拜也。王答拜，故太保芮伯咸進，贊相王揖。

吴氏曰：穆公使人弔公子重耳，重耳稽顙而不拜。穆公曰仁夫公子，稽顙而不拜，則未爲後也。蓋爲後者拜，不拜，以未爲後也。弔者、含者、襚者升堂致命，主孤拜稽顙，成爲後者也。康王之見諸侯，若以爲不當拜而不拜，則疑未爲後也，且純乎吉也。答拜，既正其爲後，且知其以喪見也。

皆再拜稽首，曰：「敢敬告天子，皇天改大邦殷之命，惟周文、武誕受羑若，克恤西土。惟新陟王畢協賞罰，戡定厥功，用敷遺後人休。今王敬之哉！張皇六師，無壞我高祖寡命。」

上文「再拜稽首」，贊見也。王答之，二相進贊揖遜〔二〕。故諸侯又再拜稽首，答君也，亦進戒也。「羑若」，蘇氏謂羑里之厄，於此能順，則天下之理無乎不順矣。蔡氏疑即下文「厥若」，謂其所當順從者，皆非也。按字書「羑」，進善也，即今「誘」字。《説文》「羑」或作「誘」。「羑若」，蓋天誘其衆之意，言皇天以大邦之命而改命周，亦以文武大能承受其誘衆助順之理，而憂勤西土之民耳。此其受命〔三〕之原，亦非有甚高難行之説也。惟新升遐之王，又能盡協文武賞罰之公，而戡黜武庚，伐淮踐奄，以定文、武之功，以能施及後人，有此休福。今王其敬之哉！張皇六師，無廢壞我文、武艱難寡得之基命。「六師」，即謂天子六軍之制，猶言萬乘也。「張」者，弛之反。「六軍」，王國之常制。張則不弛其備，皇則不輕其事，猶云張舉天子之事耳。然武備乃承平易弛之事，故諸公〔四〕又特言之與？蔡氏曰：「召公此言若導王以尚威武者。然守成之世，多溺宴安而無立志，苟不詰爾戎兵，奮揚武烈，則廢弛怠惰而淩遲之漸見矣。成康之時，病正在是，故周公於《立政》亦懇懇言之。後世墜先王之業，忘祖父之讎，上下苟安，甚至口不言兵，亦異於召公之見矣，可勝嘆哉！」

王若曰：「庶邦侯、甸、男、衛，惟予一人釗報誥。昔君文武，丕平富，不務咎，底至齊信，用昭明于天下。則亦有熊羆之士，不二心之臣，保乂王家，用端命于上帝。皇天用訓厥道，付畀四方。乃命建侯樹屏，在我後之人。今予一二伯父，尚胥暨顧，綏爾先公之臣服于先王。雖爾身在外，乃心罔不在王室，用奉恤厥若，無遺鞠子羞。」

康王在喪，故稱名。諸侯言文、武及新陟王，而康王惟言文、武，蓋未忍言成王之遺事，又方述求助之意。而諸公皆文、武勛舊，又武王所封以屏王室者，故惟述文、武以感之而不及成王也。「丕平富」者，制其田里，薄其税斂，去其貪暴，使人人各得其養也。「不務咎」者，刑罰雖不可廢，然不以是爲務，而取足於是也。「底至」者，發己自盡，必欲至其極。「齊信」者，隨事所處，無不盡其實也。誠之所積，固自不可掩，所以用昭明于天下。然所以戮力創造王室者，又皆勇鋭之士，忠實之臣之助，用是文、武能正受其命於上天，而上天亦順文、武之道，付之以天下。文、武又命封建侯國，立爲藩屏，其意正在於衛輔我後人。「今予一二伯父」，指同姓大諸侯也。天子謂同姓諸侯曰伯父、叔父，異姓諸侯曰伯舅、叔舅。此惟言伯父，蓋指太保以及其餘，不屢數也。「尚胥暨顧，綏爾先公之臣服于先王」，欲顯諸侯，胥及天下之諸侯，觀守爾先公之所以臣服于王之道，雖身守國於外而乃心當常在王室，用奉我一人以憂其所當奉行之事，其無遺我孤子之羞也。

群公既皆聽命，相揖，趨出。王釋冕，反喪服。

前相揖蓋以王答拜而贊揖也，此相揖蓋太保諸公相率揖而退也。「王釋冕，反喪服」，此處喪禮之變，冕服亦不宜久也。蘇氏曰：成王崩，未葬，君臣皆冕服，禮與？曰：非禮也。謂之變禮，可乎？曰：不可，禮變於不得已。嫂非溺，終不援也。三年既成服，釋之而即吉，無時而可者。曰：成王顧命不可以不傳，既傳不可以喪服受也。曰：何爲其不可也？孔子曰：將冠子，未及期日而有齊衰大功之喪，則因喪服而冠。冠，吉禮也，猶可以喪服行之，受顧命，見諸侯，獨不可以喪服乎？太保使太史奉册授王于次，諸侯入哭於路寢而見王於次，王喪服受教戒，哭，踊答拜。聖人復起，不易斯言矣。《春秋傳》曰：鄭子皮如晉葬平公，「將以幣行。子産曰：『喪焉用幣？』子皮固請以行。既葬，諸侯之大夫欲因見新君。叔向辭之，曰：『大夫之事畢矣，而又命孤，孤斬焉在衰絰〔五〕之中，其以嘉服見，則喪禮未畢。其以喪服見，是重受弔也。大夫將若之何？』皆無辭以退」。今康王既以嘉服見諸侯，而又受乘黄玉帛之幣，使周公在必不爲此。然則孔子何取此書也？曰：至矣，其父子君臣之間，教戒深切著明，足以爲後世法，孔子何爲不取哉？然其失禮則不可以不辯。

吕氏曰：堯、舜、禹、湯、文、武無顧命，而成王獨有顧命，始終授受之際，國有常典矣。成王之初，經三監之變，王室幾摇，故於此正其終始特詳焉。《顧命》，成王所以正其終。《康王之誥》，康王所以正其始。舜除堯之喪，格廟而咨岳牧，成王除武王之喪，朝廟而訪群臣，皆百代之正禮。然成湯方没，伊尹遽偕群后、侯、甸訓太甲焉，禮固有時而變矣。説者不疑太甲受伊尹群后之訓于居憂之時，乃疑康王受召、畢諸侯之戒于宅恤之日，甚者或以晉辭諸侯爲證。然則隆周之元老，反不若衰晉之陪臣耶？

朱子曰：天子諸侯之禮與士庶人不同，故《孟子》有「吾未之學」之語，蓋謂此類耳。如《伊訓》元祀十二月朔，亦新喪也。伊尹亦祠于先王，奉嗣王祗見厥祖，固不可用凶服矣。漢、唐新主即位，皆行册禮，君臣亦皆吉服，追述先帝之命，以告嗣君。蓋易世傳授，國之大事，當嚴其禮。而王侯以國爲家，雖先君之喪，猶以爲己私服也。五代以來，此禮不講，則始終之際殊草草矣。

【校記】

〔一〕「爲」，原作「謂」，據《前編》、張抄本改。

〔二〕「遜」，原作「矣」，據《前編》改。

〔三〕「受命」，原作「受民命」。按「民」當衍，據《前編》删。

〔四〕「諸公」，原作「諸侯公」。按「侯」當衍，據《前編》、張抄本删。

〔五〕「経」，原作「經」，據《前編》、秦抄本、張抄本改。

畢命

惟十有二年，六月庚午，朏。越三日壬申，王朝步自宗周，至于豐。以成周之衆，命畢公保釐東郊。

「朏」，月三日生明。「壬申」，六月五日也。「宗周」，鎬京。「豐」，文王之都，在鎬京之西二十五里。「成周」，在鎬京之東八百里。商民所居，在王城之東二十五里。王朝步自宗周至于豐，命之於文王之廟也。「保」者，安全之。「釐」者，疏理之。吕氏曰：「保釐」二字，一篇之體要也。

王若曰：

《書序》謂康王命作册，則此以下康王之意，而命内史修飾之也。

「嗚呼！父師，惟文王、武王敷大德于天下，用克受殷命。惟周公左右先王，綏定厥家，毖殷頑民，遷于洛邑，密邇王室，式化厥訓。既歷三紀，世變風移，四方無虞，予一人以寧。

此叙述其原委也。惟文、武能以大德受命，惟周公能左右綏安。「毖」，謹也。周公固無事不謹，而化商一事尤所謹重。故遷之洛邑，親近王化，商民亦敬化於周公之訓。故自周公之没，今三十六年，世已變而風俗亦漸移，天下之内，安平無事，予一人賴是以寧，是皆周公風化之力也。周公没，今三十七年，言「三紀」者，舉全數也。

道有升降，政由俗革，不臧厥臧，民罔攸勸。

此論治道旌别之宜也。「升降」，猶《記》言「道隆」、「道污」。蓋道有所當升，有所當降，初無執一之用。故爲政者，當視時俗而爲之更張，不可膠於一定也。當周公之時，商民反覆未定，故公遷之、教之、寬之、警之。至君陳之時，不善者尚多，故猶務含容，皆以漸治之。至畢公之時，世變風移，老死少長，薰習滋變，不善者亦希矣。然而猶有未善者，在正所當分别之也。蓋不善其善，則民無所勸慕矣。是則分别者，乃所以使之皆爲善也。

惟公懋德，克勤小物，弼亮四世，正色率下，罔不祗師言。嘉績多于先王，予小子垂拱仰成。」

此述畢公之賢，必能體道之用也。吕氏曰：畢公天下之元老，康王不稱其成德而稱其懋德，不稱其總大體而稱其勤小物，蓋以成德自居則止矣，於小物而忽焉則亦間斷矣，惟勉於德者貫穉耄而不息，敬於事者一小大而無間。康王於師傅可謂觀之詳，察之審，而善於形容矣。又言畢公輔導四世，風采凝峻，表儀昭〔一〕著，小大之臣罔不祗服父師之訓。德容之重，衆望之孚，養之者蓋非一日之積矣。蔡氏曰：「休嘉之績多於在先王之時，故我小子垂衣拱手以仰其成而已。王將付畢公以保釐之寄，故叙其德業之盛，知畢公之必能終此事也。」

王曰：「嗚呼！父師，今予祗命公以周公之事，往哉！

鎮東都，化商民，此周公之事，故敢以命公。吕氏曰：言之敬而待之尊，禮貌重臣也。

旌别淑慝，表厥宅里。彰善癉惡，樹之風聲。弗率訓典，殊厥井疆，俾克畏慕。

此東郊之政也，所以釐之也。旌淑别慝，東郊之政由俗革者莫大於此。其旌淑也，則表其宅里，以彰爲善者之閭，而使惡者病不能焉。蓋立善者之風流聲聞，使聞者興起，此先王所以爲風俗無窮之計也。其别慝也，則弗率訓典者，殊其井疆，若記所謂不變移之郊，不變移之遂，蓋使之畏疏斥之醜而慕爲善之美，卒亦同歸於善而已。

申畫郊圻，慎固封守，以康四海。

此承上文，因以推廣東郊之政，所以保之也。蓋因表里殊井之政亦以「申畫郊圻」，因「申畫郊圻」之制可以謹固封守，因謹固封守可以用康四海。夫郊甸之畫舊矣，然井田之制歷歲久則溝澮易堙，分畫疏則經界易失，故必因時而申畫之。又先王井田之制，澮塗縱横，溝封有截，亦寓封域設險之意焉，故「申畫郊圻」所以謹固封守也。京師畿甸，諸夏根本，王畿安則天下安矣，故「謹固封守」所以「康四海」也。

政貴有恒，辭尚體要，不惟好異。商俗靡靡，利口惟賢，餘風未殄，公其念哉！我聞曰：世禄之家，鮮克由禮。以蕩陵德，實悖天道。敝化奢麗，萬世同流。兹殷庶士，席寵惟舊，怙侈滅義，服美于人。驕淫矜侉，將由惡終。雖收放心，閑之惟艱。資富能訓，惟以永年。惟德惟義，時乃大訓。不由古訓，于何其訓？」

此章又明化商之要，不徒别殊之，又必化訓之也。大抵商民不善之餘習有二，利口也，驕淫也。利口則化之以政令之静重，驕淫則化之以德義之成法。政事貴平常而戒詭異，辭令務大體而尚簡要。吕氏曰：此深懲作聰明趨浮末之異好，凡論治體者皆然，在化商言之，尤爲對病之藥。蓋其俗靡，利口惟賢，政當以渾厚敦朴鎮之，畢公所當深念也。又曰：古人論世族之病，必舉而歸之驕侈，此商民之病之原也。世禄之家不可概謂之無禮法也，逸樂豢養之所移，其能由禮者鮮矣。既不由禮，則心無所制，肆其驕蕩，陵蔑有德，悖棄天道。甚矣，夫衰弊之化，未有不侈麗者，此古今同一流耳，此古人之論也。而兹殷庶士，席寵惟舊，率多世族，怙侈滅義，則以蕩陵德也。服美于人，則敝化奢麗也。流而不反，驕淫矜誇，百邪并見，殆將以惡終矣。賴洛邑之遷，式化厥訓，拯其將亡而更生之。教育之久，雖已收其放心，所以閑之使久而不渝則甚難，此畢公所當講也。資富而能訓，所以使之永年。商民席寵，又承三紀富庶涵養之餘，資之富矣，訓迪之而閑其邪，蓋不可緩也。然所以訓之者，豈外立其教以訓之哉？德者，心之理。義者，事之宜。人所同有，訓莫大於是。然善無證則不信，而德義非可以空言也，當稽古以爲之説，不由古以爲訓，于何以爲訓乎？

王曰：「嗚呼！父師，邦之安危，惟茲殷士，不剛不柔，厥德允修。

是時太平無事，獨殷民未盡化耳，而康王猶以爲安危所係，不恃其治，不忽於微如此。剛則激亂，柔則容姦，此化商之所以爲難。惟不剛不柔，時措適中，此所以爲德之允修也。

惟周公克慎厥始，惟君陳克和厥中，惟公克成厥終。三后協心，同厎于道。道洽政治，澤潤生民。四夷左衽，罔不咸賴。予小子永膺多福。

前後之時不同，由革之政亦異。而云「協心同厎于道」者，蓋此心所處，俱至於所當然之則也。京師首善之地，而周、畢二公又皆以東伯鎮東都，故推其餘效，至「四夷左衽，罔不咸賴」也。蔡氏曰：「殊厥井疆，非治之成。使商民皆善，然後可謂之成。」愚按：自畢公以後，周家無復有事於東郊，而人心風俗與周始終矣，畢公真能踐成終之命哉！

公其惟時成周建無窮之基，亦有無窮之聞。子孫訓其成式，惟乂。

總上文立風聲、革舊俗，申畫、謹固，而成其終，皆所以爲成固無窮之基也。

吕氏曰：畢公四世元老，豈區區立後世名者？而勛德之隆亦豈少此？康王所以望之者，蓋相期以無窮，乃尊之至也。

嗚呼！罔曰弗克，惟既厥心；罔曰民寡，惟慎厥事。欽若先王成烈，以休于前政。」

畢公重德而有弗克之戒，又有民寡之戒。三代君臣相與警戒，固無事不存，未嘗以盛德廢也。推畢公「克勤小物」之心，則或以商民之難化爲憚。推畢公多嘉之績，則或以商民之蕞爾而忽。毋憚其難，惟當盡心。毋忽其少，惟當謹事。「休于前政」，謂成終也。周公、君陳其道固盡，而商民猶未盡化，是尚有餘責也。成終則無復餘責矣，此之謂「休于前政」，非求勝於前之謂也。

履祥按：殷自中葉以來，士大夫世家巨室殖貨謾令，風俗浸不美，盤庚亦[二]嘗正之。歷高宗諸賢君，風俗固嘗正矣。至紂又以淫酗驕奢倡之，一時風靡，而又爲天下逋逃主，聚諸亡命，是崇是長。凡億兆之心，如林之旅，計皆是淫蕩無廉耻，一旦周師至，則倒戈迎降之不暇爾。武王入殷，固已慮之。曰若殷之士衆何，太公亦已有誅斥之意矣。獨周公不然，而兼包并容之。然商民之意得氣滿，終不若在紂之日，故其後從武庚以[三]叛。於是分遷畿甸而處之，而誘之，亦殊勞矣。昔子王子謂迹商民之所爲，自秦、漢言之，坑戮誅夷之而已矣，而乃待之如此，此所以爲周公之德，而所以爲周家之忠厚也。然觀於《多士》《多方》《君陳》《畢命》諸書，大抵殷民之爲頑，自其染紂之惡，於是有淫放之習；自其從武庚之叛，於是又有思商之心。以淫放之習而行思商之心，奚爲其不亂也？周公之時，洛邑雖遷，而思商未釋也。君陳以後，思商之念釋，而化紂之習未除也。思商之心未釋，故《多方》《多士》開諭之辭詳。化紂之惡未除，故《君陳》《畢命》簡別之政肅。周公、成、康不惟其思商而化之，不易其忘商而置之。分正之命，拳拳於生厚之遷；保釐之册，汲汲於餘風之殄。噫！是特爲風俗人心計耳。前儒謂東遷之後，衛之俗淫，鄭之俗誹，魏之俗嗇，齊之俗詐，獨東周之民忠厚之風，歷數百年而不弊。

及其亡也，九鼎寶器皆入於秦，而周民遂東亡。先王之化，所以入人者深矣。

【校記】

〔一〕「昭」，原作「朝」，據《前編》改。

〔二〕「亦」，原作「一」，據《前編》改。

〔三〕「以」，原作「之」，據《前編》、張抄本改。

書經注卷之十二

君牙

王若曰：「嗚呼！君牙，惟乃祖乃父世篤忠貞，服勞王家，厥有成績，紀于太常。

《古文尚書》作「君雅」。《周禮·司勳》曰：「凡有功者，銘書于王之大常。」司常〔一〕云：「日月爲常。」

惟予小子嗣守文、武、成、康遺緒，亦惟先王之臣克左右亂四方。心之憂危，若蹈虎尾，涉于春冰。

蹈虎尾，恐咥。涉春冰，恐陷。穆王初即政，憂危求助之切如此。

今命爾予翼，作股肱心膂，纘乃舊服，無忝祖考。

「膂」、「呂」通，脊也。穆王資世職之臣，處腹心之寄。「舊服」，即謂篤忠貞〔二〕服勞之事。呂氏曰：穆王方自憂危，懼不克承，故亦勉君牙，無忝祖考，各欲保其世業。語益親切，臣主蓋一體也。

弘敷五典，式和民則。爾身克正，罔敢弗正。民心罔中，惟爾之中。

蔡氏曰：「『弘敷』者，大而布之也。『式和』者，敬而和之也。則『有物有則』之『則』，君臣之義，父子之仁[三]，夫婦之別，長幼之序，朋友之信是也。典以設教言，故曰『弘敷』。則以民彝言，故曰『式和』。此司徒之教也。然教之本，則在君牙之身。『正』也，『中』也，民則之體而人所同然也。『正』以身言，欲其所處無邪行也。『中』以心言，欲其所存無邪思也。」愚謂五典之教，司徒之常職。然上之人無躬行心得之實，則民不從其命而從其意矣。此所以貴於爾身之正，爾心之中也。

夏暑雨，小民惟曰怨咨。冬祁寒，小民亦惟曰怨咨。厥惟艱哉！思其艱以圖其易，民乃寧。

「祁」，大也。夏而暑雨，小民有暴身沾體之勞。冬而大寒，小民有裂面龜手之勞。故「怨咨」，蓋自傷其衣食之艱難也。「厥惟艱哉」，嘆小民之誠爲艱難也。思小民之爲艱難，而爲圖其易，則小民乃安矣。夫「艱」者，飢寒之艱。「易」者，衣食之易。古者司徒之職雖云掌教，然土地人民之數，制其田里，教之樹畜，辨其土宜，以相民宅而知其利害，以阜人民、蕃鳥獸、毓草木，凡養民之利，無一不掌。蓋教養并行，未嘗有無養而教者也。故穆王念小民之艱，而以圖易爲君牙告，皆其職也。

嗚呼！丕顯哉文王謨！丕承哉武王烈！啓佑我後人，咸以正罔缺。爾惟敬明乃訓，用奉若于先王，對揚文、武之光命，追配于前人。」

「丕」，大也。「謨」訓功烈。文顯於前，武承於後，曰「謨」、曰「烈」，各指其盛言之。文武以謨啓以烈佑我後人者，無一事不出於正，文、武之道可謂大備。但人亡政息，爾惟敬明乃訓，奉若文、武之道，答揚其光命〔四〕，則足以追配爾祖父所以事先王者矣。然則思艱圖易，不必他圖，有文、武之道與前人之法在。

王若曰：「君牙，乃惟由先正舊典時式，民之治亂在兹。率乃祖考之攸行，昭乃辟之有乂。」

「先正」，即乃祖乃父也。君牙由祖父舊典而法之，民之治亂在此而已。法之則治，否則亂，惟循爾祖父之攸行，則足以昭其君於有乂，謂法之即治也。蔡氏曰：「按此篇專以君牙祖父爲言。然則君牙之祖父嘗任司徒之職，而其賢可知矣，惜載籍之無傳。」陳氏曰：「成康之時，芮伯爲司徒，君牙豈其後耶？」

【校記】

〔一〕「司常」，原無，據《前編》《書集傳》補。

〔二〕「貞」，《前編》、張抄本無。

〔三〕「仁」，原作「親」，據《前編》、張抄本、《書集傳》改。

〔四〕「命」，原作「明」，據《前編》、秦抄本、張抄本改。

冏命

王若曰：「伯冏，惟予弗克于德，嗣先人宅丕后，怵惕惟厲，中夜以興，思免厥愆。

> 「思免厥愆」，此穆王知自克之難，欲寡其過。篇中此意爲多。

昔在文、武，聰明齊聖，小大之臣，咸懷忠良。其侍御僕從，罔匪正人。以旦夕承弼厥辟，出入起居，罔有不欽；發號施令，罔有不臧。下民祗若，萬邦咸休。惟予一人無良，實賴左右前後有位之士，匡其不及，繩愆糾繆，格其非心，俾克紹先烈。

> 承上文欲免厥愆，因言文、武之聖猶有資於小大之臣，故穆王自謂無良，不可不賴前後左右有位之士，以免己於愆而昭文武之烈。

今予命汝作大正，正于群僕侍御之臣，懋乃后德，交修不逮。慎簡乃僚，無以巧言令色，便辟側媚，其惟吉士。

> 此承上文，以文、武之聖亦有賴於僕從之承弼，此所以命伯冏爲大僕之正，群僕侍御上修主德，下簡近僚，遠小人用君子，以弼后德而免於愆也。

僕臣正，厥后克正；僕臣諛，厥后自聖。后德惟臣，不德惟臣。

此承上以明得失之機。穆王蓋深知僕御之邪正，乃君德所係，甚重非輕。僕臣諛則后自聖，自聖則愎諫妄作，而天下之亂自是生矣。吕氏曰：陪僕暬御之臣，後世視爲賤品而不擇，曾不知人主朝夕與居，氣體移養，常必由之，潛消默奪於冥冥之中，而明争顯諫於昭昭之際，抑末矣。又曰「僕臣諛，厥后自聖」。自古小人之敗君德，爲昏爲虐，爲侈爲縱，曷其有極。至於自聖，猶若淺之爲害。穆王獨以是蔽之者，蓋小人之蠱其君，必使之虛美熏心，傲然自聖，則謂人莫己若，而欲予言莫之違。然後法家拂士日遠，而快意肆情之事亦莫或齟齬。其間自聖之證既見，而百疾從之，昏虐縱侈，皆其枝葉，不足論也。

爾無昵于憸人，充耳目之官，迪上以非先王之典。非人其吉，惟貨其吉，若時瘝厥官，惟爾大弗克祇厥辟，惟予汝辜。」

此皆其導君於愆者，或以淫巧進，或以賄進。此近習小人進身之徑，伯冏所當戒此二者。吕氏曰：自盤庚總于貨寶之戒，至此篇乃復見之。成湯、文、武之隆，未聞數數以貨飭其臣也。噫，其商周之衰乎！

王曰：「嗚呼！欽哉！永弼乃后于彝憲。」

此終篇首免愆之意而欲躋之於文武之道。

《史記》曰：穆王即位，春秋已五十矣，王道衰微。穆王閔文、武之道缺，乃命伯臩，申誡太僕國之政，作《臩命》復寧。

呂氏曰：穆王之書存者三篇，《君牙》《冏命》，初年之書也。《呂刑》，末年之書也。「百年耄荒，度作刑以詰四方。」固有明文。《君牙》之篇曰：「惟予小子嗣守文、武、成、康遺緒。」《冏命》之篇曰：「惟予弗克于德，嗣先人，宅丕后。」則皆嗣歷服之言也，與《呂刑》所謂仲叔、季弟、幼子、童孫，其辭氣新陳稚耄，大有徑庭，先後之次蓋無可疑者。穆王中雖放逸，不克保其始之祗畏，然暮年哀敬，初心復還，謂之全德則駁，猶不失爲周之令王也。

又曰：穆王之命望於伯冏者深且長矣，此心不繼，造父爲御，周遊天下，將必有車轍馬迹，導其侈者，果出於僕御之間，抑不知伯冏猶在職乎否也？穆王豫知所戒憂思深長，猶不免躬自蹈之，人心操舍之無常，可懼哉！

履祥按：《君牙》之書，穆王初年方新之書也。《冏命》之書，穆王中年自克之書也。穆王初年承昭王南征不復之後，憂危恐陷，故資世家喬木之臣，處股肱心膂之寄，以行文武之政。自稱曰「予小子」[一]、曰「嗣守遺緒」，皆初年語也。至其中年境順心移，雖其所爲未必皆如《列子》及《穆天子傳》所載，然楚右尹子革之言曰：穆王欲肆其心，周行天下，將必有車轍馬迹焉。祭公謀父作《祈招》之詩以止王心，王是以獲没于祗宮。則穆王亦不能無遊逸之過，特能聞善言而自克耳。《冏命》之篇曰「思免厥愆」，曰「予一人無良」，曰「匡其不及」，曰「繩愆糾繆，格其非心」，則皆欲寡其過之辭。又《周禮》太僕之官，下大夫耳。或曰「大正，正于群僕侍御之臣」，此太御也。太御亦中大夫耳，何至特作命書申戒明切？若「便僻」，若「側媚」，若「諛」，若「迪上非典」，此蓋穆王深悔造父八駿之御，知導君於侈者皆僕御之微，故重其選而戒其弊，哀痛真切。然則《冏命》之書，真中年自悔之書也，其在《祈招》之後乎？若如《史記》所言，《冏命》作於初年，如此諄切，而中年周遊自放乃如此，躬言之而躬自蹈之，尚安取《冏命》之書乎？然則是篇當受之《祈招》之後，史失其年，姑以類附於《君牙》而述其所見如此，以待後之君子有考焉。

【校記】

〔一〕「子」，原無，據《前編》、張抄本補。

呂刑

惟呂命，

「呂」，國名，《書傳》多作「甫刑」，蓋呂國其後爲甫，猶邾之爲鄒也。「惟呂命」與「惟説命」同文，蓋穆王命呂侯爲大司寇，重修刑法，更爲五爵之制，謂之呂刑，至是頒之天下而申之誥命焉。《史記》亦曰甫侯言於王，作修刑辟。蓋周制五刑，凡二千五百，未〔一〕有五刑之贖，而此增至三千，又〔二〕爲五罰，皆呂後所參定也。

王享國百年，耄荒，度作刑以詰四方。

穆王年五十即位，至是百歲。八十九十曰「耄」，今百歲謂之「耄荒」，蓋老而荒亂之謂。穆王在位日久，亦嘗肆遊觀之欲，雖有善政而施張不常，晚年不無荒廢，故審度作刑，以詰四方之爲姦慝暴亂者。

王曰：「若古有訓，蚩尤惟始作亂，延及于平民，罔不寇賊，鴟義，姦宄，奪攘，矯虔。

「蚩尤」，炎帝之末，赤榆罔之世霸諸侯者。自洪荒以來，風俗渾朴，而蚩尤始爲暴亂之事，民俗因以敗壞。奪人之寇，殺人之賊，鴟張爲義，亂外之姦，亂内之宄，奪攘之風於是皆有之。「矯」者，正也。「虔」者，劉也。此上下或有缺文。謂聖人始制爲刑，以矯正虔劉其遺類也。《漢書·武帝紀》撟虔吏因執以侵暴，「撟」音「矯」，文意與下文同。

苗民弗用靈，制以刑，惟作五虐之刑曰法，殺戮無辜。爰始淫爲劓、刵、椓、黥，越兹麗刑并制，罔差有辭。民興胥漸，泯泯棼棼，罔中于信，以覆詛盟。虐威庶戮，方告無辜于上。上帝監民，罔有馨香德，刑發聞惟腥。皇帝哀矜庶戮之不辜，報虐以威，遏絶苗民，無世在下。

苗民，堯時諸侯，因上古聖人有矯虔之刑，於是作五虐之刑，以殺戮無辜。又淫爲劓、刵、椓、黥，凡麗于刑制者，更不差等其獄辭之曲直而例加之，於是民更相漸于昏亂之習，無復忠信，互相詛盟矣。詛者背相祝，盟者面質神。此皆刑政不平，曲直不明之故也。凡苗民虐威所加，衆庶被戮之人，所在告無辜于上。上帝降監下民，罔有馨香之德，但有淫虐發聞之腥穢。堯、舜於是哀矜衆庶被戮之非辜，既作五刑，報苗民君臣之虐，以示其威，用遏絶苗民，使之不得繼世於下國，言竄于三危也。「皇帝」，謂堯竄苗之事，蓋堯老舜攝之時。《墨子》曰：「昔者聖王制爲五刑以治天下，逮至有苗之制五刑以亂天下。則此豈刑不善哉？用刑之〔三〕不善也。是以先王之書吕〔四〕刑之道曰：『苗民否用練，折則刑，唯作五殺之刑曰法。』此言善用刑者以治民，不善用刑者以爲五殺。」

乃命重黎，絶地天通，罔有降格。

「重黎」，即羲和也。吕氏曰：治世公道昭明，爲善得福，爲惡得禍。民曉然知其所由，不求之茫昧之間。三苗昏虐，民之得罪者莫知其端，無所控訴，相與聽於神，祭非其鬼，天地神人之典雜糅瀆亂，此妖誕之所以興，人心之所以不正也。聖人當務之急，莫先於正人心，首命重黎，修明祀典，高卑上下，各有分限，絶地天之通，嚴幽明之分，妖誕之説悉皆屏息。《楚語》曰：少皞氏之衰也，九黎亂德，民神雜糅。夫人作享，家爲巫史，無有要質，烝享無度，民神同位，民瀆齊盟，無有嚴威。顓頊受之，乃命南正重司天以屬神，命北正黎〔五〕司地以屬民，使復舊常，無相侵瀆。是謂絶地天通。其後三苗復九黎之德，堯復育重黎之後，不忘〔六〕舊者，使復典之。愚謂自蚩尤爲亂，而民有寇攘姦宄之習，聖人是以有撟虔之刑。自三苗以刑爲虐，而民有巫祝詛盟之習，聖人是以有重黎之命。前後聖人其爲民心計，可謂至矣。大指已見《虞書》之紀。

群后之逮在下，明明棐常，鰥寡無蓋。

正人心固重黎之職，然非二臣所能獨爲，亦惟群后及在下有司各昭明政化。有此非常之明，雖鰥寡之情，無不上達。蓋巫祝之興，始於政化不明，下情不得以上達故爾。

皇帝清問下民，鰥寡有辭于苗。德威惟畏，德明惟明。乃命三后，恤功于民。伯夷降典，折民惟刑。禹平水土，主名山川。稷降播種，農殖嘉穀。三后成功，惟殷于民。士制百姓于刑之中，以教祗德。穆穆在上，明明在下，灼于四方，罔不惟德之勤。故乃明于刑之中，率乂于民棐彝。

承上文而言。清問下民，而民皆言有苗之暴虐與其風聲氣習之爲害，於是以德爲威而人心知所畏，以德明民而人心知所向。先命三后以爲教養之具，此「德明惟明」之事也。而復命士師以刑法之防，此「德威惟畏」之事也。聖人制刑之本如此。伯夷降下典禮以示天下，天神地祇人鬼既各有正禮。然出禮則入刑，降典所以折其民之入刑者而回入於禮也。禹平水土以安民生，爲山川立主祭之典以正民心。蓋既絶地天通，於是修爲山川之正祀，又各使有土之君主之，不至於瀆。稷降播種之法，使農殖嘉穀矣。三后成功，民俗殷盛，而後命皋陶爲士師，制百姓以刑法之中。不偏於輕以惠姦，不過於重以虐民，立爲中典，亦所以使民祗敬爲德而已。蓋其君臣之間，和敬示德於上而精明承德於下，躬行心得，其表裏政令皆可爲民之法。灼于四方人心觀感，罔不惟德之勉而後明刑法之中，治其民之非彝者而已。蓋教養如此，而猶或有非彝者，然後刑之也。

又按《虞書》命皋陶之辭曰「蠻夷猾夏」，而禹亦曰「何遷乎有苗」，觀此篇所述，則三苗之威虐氣習，其始爲天下之害可知。蓋自上古之世風氣醇朴，蚩尤始爲亂，而民始有爲惡之習。聖人始制刑以矯之，其後有苗既爲五虐之刑以殘其民，其民又爲詛盟之習以瀆其神，於是暴虐、妖誕二者威虐氣習浸入中夏。聖人始命重黎以止妖誕，繼命群后以通下情，又命伯夷以降典禮，命伯禹以安民生、正祀典，命后稷以豐民財，而復命皋陶始定爲至中不偏之刑。自是後世之言刑者自皋陶始，傳所謂皋陶之刑也，蓋以其爲不偏不易之法也。又按此篇始述有苗之刑以爲暴虐之戒，繼述聖人之刑以爲後世之準。蓋聖人所以制刑者教養之具，無一不至，然後立刑以制之，而刑法之中亦無非教。此蓋發明聖人立刑之本末，而後世遂謂皋陶不與三后之列，爲聖人吝於刑官，失其指矣。

典獄非訖于威，惟訖于富。敬忌，罔有擇言在身。惟克天德，自作元命，配享在下。」

「訖」，絶。「惟」，與。「忌」，畏也。謂當時爲典獄之官者，非但絶于威勢之請托與絶于貨賄之賂遺而已，且能以敬自將，以理自畏，其身無可擇之言。上體天德，所以能自作元命而上對于天，享祀無窮于下。蓋獄者民之司命，天之所托，生殺予奪，上與天對。又皋陶明刑之功，享有國土，宗祀不絶，而當時爲典獄者亦必祀于理官。蓋古者有道德者，死則以爲樂祖，祭于瞽宗，法家亦然。至後漢時，繫獄者猶祭皋陶，此其證也。或曰此章穆王蓋以勉其典獄之臣，絶私懋德，上配皋陶耳，亦通。

王曰：「嗟！四方司政典獄，非爾惟作天牧？今爾何監？非時伯夷播刑之迪？其今爾何懲？

惟時苗民匪察于獄之麗。罔擇吉人，觀于五刑之中。惟時庶威奪貨，斷制五刑，以亂無辜。上帝不蠲，降咎于苗，苗民無辭于罰，乃絶厥世。」

此章總上章，以唐虞之典刑爲監，以苗民之用刑爲懲。「四方司政典獄」，孔氏謂即諸侯也。此章詞語自相問答以發其意，謂爲「司政典獄」者，豈非爾諸侯爲天牧民者乎？此欲諸侯以刑獄爲重責也。今爾何所觀法，豈非伯夷所布典刑之道乎？此謂典禮爲刑之道。蓋憲章無二，出禮則入刑也。其今爾何所懲戒，豈非苗民所受妄刑之罰乎？蓋苗民不察獄辭之所麗何刑，又不擇吉人以審刑法之中正，一爲威勢之狗，奪於貨賄之貪，又以私意斷制五刑〔七〕，亂及無辜之人。故上帝不蠲貸其罪，苗民亦不得以自逭其罰，遂至於絶世。此用刑不當之禍，所當懲也。

王曰：「嗚呼！念之哉！伯父、伯兄、仲叔、季弟、幼子、童孫，皆聽朕言，庶有格命。今爾罔不由慰日勤，爾罔或戒不勤。天齊于民，俾我一日。非終惟終，在人。爾尚敬逆天命，以奉我一人。雖畏勿畏，雖休勿休。惟敬五刑，以成三德。一人有慶，兆民賴之，其寧惟永。」

此下告諸侯也。「格」如來格之「格」。庶幾其能入吾教命之内也。「日勤」，孔氏作「曰」，後儒見下文一日非終之説，而又讀爲「日」，蓋言日則〔八〕勤在其中矣，言勤不必言日也。聽察審訊以求其情，莫煩於獄，一或不勤，則職有不盡，而民有不得其死者矣。此章專告貴戚之臣，憂其或怠，故專以勤爲主。爾所以無不自慰者，曰勤而已，蓋其情得，其事集，而其職盡也。爾罔或徒知戒而不勤，蓋既任其職，孰不知重其事，然憚於勞而不勤，則刑罰不中，雖戒之或無及也。蔡氏謂戒亦善心也，而用刑豈可以或戒也哉？此謂刑罰已施，雖悔無及也。蓋天以刑整齊其民，既俾我君臣爲之，一日之間，不能終其事與能終其事，此其責在人矣。爾尚敬謹以上順天命，承我一人。雖獄事情辭之煩，可畏也，勿以爲畏，惟勤而已。雖得情聽斷之餘，可休也，勿以爲休，亦惟勤而已。能謹審五刑之用，則刑故無小，所以成其剛德。罪疑惟輕，所以成其柔德。刑罰得中，所以成其正直之德。則君慶於上，民賴於下，而〔九〕安寧之福久而不替矣，此皆勤恤之效也。

王曰：「吁！來。有邦有土，告爾祥刑。在今爾安百姓，何擇非人？何敬非刑？何度非及？

「刑」者，不祥之器。謂之「祥刑」者，則以其爲弼教之良法。而用刑者，又以慈祥之心行之也。「及」者，連及也。何所當擇，豈非司獄之人乎？何所當謹，豈非用刑之際乎？何所當審，豈非連及之人乎？當及而及，所以證獄；不當及而及，則連逮無辜矣。

兩造具備，師聽五辭。五辭簡孚，正于五刑。五刑不簡，正于五罰。五罰不服，正於五過。五過之疵，惟官、惟反、惟內、惟貨、惟來。其罪惟均，其審克之。

《周禮》「以兩造聽〔一〇〕民訟」。「兩造」，謂兩争者皆至也。「具備」者，詞證皆在也。「師」，衆也，謂群有司也。「五辭」，麗于五刑之獄辭也。「簡」者，核其實。「孚」者，無所疑也。「正」，猶《漢書》所謂當也。「五罰」，即五贖也。獄辭核實無疑者，則當於五刑，而不應其實者，五刑之疑者也，則當于五罰以贖之。當于五罰而不服者，則五罰之疑者也，故又當于五過以宥之。然五過之法公也，其爲之病者則私也。私者或以權勢，或以報私，或以婚姻女謁，或以貨賄交通，或以干求請托。爲是五者，而廢法以出入人之罪，則治獄者與之同罪矣。「其審克之」，總結上文。「審」者，盡其心。「克」者，盡其力也。

五刑之疑有赦，五罰之疑有赦，其審克之。簡孚有衆，惟貌有稽，無簡不聽，具嚴天威。

承上文「五刑不簡，正于五罰」。此五刑之疑有赦也。「五罰不服，正于五過。」此五罰之疑有赦也。「其審克之」，重言以丁寧之也。「簡孚有衆」，即師聽五辭之謂也。「惟貌有稽」，此簡孚之術也。《小司寇》所謂色聽、氣聽、耳聽、目聽者也。至於不經衆人之簡核，則上之人不可以聽斷。所以求詳致嚴如此者，蓋獄乃天討所係，天威甚近而可畏，其可有一毫不盡其心乎？

墨辟疑赦，其罰百鍰，閱實其罪。劓辟疑赦，其罰惟倍，閱實其罪。剕辟疑赦，其罰倍差，閱實其罪。宮辟疑赦，其罰六百鍰，閱實其罪。大辟疑赦，其罰千鍰，閱實其罪。墨罰之屬千，劓罰之屬千，剕罰之屬五百，宮罰之屬三百，大辟之罰其屬二百。

此五罰之數也。罰以黄鐵，即今銅也。六兩曰「鍰」，一説每鍰六兩，三分兩之二，則一鍰半斤也。倍一百曰二百，倍二百而又差爲五百。「辟疑」，赦之則從罰，亦閱實其罪，當於罰則罰之。下文罰懲非死，人極于病，即此意也。按《舜典》五刑有流而無贖，《正義》謂古者五刑有降而無贖。「鞭作官刑，朴作教刑」，又小於此，則「金〔二〕作贖刑」，若今罰直耳。穆王始制爲五刑之贖，蓋以贖代流也。其弊使富而虐貧，富者可贖，貧者難免。雖穆王申有司獄貨之戒，其實開國家貨獄之塗，蓋其弊必至于此。

然贖因於疑，而穆王於贖之中，又閱實其罪，猶恐誤罰。罰或不實其罪，則正於五過矣。其慈祥之意可見。且罰猶不苟，則刑必不苟矣。又按《周禮》五辟之屬皆五百，而此墨劓之屬各千。宫減於舊二百，大辟減於舊三百，輕刑雖增而重刑則減矣。然則穆王非獨制爲贖刑之法，又制爲輕刑之法矣。

五刑之屬三千。上下比罪，無僭亂辭，勿用不行。惟察惟法，其審克之。上刑適輕，下服。下刑適重，上服。

此言用五刑之宜也。以情辭之上下比附其罪，不可差亂其獄辭而妄爲升降，又不可引用久不行之法。蓋古今更定不同，舊有是條，久已不用。民不知而犯之，既犯而復引用焉，是陷民也。「察」者，審於心。「法」者，當其刑。又云「其審克之」，以致丁寧之意。罪在上刑，而情適輕，則服下刑，此減等也。罪在下刑，而情適重，則服上刑，此加罪也。此又用刑之權宜也。

輕重諸罰有權，刑罰世輕世重，惟齊非齊，有倫有要。

此又論五罰之權而總言刑罰。謂非獨五刑有上服下服，至於輕重其五罰之用，則亦有權焉，蓋亦權其情而爲罰之輕重也。然刑與罰又有視世變而爲輕重者，如《周禮》「刑新國用輕典」，「刑平國用中典」，「刑亂國用重典」是也。大抵情法時世參差不齊，權所以齊之則各有條理，各有典要焉，此用權合經之謂也。

罰懲非死，人極于病。

此承上文論罰而言也。穆王恐有司以論贖爲輕而不加審，故又云五罰所贖。其懲人者雖非五刑軀命所關，然民重出贖，亦甚病矣。

非佞折獄，惟良折獄，罔非在中。察辭于差，非從惟從。哀敬折獄，明啓刑書胥占，咸庶中正。其刑其罰，其審克之。獄成而孚，輸而孚。其刑上備，有并兩刑。」

此申明折獄之方，所以審刑罰之宜者。「佞」，辨給也。不可以辨給之辭折獄，惟當以慈良之心折獄。「從」，猶今律言承也。「察辭于差」，此古今聽獄之要訣也。凡辭之非實者，終必有差，故察獄辭者必於其差而察之，則因之不承者承矣。然既得其情，則當以哀矜之心、敬謹之意折之，明啓刑書，與群有司共占視之，則庶幾得其中正矣。其當入于刑者，其當降而罰者，其詳審而盡心力焉。獄之成既得其實，然後可輸其實於上。而上其斷獄之書者，又當備述其情辭。有兩述之人，各有所犯，則并兩刑而上之，不可以輕重勝負而有所偏也。

王曰：「嗚呼！敬之哉！官伯族姓，朕言多懼。朕敬于刑，有德惟刑。今天相民，作配在下。明清于單辭，民之亂，罔不中聽獄之兩辭，無或私家于獄之兩辭。獄貨非寶，惟府辜功，報以庶尤。永畏惟罰，非天不中，惟人在命。天罰不極，庶民罔有令政在于天下。」

承上文折獄之説，又總告之也。「官」，獄官。「伯」，諸侯。「族」，同姓。「姓」，異姓也。「單辭」，無證之偏辭也。「兩辭」，兩造之辭也。「家」如「不家於喪」之「家」，謂私財也。「府」，藏也。「辜功」，罪狀也，猶釋氏云罪業也。穆王享國之久，老於世故，晚復哀矜，故其言多懼，欲人知所重而聽之也。「朕敬于刑」，謹之至也。惟有德者則可以用刑，蓋天相佑下民，立典獄之官以治之，爲國司命，上與天配。「單辭」者，無證之辭，人所難決者也。惟有德者其心明且清，則能得單辭之實。「兩辭」者，兩證之辭，雖人所易決〔二〕，而一有偏狥之心則偏矣。惟有德者其心中而不偏，則能聽兩辭之獄。然兩辭之易偏者，亦或賄賂蔽之，故戒之無或私取貨于獄之兩辭。因獄取貨，此貨非寶，適以藏諸罪狀耳。報應之理，衆罪悉至，則一時之得，有永久可畏之罰。是非天偏治鬻獄之人，亦惟人自致其禍罰之命，使天罰不至，則獄吏皆得以行其私，庶民無復被令政之澤于天下矣。此申戒以警之也。

王曰：「嗚呼！嗣孫，今往何監？非德于民之中，尚明聽之哉！哲人惟刑，無疆之辭，屬于五極，咸中有慶。受王嘉師，監于兹祥刑。」

此總上文詔後世也。「嗣孫」，凡官伯侯姓嗣世子孫也。「屬」如「屬有疆埸」之事之「屬」，適也，謂適或有時而刑之也。「五極」，五刑也。五刑者，刑之極者也。「嘉師」，良民之衆也。言繼世子孫，自今以往何所監視，豈非以德爲民所取中乎？此爲要語，不可不明聽之。大抵賢哲用刑，自有無窮之譽，雖適有時而用極法，然既合中正之理，則亦有餘慶矣。蓋世人每言寬刑有陰德之報，而不知雖用大刑而合於中正，亦有餘慶之報也，故穆王明此以勉之。受王良民之衆，其監此慈祥之刑。夫民本皆良民，或因物有遷，雖不免設刑以防之，然無非慈祥之意，則亦無非良善之法，不可以忿疾之心行之也。吕氏曰：世衰則情僞繁，人老則經歷熟。穆王之時，文、武、成、康之澤浸微，姦宄日勝，其作書於既耄，閲世故而察物情者亦熟矣。故今古犴獄言之略盡，用刑者所宜盡心焉。又曰：是書哀矜明練，固夫子存以示後世而微見其意者，亦不可不察也。

履祥按：《吕刑》之書，穆王晚年之書也。自昭王南征不復，周綱陵夷。穆王在位日久，中更荒廢，雖能自克，然風俗日降，情僞日繁。迨至晚年，命吕侯爲大司寇，重修刑法，史謂甫侯言於王而修之也，故曰《吕刑》。至是作爲誥命，頒之天下。大抵增墨、劓之條以盡天下之惡，而減宫刑、大辟之條以逭犯死之衆，既制五罰以贖五刑之疑，又制五過以寬五罰之疑。刑繁而輕，此皆衰世之意也。傳曰：夏之衰也作《禹刑》，商之衰也作《湯刑》。今《吕刑》之作可以知世變矣。然穆王老於世故，備知獄事曲折之詳，其哀矜惻怛之意，敬審忠厚之風，尚可法也。

子王子曰：《吕刑》之書，律書也，法吏之辭也，徒能精察乎典獄之姦，而不識聖人制刑之本意。首以五刑創于有苗，而聖人用是報之，遂爲常法。則是聖人之制刑，反師有苗之爲虐也。斯言也，豈不大害於義哉？予固知其爲法吏之辭也。舜之刑未嘗不輕，而輕者本於罪之可疑。穆王之刑亦未嘗不輕，而輕者失於罪之不可宥。舜之所以必刑者，期於無刑。穆王之所以必贖者，導其起辟。且大辟之刑而可贖，則凡有千鍰之貲者，無所往而不可殺人矣，烏得而不啓後世亂哉？但其盡折獄之情僞曲折，而哀矜惻怛之意猶有三代之遺風焉。聖人以其世之變、法之變存之於書，亦以其能精察乎典獄之姦，尚可以爲後世聽訟用刑之戒，非以其贖刑之可取也。

【校記】

〔一〕「未」，原作「本」，據《前編》、張抄本改。

〔二〕「又」，原作「人」，據《前編》、秦抄本、張抄本改。

〔三〕「之」，原作「則」，據《前編》改。

〔四〕「吕」，原作「以」，據《墨子·尚同上》改。

〔五〕「黎」，原作「仲」，據《前編》、張抄本改。

〔六〕「忘」，原作「亡」，據《前編》、張抄本改。

〔七〕「五刑」，原無，據《前編》補。

〔八〕「日則」，原無，據《前編》補。

〔九〕「而」，《前編》、張抄本作「家國」，秦抄本作「國」。

〔一〇〕「聽」，《周禮·秋官·司寇》作「禁」。

〔一一〕「金」，原作「令」，據《前編》、張抄本改。

〔一二〕「決」，原作「訣」，據《前編》改。

文侯之命

王若曰：「父義和，丕顯文武，克慎明德，昭升于上，敷聞在下，惟時上帝集厥命于文王。

「德」指行而言，「明」指知而言。一說謹德指行而言，「明德」指知而言。吕氏曰：文武之精藴，平王何足以知之。其言乃若知本原者，蓋生長保傅之間，老師宿儒之傳，尚無差也。平王徒舉其語而不能察耳。降是則異端并作，言帝王者始支矣。蔡氏曰：「同姓，故稱父。文侯名仇，義和其字。不名，尊之也。」愚按：晉侯初名仇，師服以爲異，今曰「義和〔二〕」，或其後改之也。「父」猶尚父之謂，蓋尊之也。

亦惟先正，克左右昭事厥辟，越小大謀猷罔不率從，肆先祖懷在位。

「先正」，指文、武之臣。「小大謀猷」，猶云文武之道大者小者。「肆」，遂。「懷」，安也。言文、武以大德受命，亦惟先正之臣又能左右之、昭事之，凡小大謨烈，皆遵守而不失，遂使成、康以下先王得安厥位。

嗚呼！閔予小子，嗣造天丕愆，殄資澤于下民，侵戎我國家純。即我御事，罔或耆壽，俊在厥服，予則罔克。曰：『惟祖惟父，其伊恤朕躬。』嗚呼！有績予一人，永綏在位。

「造」，作。「愆」，譴。「殄」，絶。「純」，太。「伊」，誰也。平王自言嗣位之初，自造天之大譴，言父師國敗由己致之，惟資澤竭於下民，故犬戎得以侵伐我國家之大，此戎禍之由也。適我執事之人，無有耆壽俊傑之在職者，而予又無克亂之才，惟曰諸侯之在我祖父列者，其誰恤我乎？嗚呼！使有能致績於予一人者，則可以安吾位矣。章内兩「嗚呼」，大亂之餘，不覺嘆傷之意也。

父義和，汝克昭乃顯祖，汝肇刑文武，用會紹乃辟，追孝于前文人。汝多修，扞我于艱。若汝，予嘉。」

乃祖，唐叔也。「肇」，始。「刑」，法也。謂文侯能昭光唐叔之功。文武之道已墜，而自文侯始能刑法之，用會合諸侯，立己以紹周之統，使追孝於前文人。汝多能修補扞衛我于艱危之交，若汝文侯，予所深嘉。蓋平王望諸侯而不至，故深有感於文侯也。當時秦、鄭、衛皆來救，而此獨歸於晉，曰「用會紹乃辟」，必文侯首倡大義會合之也。

王曰：「父義和，其歸視爾師，寧爾邦。用賚爾秬鬯一卣，彤弓一，彤矢百；盧弓一，盧矢百；馬四匹。父往哉！柔遠能邇，惠康小民，無荒寧，簡恤爾都，用成爾顯德。」

「秬」，黑黍。「鬯」，香草。用黑黍爲酒，釀以香草。「卣」，中尊。諸侯受錫命，當告于祖廟，故錫之弓矢、乘馬，皆所以賞之。「簡」謂閱士，「恤」謂愛民。

《大紀》曰：賜以河内附庸，晉於是始大。

蘇氏曰：予讀《文侯》篇，知東周之不復興也。宗周傾覆，禍敗極矣。平王宜若衛文公、越句踐，然今其書乃施施焉與平、康之世無異。《春秋傳》曰厲王之禍，「諸侯釋位以間王政，宣王有志而後效官」。讀《文侯之命》，知平王之無志也。

呂氏曰：風氣之推移，治道之開塞，必於其會而觀之。此篇作於東遷之初，由此而上，則爲成、康，爲文、武。由此而下，則爲春秋，爲戰國。乃消長升降之交會也，故法語舊典尚有一二未泯，而陵遲頽墮之意亦已見於辭命之間矣。平王東遷之初，大讎未報，王略未復，正君臣坐薪嘗膽之時，奔亡之餘，僅得苟安。乃君臣釋然自以爲足，曰「父義和，其歸視爾師，寧爾邦」。兵已罷矣。曰「用賚爾秬鬯一卣，彤盧弓一，矢百，馬四匹。」功已報矣。曰「父往哉！柔遠能邇，惠康小民，無荒寧」，教之以平世之政，軍旅不復講矣。曰「簡恤爾都，用成爾顯德」，勉之以本邦之治，王室無復事矣。嗚呼！周之君臣如此，周其終於東乎！

履祥按：東遷之君臣，皆非有中興之才志。平王頽墮，前儒固論之矣。當是時，定難立君，惟秦、晉、鄭、衛四國耳。秦襄公與西戎世爲不共戴天之讎，其勢亦不兩立，其與戎力戰，固亦爲己，不獨爲王室也。平王以岐、豐之地予之，使之自取。當時犬戎盤據岐、豐之郊，平王不得不許秦，秦亦不得不取之。然西戎方熾，父子力戰二十一年而始得之，固不暇東略矣。觀其臚於郊祀，則無王之心固可見也。周室都洛，則晉居河北，表裏山河，是爲屏輔。文侯固忠賢，然其前有殤叔之難，其後有曲沃之封，晉之始替，實自是始。平王所望於文侯者，亦固不以興復期之，則其委任可知矣。平王申出，鄭武公娶于申。武公當桓公敗亡之時，收合餘衆，已不能全，又散爲南鄭。而武公以昏姻之故，迎王于申立之，東取虢、鄶以爲己國，此其志願已定矣。獨衛武公之賢，足以有爲焉。觀平王戌申之志，則其依鄭之心可推也。想其柄任在於鄭武，所以終平王之世，鄭伯父子世於其職。衛武雖賢，其柄任未必在是。況周自中葉以後，其公卿之士大率可以守常而短於制變。當是時，厲、幽再世失民，而犬戎之禍又熾，類非諸公所能獨辦。自四國之外，又未有至者。

或謂平王當時何不奉辭伐罪，以討不至之國，則王威可以振。是不然。當時周室之大害在犬戎而不在諸侯，而召戎之大罪又在申侯而不在諸侯也，制戎固不暇矣。平王懷申侯全己之功，又依鄭武申好之國，捨申不伐，則何以伐其餘諸侯而令之哉？東遷君臣，事勢如此，此所以不復中興也。

【校記】

〔一〕「和」，原無，據《前編》、秦抄本、張抄本補。

費誓

公曰：「嗟！人無譁，聽命。徂茲淮夷，徐戎并興。

此《大誥》書序，所謂淮夷叛者也。伯禽築費以守，而征徐以離其勢。於費誓衆，故以「費誓」名篇。「徂」，往也。謂將征淮夷，而徐戎乃并興起也。

善敹乃甲冑，敿乃干，無敢弗弔。備乃弓矢，鍛乃戈矛，礪乃鋒刃，無敢不善。

甲冑、干盾所以自衛，弓矢所以禦遠，戈矛以接戰，鋒刃以擊刺。呂氏曰：戎狄之於中國，每覬釁而動。伯禽免於師傅而撫封於魯，淮夷、徐戎固妄意其未更事，所以并起而乘其新造之隙也。伯禽應之者，乃甚整暇而有序。先治戎備，次之以除道路，又次之以嚴部伍，又次之以立期會，先後之叙皆不可紊。自「敹甲冑」至「礪鋒刃」，皆治戎備之事也，而於一事之中，又自有序焉。甲所以衛身，冑所以衛首，干盾所〔一〕以扞蔽，皆自衛者也。長兵則用弓矢，短兵則用戈矛，鋒刃亦所以擊刺，皆攻人者也。治戎備之際，先自衛而後攻人，所謂一事之中又自有叙。

今惟淫舍牿牛馬，杜乃擭，斂乃穽，無敢傷牿。牿之傷，汝則有常刑。

此車馬放牧之防也。吕氏曰：我備既修，則師可以出矣。此所以繼之以除道路之事也。「淫」，大也。「牿」，閑牧也。師既出牛馬所舍之閑牧，大布於郊野。郊野之民皆當修治其地，窒塞其擭穽，一或不謹而傷閑牧之牛馬，則有常刑。舉此一條以例之，凡川梁、藪澤、險阻、屏翳有害于師屯者，除治之功蓋無所不施矣。

馬牛其風，臣妾逋逃，勿敢越逐，祗復之，我商賚汝。乃越逐不復，汝則有常刑。無敢寇攘，踰垣牆，竊馬牛，誘臣妾，汝則有常刑。

「風」，謂牝牡相從而奔逸也，傳所謂「風馬牛」是也。「臣妾」，軍中之奴婢也。古者兵法，戎車一乘，甲士三人，步卒七十二人，馬四匹，牛三頭，餘子二十五人。餘子即臣妾是也。吕氏曰：師既出，則部伍不可以不嚴。自此皆嚴部伍之事也。「馬牛其風，臣妾逋逃」，宜鎮之以静，故戒其本部，按堵不動，無敢越逐。若隨之越逐，則奔者未及，逐者先亂，軍律不可復整矣。先嚴之以越逐之刑，此出師鎮定變亂之法也。又戒其他部，見馬牛臣妾奔逸而至者，無敢保藏，敬而歸之，隨其多寡，商度行賞。

人誘於祇復之賞，而憚於不復之刑，則流散者將不召而自集，此出師招集散亡之法也。本部不敢離局，它部不敢匿姦，部伍條達，繩引碁布，何變亂之足憂哉！至於師旅所經，又申以寇壤竊誘之法。不惟欲田野不擾，自古喪師者每因剽掠失部伍，爲敵所乘，故不得不戒也。

按後世軍法，剽掠之罪斬，而此則曰「常刑」，蓋古者皆顧藉之兵，輕刑禁之即肅，後世烏合之衆，非重刑禁之不齊。

甲戌，我惟征徐戎。峙乃糗糧，無敢不逮，汝則有大刑。魯人三郊三遂，峙乃楨榦。甲戌，我惟築。無敢不供，汝則有無餘刑，非殺。魯人三郊三遂，峙乃芻茭，無敢不多，汝則有大刑。」

先征徐戎，所以伐淮夷之交。同日築費，所以遏淮夷之衝。皆所以制淮夷也。

呂氏曰：戎備既治，道路既除，部伍既嚴，行師之道備而兵可用矣，故於此而立期會焉。「甲戌」，用兵之期也。徐戎、淮夷并興，今所征獨徐戎，蓋量其敵之堅瑕緩急而攻之也。聲勢相倚，徐戎敗則淮夷將不攻而自潰矣。軍事以期會爲本，芻糧爲命，失期而服大刑，宜也。「魯人三郊三遂」，國外曰「郊」，郊外曰「遂」。郊之兵其正也，在天子則六卿之軍也。遂之兵其副也，在天子則六遂之軍也。兩寇并至，其勢甚重，故悉起正副之兵以應之。攻以甲戌，築以甲戌，攻築同日者，彼方禦我之攻，勢不得擾我之築也。「無餘刑，非殺」者，所以刑之者無餘，但非殺耳，降死一等之刑也。糗糧芻茭之不給，加以死刑；楨榦之不供，加以降死一等之刑，何也？「糗糧」，人食也。「芻茭」，馬食也。人馬不可一日無食，楨榦雖版築之所須，視二者則猶稍緩也。然則古人之於殺，非甚不得已，肯輕用之哉？

又曰：禹之家學見於《甘誓》，周公之家學見於《費誓》。啓初嗣位而驟當有扈之變，伯禽初就封而驟當徐夷之變。一旦誓師左右，攻伐之節，戈矛戎馬之利病，曲折纖悉，若老於行陣者，孰謂其長於深宮而豢於膏粱之養耶？是以知大禹、周公之家學，蓋本末具舉而無所遺也。

【校記】

〔一〕「所」，原作「以」，據《前編》、張抄本改。

秦誓

公曰：「嗟！我士，聽無譁。予誓告汝群言之首。古人有言曰：『民訖自若，是多盤。』責人斯無難，惟受責俾如流，是惟艱哉！

穆公首援古人之言。「盤」「難」「艱」凡四語三韻，「盤」如盤樂怠傲之「盤」。人惟多盤，所以樂放恣、憚檢束，喜邪忌正，不能受其責。穆公引此，意主受責而多盤其病源也。

我心之憂，日月逾邁，若弗云來。

此穆公悔多盤之失也。

惟古之謀人，則曰未就予忌。惟今之謀人，姑將以爲親。

古今謀人，猶云前輩、後輩也。前輩謂未可輕爲，乃反忌之。於後輩，則苟焉親信之。此穆公悔其不能受責也。

雖則云然，

前過雖不可追，後來尚可勉也。

尚猷詢茲黃髮，則罔所愆。番番良士，旅力既愆，我尚有之。

此復思古人之謀也。

仡仡勇夫，射御不違，我尚不欲。惟截截善諞言，俾君子易辭，我皇多有之。昧昧我思之，

「勇夫」、「諞言」，皆今之謀人也。既不欲用此勇夫矣，又悔用諞言之舊，失懲創之深也。

如有一介〔一〕臣，斷斷猗無他技，其心休休焉，其如有容。人之有技，若己有之。人之彥聖，其心好之，不啻如自其口出。是〔二〕能容之，以保我子孫黎民，亦職有利哉！

此因古謀人良士等而上之，又思好賢樂善之人。蓋兼有受責如流之美者，此良相之量，善類之所

以聚國家之福也。穆公慨想形容，殊有意味。

人之有技，冒疾以惡之。人之彥聖，而違之俾不達，是不能容，以不能保我子孫黎民，亦曰殆哉！

又承上文而言。蔽賢疾能之人蓋不但責人無難而已，此善類之所以散而國家之禍也。

邦之杌隉，曰由一人；邦之榮懷，亦尚一人之慶。」

總言國家安危之效，蓋由所用善惡之殊，而思得君子以終之，穆公之意悠哉！

按秦穆公晚年悔過之書也。《左氏》記秦、晉之故甚詳，而不記作誓之事。《書序》謂，以爲敗殽還歸之作。惟《史記》繫作誓於取王官封殽尸之後，蓋穆公自是不復東兵矣。此篇穆公更歷懲創之言，極爲真切。穆公於五伯之功爲末，而晚年所悔，庶幾王者之意象焉。但所少者剛明之力，而或有悠緩之意，所望於人者大，而所以自爲者或尚小爾。

【校記】

〔一〕「介」，原作「个」，據《前編》《書集傳》改。

〔二〕「是」，原作「寔」，據《前編》《書集傳》改。

《尚書注》附録

柳貫書經周書注序

四代之《書》，蔡氏深得於朱子心傳之妙，宜今日科舉之所尚也。仁山先生與耕，以是經拾巍科。愚嘗購求，得其《周書金氏注》，語雖不離乎傳注之外，又可謂能發蔡氏之所未言者歟。是編輯作要訣於其前，附群英之書於其後。學者苟先熟乎經傳，因是推廣而講明之，則於二帝三王之道自有以得其藴矣。學優而仕，其於致君澤民，豈小補哉！不敢私秘用，刻諸梓以廣其傳云。至正戊子七月既望浦江道傳柳貫序

（國家圖書館藏清瞿氏恬裕齋抄本《周書金氏注》）

跋尚書金氏注殘本六卷

私以求聖人之意，求之愈深而失之愈遠，言之愈廣而襲之愈晦，此世士之爲經者之所同

病也。先生不幸無位，退而求之於經，不爲新奇，不爲近名，卒以救往説之偏，得聖人之意，而會夫大中之歸。既没而其言立，其施於人者溥矣，宜其爲士所宗，爲時所尚，考行易名而令聞長世也。先生金華人，諱字、世系、言行本末具今翰林直學士烏傷黄公所爲墓序誌銘，兹不述也。嘉靖戊午仲冬録完。

（静嘉堂文庫藏張金吾抄本《尚書金氏注》）

陸心源跋抄本尚書注十二卷

仁山先生尚書注傳本絶少，昭文張氏僅有殘本六卷。聞錫山秦文恭家有完本，遍訪江浙藏書家不可得。今夏獲見于周季貺太守許。蓋嘉慶中秦氏書散出，爲前嘉善縣知縣陳蘭麟所得。季貺又得于陳氏後人，亟借副録，而識其流傳源委于首端。同治癸酉季冬存齋。余擬以原本付剞劂氏，先以新抄本歸。季貺插架。

（國家圖書館藏陸氏十萬卷樓抄本《尚書注》）

重刊金仁山先生尚書注序

仁山先生著述見于柳侍制所撰行狀者，《尚書表注》《大學疏義》《論語集注考證》《孟子集證考證》《通鑑前編》《通鑑前編舉要》《昨非存稿》《仁山新稿》《仁山亂稿》《仁山噫稿》等書。《尚書注》十二卷則無明文，惟云先生早歲所注《尚書章釋句解》已成書矣云云，當即是書，蓋先生少作也。

元明以來流傳甚罕，《四庫書目》及《孯經室外集》皆未著録，常熟張氏金吾《藏書志》祇載殘本六卷。聞無錫秦文恭家有全書，余求之數年而未見。同治十年被命赴閩，公餘之暇，與祥符周季貺太守蒐訪遺書，乃從福州陳氏得之。卷中有秦蕙田印，知即秦氏舊藏也。抄帙流傳，譌奪甚夥，爰爲校正，付之梓人，而序其端曰：

經之古莫如《書》，經之不可信者亦莫如《書》，《孟子》已言之矣。何論孔《傳》古文出於東晉航頭，《舜典》出于蕭齊乎？然二帝三王之大經大法，微言奥義，胥于是乎在。學者不欲聞唐虞三代之道則已，苟欲聞唐虞三代之道，舍是將何由？先生爲朱子四傳弟子，直接紫陽之緒，其學以由博返約爲主，不爲性理之空談，經史皆有撰述，《尚書》則用功尤深。《表注》一書爲一生精力所萃，是書即《表注》之權輿，訓釋詳明，頗多創解。如以血流標杵之「杵」爲「鹵」，訓爲血流地濕。以「大卞」之「卞」爲「弁」，「弁」有端拱之義，訓爲禮。雖若近于新奇，實不悖于古訓，與後世之穿鑿附會者異矣。自若璩閻氏著《尚書古文疏證》，學者多斥古文而崇今文。發其端者，宋吴氏《書禆傳》、王氏《書疑》也。先生受業于王氏，而不掊擊古文，蓋猶守紫陽之遺訓焉。光緒五年歲在屠維單閼陽月歸安陸心源序。

（清光緒五年陸心源刻《十萬卷樓叢書》本《尚書注》）

尚書表注

[宋]金履祥 撰
鮑有爲 整理

整理説明

鮑有爲

金履祥著有《孟子集注考證》《論語集注考證》《尚書表注》《大學疏義》《資治通鑑前編》《濂洛風雅》等。臨終前云：「《通鑑前編》之書，吾用心三十餘年，平生精力盡于此，吾所得之學亦略見于此矣。」金履祥《通鑑前編》含括《尚書》全文，按年代重排每篇次序，且加以注釋，其中多引用蔡沈、朱熹等人之説。

相較於《資治通鑑前編》中對前輩學人的引用，其所作《尚書表注》則相對簡潔，有選擇性地加以注釋。《尚書表注》不知成于何時，注釋内容則表諸四欄之外，與通常刻本體例亦有所不同。刻本有金履祥《尚書表注序》，言及此作乃彌補蔡沈《書集傳》之「遺漏放失之憾」。另《仁山集》所收《尚書表注序》内容與刻本有所不同，其中言：「繙閲諸家之説，章解句釋蓋亦有年。一日擺脱衆説，獨抱遺經，伏讀玩味，則見其節次明整，脈絡貫通，中間枝葉與夫訛謬一一易見。因推本父師之意，正句畫段，提其章旨與夫義理之事，事爲之概，考證文字之誤，表諸四欄之外，以授子姓。」（《仁山集》卷一，《金華叢書》本）金履祥此書既有對名物制度之考訂，亦間有理學義理之闡釋。他對文本内容的考證下了很大功夫，尤其是《尚書》中涉及地理、天文方面的内容，之後許謙《讀書叢説》亦延續此注釋風格。由此可見，朱子後學，發展至元明，發揚朱熹格物之學，重視經典的實證研究，亦可謂下啓晚明浙東學術之興起。

《尚書表注》所存最早版本爲南宋末年建安刻本（現藏臺灣），此本文字脱落甚多，漫漶不清，但年代較早，可訂補後世刻本之訛誤。此本前有乾隆間周春、徐堂，雍正間蔣元龍題跋。金履祥序、僞孔安國序、《説命下》、《高宗肜日》、《西伯戡黎》、《微子》前半部分、《費誓》後半部分、《秦誓》爲顧湄抄補。

另有清康熙十九年刊《通志堂經解》本，此本金履祥的序文與建安刻本在内容上有所差異。《通志堂經解》本爲現存《尚書表注》的最早完整刻本。乾隆時期文淵閣四庫全書本《尚書表注》，底本即爲《通志堂經解》本。

又清乾隆二年金華藕塘賢祠義學刻本，收入《率祖堂叢書》。此本與它本差異較多，删去諸多字詞音釋内容，其他内容亦有所差异，也没有它本的脱文處。

又胡鳳丹同治八年退補齋刻本，收入《金華叢書》，卷首有《重刻尚書表注序》，言刊刻依據《通志堂經解》本。此本内容格式一仍《通志堂經解》本，内容上微有不同。

《尚書表注》此次整理以清康熙十九年刊《通志堂經解》本（簡稱通志堂本）爲底本，以南宋末年建安刻本（簡稱宋本）、清乾隆二年金華藕塘賢祠義學刻本（簡稱婺本）爲通校本。

凡婺本與它本不同，且難以辨別是非時，則在校記中列出，不作判斷。凡底本不誤，它本明確訛誤者，則不出校。凡底本脱文，它本有不脱者，則據此補足，并在校記中加以説明。凡涉及宋本中顧淐抄補之内容，校記中則以「顧抄補」表明。

底本中避諱字等徑改不出校。

今人整理本有北京大學儒藏本《尚書表注》，此次整理時酌情加以參考。

由于整理者水平有限，錯誤在所難免，敬請方家不吝賜教。

尚書序

朱子曰：安國之《序》〔一〕絶不類西漢文字，亦皆〔二〕可疑。履祥疑安國之《序》蓋東漢之人〔三〕爲之，不惟文體可見，而所謂「聞金石絲竹之音」，端爲後漢人語無疑也。蓋後漢之時，讖緯盛行，其言孔子舊居事，多涉怪，如〔四〕「闕里草自除」，「張伯藏璧一」之類，如此附會多有之。則此爲〔五〕東漢傳古文者托之可知也。如《論語序》，魏人所作，亦言〔六〕壞宅事，即不言金石之異矣。

古者伏犧氏之王天下也，始畫八卦，造書契，以代結繩之政，由是文籍生焉。伏犧、神農、黄帝之書謂之《三墳》，神農之書，農家、方藥家或傳之。黄帝之書，老莊、醫家多傳之。其傳述失真，或是此類。近世又有《三墳書》，云得於青城山，其書始出於張天覺家，有山墳、氣墳、形墳之名。古《易》既有六十四卦，安得又有《三墳》？龜山嘗辨其非。今婺〔八〕有版本，蓋《書序》説〔九〕起其僞也。言大道也。少昊、顓頊、高辛、唐虞之書謂之《五典》，言常道也。至于夏、商、周之書，雖設教不倫，雅誥奥義，其歸一揆，是故歷代寶之以爲大訓。八卦之説，謂之《八索》，求其義也。九州之志，謂之《九丘》。丘，聚也。言九州所有，土地所生，風氣所宜，皆聚此書也。《春秋左氏傳》曰楚左史倚相能讀《三墳》《五典》《八索》《九丘》，即謂上世帝王遺書也。先君孔子生於周末，睹史籍之煩文，懼覽之者不一，遂乃定禮樂，明舊章，删《詩》爲三百篇，約史記而修《春秋》，讚《易》道以黜《八索》，述《職方》以除《九丘》，討論《墳》《典》，斷自唐虞以下，訖于周，芟夷煩亂，剪截浮辭，舉其宏綱，撮其機要，足以垂世立教。《周官》外史固有三皇五帝之書，未聞「墳」「典」之名也。《左氏》稱《三墳》《五典》《八索》《九丘》之書，未知何書也。或當時別有異書，倚相讀之以爲博耳。《書序》以堯、舜有二典，遂引《三墳》《五典》以配三皇五帝之數，證定書之原，反滋紛紛。且伏羲之書，莫大於卦，存於〔七〕《周易》，夫子從而翼之矣。若炎黃之書尚存，夫子安得而遂去之？且神農未有文史，黃帝始製文字，其言多後人傳述，或不能盡得聖人之意。而史官始於有虞，則堯舜之書聞見真切，爲得其實，夫子去取或是如此。兼古書竹簡繁重，惟周室備有之，諸侯之國或有或無，至後世又多廢失。夫子觀周及遊列國，訪而集之，或所得止此，皆未可知也。典、謨、訓、誥、誓、命之文凡百篇，所以恢弘至道，示人主以軌範也。帝王之制，坦然明白，可舉而行。三千之徒，并受其義。及秦始皇，滅先代典籍，焚書坑儒，天下學士逃難解散，我先人用藏其家書于屋壁。《家語》：孔騰，字子襄，畏秦法峻急，乃壁藏其《家語》《孝經》《尚書》《論語》於夫子舊堂。《漢記·尹敏傳》云孔鮒所藏。

漢室龍興，開設學校，旁求儒雅，以闡大猷。濟南伏生，年過九十，失其本經，口以傳授，裁二十餘篇。《藝文志》云：「孝文時求能治《尚書》者，天下無有。聞伏生治之，欲召，老不能行，於是詔太常使掌故晁錯往受。」衛宏云：伏生老不能正言，使其女傳言教錯。齊語多異，錯所不知十二三〔一〇〕，略以其意屬讀而已。李石云：文帝撰五經，《尚書大傳》，使掌故歐陽生受《尚書》於伏生。以其上古之書，謂之《尚書》。《今文尚書》，伏生所傳。《堯典》《皋陶謨》《禹貢》《甘誓》《湯誓》《盤庚》《高宗肜日》《西伯戡黎》《微子》《牧誓》《洪範》《金縢》《大誥》《康誥》《酒誥》《梓材》《召誥》《洛誥》《多方》《多士》《立政》《無逸》《君奭》《顧命》《呂刑》《文侯之命》《費誓》《秦誓》。武帝續得《泰誓》〔一一〕僞篇，亦入今文。百篇之義，世莫得聞。至魯共王，好治宮室，壞孔子舊宅以廣其居，於壁中得先人所藏古文虞、夏、商、周之《書》，及《傳》《論語》《孝經》，皆科斗文字。王又升孔子堂，聞金石絲竹之音，乃不壞宅，悉以書還孔氏。

科斗書廢已久，時人無能知者。以所聞伏生之書考論文義，定其可知者，爲隸古定，更以竹簡寫之，增多伏生二十五篇。古文增多〔一二〕：《大禹謨》《五子之歌》《胤征》《仲虺之誥》《湯誥》《伊訓》《太甲上》《太甲中》《太甲下》《咸有一德》《説命上》《説命中》《説命下》《泰誓上》《泰誓中》《泰誓下》《武成》《旅獒》《微子之命》《蔡仲之命》《周官》《君陳》《畢命》《君牙》《冏命》。伏生又以《舜典》合於《堯典》，《益稷》合於《皋陶謨》，《盤庚》三篇合爲一，《康王之誥》合於《顧命》。復出此篇，并序，凡五十九篇，爲四十六卷。復出五篇：《舜典》《益稷》《盤庚中》《盤庚下》《康王之誥》。《古文尚書》孝成時始立學官，尋廢。終漢世未立學官。東晉梅頤始上其書，猶缺《舜典》，學者以今文《舜典》補之。南齊姚方興又上孔傳《舜典》，首多今文二十八字。梁江陵之亂，其書北行中原，學者異之。隋開皇二年，求遺書，得此《舜典》，而五十八篇始備。唐開元中，詔衛衡改隸古爲今字，而秘府藏其舊。今辰州有《古文尚書》版〔一三〕本。其餘錯亂摩滅，弗可復知，悉上送官，藏之書府，以待能者。承詔爲五十九篇作傳，於是遂研精覃思，博考經籍，採摭群言，以立訓傳。約文申義，敷暢厥旨，庶幾有補於將來。《書序》序所以爲作者之意，昭然義〔一四〕見，宜相附近，故引之各冠其篇首，定五十八篇。

既畢，會國有巫蠱事，經籍道息，用不復以聞。傳之子孫，以貽後代。若好古博雅君子，與我同志，亦所不隱也。《前漢書》言張霸採《左傳》《書叙》作書首尾，《後漢書》言衛宏作《詩序》。衛宏之云，朱子嘗引之，以證《詩序》之僞矣，獨《書序》疑而未斷。方漢初時，《泰誓》且有僞書，何況《書序》之類。且孔《傳》古文，其出最後，則附會之作有所不免。若《書序》果出壁中，亦不可謂非附會者。蓋孔鮒兄弟藏書之時，上距孔子歿垂三百年，其同藏者《論語》《孝經》。《論語》既有子、曾子門人所集，《孝經》又後人因五孝之訓而雜引《詩》、《書》、傳記之語，附會成書，何爲古文《尚書》〔一五〕是夫子舊本？則其爲齊魯諸儒次序〔一六〕附會而作，序亦可知也。

【校記】

〔一〕「序」，顧抄補作「叙」，下小注「序」字同。

〔二〕「皆」，顧抄補無。

〔三〕「之人」，顧抄補無「之」。

〔四〕「如」，原作「始」，據顧抄補改。

〔五〕「爲」，顧抄補作「謂」。

〔六〕「言」，婺本作「書」。

〔七〕前句、本句二「於」字，顧抄補作「乎」。

〔八〕「婺」，顧抄補作「婺州」。

〔九〕「序説」，顧抄補作「叙之説」。

〔一〇〕「十二三」，原作「十三」，據顧抄補改。

〔一一〕「泰誓」，原作「秦誓」，據顧抄補改。

〔一二〕「增多」，顧抄補下有「孔壁所出」。

〔一三〕「版」，顧抄補作「刻」。

〔一四〕「義」，原作「意」，據顧抄補改。

〔一五〕「文尚書」，原爲墨丁，據顧抄補補。

〔一六〕「次序」，顧抄補作「次第」。

尚書表注序

《書》者，二帝三王聖賢君臣之心，所以運量警省、經綸〔一〕通變、敷政施命〔二〕之文也。君子於此考迹以觀其用，察言以求其心，以誠諸身，以措諸其事。大之用天下國家，小之爲天下國家用。顧不幸不得見帝王之全書，幸而僅存者又不幸有差誤、異同、附會、破碎之失。考論不精，則失其事迹之實；字辭不辨，則失其所以言之意。《書》未易讀也〔三〕。燼於秦，灰於楚，鉗於斯。何偶語挾書之律久之，而伏生之耄言僅傳，孔氏之壁藏復露？伏生者，漢謂今文；孔壁者，漢謂古文。顧伏生齊語易訛而安國討論未盡〔四〕，安國雖以伏生之《書》考古文，不能復以古文之《書》訂今文。是以古文多平易，今文多艱澀。今文雖立學官，而大小夏侯、歐陽又〔五〕各不同，古文竟漢世不列〔六〕學官。後漢劉陶獨推今文三家與古文異同，是正文字七百餘事，號曰《中文尚書》，不幸而不傳於世。至東晉而古文〔七〕孔《傳》始出，至蕭梁而始備〔八〕。唐〔九〕貞觀悉屏諸家，獨立孔《傳》，且命孔穎達諸儒爲之疏。夫古文比今文固多且正，但其出最後，經師私相傳授，其間豈無傳述傅會？所以大序不類西京而謂出安國，小序事意多謬經文而上誣孔子〔一〇〕。朱子傳注諸經略備，獨《書》未及，嘗别出小序，辨正疑誤，指其要領，以授蔡氏而爲《集傳》，諸説至此有所折衷矣。而〔一一〕書成於朱子既没之後，門人語録未萃之前〔一二〕，猶或不無遺漏放失之憾。予茲《表注》之作〔一三〕，雖爲疏略，苟得其綱要，無所疑礙，則其精詳之蘊固在夫自得之者何如耳。好古博雅之君子若或見之，赦其僭，補其缺，辨其疑，則亦此書之幸也。所愿竊有請焉。婺州金履祥序〔一四〕。

【校記】

〔一〕「綸」，原作「論」，據顧抄補、金華本改。

〔二〕「命」，顧抄補作「令」。

〔三〕「《書》未易讀也」，婺本作「此《書》所以未易讀也。蓋自周衰而帝王之典籍不存，學校之教習俱廢。夫子觀周，歷聘諸國，歸而定《書》焉，以詔後世。不幸而」。

〔四〕「未盡」下，婺本作「夫壁中不惟有古文諸篇，計必兼有今文諸篇」。

〔五〕「又」，婺本作「文」。

〔六〕「列」，顧抄補作「立」。

〔七〕「古文」，婺本上有「不幸」。

〔八〕「至蕭梁而始備」，婺本作「至蕭齊始備，至蕭梁始行北方。」

〔九〕「唐」，婺本作「至唐」。

〔一〇〕「孔子」下，婺本作「前漢傳授師説不爲訓解，後漢始爲訓解而謂訓傳盡出安國之手。唐儒曲暢注説，無所辨正。至開元間，則一用今世文字，改易古文。至後唐長興間，則命國子監板行五經，而孟蜀又勒諸石。後之學者守漢儒之專門，開元之俗字，長興之板本，果以爲帝王一字不可刊之典乎？幸而天開斯文，周、程、張、朱子相望繼作，所訓傳未備而義理大明。聖賢之心傳可窺，帝王之作用易見」。

〔一一〕「而」，婺本作「但」。

〔一二〕「前」，婺本作「前爾」。

〔一三〕「猶或」至「之作」，婺本作「履祥繙閱諸家之説，章解句釋，蓋亦有年。一日擺脱衆説，獨抱遺經，伏讀玩味，則見其節次明整，脈絡貫通，中間枝葉與夫訛謬一一易見。因推本父師之意，正句畫段，提其章旨與夫義理之事，事爲之概，考證文字之誤，表諸四欄之外，以授子姓。間以視朋從之士」。

〔一四〕「婺州金履祥序」，婺本作「澍河後學金履祥吉甫序」。

尚書表注卷上

堯典古文《尚書》作「兟籅第一」。　虞書古文作「㐺」。

昔在帝堯，聰明文思，光宅天下，將遜于位，讓于虞舜，作《堯典》。序文。「欽」作「聰」，不知聖德之盛。曰若稽古，「曰若」，古文《尚書》作「粵若乩古」。劉敞不見古文，亦謂當作「越若」，朱子從之。帝堯曰放勳，欽、「欽」，純粹。明、「明」，精明。文、「文」，經緯天地，所謂煥乎文章。思、「思」，意思周密，所謂其智如神。聖人之心，純粹精明而已。「欽明」二字已足以盡帝堯之德。「欽明」[一]又曰「文思」，兼昭[二]其用也。「文」者，「明」之用；「思」者，「欽」之用。「欽明」即惟精惟一，「文思」即允執其中。安安，允恭克讓，光被四表，格于上下。「允恭克讓，光被四表，格于上下。」叙堯之盛德。克明俊德，以親九族；九族既睦，平章百姓；「平」，均齊無偏。「章」，品節有文。百姓昭明，協和萬邦。「協」，考比。「和」，均調。黎民於變時雍。叙堯之治化。聖人治天下，一則德盛之感化，一則政教之推廣。

乃命羲、和，叙堯之用人。「羲、和」是羲伯、和伯，下文分命其仲、叔。欽若昊天，曆象日月星辰，敬授人時。

分命羲仲，宅嵎夷，曰暘谷。寅賓出日，平秩東作。日中星鳥，以殷仲春。厥民析，鳥獸孳尾。

申命羲叔，宅南交。「宅」者，定方隅以推日。「宅」，蔡邕石經作「⿸广乇」。「南交」，劉氏《小傳》作「宅南曰交」。陳氏：「交」曰明都。平秩南訛，「訛」，《史記》作「爲」。敬致。日永星火，以正仲夏。厥民因，鳥獸希革。

分命和仲，宅西，曰昧谷。寅餞納日，平秩西成。宵中星虛，以殷仲秋。厥民夷，鳥獸毛毨。

申命和叔，宅朔方，曰幽都。平在朔易，日短星昴，以正仲冬。厥民隩，鳥獸氄毛。

帝曰：「咨！「咨」，古文并作「資」。汝羲暨和，朞三百有六旬有六日，「有」，古文作「又」。以閏月定四時成歲。候景也。「平秩」，《史》作「便程」，「便」、「辨」義通。四方地勢不同，風氣亦異，測候之際因辨其所異，程其所宜，以爲授時之節焉。作、訛、成、易皆指地氣物土民宜之事，各以其方異辭耳。自作、訛、成、易以上分方，日、星以下分時，以日、宵之中殷二分，以永、短之極正二至。析、因、夷、隩，作曆必參之民宜而爲四時之政。鳥獸之云則候之物性，曆家七十二候之法所由起也。周天之日，當云三百六旬五日四分之一，而云三百有六旬六日，蓋帝堯時特舉其大綱，其於周天必知圓奇之妙，四分一不足以盡天矣。故概舉全日而中星亦通舉辰象，其間度刻則有司隨時推之，以與天合[三]。後世度不足而析爲分，分不足而又爲杪[四]，有爲九百四十分日之二百三十五者。太初則又爲八十一分日之二十分少，劉氏、王氏又爲五百八十九分日之一百四十五。唐[五]大衍又析一度爲三千四十分，而每歲日餘三十七分大。至朱震統元曆，析一度爲萬分，歲周三百六十五日二千四百四十六分七十二杪半，而周天則三百六十五度二千五百七十二分二十五杪。分杪愈多，算法當愈密，久亦未嘗不差者。聖人言天常寬而曆則密，後世作曆常密而於天反疏。蓋聖人因天以定曆，後世制曆以推天也[六]。允釐百工，庶績咸熙。」帝曰：「疇咨若時登庸？」「疇」，古文并作「⿱罒己」。放齊曰：「胤子朱啓明。」帝曰：「吁！嚚訟，可乎？」帝曰：「疇咨若予采？」驩兜曰：「都！共工方鳩僝功。」帝曰：「吁！静言庸違，象恭滔天。」「滔天」二字因下文衍。帝曰：「咨！四岳。湯湯洪水方割，蕩蕩懷山襄陵，浩浩滔天，下民其咨，有能俾乂？」僉曰：「於！鯀哉！」帝曰：「吁！咈哉！方命圮族。」岳曰：「异哉！試可，乃已。」帝曰：「往，欽哉！」九載，績用弗成。「弗」，不。古文并作「弜」，下同。帝曰：「咨！四岳。朕在位七十載，汝能庸命，巽朕位？」岳曰：「否德忝帝位。」曰：「明明揚側陋。」師錫帝曰：「有鰥在下曰虞舜。」「虞」，國名也。案《國語》謂「虞幕能聽協風，以成樂物生」，與夏禹、商契、周棄并稱。而《左氏》曰「自幕至於瞽叟無違命，舜重之以明德」，則虞自幕始封有國。以至瞽叟，舜爲嫡長，父母弟惡〔七〕之鰥之，欲奪嫡爾。舜盡孝友之道，故「烝乂」而不「格姦」焉。帝曰：「俞。予聞，如何？」岳曰：「瞽子，父頑，母嚚，象傲。克諧以孝，烝烝乂，不格姦。」帝曰：「我其試哉！女于時，觀厥刑于二女。」釐降二女于嬀汭，嬪于虞。帝曰：「欽哉！」帝自初載命羲和作曆授時，自是無爲而天下治。中年以後見子朱之不類，始有與賢之意焉。曆有咨用，咸非其選。暨晚年得舜，授以天下。史臣於前叙羲和授時之命，以著帝堯咸熙之治；於後叙朱、兜、共、鯀之失，以起帝堯薦舜之由。

【校記】

〔一〕「欽明」，婺本作「而」。

〔二〕「昭」，宋本、婺本作「語」。

〔三〕「合」，原作「分」，據宋本、婺本改。

〔四〕「杪」，原作「抄」，形誤，今改正。下同。

〔五〕「唐」，宋本、婺本作「至」。

〔六〕「蓋聖人」至「推天也」，「因天」，婺本作「隨時」；「制曆」，婺本作「執曆」；「推」，婺本作「求」。

〔七〕「惡」，婺本作「忌」。

舜典

虞舜側微，堯聞之聰明，將使嗣位，歷試諸難，作《舜典》。《舜典》所紀攝位即位，圣政悉備，不止歷試，《序》説非。

曰若稽古，帝舜曰重華，協于帝。濬哲文明，温恭允塞。玄德升聞，乃命以位。「曰」，粤。自「粤若」至「以位」二十八字最後出。慎徽五典，五典克從。納于百揆，百揆時叙。徽庸。司徒、百揆，舉察、治水。賓于四門，「賓四門」，是引見諸侯及天下士，考察進退之。《左傳》有流凶族無〔一〕凶人説。四門穆穆。納于大麓，「大麓」，從《史記》及蘇氏。烈風雷雨弗迷。帝曰：「格汝舜，詢事考言，乃言厎可績，三載，汝陟帝位。」舜讓于德，弗嗣。「讓德弗嗣」之下必有再命。王文憲謂《論語》引堯曰：「咨爾舜，天之曆數在爾躬，允執其中，四海困窮，天禄永終。」當在此。

正月上日，受終于文祖。在璿璣玉衡，以齊七政。肆類于上帝，禋于六宗，望于山川，遍于群神。輯五瑞，既月乃日，覲四岳群牧，班瑞于群后。歲二月，東巡守，至于岱宗，柴，望秩于山川。「柴望秩于山川」，朱子作一句。肆覲東后。協時、月，正日，同律、度、量、衡。修五禮，五玉，三帛〔一〕，二生，一死，贄，「五玉」至「贄」九字，朱子謂當在「覲東后」之下。如五器。卒乃復。五月，南巡守，至于南岳，如岱禮。八月，西巡守，至于西岳，如初。十有一月，朔巡守，至于北岳，如西禮。歸，格于藝祖，用特。攝位。曆象、朝覲、巡守。

五載一巡守，群后四朝。敷奏以言，明試以功，車服以庸。考績。肇十有二州，封十有二山，濬川。疆理。象以典刑。流宥五刑。鞭作官刑，撲作教刑，金作贖刑。眚災肆赦，怙終賊刑。欽哉！欽哉！惟刑之恤哉！典刑。流共工于幽州，放驩兜于崇山，竄三苗于三危，殛鯀于羽山，四罪而天下咸服。四罪非一時，蓋總叙于恤刑之下爾。

二十有八載，帝乃殂落，百姓如喪考妣，「喪」，平聲。三載，四海遏密八音。月正元日，舜格于文祖。詢于四岳，闢四門，明四目，達四聰。「咨！十有二牧。」曰：「食哉惟時，柔遠能邇，惇德允元，而難任人，蠻夷率服。」即位，詢岳，咨牧。來四方之賢，察四方之事，通四方之言。

舜曰：「咨！四岳。有能奮庸熙帝之載，使宅百揆，亮采惠疇？」僉曰：「伯禹作司空。」百揆。帝曰：「俞，咨！禹。汝平水土，惟時懋哉！」「汝平水土」，叙其司空之功。「惟時懋哉」，勉其百揆之職。禹拜稽首，讓于稷、契暨皋陶。帝曰：「俞，汝往哉。」

帝曰：「棄，黎民阻飢，汝后稷，播時百穀。」后稷。帝曰：「契，百姓不親，五品不遜。棄、契、皋陶皆因其職而申命之，故皆不復遜，夔、龍亦然。汝作司徒，敬敷五教，在寬。」司徒。帝曰：「皋陶，蠻夷猾夏，寇賊姦宄。汝作士，五刑有服，五服三就，五流有宅，五宅三居，惟明克允。」士師。每州以一諸侯之長專任牧民之事。夫諸侯固各牧其國之民，然或各私其國，曲防遏糴，州牧所以通其利也。故曰「食哉惟時，柔遠能邇。」「惟時」言民食之不可後時也。養民者視年之上下而爲之備，視地之豐歉而爲之通，周知民之貧弱孤寡而爲之恤，不使民食之後時也。十二州，冀、豫爲中，餘皆外邊四裔。崇厚道德，信任元善，畏惡[三]壬佞，率諸侯者意尚如此，則當時風俗治體可知矣。蠻夷率服，推言其效也。

帝曰：「疇若予工？」僉曰：「垂哉！」帝曰：「俞，咨！垂，汝共工。」共工。垂拜稽首，讓于殳斨暨伯與。帝曰：「俞，往哉，汝諧。」帝曰：「疇若予上下草木鳥獸？」僉曰：「益哉。」帝曰：「俞，咨！益，汝作朕虞。」虞。益拜稽首，讓于朱、虎、熊、羆。帝曰：「俞。往哉，汝諧。」帝曰：「咨！四岳，有能典朕三禮？」典禮。僉曰：「伯夷。」帝曰：「俞，咨！伯，汝作秩宗，夙夜惟寅，直哉惟清。」伯拜稽首，讓于夔、龍。帝曰：「俞，往，欽哉！」帝曰：「夔，命汝典樂，教胄子。典樂，教胄子之目。直而溫，寬而栗，剛而無虐，簡而無傲。氣質之性，變化之功。詩言志，歌永言，聲依永，律和聲。八音克諧，無相奪倫，神人以和。」典樂之綱。典樂教胄子，此古者教法之妙，周大司樂掌成均之法亦然。夔曰：「於！予擊石拊石，百獸率舞。」「夔曰」十二字，《益稷》篇之錯誤。帝曰：「龍，朕堲讒説殄行，震驚朕師。命汝作納言，夙夜出納朕命惟允。」納言。總命。讒殄之原起於民情不達，政教不明，俗移於下而上不知，令出於上而下不聞。「納言」，所以傳君言而觀民風也。「出納朕命惟允」，所以審君言而播民教也。此道化所以通於民心，民心所以化於上，而讒殄所以不行也。三代而上，道化出於一，異端不作，蓋以此爾。

帝曰：「咨！汝二十有二人，四岳二人，牧十一人，九官九人。欽哉！惟時亮天功。」三載考績。三考，黜陟幽明，庶績咸熙。考績。分北三苗。《舜典》所載皆帝舜初政，至三考之後，庶績咸熙，所黜者獨三苗耳。卒章通載始終，若其晚年授禹之事則具在《禹謨》。

舜生三十徵庸，三十在位，五十載陟方乃死。

帝釐下土，方設居方，别生分類。作《汩作》、《九共》九篇、《槀飫》。《逸書》序

二典	放勳	欽明文思	安安允恭克讓	光被四表格于上下	克明止時雍
	功同	德同	又各以氣象形容		君道　治化之序 臣道　徵庸之序
	重華	協于帝	濬哲文明温恭允塞	玄德升聞乃命以位	慎徽止弗迷

濬哲文明，由體以達用，猶堯之明文。此以精明，言温恭允塞，因外以推内，猶堯之欽思允克，比以純粹言。

【校記】

〔一〕「無」，原脱，據婺本補。

〔二〕「三」，原作「二」，據宋本、婺本改。

〔三〕「惡」，婺本作「忌」。

大禹謨古文作「大斋謩」〔一〕

皋陶矢厥謨，禹成厥功，帝舜申之。作《大禹》《皋陶謨》《益稷》。小序，矢謨序《皋謨》〔二〕，成功序《禹謨》，申之序《益稷》。後〔三〕亦昌言，然不能及舜、禹傳授之旨。二《典》，《虞書》之經。二《謨》，猶二《典》之傳。

曰若稽古，「曰」，古文作□〔四〕。大禹曰：「文命敷于四海，祗承于帝。」曰：「后克艱厥后，臣克艱厥臣，政乃乂，黎民敏德。」克艱。帝曰：「俞。允若兹，嘉言罔攸伏，野無遺賢，萬邦咸寧。稽于衆，舍己從人，不虐無告，不廢困窮，惟帝時克。」

益曰：「都！帝德廣運，乃聖乃神，乃武乃文。皇天眷命，奄有四海，爲天下君。」禹曰：「惠迪吉，從逆凶，惟影響。」舜因禹克艱之謨而述堯之克艱。上三句其效，下四句其本。益因舜述堯之辭而誦堯之德業。禹因益言堯得天之效而推感應之理。益曰：「吁！戒哉！儆戒無虞，罔失法度。罔遊于逸，罔淫于樂。任賢勿貳，去邪勿疑。疑謀勿成，百志惟熙。謀之未決者未可〔五〕行，蓋事必審決而後行。罔違道以干百姓之譽，罔咈百姓以從己之欲。無怠無荒，「無」，古文作「亡」，後同。四夷來王。」益之謨。心身、朝廷、百姓、四夷。朱子謂自此以上皆一時之言。

禹曰：「於！帝念哉！德惟善政，政在養民。水、火、金、木、土、穀惟修，正德、利用、厚生惟和，九功惟叙，九叙惟歌。戒之用休，董之用威，勸之以九歌，俾勿壞。」禹陳德政教養之謨。帝曰：「俞。地平天成，六府三事允治，萬世永賴，時乃功。」「六府三事」。「府」，即官府之府，猶《禮記》所謂天子之六府。水、火、金、木、土、穀物，有其官，官修其方，而又教化之以正其德，懋遷之以利其用，均節之以厚其生。若厚典庸禮，懋遷化居，蓄積備具之類。帝曰：「格，汝禹。朕宅帝位，三十有三載，耄期倦于勤。汝惟不怠，總朕師。」禹曰：「朕德罔克，民不依。皋陶邁種德，德乃降，黎民懷之。帝念哉！念茲在茲，釋茲在茲。名言茲在茲，允出茲在茲。惟帝念功。」帝曰：「皋陶，惟茲臣庶，罔或干予正。汝作士，明于五刑，以弼五教，期于予治。刑期于無刑，民協于中，時乃功。懋哉！」授禹遜皋。虞廷大臣德之相似者惟禹與皋，故禹於命攝之時所遜惟皋，又恐帝舜見己之功而不見皋之爲功，故反覆以念功勉之。謂念之也熟，則雖舍之而不可易；言之也熟，則雖外之而不可違。帝與己而不與皋，豈言念之或略歟？然帝固未嘗不深知皋之功也，故因禹言以推明之。大抵皋之德言密於禹，禹之德烈著於皋。禹之功天下所共知，而皋之爲功非舜、禹莫能深知之也。皋陶曰：「帝德罔愆。臨下以簡，御衆以寬。罰弗及嗣，賞延于世。宥過無大，刑故無小。罪疑惟輕，功疑惟重。與其殺不辜，寧失不經。好生之德，洽于民心。茲用不犯于有司。」舜方推美皋之功，皋則歸美帝之德，而帝復以美皋焉。君臣有功，更相歸美，此固虞廷之盛。然君臣之體相須以成，實非可以獨致者，宜其成功之交相歸美也。帝曰：「俾予從欲以治，四方風動，惟乃之休。」帝曰：「來，禹。洚水儆予，成允成功，惟汝賢。克勤于邦，克儉于家，不自滿假，惟汝賢。汝惟不矜，天下莫與汝争能。汝惟不伐，天下莫與汝争功。予懋乃德，嘉乃丕績。天之曆數在汝躬，汝終陟元后。人心惟危，道心惟微，惟精惟一，允執厥中。堯之授舜曰「允執其中」，此授之以治天下之則也。一人之治天下，惟在於持此無過不及之則，以裁天下之事，使隨事各得而已爾。舜之授禹也而益之以三言，則又授之執中之法也。夫用之所以不合乎中，以理欲雜乎方寸之間，辨之不精爾。氣固理之所有而易流於欲，故危；理攝乎氣之中而不充則晦，故微。理與氣會而爲心，心則一，而知覺意念所從發者異。人心者，知覺之生乎氣；道心者，知覺之生乎理。先言人心而後言道心者，蓋道心之所以微，亦人心之危有以微之爾。惟精則審乎二者之間而不雜，惟一則守其本心之正而不離，皆有以得其中，中即道之用也。〔六〕無稽之言勿聽，弗詢之謀勿庸。可愛非君？可畏非民？衆非元后何戴？后非衆罔與守邦？欽哉！慎乃有位，敬修其可願。四海困窮，天祿永終。惟口出好興戎，朕言不再。」

禹曰：「枚卜功臣，惟吉之從。」帝曰：「禹。官占惟先蔽志，昆命于元龜。朕志先定，詢謀僉同，鬼神其依，龜筮協從，卜不習吉。」禹拜稽首，固辭。帝曰：「毋！惟汝諧。」

正月朔旦，受命于神宗，率百官，若帝之初。

帝曰：「咨！禹。惟時有苗弗率，汝徂征。」禹之徂征也，奉辭以臨之耳，而苗猶逆命，豈舜、禹之德猶有所未至而益乃有是言，至引舜之事父〔七〕爲喻？孟子曰：「行有不得者，皆反求諸己，其身正而天下歸之。」古聖賢人〔八〕率如此，何嘗盡力以服人哉！禹乃會群后，誓于師，曰：「濟濟有衆，咸聽朕命。蠢兹有苗，昏迷不恭，侮慢自賢，反道敗德。君子在野，小人在位。民棄不保，天降之咎。肆予以爾衆士，奉辭伐罪。爾尚一乃心力，其克有勳。」三旬，苗民逆命。益贊于禹，曰：「惟德動天，無遠勿届。滿招損，謙受益，時乃天道。帝初于歷山，往于田，日號泣于旻天，于父母，負罪引慝，祗載見瞽瞍，夔夔齋慄，瞽亦允若。至諴感神，矧兹有苗。」禹拜昌言，曰：「俞。」班師振旅。帝乃誕敷文德，舞干羽于兩階。「干」，武舞。「羽」，文舞。蓋示反武敷文之意。賓階、阼階〔九〕，蓋舞於百辟、群后〔一〇〕朝會覲享之所。古者設教示民，未資於文字榜檄之繁，禮樂乃其大用，而器度儀采即其具。七旬，有苗格。

【校記】

〔一〕「帣蓍」，宋本作「帣暮」。

〔二〕「矢謨序皋謨」，婺本作「矢謀序皋陶」。

〔三〕「後」，婺本作「汝」。

〔四〕「曰古文作□」，原脱，據宋本補。

〔五〕「未可」，婺本作「不可」。

〔六〕案此段注文，婺本多有不同。「天下之則也。一人之治天下」，婺本作「天下之要道也。人治天下」。「之授禹也而」，作「亦以命禹則」。「爾。氣固理之所有而易流於欲，故危；理攝乎氣之中而不充則晦，故微」，作「則守之不一，是以勤而不中，則不能得其無過不及之則耳」。「人心者，知覺之生乎氣；道心者，知覺之生乎理」，作「故帝、舜分爲界限以言之。道者，人之主」。「審乎二者之間而不雜，惟一則守其本心之正而不離，皆有以得其中」，作「辨乎人心道心而不差，一則守此道心之主而不貳」。

〔七〕「是言至引舜之事父」，婺本作「滿損謙益之説，且以負罪引慝」。「父」，宋本作「慝」。

〔八〕「人」，婺本作「之于天下大」。

〔九〕「阼階」，原作「主階」，據宋本、嫠本改。

〔一〇〕「群后」，原作「群臣」，據宋本、嫠本改。

皋陶謨 古文作「咎繇謩」。

曰若稽古，皋陶曰：「允迪厥德，謨明弼諧。」「允迪厥德」，君。「謨明弼諧」，臣。皋堯以此二語爲陳謨之首，亦其所允蹈之者。故史臣不以他辭贊皋。禹曰：「俞。如何？」皋陶曰：「都！慎厥身修，思永，惇叙九族，庶明〔一〕勵翼，邇可遠，在兹。」謹修思叙，迪德之事。「庶明勵翼」，謨弼之事。禹拜昌言，曰：「俞。」

皋陶曰：「都！在知人，在安民。」知人安民，治道之綱要。禹曰：「吁！咸若時，惟帝其難之。知人則哲，能官人。安民則惠，黎民懷之。「哲」、「惠」者，聖仁之副名。能哲而惠，何憂乎驩兜？何遷乎有苗？何畏乎巧言令色孔壬？」

皋陶曰：「都！亦行有九德，亦言其人有德，乃言曰：載采采。」知人。人之德見於行者其凡有九，而言人之有德者，當復推〔二〕其於九德之行，其事有幾也。禹曰：「何？」皋陶曰：「寬而栗，柔而立，愿而恭，亂而敬，擾而毅，直而温，簡而廉，剛而塞，「塞」，古文作「寋」。彊而義。彰厥有常，吉哉！九德，凡十八字而合爲九德者，上九字其資質，下九字則進修，亦有德性之全美者。寬者易弛，寬而堅栗則爲德。柔者易弱，柔而卓立則爲德。謹厚曰愿，愿者易同流合污而不莊，愿而嚴恭則爲德。治亂曰亂，亂者恃有治亂解紛之才而易忽，亂而敬謹則爲德。擾者馴熟而易耎，擾而剛毅則爲德。直者徑行而易訐，直而温和則爲德。簡者多率略，簡而廉隅則德也。剛者多無蓄，剛而塞實則德也。彊者恃勇而不審宜，故以彊而義乃爲德也。彰其有常者，謂有其德而持久者也。若一時如此而後日不然，一事彊義而他事不爾，不足以爲德也。是九者，定其有德之目而必其有常，然後用之。小人勉强於一時，亦似有德，然未幾而變用之矣，又豈可保其爲吉哉！日宣三德，「日」恐當作「曰」。夙夜浚明有家。日嚴祗敬六德，亮采有邦。以得人多少爲治規廣狹之差。翕受敷施，九德咸事，俊乂在官。百僚師師，百工惟時，撫于五辰，庶績其凝。無教逸欲有邦，兢兢業業，一日二日萬幾。無曠庶官，天工人其代之。天敘有典，敕我五典五惇哉！天秩有禮，自我五禮有庸哉！安民〔三〕。「天叙」者，天理自然之倫叙。「敕」則正之，「惇」則厚之。「天秩」者，天理自然之品節。「自」則自我制之，「庸」則自我用之。同寅協恭和衷哉！〔四〕天命有德，五服五章哉！天討有罪，五刑五用哉！政事懋哉！懋哉！天聰明，自我民聰明；天明畏，自我民明威。「威」，古文作「畏」。達于上下，敬哉有土。」皋陶曰：「朕言惠可厎行。」禹曰：「俞。乃言厎可績。」皋陶曰：「予未有知，思曰贊贊襄哉！」前章言知人之目而以人之代天終之，後章言安民之目而以天之自民終之，警戒之意深矣。

【校記】

〔一〕「明」，原作「民」，據宋本改。

〔二〕「推」，宋本、嫠本作「指」。

〔三〕「安民」下，嫠本有「教禮賞刑」四字。

〔四〕此句嫠本有注云：「典禮所以同人心之寅，協其恭、和其衷也。」

益稷〔一〕

語意與《皋謨》相接。竹簡繁多，析爲二編，今文合之。

帝曰：「來，禹，汝亦昌言。」禹拜曰：「都！帝，予何言？予思日孜孜。」皋陶曰：「吁！如何？」禹曰：「洪水滔天，浩浩懷山襄陵，下民昏墊，予乘四載，隨山刊木，曁益奏庶鮮食。予決九川，距四海；濬畎澮〔二〕，距川。曁稷播奏庶艱食、鮮食。懋遷有無化居。烝民乃粒，萬邦作乂。」皋陶曰：「俞。師汝昌言。」

禹曰：「都！帝，慎乃在位。」帝曰：「俞。」禹曰：「安汝止，惟幾惟康。其弼直，惟動丕應。徯志以昭受上帝，天其申命用休。」帝曰：「吁！臣哉鄰哉！」「臨哉」即四鄰。鄰哉臣哉！」禹曰：「俞。」帝曰：「臣作朕股肱耳目，予欲左右有民，汝翼。予欲宣力四方，汝爲。予欲觀古人之象，日、月、星辰、山、龍、華蟲，作會。宗彝、藻、火、粉米、黼、黻，絺繡。以五采彰施于五色，目。制禮也。禮莫先於章服〔三〕之等，以辨民志〔四〕。作服，汝明。予欲聞六律、五聲、八音，在治忽，以出納五言，汝聽。耳。作樂也。樂本出於言志之詩，以陶民風。予違，汝弼。汝無面從，退有後言。欽四鄰。「四鄰」謂左輔、右弼、前疑、後丞也。庶頑讒説，化讒説。凡契、夷、夔、龍之事皆以命禹，相職無所不統也。若不在時，侯以明之，撻以記之，書用識哉！欲并生哉！工以納言，時而颺之。格則承之庸之，否則威之。」禹曰：「俞哉！帝。光天之下，至于海隅蒼生，萬邦黎獻，共惟帝臣。惟帝時舉，敷納以言，明庶以功，「明庶」，朱子謂「試」字之訛。車服以庸，誰敢不讓？敢不敬應？德政明則不必憂頑讒。帝不時，敷同日奏罔功。帝不時則所憂不獨在頑讒。無若丹朱傲，惟慢遊是好，傲虐是作。罔晝夜額額，罔水行舟，朋淫于家，用殄厥世。以丹朱爲戒。予創若時，娶于塗山，辛壬癸甲。啓呱呱而泣，予弗子，惟荒度土功。禹治水八年之間，新昏不暇久，子啼不暇顧。弼成五服，至于五千，州十有二師。外薄四海，咸建五長。各迪有功，苗頑弗即工，帝其念哉！」以苗頑爲憂。使禹敷德，皋明刑，此帝化苗始末。此語在前，「分北」次之，「徂征」最後。帝曰：「迪朕德，時乃功，惟叙。皋陶方祗厥叙，方施象刑，惟明。」

夔曰：「戛擊鳴球，搏拊琴瑟，以詠，祖考〔五〕來格。虞賓在位，群后德讓。下管鼗鼓，合止柷敔，笙鏞以間，鳥獸蹌蹌。《簫韶》九成，「簫」，古文作「箾」。鳳凰來儀。」夔曰：「於！予擊石拊石，百獸率舞，庶尹允諧。」樂。《韶》備衆音，獨云擊石者，《韶》以球爲主，樂正所自奏也。予擊石拊石而已，而獸舞人和，此必有在於聲器之表者。帝庸作歌，曰：「敕天之命，惟時惟幾。」歌。敕天時幾者，帝所以歌之意。乃歌曰：「股肱喜哉！元首起哉！百工熙哉！」帝歌先股肱。皋陶拜首稽首，颺言曰：「念哉！率作興事，慎乃憲，欽哉！屢省乃成，欽哉！」率作欽省者，皋陶所以歌之意。乃賡載歌曰：「元首明哉！股肱良哉！庶事康哉！」又歌曰：「元首叢脞哉！股肱惰哉！萬事墮哉！」皋陶歌元首。

《簫韶》作歌二章，蓋因上章股肱耳目之辭亦以類附，於以見虞廷工和之盛〔六〕，非一時之言也。帝拜曰：「俞。往，欽哉！」

【校記】

〔一〕「益稷」下，婺本有「古文作𦔳稷」五字。

〔二〕「濬畎澮」下，婺本有注「井田之制昉乎此」。

〔三〕「章服」，婺本作「服章」。

〔四〕「辨民志」，婺本作「稱用德」。

〔五〕「祖考」，婺本作「祖考。五帝以天下爲統，韶樂以繼堯爲名，則祖考即謂文祖神宗也。獻，《國語》《禮記》皆謂有虞。祖宗報五，各有所尊，自不相厭。」

〔六〕「簫韶作歌」至「之盛」。「辭」，宋本、婺本作「喻」。「亦」，宋本、婺本作「而」。「工」，婺本作「至」。

禹貢古文第六　夏書

禹別九州，古者兵賦稱九州，言賦等，兵數在内可知。隨山濬川，任土作貢。此篇蓋夏史之追録。紀其成功，未必盡得神禹之妙用，而因此亦可推見。

禹之治水首於冀都，次即兗、青、徐，大抵皆爲河患故爾。且以後世證之，漢時河決東入青、齊，西被梁、楚，南溢淮、泗。宋朝前後河決亦然，至紹熙甲寅以後尤甚。其後自分爲南清河，以入淮而患始息。河患所被，大率古兗、青、徐之境也。緬想神禹導河，載壺口，治梁、岐，闢龍門，疏砥柱，淤大陸，播爲九河，使之北流，釃爲泲、漯，使之東殺，又通於淮、泗，使之甚則可以南泄。是以冀、兗、青、徐次第皆平。朱子所謂洪水之患，河爲甚，禹之用功於河爲多是也。至於揚、荆則以江、漢下流，水澤所聚，而揚爲尤下，亦不得不次第及之。豫雖近河，而自泰、華、殽、函以東至於鞏，連山爲之限，但滎、菏在其東偏耳。河導則伊、洛諸水不勞而入矣。梁、雍諸水方源，計不甚用功，所以獨後。乃若平水土、物土宜、定田制、經賦斂、通朝貢、同風化，則無聞也。凡《禹貢》所書之山多是即山以名其地，非謂獨治其山也。考君桐陽散翁曰：洪水滔天，多是水生潦降之候，神禹疏鑿則在水落石出之時。禹敷土，隨山刊木，奠高山大川。

冀州：既載壺口，治梁及岐。既修太原，至于岳陽。覃懷厎績，至于衡漳。厥土惟白壤，厥賦惟上上錯，厥田惟中中。恒、衛既從，大陸既作。島夷皮服，夾右碣石入于河。冀。帝都三面河患，禹首用功，不言所至，示無外也。冀賦不專出[一]於田，雜征在内，故亦不言貢篚。每州之末必書入都水道，冀帝都而亦云者，時都平陽，於冀爲西南，而東北廣遠，叙恒、衛大陸於後，島夷則由碣石，皆入都水道也。

濟、河惟兗州：「濟」，古文作「泲」，篇内并同。九河既道，雷夏既澤，灉、沮會同。桑土既蠶，是降丘宅土。厥土黑墳，厥草惟繇，厥木惟條。厥田惟中下，厥賦貞。「貞」本「下下」，篆文重字，但於字下從二。兗賦「下下」，古篆文作「丅二」，或誤作「正」，遂譌爲「貞」，又古通作「歪」，尤與「下下」易差[二]互也。作十有三載，乃同。厥貢漆、絲，厥篚織文。浮于濟、漯，達于河。兗。古河北流，兗當其東，地平無山，水患特甚。禹疏九河，瀹泲、漯，有雷、夏以鍾平原之水，爲灉、沮以泄河、泲之餘。至後世東北海淪，西則河徙，中則漯并，南則泲伏，故川澤源委悉非其舊。

海岱惟青州：嵎夷既略，濰、淄其道。厥土白墳，海濱廣斥。厥田惟上下，厥賦中上。厥貢鹽、絺，海物惟錯。岱畎絲、枲、鉛、松、怪石。萊夷作牧。厥篚檿絲。浮于汶，達于濟。青。首書「嵎夷」，非例也。自帝堯以嵎夷正東方之景，而青境實跨有東夷，逆河未淪，斜連遼碣，其後遂分爲營州。

海岱及淮惟徐州：淮、沂其乂，蒙、羽其藝。大野既豬，東原厎平。厥土赤埴墳，草木漸包。厥田惟上中，厥賦中中。厥貢惟土五色，羽畎夏翟，嶧陽孤桐，泗濱浮磬，淮夷蠙珠暨魚。厥篚玄、纖、縞。浮于淮、泗，達于河。「河」，古本作「菏」。徐。川淮、沂浸大野，淮、沂乂則蒙羽之虚皆藝，大野豬[三]則東原之土皆平。泗之達河，《說文》引《書》本作「菏」，菏北連泲南通泗，今南清河亦因其故道爾。

淮海惟揚州：彭蠡既豬，陽鳥攸居。三江既入，震澤厎定。篠簜既敷。厥草惟夭，厥木惟喬。厥土惟塗泥。厥田惟下下，厥賦下上、上錯。厥貢惟金三品，瑶、琨、篠、簜、齒、革、羽、毛惟木。島夷卉服。厥篚織貝，「織貝」，案《博物志》《南史·林邑[四]傳》及薛士龍《書説》，即今木綿。厥包橘、柚，錫貢。沿于江、海，達于淮、泗。揚。庾嶺至敷淺原，其東水皆東流，嶺水北流，而自建嶺北趍者，脊以西之水皆西北流，是匯爲彭蠡也。脊以東之水，南者爲浙江，北者爲震澤、揚州。淮在徐已書乂江，於荆已書朝宗，故揚中間惟畏巨浸。西通南江，則彭蠡之水無所溢，而令江東、江西之水有歸。東疏三江，則震澤之水有所泄而浙西之田不溺。

荆及衡陽惟荆州：江漢朝宗于海，九江孔殷。沱、潛既道，雲土、夢作乂。厥土惟塗泥。厥田惟下中，厥賦上下。厥貢羽、毛、齒、革，惟金三品，「惟木」、「惟金三品」，「惟」字訓與。杶、榦、栝、柏，礪、砥、砮、丹。惟箘、簵、楛，三邦厎貢厥名。包匭菁茅。厥篚玄、纁、璣組。九江納錫大龜。浮于江、沱、潛、漢，逾于洛，至于南河。荊。中間卑濕，江、漢自梁至此，支分沮洳，而荊州之水又自有九，惟江、漢通流，則九江自洞庭入江。今江、漢之支分爲沱、潛者皆道，則沮洳爲雲夢者可土可乂矣。

荊河惟豫州：伊、洛、瀍、澗既入于河，滎波既豬，導菏澤，被孟豬。厥土惟壤，下土墳壚。厥田惟中上，厥賦錯上中。厥貢漆、枲、絺、紵，厥篚纖、纊，錫貢磬錯。浮于洛，達于河。豫。説見篇首。

華陽黑水惟梁州：岷、嶓既藝，「岷」，古文作「汶」，亦或作「崏」。沱、潛既道。蔡、蒙旅平，和夷厎績。厥土青黎，厥田惟下上，厥賦下中三錯。厥貢璆、鐵、銀、鏤、砮、磬，熊、羆、狐、貍織皮。西傾因桓是來，浮于潛，逾于沔，入于渭，亂于河。梁。岷、嶓乂，以見江、漢之滌源，沱、潛道以盡源流之分合，蔡、蒙和夷以見青衣、大渡諸水之治。《禹貢》即山以表水，此一例也。

黑水、西河惟雍州：弱水既西，涇屬渭、汭。漆、沮既從，灃水攸同。荊、岐既旅，終南、惇物，至于鳥鼠。原隰厎績，至于豬野。三危既宅，三苗丕叙。厥土惟黄壤，厥田惟上上，厥賦中下。厥貢惟球、琳、琅玕。浮于積石，至于龍門、西河，會于渭汭。織皮：崑崙、「織皮」以下，雍州塞外之戎。「崑崙」乃崑崙山旁小國。析支、渠搜，西戎即叙。雍。崑崙之墟也。弱水自此西，黑水自此南，河水自此北，渭水自此東。黄壤，土色之正，其田上上，古今號爲天府。然亦荊、岐、涇、灃之地，渭貫其中，最爲沃野，餘多險塞。故禹自終南而西至鳥鼠，自原隰以北至豬野，皆先内以及外也。

導岍及岐，至于荊山，逾于河。壺口、雷首，至于太岳。厎柱、析城，至于王屋。太行、恒山，至于碣石，入于海。河、渭以北諸山。鄭：正陰列。王：北條。西傾、朱圉、鳥鼠，至于太華。熊耳、外方、桐柏，至于陪尾。

導嶓冢，至于荆山。内方，至于大别。岷山之陽，至于衡山，過九江，至于敷淺原。導山。治水之規劃，即山以知水，表山以名地。「敷淺」，古文作「傅」。河渭以南諸山，次陰，中條。○漢南諸山，次陽列；江南諸山，正陽列，南條。

導弱水，至于合黎，餘波入于流沙。導黑水，至于三危，入于南海。弱水、黑水、河水皆自崑崙而分。考崑崙者無定所，三原之間即崑崙可知，蓋地形最高處山即是崑崙。北自窮石，南至岷山，東及秦隴，層巒疊嶂，皆其山體之内群峰耳。西谷則爲弱水西流矣，南谷則爲黑水南流，而三危、岷山脊西之水皆入焉。河出崑崙，乃其東北谷，凡青海浩亹、湟、洮皆其諸源。禹導河則自積石而下，積石至龍門甚遠，中間治壺口，梁岐已見冀州，故此不書。

導河，積石至于龍門，南至于華陰，東至于底柱，又東至于孟津。「孟津」，古文作「盟」。東過洛汭，至于大伾。北過降水，至于大陸。又北播爲九河，同爲逆河，入于海。九河多涸，與逆河俱淪爲小海。嶓冢導漾，東流爲漢，又東爲滄浪之水，過三澨，至于大别，南入于江。東匯澤爲彭蠡，「東匯澤爲彭蠡」，朱子以爲多句。東爲北江，入于海。「東爲北江，入于海」，鄭漁仲以爲羨文。

岷山導江，東别爲沱，又東至于澧，過九江，至于東陵，東迆北會于匯，東爲中江，入于海。漢匯彭蠡，朱子《文集》《語録》辨説甚詳。史官追述，豈能盡無差失，此當先叙江而後叙漢，則彭蠡在江條之内，似無甚礙。又「會于匯」宜作「會于漢」，蓋江迆北正與漢會，至彭蠡湖口則江勢已東且微南矣。「匯」字或因上下文而誤。「中江」「北江」或當時方言，自有此名，以識江、漢合流之别。導沇水，東流爲濟，入于河，溢爲滎，東出于陶丘北，又東至于菏，又東北會于汶，又北東入于海。

導淮自桐柏，東會于泗、沂，東入于海。濟自王莽末年入河，不復南出，伏流地下，今北清河行其故道。

導渭自鳥鼠同穴，東會于灃，又東會于涇，又東過漆、沮，入于河。

導洛自熊耳，東北會于澗、瀍，又東會于伊，又東北入于河。導水。叙水之原委，舉大以知小。河自周定王五年以後始徙，今自洛汭大伾以東南流入菏澤，自菏東連大野，西被豬灘，遂分爲南北清河。南清河下合泗水，至山陽入淮。北清河即泲水故瀆，入海。九州攸同，四隩既宅。九山刊旅，九川滌源，九澤既陂，四海會同。總序。

六府孔修。庶土交正，厎慎財賦，謹。咸則三壤，成賦中邦。土賦。錫土姓，井田。封建。祗台德先，德。不距朕行。弼成五服。遠近疆理之宜，征役朝貢之節，大約限制如此。五百里甸服：百里賦納總，二百里納銍，三百里納秸服，四百里粟，五百里米。五百里侯服：百里采，二百里男邦，三百里諸侯。五百里綏服：三百里揆文教，二百里奮武衛。五百里要服：三百里夷，二百里蔡。五百里荒服：三百里蠻，二百里流。「秸」，稾也。「服」，役事。古者賦役不兩重，四百里粟，五百里則米。皆輸至三百里，而三百里之民爲之服，轉輸於都，故輕其賦。百里總，二百里銍，古人均輸之法，以御遠近勞費。○每服之中又分二三節，此周制九服所由分也。《禹貢》每服五百里，指一面約計。周制每服五百里，合兩面通計。古者井田之制，道路徑直，後世阡陌既開，道里迂曲。古者計勾股，後世計人迹。又尺有長短，此古今里數遠近之分。

東漸于海，西被于流沙，朔南暨聲教，教。訖于四海。外薄四海。限制有近遠，教化無内外。禹錫玄圭，告厥成功。告成。凡《禹貢》地里間有於今不同者，或古今名號之殊，或人力開塞之異，或陵谷、海陸、土石消長之變。

【校記】

〔一〕「出」，婺本作「取」。

〔二〕「差」，原作「善」，據婺本改。

〔三〕「豬」，宋本作「瀦」。

〔四〕「林邑」，原作「邑林」，據《南史》改。

甘誓 古文作「甘斷」

啓與有扈戰于甘之野，作《甘誓》。扈在今京兆府南鄠縣，夏都關河之東，使有扈負固據關，則有係於天下大勢。故啓直往其國征之，至於大戰。啓可謂得御强之道矣。〇「扈」，古文作「屿」。

大戰于甘，乃召六卿。王曰：「嗟！六事之人，予誓告汝：有扈氏威侮五行，怠棄三正，天用勦絶其命，今予惟恭行天之罰。左不攻于左，汝不恭命；右不攻于右，汝不恭命；御非其馬之正，汝不恭命。用命，賞于祖；弗用命，戮于社。予則孥戮汝。」左右御，此每車甲士三人也。每人即五伍之長，左主射，右主擊刺，御主馬。各守其職。士死於車，卒死於徒，所以爲必勝不敗之師。汝六事之人也，行伍則責之車士，車士則責之六事之人，此治軍之綱要也。

五子之歌

太康失邦，昆弟五人須于洛汭，作《五子之歌》。敘。太康尸位十九年，爲羿距河，不能復濟，遂居陽夏。今開封太康縣乃其故城。二十九年崩，弟仲康立。

太康尸位以逸豫，滅厥德，黎民咸貳。乃盤遊無度，畋于有洛之表，十旬弗反。有窮后羿，因民弗忍，距于河。厥弟五人，御其母以從，徯于洛之汭。五子咸怨，述大禹之戒以作歌。述大禹之戒，怨太康之失民。

其一曰：「皇祖有訓：民可近，不可下，民惟邦本，本固邦寧。予視天下，愚夫愚婦，一能勝予。一人三失，怨豈在明？不見是圖。予臨兆民，懍乎若朽索之馭六馬，爲人上者，奈何不敬？」

其二曰：「訓有之：內作色荒，外作禽荒，甘酒嗜音，峻宇彫牆。有一于此，未或不亡。」述大禹之戒，怨太康之盤遊。

其三曰：「惟彼陶唐，有此冀方。今失厥道，亂其紀綱，乃底滅亡。」閔冀都之不保。《左傳》「唐」字下有「帥彼天常」。

其四曰：「明明我祖，萬邦之君。有典有則，貽厥子孫。關石和鈞，王府則有。荒墜厥緒，覆宗絶祀。」惜舊章之淪喪。百二十斤爲石，大秤也。三十斤爲均，小秤也。關之和之，同律、度、量、衡、權，以一天下之制。歌舉一以見其餘。

其五曰：「嗚呼曷歸？予懷之悲。萬姓仇予，予將疇依？鬱陶乎予心，顔厚有忸怩。弗慎厥德，雖悔可追？」

胤征 古文作「冑徰」。

羲、和湎淫，廢時亂日，胤往征之，作《胤征》。 叙。仲康規橅，庶幾中興，但羲、和據邑，猶費徂征，其他恢拓或尚難爾〔一〕，亦安知王靈不自是振，惜在位不久耳。

惟仲康肇位四海，胤侯命掌六師。羲、和廢厥職，酒荒于厥邑。胤后承王命徂征。告于衆曰： 誓。「嗟予有衆，聖有謨訓，明徵定保。 「明徵定保」，此聖人之謨訓。「徵」，如庶徵之徵，謂明察上天之徵，以定保邦之道。胤征援此一語以爲綱。「先王克謹」以下即「明徵定保」之事。 先王克謹天戒，臣人克有常憲，百官修輔，厥后惟明明。每歲孟春，遒人以木鐸徇于路。官師相規，工執藝事以諫。其或不恭，邦有常刑。惟時羲、和， 證下〔二〕羲、和之罪。「惟時羲、和」以下「明徵定保」之反。 顛覆厥德，沈亂于酒，畔官離次，俶擾天紀，遐棄厥司。乃季秋月朔，辰弗集于房，瞽奏鼓，嗇夫馳，庶人走。羲、和尸厥官，罔聞知，昏迷于天象，以干先王之誅。 應先王之刑。《政典》「《政典》」以下，誓師之辭。前引謨訓，後引政典，人臣誓衆之體如此。 曰：『先時者殺無赦，不及時者殺無赦。』今予以爾有衆，奉將天罰。

爾衆士同力王室，尚弼予欽承天子威命。火炎崐岡，玉石俱焚。天吏逸德，烈于猛火。殲厥渠魁，脅從罔治。舊染污俗，咸與惟新。戒其過。即先時之失也。嗚呼！威克厥愛，允濟；愛克厥威，允罔功。其爾衆士，懋戒哉！」戒其不及。懋：同力欽承，殲渠威克。戒：先後逸愛。

自契至于成湯，八遷。湯始居亳，從先王居。作《帝告》《釐沃》。湯征諸侯，葛伯不祀，湯始征之，作《湯征》。伊尹去亳適夏，既醜有夏，復歸于亳。入自北門，乃遇汝鳩、汝方，作《汝鳩》《汝方》。《逸書》序。〇夏自太康，爲羿所距，保遷南夏，以傳仲康。迄于后相，皆在大河之南。羿據冀都，因夏民以代夏政。寒浞又殺而代之。皆在大河之北。至后相居帝丘，爲浞所滅，而夏始中斷。又四十年，少康遂復舊物云。

【校記】

〔一〕「猶費」至「難爾」。「猶費」，婺本作「其」。「其他恢拓或尚難」，婺本作「其西拓或尚此」。

〔二〕「下」，婺本無。

商書

湯誓古文「湯斷第十」。

伊尹相湯，伐桀，升自陑，「升陑」於本篇無所考，徒資異議。遂與桀戰于鳴條之野，作《湯誓》。成湯興師之時，是爲受命之始。稱王誓衆，舊説追書者非。

王曰：「格爾衆庶，悉聽朕言。非台小子，敢行稱亂；有夏多罪，天命殛之。今爾有衆，汝曰：『我后不恤我衆，舍我穡事，而割正夏。』予惟聞汝衆言。夏氏有罪，予畏上帝，不敢不正。今汝其曰：『夏罪其如台？』夏王率遏衆力，率割夏邑，有衆率怠弗協，曰：『時日曷喪？予及汝皆亡。』夏德若兹，今朕必往。天命。爾衆知己事之小而不知天命之大，聖人則不敢不順天。爾衆知己邑之安而不知夏衆之危，聖人則不可不教民。誓。爾尚輔予一人，致天之罰，予其大賚汝。賞。爾無不信，朕不食言。爾不從誓言，予則孥戮汝，罰。罔有攸赦。」

湯既勝夏，欲遷其社，不可。作《夏社》《疑至》《臣扈》。夏師敗績，湯遂從之，遂伐三朡，俘厥寶玉。誼伯、仲伯作《典寶》。

仲虺之誥 古文作「中鼺之𢍘」。

湯歸自夏，至于大坰，仲虺作誥。

成湯放桀于南巢，惟有慙德，慙己德。曰：「予恐來世以台爲口實。」憂後世。仲虺乃作誥，曰：「嗚呼！惟天生民有欲，無主乃亂。惟天生聰明時乂。聰明。有夏昏德，民墜塗炭。天乃錫王勇智，表正萬邦，「表正」即君師。纘禹舊服，兹率厥典，奉若天命。首原上天爲民命聖人之意。桀失君民之道，天錫湯勇智。夏王有罪，矯誣上天，以布命于下。桀失教民之道。帝用不臧，式商受命，用爽厥師。天命湯爽師。簡賢附勢，寔繁有徒。肇我邦于有夏，若苗之有莠，若粟之有秕。小大戰戰，罔不懼于非辜。矧予之德，言足聽聞。湯德爲桀所忌。惟王不邇聲色，不殖貨利，德懋懋官，功懋懋賞，用人惟己，改過不吝，克寬克仁，彰信兆民。湯總[一]聰明勇智之德。乃葛伯仇餉，初征自葛。東征，西夷怨。南征，北狄怨。曰：『奚獨後予？』攸徂之民，室家相慶，曰：『徯予后，后來其蘇。』民之戴商，厥惟舊哉！湯德爲人心所歸。佑賢輔德，顯忠遂良；兼弱攻昧，取亂侮亡；推亡固存，邦乃其昌。德日新，萬邦惟懷；志自滿，九族乃離。王懋昭大德，「懋昭」以下日新之推。建中于民，以義制事，以禮制心，垂裕後昆。中者，無過不及之正理。舉天下事物，莫不各有自然之中，民心所本具而不能自明，故聖人建之以爲準則[二]。「以義制事，以禮制心」，即建中之綱目也。立之義以制天下之事，使每事各得其時中至善之宜而無過不及。立之禮以制天下之心，使人各循其規矩準繩之則而不偏不倚。經制既立，人心風俗既正，雖傳之後世，固有餘裕，豈有來世口實之憂哉！予聞曰：「予聞」以下，自滿之證。『能自得師者王，謂人莫己若者亡。好問則裕，自用則小。』祛其慚，貴於日新。既無慚，又易自滿。湯未必爾，大臣忠告自不容疏也。嗚呼！慎厥終，惟其始。殖有禮，覆昏暴。欽崇天道，永保天命。」謹終惟始，謂勿失其不邇不殖、改過寬仁之德。殖禮覆昏，謂益廣其佑輔顯遂、兼攻取侮之規。欽崇永保則日新懋昭，以保勇智表正之命。

【校記】

〔一〕「湯總」，宋本、婺本作「叙湯」。

〔一〕「則」，婺本作「焉」。

湯誥

湯既黜夏命，復歸于亳，作《湯誥》。

王歸自克夏，至于亳，誕告萬方。王曰：「嗟！爾萬方有衆，明聽予一人誥。惟皇上帝，降衷于下民，若有恒性，克綏厥猷惟后。綏猷，一篇綱領。夏王滅德作威，以敷虐于爾萬方百姓。桀之罪，綏猷之反。爾萬方百姓罹其凶害，弗忍荼毒，并告無辜于上下神祇〔一〕。天道福善禍淫，降災于夏，以彰厥罪。天黜夏。肆台小子，將天命明威，不敢赦。敢用玄牡，敢昭告于上天神后，請罪有夏，聿求元聖，與之勠力。湯承天以黜夏。以與爾有衆請命。上天孚佑下民，罪人黜伏，天命弗僭。賁若草木，兆民允殖。俾予一人，輯寧爾邦家。兹朕未知獲戾于上下，慄慄危懼，若將隕于深淵。天命湯以綏猷。此責未易盡，聖心所以危懼。凡我造邦，無從匪彝，無即慆淫，各守爾典，以承天休。告諸侯以綏猷。爾有善，朕弗敢蔽。罪當朕躬，弗敢自赦，惟簡在上帝之心。其爾萬方有罪，在予一人；予一人有罪，無以爾萬方。萬方有罪，蓋教之不豫，養之不遂，處之失宜，皆不克綏猷也，故曰「在予一人」。朱子謂此意是成湯見得。嗚呼！尚克時忱，乃亦有終。」

咎單作《明居》。

【校記】

〔一〕「祇」，原作「祗」，今改正。

伊訓

成湯既没，太甲元年，伊尹作《伊訓》《肆命》《徂后》。叙。

惟元祀十有二月乙丑，伊尹祠于先王，奉嗣王祇見厥祖。「先王」謂玄王以下。伊尹祠于先王，殷禮，當喪即位，蓋冢宰攝祭告上〔一〕。「厥祖」，成湯也。「奉〔二〕嗣王祇見厥祖」，蓋奠于殯宫也。侯甸群后咸在，百官總己以聽冢宰。伊尹乃明言烈祖之成德以訓於王，訓。正述夏后氏之盛，反言夏桀所以亡。曰：「嗚呼！古有夏先后，方懋厥德，罔有天災。山川鬼神，亦莫不寧，暨鳥獸魚鼈咸若。于其子孫弗率，皇天降災，假手于我有命，造攻自鳴條，朕哉自亳。惟我商王，布昭聖武，代虐以寬，兆民允懷。正言湯所以興。今王嗣厥德，罔不在初。立愛惟親，立敬惟長，始于家邦，終于四海。太甲嗣位之初，即當接續成湯之德。孝悌爲立德之本，自家國而可以達之天下。嗚呼！先王肇修人紀，先王成湯亦自倫紀家國而推之以至有天下。從諫弗咈，先民時若。居上克明，爲下克忠，與人不求備，檢身若不及，以至于有萬邦。兹惟艱哉！前言先王創業，後言垂統之計。敷求哲人，俾輔于爾後嗣。制官刑，儆于有位。曰：『敢有恒舞于宫，酣歌于室，時謂巫風。敢有殉于貨色，恒于遊畋，時謂淫風。

敢有侮聖言，逆忠直，遠耆德，比頑童，時謂亂風。惟茲三風十愆，卿士有一于身，家必喪；邦君有一于身，國必亡。臣下不匡，其刑墨。具訓于蒙士。』反官刑之訓。伊尹即此以告太甲，已防其縱慾之漸。嗚呼！嗣王祗厥身，念哉！聖謨洋洋，嘉言孔彰。勉其敬身以念官刑之訓，聖謨雖廣大，若儆有位之嘉言則甚明白。惟上帝不常，作善，降之百祥；作不善，降之百殃。爾惟德罔小，萬邦惟慶；爾惟不德罔大，墜厥宗。」總一正一反。承篇首[三]夏、商興亡之故而言天命之不常，太甲不可恃天命之方盛，又警戒以終之，以申上文愛敬[四]終四海，一愆[五]必喪亡之說。

《肆命》《徂后》。

【校記】

〔一〕「殷禮當喪即位蓋」，婺本作「設禮當」。「上」，宋本、婺本作「也」。

〔二〕「奉」，原作「舉」，據宋本、婺本改。

〔三〕「承篇首」，婺本作「首篇自」。

〔四〕「愛敬」，婺本作「始家」。

〔五〕「一愆」，婺本作「有一」。

太甲上

太甲既立，不明，伊尹放諸桐。三年復歸于亳，思庸。伊尹作《太甲》三篇。

惟嗣王不惠于阿衡，伊尹作書曰：「先王顧諟天之明命，以承上下神祇，不惠。先王照管吾心天理，不使人欲昏之，常足以對越神明。指先王之心法，是捄太甲之病源〔一〕。社稷宗廟，罔不祇肅。天監厥德，用集大命，撫綏萬方。惟尹躬克左右厥辟宅師，肆嗣王丕承基緒。惟尹躬先見于西邑夏，自周有終，「周」當作「君」，古文「君」寫爲「冏」，與「周」字相似，故誤。案吴氏《經説》、王子《書疑》皆云當作「君」。相亦惟終。其後嗣王，罔克有終，相亦罔終。先王明德受命而尹左右宅師。今先王亡而尹在，恐太甲又恃此以自弛，故又舉有夏前後君相終與罔終以勉戒之。嗣王戒哉！祇爾厥辟，辟不辟，忝厥祖。」祇祖。總〔二〕篇首之意。王惟庸，罔念聞。不聽。伊尹乃言曰：「先王昧爽丕顯，坐以待旦，旁求俊彦，啓迪後人，無越厥命以自覆。慎乃儉德，惟懷永圖。若虞機張，往省括于度則釋。欽厥止，率乃祖攸行。惟朕以懌，萬世有辭。」「丕顯」即顧諟之功。「俊彦」者，正先王托之以啓後人不可墜遺命之意。戒其侈，戒其苟，戒其輕發，戒其不静，戒其顛覆。王未克變。伊尹曰：「茲乃不義，習與性成。予弗狎于弗順，營于桐宮。密邇先王其訓，無俾世迷。」王徂桐宮居憂，克終允德。不變，放桐，克終。訓之非不著切，至於不順又不聽，又不變，則其説窮矣，故以桐宮爲訓。孟子曰：「有伊尹之志則可。」子王子曰：「古今善用權者無如伊尹，善語權者無如孟子。」

【校記】

〔一〕「病源」，婺本作「福源」。

〔一〕「總」，原作「緫」，據宋本改。

太甲中

惟三祀十有二月朔，伊尹以冕服奉嗣王歸于亳。復辟。作書曰：「民非后，罔克胥匡以生；后非民，罔以辟四方。本謂民不可無君爾，而對舉君民相須之義，蓋言敬言戒也〔一〕。皇天眷佑有商，俾嗣王克終厥德，實萬世無疆之休。」伊尹奉迎、慶懌之辭。王拜手稽首，曰：「予小子不明于德，「不明于德」，此是病源，正〔二〕與伊尹所述先王「顧諟」「丕顯」者相反。自厎不類，欲敗度，縱敗禮，以速戾于厥躬。天作孽，猶可違；自作孽，不可逭。既往背師保之訓，弗克于厥初，尚賴匡救之德，圖惟厥終。」太甲悔艾、資助之辭。伊尹拜手稽首，曰：「修厥身，允德協于下，惟明后。先王子惠困窮，民服厥命，罔有不悦。并其有邦厥鄰，乃曰：『徯我后，后來無罰。』王懋乃德，視乃厥祖，無時豫怠。奉先思孝，接下思恭，視遠惟明，聽德惟聰。孝敬即前篇「立愛」、「立敬」之意。聰明見遠大，聽德言則聰明自開。前篇皆是〔三〕。朕承王之休無斁。」初誥。伊尹初告以「惟明后」，下篇申告以「惟明明后」，皆告以明之方。《太甲》一節顛覆，今雖自悔，豈能遽孚于天下？亦反求諸身，自修而已。自修之實既至，則自協于民心。如先王實意在民，民心自皆服〔四〕悦。〇凡事但視先王之法。

【校記】

〔一〕「言敬言戒」，原作「言言警戒」，據婺本改。

〔二〕「正」，婺本作「此」。

〔三〕「是」，宋本、乾本作「此意」。

〔四〕「服」，婺本作「孚」。

太甲下

伊尹申誥于王曰：申誥。篇首三言，《伊訓》及上篇之首，皆是此意，理一而已。伊尹非不言，但太甲前迷而今悟爾。「嗚呼！惟天無親，克敬惟親。民罔常懷，懷于有仁。鬼神無常享，享于克誠。天位艱哉！德惟治，否德亂。「治」，古文作「乿」；「亂」，古文作「𤔔」。古文前後并同。與治同道，罔不興；與亂同事，罔不亡。終始慎厥與，惟明明后。先王惟時懋敬厥德，克配上帝。湯德配天之盛。今王嗣有令緒，尚監茲哉！勉太甲與治同道。若升高，必自下；若陟遐，必自邇。無輕民事，惟難；無安厥位，惟危。慎終于始。有言逆于汝心，必求諸道；有言遜于汝志，必求諸非道。固未易躐進，必自下邇。重民事，防危亂，謹幾微，辨忠邪，皆自下邇之事。嗚呼！弗慮胡獲？弗爲胡成？一人元良，「元良」，大善，謂與先王同道。萬邦以貞。又不可不勇進。必致知，必力行。君罔以辯言亂舊政，臣罔以寵利居成功，邦其永孚于休。」章末與治同道之反。因及臣事，伊尹蓋自謂也。

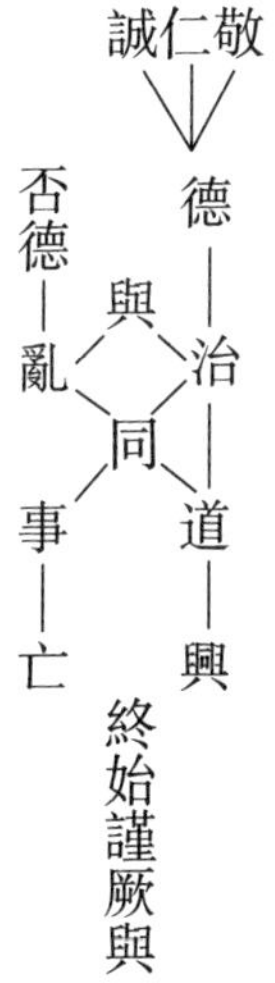

咸有一德

伊尹作《咸有一德》。純誠不變爲一德。太甲既已克終厥德，但欲其有常而不變，則進修功效自至。

伊尹既復政厥辟，將告歸，乃陳戒于德。曰：嗚呼！天難諶，命靡常，常厥德，保厥位。自〔二〕言天命以德之。厥德匪常，九有以亡。夏王弗克庸德，慢神虐民。皇天弗保，監于萬方，啓迪有命，眷求一德，俾作神主。一、不一爲存亡。桀以不一爲天所亡。朱子曰：「常」與「庸」皆一也。惟尹躬暨湯，咸有一德，克享天心，受天明命，以有九有之師，爰革夏正。非天私我有商，惟天佑于一德。商以一德爲天所命。非商求于下民，惟民歸于一德。總。以德之一與不一，取興亡於天總之。德惟一，動罔不吉；德二三，動罔不凶。勉太甲以一德之功。既勉君之一德，又求臣之一德。惟吉凶不僭，在人；惟天降災祥，在德。今嗣王新服厥命，惟新厥德，終始惟一，時乃日新。任官惟賢材，左右惟其人。臣爲上爲德，爲下爲民，其難其慎，惟和惟一。德無常師，主善爲師；善無常主，協于克一。總君臣咸有一德。極言修德擇善至一而協，推言一德之效，終上文保厥位之意。「德」指行而言，「善」指理而言，「一」指心而言。「協」如協時月之協，如《國語》司民協孤終之協，蓋考比參合〔二〕之謂。古今之德皆可師也，而制行不同，不可拘一定之師，惟在於主其善而已。天下之理雖善也，而隨時取中則又不可拘一定之主，所以參會考比之者，則在此心之克一焉。蓋古今德行或柔，或剛，或正直，或無爲，或勤勞，在我不可拘一定之法，必擇其善者而從之，所謂審其是也。然善無定主，均一事也，或施之彼時則爲是，而今日則爲非；均一節也，或用之此事則爲非，而彼事則爲是者。此聖門所謂時中。所以考比參同之者，非純誠有定之心，豈能精擇而不差也哉？此所以貴於一德也。俾萬姓咸曰：「大哉王言！」又曰：「一哉王心！」克綏先王之禄，永底烝民之生。嗚呼！七世之廟可以觀德，萬夫之長可以觀政。后非民罔使，民非后罔事。無自廣以狹人，匹夫匹婦不獲自盡，民主罔與成厥功。總儆戒以終之。一德無終始之間，亦不可有衆寡小大之間。

沃丁既葬伊尹于亳，咎單遂訓伊尹事，作《沃丁》。伊陟相大戊，亳有祥，桑穀共生于朝。伊陟贊于巫咸，作《咸乂》四篇。太戊贊于伊陟，作《伊陟》《原命》。仲丁遷于囂，作《仲丁》。河亶甲居相，作《河亶甲》。祖乙圮于耿，作《祖乙》。

【校記】

〔一〕「自」，婺本作「首」。

〔二〕「合」，宋本、婺本作「會」。

盤庚上《左氏傳》引《書》作《盤庚之誥》。

盤庚五遷，將治亳殷。民咨胥怨，作《盤庚》三篇。上篇，欲遷之前。殷在河南偃師，是謂西亳，商始稱殷。

盤庚遷于殷，民不適有居。首章喻民。率籲衆慼，出矢言，曰：「我王來，既爰宅于茲，重我民，無盡劉。不能胥匡以生，卜稽曰其如台。先王有服，恪謹天命。茲猶不常寧，不常厥邑，于今五邦。五邦：亳，囂，相，耿，邢。今不承于古，罔知天之斷命，矧曰其克從先王之烈？若顛木之有由蘖，天其永我命于茲新邑，紹復先王之大業，厎綏四方。」盤庚斆于民，由乃在位，以常舊服，正法度，曰：「無或敢伏小人之攸箴！」民之不欲遷者，皆在位者訹之；其言欲遷者，又在位者蔽之。故教民「由乃在位」，正其源也。曰「無或敢伏小人之攸箴」，防其蔽也。王命衆，悉至于庭。此下喻臣。王若曰：「格汝衆，予告汝訓，汝猷黜乃心，無傲從康。黜乃心，傲上從康。〇商自沃丁以來比九世亂，其群臣故家習爲驕蹇，又利瀕河之利。「無傲從康」，蓋藥其心病。古我先王，亦惟圖任舊人共政。王播告之修，「播」，古文作凶。不匿厥指，王用丕欽。罔有逸言，民用丕變。今汝聒聒，起信險膚，予弗知乃所訟。「舊人」謂世家在位之臣。先王舊人，承命正辭。今汝在位，「起信險膚」。非予自荒茲德，惟汝含德，不惕予一人。予若觀火，予亦拙謀，作乃逸。若網在綱，有條而不紊；若農服田力穡，乃亦有秋。若網，無傲上。若農，無從康。汝克黜乃心，施實德于民，至于婚友，丕乃敢大言汝有積德。乃不畏戎毒于遠邇，惰農自安，不昏作勞，不服田畝，越其罔有黍稷。申言從康之害。汝不和吉言于百姓，惟汝自生毒，乃敗禍姦宄，以自災于厥身。申言傲上之禍。章内申「起信險膚」之說。乃既先惡于民，乃奉其恫，汝悔身何及？相時憸民，猶胥顧于箴言。其發有逸口，矧予制乃短長之命。汝曷弗告朕，而胥動以浮言，恐沈于衆？若火之燎于原，不可嚮邇，其猶可撲滅。則惟汝衆自作弗靖，非予有咎。遲任有言曰：『人惟求舊，器非求舊，惟新。』申言舊人之故以寬群臣之過而告勉之。古我先王暨乃祖乃父，胥及逸勤，予敢動用非罰？言我〔一〕固不敢輕於用罰以加在位。然福善禍淫之公亦非可得而私者，故自此至篇末申明賞罰之意〔二〕。世選爾勞，予不掩爾善。茲予大享于先王，爾祖其從與享之。作福作災，予亦不敢動用非德。予告汝于難，若射之有志。汝無侮老成人，無弱孤有幼。各長于厥居，勉出乃力，聽予一人之作猷。無從康，無傲上。無有遠邇，用罪伐厥死，用德彰厥善。邦之臧，惟汝衆；邦之不臧，惟予一人有佚罰。凡爾衆，其惟致告：自今至于後日，各恭爾事，齊乃位，度乃口。罰及爾身，弗可悔。」總篇内康傲險浮之戒以儆〔三〕之。

【校記】

〔一〕「言我」，婺本作「盤庚」。

〔二〕「意」，宋本作「説」。

〔三〕「儆」，宋本作「警」。

盤庚中 中篇，遷徙之際。中篇之誥喻民爲詳，蓋遷徙之際民亦勞止，或有再動於浮言者。

盤庚作，惟涉河以民遷。乃話民之弗率，誕告用亶。其有衆咸造，勿褻在王庭。盤庚乃登進厥民，曰：「明聽朕言，無荒失朕命。嗚呼！古我前后，罔不惟民之承，保后胥慼，鮮以不浮于天時。首明先王君民相體一篇大意。殷降大虐，先王不懷。厥攸作，視民利用遷。先王遷都無非體民。汝曷弗念我古后之聞？承汝俾汝，惟喜康共；非汝有咎，比于罰。予若籲懷茲新邑，亦惟汝故，以丕從厥志。今予將試以汝遷，安定厥邦。今日之遷本是體民。汝不憂朕心之攸困，乃咸大不宣乃心，欽念以忱，動予一人。民不體君，祇以自誤。爾惟自鞠自苦，若乘舟，汝弗濟，臭厥載。爾忱不屬，惟胥以沈。不其或稽，自怒曷瘳？汝不謀長，以思乃災，汝誕勸憂。今其有今罔後，汝何生在上？今予命汝一，無起穢以自臭，恐人倚乃身，迂乃心。予迓續乃命于天。今我體民亦體先王之意。予豈汝威？用奉畜汝衆。予念我先神后之勞爾先，予丕克羞爾，用懷爾然。失于政，陳于茲，高后丕乃崇降罪疾，曰：『曷虐朕民？』君不體民之罪。汝萬民乃不生生，暨予一人猷同心，先后丕降與汝罪疾，民不體君之罪。曰：『曷不暨朕幼孫有比？』故有爽德，自上其罰汝，汝罔能迪。商俗尚鬼，故《盤庚》因其所尚以警之。古我先后，既勞乃祖乃父，汝共作我畜民。汝有戕，則在乃心。我先后綏乃祖乃父，乃祖乃父乃斷棄汝，不救乃死。言君民相體之久，以重明民不體君之罪。 茲予有亂政同位，具乃貝玉。乃祖乃父丕乃告我高后。曰：『作丕刑于朕孫。』迪高后丕乃崇降弗祥。此節言臣不體君體民之罪。 嗚呼！今予告汝不易，永敬大恤，無胥絕遠。汝分猷念以相從，「分」，石經作「比」。各設中于乃心。勉其體君。「設」，石經作「翕」。乃有不吉不迪，顛越不恭，暫遇姦宄，我乃劓殄滅之，無遺育，無俾易種于茲新邑。往哉生生！今予將試以汝遷，永建乃家。」嚴一時在道之禁，勉悠久定居之計。

盤庚下 下篇，定遷之後。

盤庚既遷，奠厥攸居，乃正厥位，綏爰有衆。曰：「無戲怠，懋建大命。今予其敷心腹腎腸，歷告爾百姓于朕志。諭民。 罔罪爾衆，爾無共怒，協比讒言予一人。古我先王，將多于前功，適于山，用降我凶德，嘉績于朕邦。「降凶德」者，謂消其昏溺重墜[一]之疾，杜其驕奢淫侈之風。 今我民用蕩析離居，罔有定極，爾謂朕『曷震動萬民以遷？』肆上帝將復我高祖之德，亂越我家。朕及篤敬，恭承民命，用永地于新邑。今日之遷非我勞民，亦[二]天意將復我祖德，以治越[三]我國家，而我及奉承之爾。 肆予沖人，非廢厥謀，弔由靈各。非敢違卜，用宏茲賁。宏此[四]大業也。 嗚呼！邦伯、師長、百執事之人，尚皆隱哉！予其懋簡相爾，念敬我衆。朕不肩好貨，敢恭生生，鞠人、謀人之保居，敘欽。今我既羞告爾于朕志，若否，罔有弗欽。無總于貨寶，生生自庸。式敷民德，永肩一心。」諭臣〔五〕。

【校記】

〔一〕「溺重墜」，宋本、婺本作「墊沉溺」。

〔二〕「亦」，宋本、婺本作「蓋」。

〔三〕「越」，宋本、婺本作「於」。

〔四〕「宏此」，宋本、婺本作「賁」。

〔五〕「諭臣」，原本無，據宋本、婺本補。

說命上

高宗夢得說，使百工營求諸野，得諸傅巖，作《說命》三篇。

王宅憂亮陰，三祀。「亮陰」，當作「梁闇」，天子居喪之次也。大夫士居倚廬，謂於中門外東牆下倚木爲廬。諸侯加圍帳，天子又加梁楣。既免喪，其惟弗言。群臣咸諫于王，曰：「嗚呼！知之曰明哲，明哲實作則。天子惟君萬邦，百官承式。王言，惟作命。不言，臣下罔攸稟令。」王庸作書以誥，曰：「以台正于四方，台恐德弗類，茲故弗言。恭默思道，思。恭者敬身以處，默者不言而思。思道者，想此道體爲如何〔一〕也。此高宗舊學□處。夢帝賚予良弼，其代予言。」群臣諫，高宗答。乃審厥象，俾以形旁求于天下。説築傅巖之野，惟肖。爰立作相，王置諸其左右。求説得説。命之曰：「朝夕納誨，以輔台德。若金，用汝作礪；若濟巨川，用汝作舟楫；若歲大旱，用汝作霖雨。啓乃心，沃朕心。若藥弗瞑眩，厥疾弗瘳；若跣弗視地，厥足用傷。惟暨乃僚，罔不同心，以匡乃辟，俾率先王，迪我高后，以康兆民。嗚呼！欽予時命，其惟有終。」命説之言。孔子曰：「思而不學則殆。」又曰：「吾嘗終日夜以思，無益，不如學也。」高宗思之之功固至，然磨礪相濟，涵養之無助，則心孤而無益。「若金」，蓋思而有所未快，自以爲鈍而資其礪也。「若濟巨川」，蓋思而未能遽通，自覺其險而資其濟也。「若歲大旱」，蓋思雖有得，然心枯而無滋養之助，自覺其竭而資其化也。故又總以「啓乃心，沃朕心」言之。「若藥」之喻，謂言不直則己之宿疾不除；「若跣」之喻，謂知不明則行必有所不安。皆用工之語，非泛喻也。説復于王，曰：「惟木從繩則正，后從諫則聖。后克聖，臣不命其承，疇敢不祗若王之休命？」説對，從諫。高宗平日工夫唯在於思，固是大本，然終亦獨學之偏。故傅説首以「從諫則聖」告之，即取人爲善，内外交進，工夫圓成矣。○高宗之命辭詳而説之對反略，其要在「從諫」一語，蓋高宗舊學未成，視群臣又非甘盤之比，故常反求諸己〔二〕而思之，其病在求於獨而略於人，故傅説且以從諫藥其病。此病既除，言則必行。傅説〔三〕之言可以朝暮入，不必遽數之也。

【校記】

〔一〕「如何」，婺本作「何如」。

〔二〕「己」，婺本作「身己」。

〔三〕「傅說」，婺本作「而已」。

說命中

中篇傅說承總官之命，因陳立賢出政之理。此篇〔一〕以憲天聰明爲主，其下歷舉憲天之目。

惟說命總百官，乃進于王，曰：「嗚呼！明王奉若天道，建邦設都，樹后王君公，承以大夫師長，不惟逸豫，惟以亂民。惟天聰明，惟聖時憲，惟臣欽若，惟民從乂。惟口起羞，惟甲胄起戎，惟衣裳在笥，惟干戈省厥躬。此四者政令刑賞之大者。「甲胄」，阻兵自衛也。「干戈」，以兵伐人也。重言之者，高宗天資英毅，傅說蓋慮其輕於用武。王惟戒茲，允茲克明，乃罔不休。惟治亂在庶官。官不及私昵，惟其能；爵罔及惡德，惟其賢。慮善以動，動惟厥時。有其善，喪厥善；矜其能，喪厥功。惟事事乃其有備，有備無患。無啓寵納侮，無恥過作非。惟厥攸居，政事惟醇。黷于祭祀，時謂弗欽。禮煩則亂，事神則難。」篇首言君臣俱有治民之責，雖本原在君而擇官亦不可不謹，故及轉官爵一節，而下節以慮善惟時爲要。〔二〕慮事審其是而後可動，動必當其時而後中節，有其善而自滿而善不繼，無先時〔三〕則或時至而動不及。「啓寵」防不善之動，「恥過」則惡矣。「攸居」者，止於善之謂也，黷祀則非盡善之事也。此以盡高宗之疵。王曰：「旨哉！說。乃言惟服。乃不良于言，予罔聞于行。」說拜稽首，曰：「非知之艱，行之惟艱。王忱不艱，允協于先王成德。惟說不言，有厥咎。」說之言自他人觀之，若散而無統，惟高宗善思，故知其味。

○知而後可行，知爲先〔四〕。知易而行難，行爲重〔五〕。

【校記】

〔一〕「此篇」上，宋本、婺本有「推原」二字。

〔二〕「故及」至「爲要」，婺本「及」作「又」，「而下」作「第四」，「要」作「主」。

〔三〕「先時」，婺本作「其防」。

〔四〕「先」下，婺本有「高宗之已得」五字。

〔五〕「重」下，婺本有「傳說之責難」五字。

說命下

下篇傳說承資學之命故陳爲學之方。

王曰：「來，汝說。台小子舊學于甘盤，甘盤，高宗初年相也，其後復政遠引，再三求之，卒老采邑。既乃遯于荒野，入宅于河，自河徂亳，暨厥終罔顯。爾惟訓于朕志，若作酒醴，爾惟麴糵；若作和羹，爾惟鹽梅。爾交修予，罔予棄，教學之道，貴擇乎中，微過不及則學術自是偏矣。「交修」者，適中之謂也。予惟克邁乃訓。」說曰：「王，人求多聞，時惟建事，學于古訓，乃有獲。多聞，建事，往行。考蹟以觀其用。古訓，有獲，前言。察言以求其志。事不師古，以克永世，匪說攸聞。惟學遜志，務時敏，厥修乃來。允懷于兹，道積于厥躬。惟學。遜志，時敏。來懷積。惟斆學半，念終始典于學，厥德修罔覺。念學罔覺。監于先王成憲，其永無愆。惟說式克欽承，旁招俊乂，列于庶位。」「斆學半」，此答高宗舊學之意也。高宗恭默思道之功得諸甘盤之所敎，但於講明格致之功尚欠耳，此學之半也。傅説今已勉之多聞古訓，講明格致，至於道積厥躬，可謂盛矣。若於舊學思之之功終始接續，而所思主於所學，即思學并進。思而學則所思者益實，學而思則所學者益妙，此德之修。所以罔覺，蓋忽不自知其入於聖人之域矣，故證諸先王體用全備而無不符合也。王曰：「嗚呼！説。四海之内，咸仰朕德，時乃風。「乃風」，下布治化。股肱惟人，良臣惟聖。「惟聖」，上成君德。昔先正保衡，作我先王，乃曰：『予弗克俾厥后惟堯舜，其心愧耻，若撻于市。』伊尹。俾后堯舜，申「惟聖」之喻，耻一不獲，申「乃風」之喻。一夫不獲，則曰時予之辜。佑我烈祖，格于皇天。爾尚明保予，罔俾阿衡專美有商。惟后非賢不乂，惟賢非后不食。其爾克紹乃辟于先王，永綏民。」傅説。紹辟先王，終「惟聖」之喻。「綏民」，終乃風之喻。説拜稽首，曰：「敢對揚天子之休命。」敢對揚休命，傅説兩任其責。○伊尹之書存者五篇。傅説三篇，伊尹爲太甲言，故其書明白。傅説爲高宗言，故其書深密。伊尹之書，讀者猶易見，傅説之言，非用工深者未易見也。○《一德》之書，伊尹之絶筆。太甲進德至是已高，故其書亦未易看。

高宗肜日

高宗祭成湯，有飛雉升鼎耳而雊，祖己訓諸王，作《高宗肜日》《高宗之訓》。

高宗肜日，越有雊雉。祖己曰：「惟先格王，正厥事。」惟先格王心，然後正其事之失。乃訓于王，格王。曰：「惟天監下民，典厥義。降年有永有不永，非天夭民，民中絶命。民有不若德，不聽罪，天既孚命正厥德，正事。乃曰：『其如台？』嗚呼！王司敬民，罔非天胤，典祀無豐于昵。」此篇首稱「高宗肜日」，終言「無豐于昵」。「高宗」，廟號也，似謂高宗之廟。「昵」，近廟也，似是祖庚繹于高宗之廟。兼高宗名臣不聞祖己，乃訓于王，似告〔一〕幼君。《書序》大誤，惟《史記》謂此書作於祖庚之時爲得之，而其說又不分明。○「肜」，古文作「彤」，繹也。

【校記】

〔一〕「告」，顧抄補作「訓」。

西伯戡黎

「西伯」，武王也。武王襲爵以後，未克商以前，商人稱之固西伯也。故五峰《大紀》、吕成公、陳少南、薛季龍〔一〕皆謂武王，舊説文王失之矣。○受都朝歌，今衛州。黎，今潞州黎城。然衛亦有黎陽，則戡黎之師於受都已迫。吴才老謂是武王伐受時，蓋以祖伊辭氣爲甚迫也，然亦當時觀兵之時歟〔二〕？

殷始咎周，周人乘黎。祖伊恐，奔告于受，作《西伯戡黎》。

西伯既戡黎，祖伊恐，奔告于王。曰：「天子，天既訖我殷命，格人、元龜罔敢知吉。非先王不相我後人，惟王淫戲用自絶，故天棄我，天棄殷。不有康食，不虞天性，不迪率典。「率」，律。

今我民罔弗欲喪，曰：『天曷不降威？大命不摯？「摯」，至。今王其如台？』」民棄殷。王曰：「嗚呼！我生不有命在天？」受不悛。祖伊反曰：「嗚呼！乃罪多，參在上，乃能責命于天。殷之即喪，指乃功，不無戮于爾邦。」

【校記】

〔一〕「季」，原作「士」，據顧抄補、婺本改。

〔二〕「然亦」至「時歟」，「亦當時」，顧抄補作「豈」。「之」，顧抄補無。

微子

殷既錯天命，微子作誥父師、少師。祖伊奔告本爲戡黎，然其言在於警受，而初不及於咎周。微子作誥，固謀自靖，然其言在於嘆受之必亡，而未嘗忌周之必興。然則觀殷人之辭而周之德可知矣。

微子若曰：「父師、少師，「父師」，箕子。「少師」，比干。殷其弗或亂正四方。我祖厎遂陳于上，我用沈酗于酒，用亂敗厥德于下。殷罔不小大，好草竊姦宄。卿士師師非度，凡有辜罪，乃罔恒獲。小民方興，相爲敵讎。今殷其淪喪，若涉大水，其無津涯。殷遂喪，越至于今。」首章論受之必亡。曰：「父師、少師！我其發出狂，吾〔二〕家耄遜于荒。今爾無指告予，顛隮，若之何其？」次章言己之欲去。欲處不可捄，欲逃恐遂亡，情不能已。又問二子，當有救亡之策。父師若曰：箕子答。「王子，天毒降災荒殷邦，方興沈酗于酒。乃罔畏畏，咈其耇長、舊有位人。答沈酗敗德之語。今殷民乃攘竊神祇之犧牷牲，用以容，將食無災。答小大草竊之語。降監殷民，用乂讎斂，召敵讎不怠。答小民敵讎等語。罪合于一，多瘠罔詔。商今其有災，我興受其敗。商其淪喪，我罔爲臣僕。箕子自處之計。商其止於災變邪，我當起任其責。商其遂亡邪，我無臣異國之理。詔王子出迪，我舊云刻子。王子弗出，我乃顛隮。自靖，人自獻于先王，我不顧行遯。」末章勉微子之去。「自靖」，謂各行其分之所宜而即其心之所安也，孔子所謂三仁是也。心〔二〕各行其所安，有以告於先王而無愧於神明，可矣。王子有可去之義，蓋不可使受有殺兄之名。而元子在外，萬一有維持宗社之計，若我則無可去之義，故曰「我不顧，行遯。」是以將以死捄也。詳此詞意，則箕子、比干同以死諫，比干見殺，箕子偶不見殺而囚爾。説者遂謂箕子有言而比干獨無言者，去就之義難明，而死節之義易見。殊不知箕子豈有去意而比干之無答者。亦以箕子意同，故不復有異辭耳。微子之去，遜于荒野而已，舊傳〔三〕抱祭器以歸周者殊失之。

【校記】

〔一〕「吾」，原作「我」，據宋本改。

〔二〕「心」，婺本作「人」。

〔三〕「舊傳」，婺本作「後世謂其」。

尚書表注卷下

泰誓上 古文第二十七　周書

惟十有一年，武王伐殷。一月戊午，師渡孟津，作《泰誓》三篇。小序。年與敘文不同，曰序中篇則可。上篇誓諸侯，因及御事庶士。

惟十有三年，春，大會于孟津。王曰：「嗟！我友邦冢君，越我御事庶士，明聽誓。惟天地，萬物父母；惟人，萬物之靈。亶聰明，作元后，元后作民父母。首明爲君之道。今商王受弗敬上天，降災下民，沈湎冒色，敢行暴虐。罪人以族，官人以世。惟宮室、臺榭、陂池、侈服，以殘害于爾萬姓，焚炙忠良，刳剔孕婦。受失爲君之道。皇天震怒，命我文考肅將天威，大勳未集。天命周伐受。肆予小子發，以爾友邦冢君，觀政于商。文王未伐，武王未遽伐。惟受罔有悛心，受終不悛。乃夷居，弗事上帝神祇，遺厥先宗廟弗祀。犧牲粢盛，既于凶盜，乃曰：『吾有民有命』，罔懲其侮。天佑下民，作之君，作之師，惟其克相上帝，寵綏四方。有罪無罪，予曷敢有越厥志？天命爲君，伐受之責不可違。同力度德，同德度義。受有臣億萬，惟億萬心；予有臣三千，惟一心。商罪貫盈，天命誅之。予弗順天，厥罪惟鈞。勢不難伐，理不可不伐。武王恐有違天之罪。予小子夙夜祗懼，受命文考，類于上帝，宜于冢土，以爾有衆，底天之罰。伐受。天矜于民，民之所欲，天必從之。爾尚弼予一人，承〔一〕天爲君之責。永清四海，時哉弗可失。」

【校記】

〔一〕「承」上，婺本有「終」字。

泰誓中 中篇誓諸侯之辭〔一〕。

惟戊午，王次于河朔，群后以師畢會。王乃徇師而誓，曰：「嗚呼！西土有衆，咸聽朕言。我聞『吉人爲善，惟日不足；凶人爲不善，亦惟日不足』。首引古語以證受之力行無度。今商王受力行無度，播棄犁老，昵比罪人。皆力行無度之事。淫酗肆虐，臣下化之。朋家作仇，脅權相滅。無辜籲天，穢德彰聞。民籲天，推明天心君道。惟天惠民，惟辟奉天。有夏桀弗克若天，流毒下國。天乃佑命成湯，降黜夏命。桀不順天，天命湯以伐桀。惟受罪浮于桀，剥喪元良，賊虐諫輔。受罪浮桀。謂己有天命，謂敬不足行，謂祭無益，謂暴無傷。四「謂」指力行無度之病原。厥監惟不遠，在彼夏王。天其以予乂民，朕夢協朕卜，襲于休祥，戎商必克。天命伐受。天意見於夢卜，戎商必克，不必畏其衆。受有億兆夷人，離心離德；予有亂臣十人，同心同德。雖有周親，不如仁人。天視自我民視，天聽自我民聽。百姓有過，在予一人。今朕必往。天意見於人心，百姓責望，不可不往。我武惟揚，侵于之疆，取彼凶殘，我伐用張，于湯有光。應上文桀、湯之證。勗哉夫子！罔或無畏，寧執非敵。百姓懍懍，若崩厥角。嗚呼！乃一德一心，立定厥功，弔民，定功。惟克永世。」誓師。臨事而懼，前言必克，此又恐其忽。

【校記】

〔一〕「辭」，宋本、嵏本作「師」。

泰誓下 下篇自誓其師。

時厥明，王乃大巡六師，明誓衆士。王曰：「嗚呼！我西土君子，天有顯道，厥類惟彰。類。上天有至明之理，其類應之分甚明。蓋好善則所爲皆善之一類，好惡則所爲皆惡之一類。邪正不相入，恩怨各有報，禍福興亡各以類應之，彰彰乎其不雜也。今商王受狎侮五常，荒怠弗敬，自絶于天，結怨于民。斮朝涉之脛，剖賢人之心，作威殺戮，毒痡四海。崇信姦回，放黜師保。屏棄典刑，囚奴正士。郊社不修，宗廟不享。作奇技淫巧，以悦婦人。狎侮五常之事。上帝弗順，祝降時喪。商受惡類之彰。爾其孜孜，奉予一人，恭行天罰。自絶于天。古人有言曰：『撫我則后，虐我則讎。』獨夫受洪惟作威，乃汝世讎。結怨于民。樹德務滋，除惡務本。肆予小子，誕以爾衆士，殄殲乃讎。爾衆士其尚迪果毅，以登乃辟，功多有厚賞，不迪有顯戮。此篇專誓周師，故曰「登乃辟」，其辭尊。曰「有顯戮」，其辭嚴。與上、中二誓不同。嗚呼！惟我文考，若日月之照臨，光于四方，顯于西土。惟我有周，誕受多方。文王善類之彰。予克受，非予武，惟朕文考無罪。受克予，非朕文考有罪，惟予小子無良。」善惡、勝負，類應必然。武王不恃此而忘自責。

牧誓

此篇列陣將戰之時，通誓之。

武王戎車三百兩，虎賁三百人，與受戰于牧野，作《牧誓》。小序數目與經不同。○《太誓》上以誓諸侯爲主，中誓諸侯之師，其詞止於尚弼永清，定功永世。下篇自誓其衆下〔一〕，始有不迪顯戮之戒。《牧誓》則商郊之誓，臨戰之時，一人不戒，易以敗事，故均誓戒之，弗勉有戮，不可以貴賤異法也。

時甲子昧爽，王朝至于商郊牧野，乃誓。王左杖黄鉞，右秉白旄以麾，曰：「逖矣！西土之人。」王曰：「嗟！我友邦冢君、御事，司徒、司馬、司空，亞、旅、師氏，千夫長、百夫長，及庸、蜀、羌、髳、微、盧、彭、濮人，稱爾戈，比爾干，立爾矛，予其誓。」列陣。王曰：「古人有言曰：『牝雞無晨。牝雞之晨，惟家之索。』今商王受惟婦言是用，昏棄厥肆祀弗答，昏棄厥遺王父母弟不迪，《史記》作「昏棄其國家，遺其王父母弟。」乃惟四方之多罪逋逃，是崇是長，是信是使，是以爲大夫卿士，俾暴虐于百姓，以姦宄于商邑。誓。牧野，受都。故數其罪，惟言其家事及商邑。今予發惟恭行天之罰。今日之事，不愆于六步、七步，乃止齊焉。夫子勗哉！不愆于四伐、五伐、六伐、七伐，乃止齊焉。不輕進以亂陣，不多殺以亂陣。勗哉夫子！尚桓桓，如虎如貔，如熊如羆，于商郊。弗迓克奔，以役西土。勿迎擊來降之人，以勞爾西土之士。勗哉夫子！爾所弗勗，其于爾躬有戮。」

【校記】

〔一〕「下」，婺本作「士」。

武成

武王伐殷，往伐歸獸，識其政事，作《武成》。

惟一月壬辰旁死魄，越翼日癸巳，王朝步自周，于征伐商。「于征伐商」，下接「告于皇天后土」。厥四月，哉生明，王來自商，至于豐，乃偃武修文，歸馬于華山之陽，放牛于桃林之野，示天下弗服。「示天下弗服」下接「既生魄」。丁未，祀于周廟，邦甸、侯、衛駿奔走，執豆籩。越三日庚戌，柴望，大告武成。「大告武成」下接「王若曰」。既生魄，庶邦冢君暨百工受命于周。「受命于周」下接前「丁未」。

王若曰：「嗚呼群后！惟先王建邦啓土，公劉克篤前烈，至于大王，肇基王迹，王季其勤王家。我文考文王，克成厥勳，誕膺天命，以撫方夏。大邦畏其力，小邦懷其德。惟九年，大統未集。予小子其承厥志，「其承厥志」下接「恭天承命」。底商之罪，「底商之罪」下接「列爵惟五」。告于皇天后土、所過名山大川，曰：『惟有道曾孫周王發，將有大正于商。今商王受無道，暴殄天物，害虐烝民，爲天下逋逃主，萃淵藪。予小子既獲仁人，敢祗承上帝，以遏亂略，華夏蠻貊，罔不率俾。「罔不率俾」下接「惟爾有神」。恭天成命，肆予東征，綏厥士女。惟其士女，篚厥玄黄，昭我周王，天休震動，用附我大邑周。「我大邑周」下接前「底商之罪」。惟爾有神，尚克相予，以濟兆民，無作神羞。』」

既戊午，師逾孟津。癸亥，陳于商郊，俟天休命。甲子昧爽，受率其旅若林，會于牧野，罔有敵于我師，前徒倒戈，攻于後以北，血流漂杵。一戎衣，天下大定，乃反商政，政由舊。釋箕子囚，封比干墓，式商容閭。散鹿臺之財，發鉅橋之粟，大賚于四海，而萬姓悦服。「萬姓悦服」下接前「厥四月哉生明」。

列爵惟五，分土惟三。建官惟賢，位事惟能。重民五教，惟食喪祭。惇信明義，崇德報功，垂拱而天下治。《武成》一篇舊蓋錯簡，劉侍讀、王荆公、程叔子皆嘗改正。朱子集長考定，見於文集。蔡《傳》今概用朱子本定讀，但以「底商之罪」一句係之「附我大邑周」之下，「列爵惟五」之上，縱有缺文而事辭實屬焉。○改定《武成》次第。出師、類告、克商、反政、歸周、諸侯受命、助祭告、誥諸侯、缺文、定制、定治化。○改正篇内告諸侯之辭以「王若曰」起文，則是史官追述其意，未必皆當時全語，不如《湯誥》之密。蓋《湯誓》誓亳衆而未及誓諸侯，故《湯誥》誕告之辭加密。《泰誓》《牧誓》既屢誓諸侯，故《武成》告命或不待加詳也。

洪範古文「鴻范」

武王勝殷，殺受，立武庚，以箕子歸，作《洪範》。初大禹治水，至洛得神龜，背負數，戴九履一，左三右七，二四爲肩，六八爲足，五爲心腹。其後帝舜命禹則而爲書，是爲《洪範》九𤱶。其綱目皆大禹之經，其發明者乃箕子之傳，中頗有錯簡。

洛書

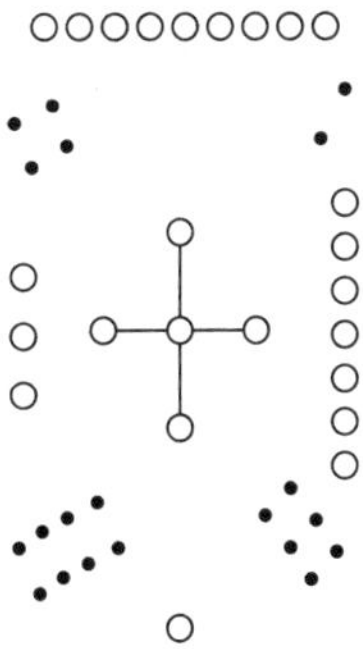

禹則洛書

二 敬用五事
九 嚮用五福 威用六極
四 協用五紀

七 明用稽疑
五 建用皇極
三 農用八政

六 乂用三德
一 五行
八 念用庶徵

九疇並義

二 本於事者有得失
九 人生有厚薄美惡之或異
四 天運有象數遲速之不齊

七 稽於占者有吉凶
五 皇極
三 施於政者有是非

六 人質有中正剛柔善惡
一 天氣有陰陽生克盛衰
八 感於天者有休咎

次第

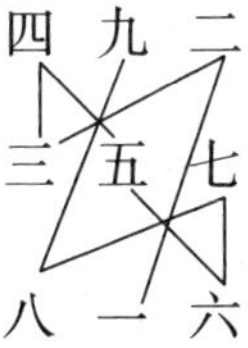

文憲王子曰：河圖、洛書相表裏，故一六、二七、三八、四九皆并位，於是九疇之義相比而應。

惟十有三祀，王訪于箕子。王乃言曰：「嗚呼箕子！惟天陰騭下民，相協厥居，我不知其彝倫攸叙。」箕子乃言曰：「我聞在昔，鯀陻洪水，汨陳其五行。帝乃震怒，不畀洪範九疇，彝倫攸斁。鯀則殛死，禹乃嗣興。天乃錫禹洪範九疇，彝倫攸叙。初一曰五行，次二曰敬用五事，次三曰農用八政，次四曰協用五紀，次五曰建用皇極，次六曰乂用三德，次七曰明用稽疑，次八曰念用庶徵，次九曰嚮用五福，威用六極。「皇極」，標準。「六極」，六窮。同文異義。或曰：「六極」當作「殛」。〇次第非九疇本義，經文借次第歷數之爾。朱子以「初一」「次二」等字自爲讀，然皇極居五，前四疇，皇所以建天下之極；後四疇，皇極所以審天下之變則。次第亦一義，今陰陽術數家皆用之。

一，五行：一曰水，二曰火，三曰木，四曰金，五曰土。水曰潤下，火曰炎上，木曰曲直，金曰從革，土爰稼穡。潤下作鹹，炎上作苦，曲直作酸，從革作辛，稼穡作甘。五行，造化之大用，而獨言其性味者，以切於民用也。

二，五事：一曰貌，二曰言，三曰視，四曰聽，五曰思。五事之目，其序全體。五行其功，妙感庶徵。皇之所以爲極者，本此。〇今石經「五行」上無「一」字，「五事」無「二」字，下同。貌曰恭，言曰從，視曰明，聽曰聰，思曰睿。五事之則。恭作肅，從作乂，明作哲，聰作謀，睿作聖。五事之功。

三，八政：一曰食，二曰貨，三曰祀，四曰司空，五曰司徒，六曰司寇，七曰賓，八曰師。食、貨，祀，王道之始。刑者，聖人之不得已，故司寇居三官之後。兵者，聖人大不得已，故師居八政之末。

四，五紀：一曰歲，二曰月，三曰日，四曰星辰，五曰曆數。

五，皇極：皇建其有極，朱子曰：皇者，君之稱極者，至極之義，標準之名也。斂時五福，用敷錫厥庶民。惟時厥庶民于汝極，錫汝保極。凡厥庶民，無有淫朋，人無有比德，惟皇作極。凡厥庶民，有猷有爲有守，汝則念之。不協于極，不罹于咎，皇則受之。而康而色，曰予攸好德，汝則錫之福。時人斯其惟皇之極。無虐煢獨而畏高明。人之有能有爲，使羞其行，而邦其昌。凡厥正人，既富方穀，人有不幸而貧弱煢獨者當扶之，有幸而榮貴者當抑之。人之有才者，必使進於德行；人之趍正者，亦必先有以養之。汝弗能使有好于而家，時人斯其辜。于其無好德，汝雖錫之福，其作汝用咎。五福傳文。自「斂時五福」止「用咎」，乃九五福之傳，舊以其有「汝極」「作極」等語，誤屬於此。八疇皆與皇極相關，箕子舉一隅以發之爾。大意言人君體天治民，當以天之福福之，使之仁壽安富，知所向方，然後可以望其協極。若其救死不贍，奚暇禮義？所謂「汝弗能使有好于而家，時人斯其辜」也。第二節「凡厥」以下，言人知所好德而不習於非德，必人君立之標準也。第三節「凡厥」以下，言民之好德者，與未有德者而不爲惡者，與革面而自言好德者，皆當念之、受之、錫之福，則時人斯其惟皇之極矣。〇五福以好德居四，而傳則以好德爲重。蓋五福皆係於天，而人之所可勉者惟好德而已。又錫福雖係於人主，而人主所可錫者亦惟富而已。

無偏無陂，遵王之義。無有作好，遵王之道。無有作惡，遵王之路。無偏無黨，王道蕩蕩。無黨無偏，王道平平。無反無側，王道正直。王義、王道、王路，即皇極所以爲教。「蕩蕩」「平平」「正直」，即皇極所以爲體，反覆互文以贊詠形容之爾。雖指民之協極而言，然皇極四方八面、公平正大，體段於此可見。會其有極，歸其有極。皇極經文。傅子駿曰：「此章乃古書韻語，與箕子前後書文不同。」王文憲是之。上接「皇建有極」之下，爲皇極經文，箕子傳文。曰皇極之敷言，是彝是訓，于帝其訓。凡厥庶民，極之敷言，是訓是行，以近天子之光。曰天子作民父母，以爲天下王。

六，三德：一曰正直，二曰剛克，三曰柔克。平康正直，彊弗友剛克，燮友柔克。沈潛剛克，高明柔克。惟辟作福，惟辟作威，惟辟玉食。臣無有作福、作威、玉食。臣之有作福、作威、玉食，其害于而家，凶于而國。人用側頗僻，民用僭忒。五福、六極總傳，錯簡。「作福、作威」，所謂「向用五福，威用六極」也。「玉食」者，人主之福，臣而作威福、僭玉食則凶害，而「頗僻」「僭忒」皆歸于六極矣。

七，稽疑：擇建立卜筮人，乃命卜筮。曰雨、曰霽、曰蒙、曰驛、曰克、曰貞、曰悔，凡七。卜五，占用二，衍忒。兆有定體，卦有定辭，自其有變動之差而天下之至變生焉。故善卜筮者，必自其差忒而推衍之。〇「霽」，今文作「濟」，古文作「涶」。「驛」，古文作「圛」。「悔」，《說文》作「𠧪」。卦之不變者以內爲貞，外爲𠧪；變者以本卦爲貞，之卦爲𠧪。立時人作卜筮，三人占，則從二人之言。汝則有大疑，謀及乃心，謀及卿士，謀及庶人，謀及卜筮。盡人謀然後以卜筮決之。汝則從，龜從，筮從，卿士從，庶民從，是之謂大同。身其康彊，子孫其逢吉。汝則從，龜從，筮從，卿士逆，庶民逆，吉。卿士從，龜從，筮從，汝則逆，庶民逆，吉。庶民從，龜從，筮從，汝則逆，卿士逆，吉。汝則從，龜從，筮逆，卿士逆，庶民逆，作內吉，作外凶。龜筮共違于人，用靜吉，用作凶。龜、筮常與人謀相參。古人以龜先筮，蓋龜兆一成，所應久遠。筮應在一時而時日推遷，又須更筮，故有筮短龜長之說。然龜則僭信皆卜，若《易》則惟忠信之事應，否則有戒，不爲小人謀，故自文王、周、孔以來惟以《易》訓。〇人謀能料可否，若氣數推移則惟龜、筮知之。故共違于人，雖人謀皆從，未可爲也。

八，庶徵：曰雨，曰暘，曰燠，曰寒，曰風。皇極居中，八疇還相爲體用。此以五事庶徵之感應，蓋舉一隅以示例，餘可類推。曰：時五者來備，各以其敘，庶草蕃廡。一極備，凶。一極無，凶。曰休徵：

曰肅，時雨若；曰乂，時暘若；曰哲，時燠若；曰謀，時寒若；曰聖，時風若。曰咎徵：曰狂，恒雨若；曰僭，恒暘若；曰豫，恒燠若；曰急，恒寒若；曰蒙，恒風若。五紀傳文。東坡蘇氏、無垢張氏、石林葉氏、容齋洪氏皆曰此章當爲五紀之傳。曰：王省惟歲，卿士惟月，師尹惟日。歲、月、日時無易，百穀用成，乂用明，俊民用章，家用平康。日、月、歲時既易，百穀用不成，乂用昏不明，俊民用微，家用不寧。庶民惟星，星有好風，星有好雨。日月之行，則有冬有夏。月之從星，則以風雨。歲、月、日、星之度具于曆數，箕子於此特以其切於君臣政事者言之，以明調贊之本。

九，五福：一曰壽，二曰富，三曰康寧，四曰攸好德，五曰考終命。古者上下有分，非祿無自富者，故五福不言貴，言富則貴可知矣。「攸好德」者，學問之事，而以爲福者，人生而惡弱昏愚者多矣。今其氣稟清明，知德義之美而樂之，豈非福之大者？若使此心昏庸，所好非德，雖壽富安逸，所謂飽暖逸居而無教，祇以荒亡戕賊，近於禽獸，何足以爲福哉！所以「好德」接「壽」「富」「康寧」之後，五福之好德亦猶五行之土、五事之思而乃居四者，以「考終命」爲人生之終事。故易居五而以好德居四，所以總「壽」「富」「康寧」而以保其「考終」者也。六極：一曰凶短折，二曰疾，三曰憂，四曰貧，五曰惡，六曰弱。

武王既勝殷，邦諸侯，班宗彝，作《分器》。

九疇對義

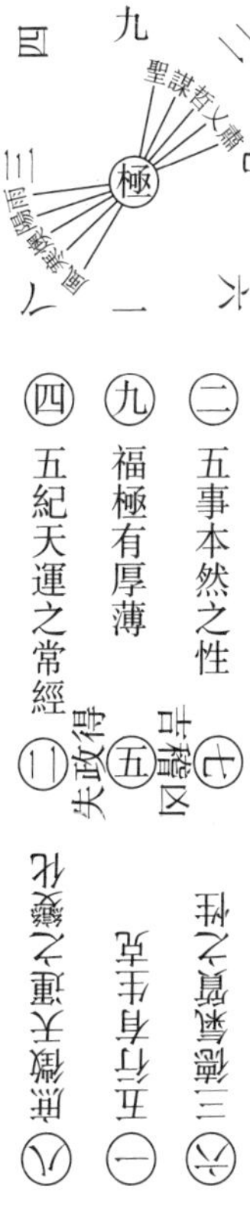

經文對舉〔一〕

【校記】

〔一〕「舉」下，宋本有兩行文字，漫漶不清，無法辨識。

旅獒

西旅獻獒，太保作《旅獒》。

惟克商，遂通道于九夷八蠻。西旅厎貢厥獒，太保乃作《旅獒》，用訓于王。曰：「嗚呼！明王慎德，謹德，一篇之要。四夷咸賓，無有遠邇，畢獻方物，惟服食器用。貢物之制。王乃昭德之致于異姓之邦，無替厥服。分寶玉于伯叔之國，時庸展親。受貢所以示諸侯。人不易物，惟德其物。「易」，以豉反，朱子作换易之易，謂人〔二〕不足爲物之輕重，惟德足以爲物之重。德盛不狎侮。狎侮君子，罔以盡人心；狎侮小人，罔以盡其力。不役耳目，百度惟貞。玩人喪德，「玩人」，狎侮，病原也。玩物喪志。「玩物」，役耳目。志以道寧，言以道接。推玩人以及玩物，因玩物以戒喪志，因喪志而言定志之道，因道寧而及知言之效，語雖偶而意相生也。不作無益害有益，功乃成；不貴異物賤用物，民乃足。犬馬非其土性不畜，珍禽奇獸不育于國。反其玩物。不寶遠物，則遠人格。所寶惟賢，則邇人安。反其玩人。上文因玩物而上推玩人之失以防其原，此段因寶物而歸重寶賢之意以易其好。嗚呼！夙夜罔或不勤。不矜細行，終累大德。爲山九仞，功〔二〕虧一簣。允迪兹，生民保厥居，惟乃世王。」末終謹德之意，言益切密。

巢伯來朝，芮伯作《旅巢命》。

【校記】

〔一〕「人」，宋本、婺本作「位」。

〔二〕「功」，原作「巧」，據宋本、婺本改。

金縢

武王有疾，周公作《金縢》。此篇叙事意多淺晦，程子疑其間不可盡信。○此篇除祝詞外皆非周公作，序文誤。

既克商二年，王有疾，弗豫。二公曰：「我其爲王穆卜。」「穆卜」，蔡云和同以卜。周公曰：「未可以戚我先王。」公乃自以爲功，「自以爲功」謂獨以爲己事也。爲三壇同墠。爲壇於南方，北面，周公立焉。植璧秉珪，乃告大王、王季、文王。史乃册祝，曰：「惟爾元孫某，遘厲虐疾。若爾三王，是有丕子之責于天，「責」，朱子云如「責其侍子」之「責」。以旦代某之身。予仁若考，能多材多藝，能事鬼神。乃元孫不若旦多材多藝，不能事鬼神。乃命于帝庭，敷佑四方，用能定爾子孫于下地，四方之民罔不祇畏。嗚呼！無墜天之降寶命，我先王亦永有依歸。今我即命于元龜，爾之許我，我其以璧與珪歸俟爾命。爾不許我，我乃屏璧與珪。」周公迫切之意，言不暇文。乃卜三龜，一習吉。啓籥見書，乃并是吉。公曰：「體，王其罔害。予小子新命于三王，惟永終是圖。茲攸俟，能念予一人。」公歸，乃納册于金縢之匱中。《周禮·占人》：「卜筮既〔一〕事，則繫幣以比其命。」注謂書其〔二〕命龜之事及兆於册，繫禮神之幣而合藏焉。是則金縢之匱，藏占書之常器，終事納册，亦周禮占人之常職。世俗所謂周公始爲此匱納册，以爲他日自驗之地，其説陋矣。○周公占畢而歸，史納册於匱。王翼日乃瘳。武王十三年克商，十四年有疾乃瘳，十九年崩。

武王既喪，後序。自「武王既喪」以後，《金縢》後序。管叔及其群弟乃流言於國，曰：「公將不利於孺子。」周公乃告二公，曰：「我之弗辟，我無以告我先王。」「我之弗辟」，朱子初從注説作「致辟」，晚簡蔡氏從鄭氏《詩》箋作「避」，謂三叔方流言，周公不應以語言故，遽興兵誅之。成王方疑公，亦不應不請而自誅之，請亦未必從也。雖聖人存〔三〕心公平正大，區區嫌疑自不必避。然舜避河南，禹避陽城，故〔四〕當如此。及周公居東二年，成王乃知罪之在管、蔡，故曰罪人斯得。履祥案：《古文尚書》凡「君辟」「刑辟」字皆作侲，獨此「辟」作「𢍏」，是必孔壁書本作「避」字也。「辟」諧聲，從之從并，皆屏避之意。周公居東二年，則罪人斯得。于後，公乃爲詩以貽王，名之曰《鴟鴞》。王亦未敢誚公。周公之避所以必告二公者，以成王尚幼，朝事不可無托也。所以周公在外而朝廷無事，成王雖疑而外不敢誚公，以有二公在爾。○《鴟鴞》之詩蓋指武庚既誘管、蔡，必反王室。秋，大熟，未穫，天大雷電以風，禾盡偃，大木斯拔，邦人大恐。王與大夫盡弁，以啓金縢之書，乃得周公所自以爲功代武王之說。成王君臣遇災，弁服啓金縢之匱，取書以卜，因得卜史昔日所納周公之册。二公及王乃問諸史與百執事，對曰：「信。噫！公命，我勿敢言。」王執書以泣，曰：「其勿穆卜。昔公勤勞王家，惟予沖人弗及知。今天動威，以彰周公之德，惟朕小子其新逆，「新」，蔡云當作「親」。鄭《詩》箋云：「成王既得金縢之書，親迎周公。」我國家禮亦宜之。」王出郊，天乃雨，反風，禾則盡起。二公命邦人，凡大木所偃，「大木所偃」，謂所仆壇壝、次舍、民居。盡起而築之。歲則大熟。

【校記】

〔一〕「既」，宋本、婺本作「終」。

〔二〕「其」，原作「所」，據宋本、婺本改。

〔三〕「存」，宋本、婺本作「之」。

〔四〕「故」，宋本、婺本作「自」。

大誥

武王崩，三監及淮夷叛。周公相成王，將黜殷，作《大誥》。案〔一〕武王入殷，受已自焚，遂命其子武庚後商祀，而使管叔、蔡叔、霍叔監之。及武王崩，成王幼，周公秉政，武庚陰有復殷〔二〕之意，三叔爲其所誘，流言以撼周公。周公居東。其後成王悟，迎周公以歸，三叔遂及武庚以叛。蓋武庚非三叔不足以間周，而三叔非武庚不足以動衆。《大誥》之書專言黜殷而不言三叔，實以武庚聲勢甚熾，然亦不忍言三叔之事也。

王若曰：「猷！「猷」古文作「繇」，前後同。《周書》道語多曰「猷」。大誥爾多邦越爾御事。弗弔，「弗弔」，不幸。天降割于我家，不少延。首叙事變之來。洪惟我幼冲人，嗣無疆大歷服，弗造哲迪民康，矧曰其有能格知天命？謙言幼愚，未能上測天意。已！「已」，《周書》斷辭多曰「已」。予惟小子，若涉淵水，予惟往求朕攸濟。敷賁，敷前人受命，下「敷」字衍。兹不忘大功。但是不可不爲以廣前烈。予不敢閉于天降威。用寧王遺我大寶龜，紹天明。用寶龜以介紹天明。即命曰：『有大艱于西土，西土人亦不静，越兹蠢。』述命龜之辭。殷小腆，誕敢紀其叙。天降威，知我國有疵，民不康，曰『予復』，反鄙我周邦。今蠢。今翼日，民獻有十夫，予翼，以于敉寧武圖功。我有大事休，朕卜并吉。卜吉。决上文未能格知天命。肆予告我友邦君，越尹氏、庶士、御事，曰：『予得吉卜，予惟以爾庶邦，于伐殷逋播臣。』以吉卜告邦君、御事，以之東征。述邦君、御事之言。爾庶邦君越庶士、御事，罔不反曰：『艱大，民不静，亦惟在王宫、邦君室。越予小子、考翼不可征，王害不違卜？』「考翼」，父老敬事之人，猶云老成也。○述考翼之言。違卜。肆予冲人永思艱，曰：『嗚呼！允蠢鰥寡，哀哉！』予造天役，遺大投艱于朕身。越予冲人，不卬自恤。義爾邦君，越爾多士、尹氏、御事，綏予曰：『無毖于恤，不可不成乃寧考圖功。』已前皆叙述之語，此答艱大之言。正望邦君、御事相勉。已！予惟[三]小子不敢替上帝命。天休于寧王，興我小邦周。寧王惟卜用，克綏受兹命。今天其相民，矧亦惟卜用。嗚呼！天明畏，弼我丕丕基。」此答違卜之言。武王承天以卜，今日亦以卜承天。

王曰：「爾惟舊人，爾丕克遠省，爾知寧王若勤哉！重釋艱大之語，下同。天閟毖我成功所，天意。予不敢不極卒寧王圖事。肆予大化誘我友邦君。天棐忱辭，其考我民，予曷其不于前寧人圖功攸終？民心所欲。承上文言，天非諄諄有可信之辭，考之我民爾。天亦惟用勤毖我民，若有疾，予曷敢不于前寧人攸受休畢。」民心所惡。王曰：「若昔朕其逝，朕言艱日思。若考作室，既厎法，厥子乃弗肯堂，矧肯構？厥父菑，厥子乃弗肯播，矧肯穫？厥考翼其肯曰：『予有後，弗棄基？』肆予曷敢不越卬敉寧王大命？若兄考，乃有友伐厥子，民養其勸弗救？」堂播之喻責之吾身，伐救之喻責邦君、御事。「民養」謂厮養之人。

王曰：「嗚呼！肆哉！爾庶邦君，越爾御事。爽邦由哲，亦惟十人迪知上帝命。「十人」，蔡氏〔四〕謂亂臣十人。謂周家開過之初皆由哲人，其時亂臣十人，能迪知天命於難諶之中。其時邦君、御事不敢違上所制。今此作難之人，近相攻於我室爾，乃不知天命之不變易乎？越天棐忱，二「棐」字，「匪」通。〔五〕爾時罔敢易法，矧今天降戾于周邦？惟大艱人，誕鄰胥伐于厥室，爾亦不知天命不易。予永念曰：天惟喪殷，若穡夫，予曷敢不終朕畝？天亦惟休于前寧人。予曷其極卜，敢弗于從？天命。率寧人有指疆土，矧今卜并吉？肆朕誕以爾東征。天命不僭，卜陳惟若茲。」「僭」，古文作「替」〔六〕。終釋違卜之語。○朱子嘗疑《大誥》一篇，當時欲聳動天下，而其大意不過謂周家辛苦創此基業，我後人不可不成就之〔七〕，又專歸於卜，殊不可曉。履祥案：此篇特一時與西方諸侯因及御事陳伐叛之義，以大誥天下，猶《大誓》專在黜殷〔八〕，誓名《大誓》，此亦黜殷，故名《大誥》爾。蓋當時武庚挾殷畿之頑民，三監又各挾其國之衆，其艱難之勢誠大也。故〔九〕群臣有「艱大」之説，有「違卜」之請，意欲閉境自守耳。惟釋其「艱大」之疑與其「違卜」之説，反覆言之，使確有可信，而〔一〇〕其專歸於卜者，蓋證天命以決其疑也。

【校記】

〔一〕「案」，婺本作「初」。

〔二〕「復殷」，宋本、婺本作「窺覦」。

〔三〕「予惟」，原倒，據宋本、婺本、《尚書注疏》乙。

〔四〕「氏」，原作「云」，據婺本改。

〔五〕「二桀字匪通」，此五字原脱，據宋本補。婺本作「桀匪通」。

〔六〕「僭古文作替」，此五字原脱，據宋本、婺本補。

〔七〕「不過謂」至「成就之」，原作「慮天下有向背之萌，陳大道以誥戒之，勸人勉力用心而」，據宋本、婺本、《朱子語類》改。

〔八〕「因及」至「黜殷」，宋本、婺本作「及朝臣會議費播告天下之文，但史臣以前日伐受之」。

〔九〕「挾殷」至「誠大也故」，宋本、婺本作「之勢，内連三監，外連淮奄，自陜以東，大抵皆震，故諸侯」。

〔一〇〕「惟釋其」至「可信而」，宋本作「所以篇中反覆告語，以天意示之，釋其艱大與違卜之意」。婺本同宋本，「示之釋」作「爾重釋」。

微子之命

成王既黜殷命，殺武庚，命微子啓代殷後，作《微子之命》。微子者，帝乙庶長子也。帝乙欲立之，太史執不可〔一〕。及紂無道，微子數諫，不聽，遂去之〔二〕。武王克殷之後〔三〕，表〔四〕商容閭，釋箕子囚，封比干墓，恩禮殆遍而未及微子者，時微子遁于荒野。〔五〕及殺武庚，乃立〔六〕微子於宋爲殷後，以賓于周。此其命書也。

王若曰：「猷！殷王元子，惟稽古崇德象賢，統承先王，修其禮物，作賓于王家，與國咸休，永世無窮。崇德。上述成湯，下嘉微子，中間更不言受亡、武庚滅之事，蓋微子所不忍聞，周家亦不忍言也。嗚呼！乃祖成湯，克齊聖廣淵，皇天眷佑，誕受厥命。撫民以寬，除其邪虐，功加于時，德垂後裔。爾惟踐修厥猷，舊有令聞。恪慎克孝，肅恭神人。予嘉乃德，曰篤不忘。上帝時歆，下民祇協，庸建爾于上公，尹茲東夏。象賢。東夏地大人衆，封而不忌。周之德、微子之賢俱可見也。欽哉！往敷乃訓，慎乃服命，率由典常，以蕃王室。弘乃烈祖，律乃有民，永綏厥位，毗予一人。世世享德，萬邦作式，俾我有周無斁。嗚呼往哉！惟休，無替朕命。」應首章之意，勉之、期之。

唐叔得禾，異畝同穎，獻諸天子。王命唐叔歸周公于東，作《歸禾》。周公既得命禾，旅天子之命，作《嘉禾》。

【校記】

〔一〕「不可」下，宋本有「卒立受」三字，婺本作「乃立受」。

〔二〕「及紂」至「去之」，宋本作「及受無□□且忌之，微子遂遜于荒野」，婺本作「及受無道將亡，且忌之，微子遂遜于荒野」。

〔三〕「武王克殷之後」，宋本作「武王入殷」。

〔四〕「表」，宋本、婺本作「式」。

〔五〕「者」至「荒野」，宋本、婺本作「以其遁去未之獲也」。

〔六〕「殺武庚乃立」，宋本、婺本作「武庚叛成王，周公誅之遂封」。

康誥

成王既伐管叔、蔡叔，以殷餘民封康叔，作《康誥》《酒誥》《梓材》。武王封康叔之書，小序誤。《梓材》亦誤序於此。此敘，蘇氏謂《洛誥》之錯簡，朱子從之。案此敘《洛誥》亦未協，當是《梓材》之敘，詳辨于《梓材》《召誥》之首。○武王母弟自周公外，惟康叔爲賢。武王克殷，分其故地，朝歌〔一〕以東封康叔，其西北爲武庚地。及〔二〕武庚叛，成王、周公征之，遷其民，以其故地遺民益封康叔爲衛君，蓋地相比近〔三〕。《漢書》言〔四〕周公善康叔不從管蔡之亂，是也。小序以此爲成王書，蓋篇首錯簡，誤以《酒誥》《梓材》冠《康誥》之首□□□□□□〔五〕《大誥》《金縢》之前。

惟三月哉生魄，周公初基作新大邑于東國洛，四方民大和會，侯、甸、男、邦、采、衛，百工播民和，見士于周。周公咸勤，乃洪大誥治。

王若曰：「孟侯朕其弟小子封，惟乃丕顯考文王，克明德慎罰，明德謹罰，蔡云「一篇大意」。不敢侮鰥寡，庸庸，祇祇，威威，顯民。用肇造我區夏，越我一二邦，以修。我西土惟時怙，冒聞于上帝，帝休。天乃大命文王，殪戎殷，誕受厥命。越厥邦厥民，惟時叙。乃寡兄勗，肆汝小子封在茲東土。」此章推原文王德業，以致克殷而有天下。「寡兄」，武王自謂也。「肆」，朱子云忽遂之意，言康叔忽遂有此東土也。

王曰：「嗚呼！封。汝念哉！今民將在祇遹乃文考，紹聞衣德言，往敷求于殷先哲王，用保乂民。汝丕遠惟商耇成人，宅心知訓。別求聞由古先哲王，用康保民，弘于天。若德裕乃身，不廢在王命。」明德。此章欲康叔本之家學，參之國俗之舊，又別求之古先，所以廣其性天，動有餘用，「保乂」「知訓」「康乂」更互成文，皆謂治化耳。

王曰：「嗚呼！小子封。恫瘝乃身，敬哉！天畏棐忱，民情大可見，小人難保。天威可畏，以其命匪可信；民情可見，以其小人難保。往盡乃心，無康好逸豫，乃其乂民。我聞曰：『怨不在大，亦不在小，惠不惠，懋不懋。』怨豈在明？不見是圖。怨不在大也，與其寡怨，孰若無怨。怨不在小也，在於能惠人所不及惠，勉人所不能勉，則小大之怨俱無矣。已！汝惟小子，乃服惟弘王，應保殷民，亦惟助王宅天命，作新民。」

王曰：「嗚呼！封。敬明乃罰。人有小罪非眚，乃惟終，自作不典。式爾，有厥罪小，乃不可不殺。乃有大罪非終，乃惟眚災適爾，既道極厥辜，時乃不可殺。」謹罰。

王曰：「嗚呼！封。有叙，時乃大明服，惟民其敕懋和。若有疾，惟民其畢棄咎。若保赤子，惟民其康乂。「有叙」，謂爲政自有次第，必大明智足以服人，則民敕勉於和，所謂大畏民志也。以去疾之心去惡，則民皆自棄其咎，所謂無諸己而後非諸人也。以愛赤子之心愛民，則惟民其康乂，所謂心誠求之者也。非汝封刑人殺人，無或刑人殺人。非汝封又曰劓刵人，無或劓刵人。」

王曰：「外事，汝陳時臬，司師兹殷罰有倫。」又曰：「要囚，服念五六日，至于旬時，丕蔽要囚。」「外事」，獄之未成，未達于康叔者，此有司之事也。「要囚」，獄之已成，已達於康叔者，此則康叔之事也。事在有司，但當示之準的，法其例格。事在康叔，則一成而不可變，故必詳審，久〔六〕之而後斷焉。○「臬」，《説文》：準的。

王曰：「汝陳時臬事，罰蔽殷彝，用其義刑義殺，勿庸以次汝封。「次」，遷就之意，《荀子》作「即」。乃汝盡遜，曰時叙，惟曰未有遜事。已！汝惟小子，未其有若汝封之心，朕心朕德惟乃知。凡民自得罪，寇攘姦宄，殺越人于貨，暋不畏死，罔弗憝。」

王曰：「封！元惡大憝，矧惟不孝不友。子弗祗服厥父事，大傷厥考心。于父不能字厥子，「字」，古文作「孳」。乃疾厥子；于弟弗念天顯，乃弗克恭厥兄。兄亦不念鞠子哀，大不友于弟。刑殺非吾本心，皆民自作罪惡，爲人心所同惡爾。然民之罪有大於此者，凡不孝不慈不友不恭者是。惟弔兹，不于我政人得罪，天惟與我民彝大泯亂。曰乃其速由文王作罰，刑兹無赦。不率大戛，然不率之罪又有大可擊伐者，凡爲臣而不忠者是。「戛」，《説文》：戟也，擊伐之義。矧惟外庶子訓人，惟厥正人越小臣諸節，乃別播敷，造民大譽，弗念弗庸，瘝厥君。時乃引惡，惟朕憝。已！汝乃其速由茲義率殺。亦惟君惟長，不能厥家人，越厥小臣外正，惟威惟虐，大放王命，乃非德用乂。君長之罪。勉康叔。臣者，民之表，故責民之不孝恭，其大又在責臣之不忠。君長者，臣之表，故責臣之不忠，則爲君長者又不可不自責而盡其道也。汝亦罔不克敬典，乃由裕民，惟文王之敬忌。乃裕民，曰我惟有及，則予一人以懌。」

王曰：「封！爽惟民，迪吉康。我時其惟殷先哲王德，用康乂民作求。「求」，配也，對也。如《詩》「好求」之「求」。矧今民罔迪不適，不迪則罔政在厥邦。」

王曰：「封！予惟不可不監，告汝德之說于罰之行。今惟民不靜，未戾厥心，迪屢未同。爽惟天其罰殛我，我其不怨，惟厥罪無在大，亦無在多，矧曰其尚顯聞于天。」武王自責之意。前責之民，因責之臣。責之臣，因責之康叔。此二章武王又反之身而自責焉。篇中一節，上一節。

王曰：蔡云此下勉其不用罰而用德。「嗚呼！封。敬哉！無作怨，勿用非謀非彝，蔽時忱。丕則敏德，用康乃心，顧乃德，遠乃猷裕，乃以民寧，不汝瑕殄。」

王曰：「嗚呼！肆汝小子封。惟命不于常，汝念哉！無我殄享。明乃服命，高乃聽，用康乂民。」王若曰：「往哉！封。勿替敬典，聽朕告汝，乃以殷民世享。」

【校記】

〔一〕「地朝歌」，宋本、婺本作「都」。

〔二〕「其西北爲武庚地及」，宋本、婺本作「爲諸侯之長，此篇其命書也，其後三監」。

〔三〕「爲衛君蓋地相比近」，宋本、婺本作「焉。《史記》云康叔後扞禄父之亂」。

〔四〕「言」，宋本、婺本作「云」。

〔五〕「誤以」至「□□□□□□」，宋本作「□□之爾。自胡氏《文紀》始繫之武王之紀，朱子是之，蔡氏謂當在」。婺本同，唯「文」作「大」。按「文」誤，當作「大」。

〔六〕「久」，婺本無。

酒誥此篇亦武王書，與《康誥》同。

王若曰：「明大命于妹邦。「明大命于妹邦」，令康叔明大命化商。乃穆考文王，肇國在西土，厥誥毖庶邦庶士越少正、御事，朝夕曰『祀兹酒』。惟天降命肇我民，惟元祀。天降威，我民用大亂喪德，亦罔非酒惟行。越小大邦用喪，亦罔非酒惟辜。述文王教西土之大命。諸侯，群臣。文王誥教小子，有正、有事，無彝酒。越庶國，飲惟祀，德將無醉。教小子及庶國。惟曰：『我民迪小子，惟土物愛，厥心臧，聰聽祖考之彝訓。又使民自教小子。越小大德，小子惟一。』此下教妹土之大命。妹土嗣爾股肱，純其藝黍稷，奔走事厥考厥長。肇牽車牛遠服賈，用孝養厥父母。厥父母慶，自洗腆，致用酒。教妹土之民。謂妹土之民繼此以後，手足專於種藝，走事父母，服乘遠賈，以養父母，喜慶則用酒。庶士、有正，越庶伯君子，其爾典聽朕教。爾大克羞耇惟君，爾乃飲食醉飽。教妹土之臣。「羞耇惟君」謂薦羞于老與羞于君所也。案《儀禮》，君燕其臣，凡羞于君者皆士也。此謂惟養老與〔一〕燕于公所則可飲酒，饋祀禮畢則可飲酒。○「惟」，與也。《書》中歷舉之辭皆曰「惟」，上文「惟曰」，下文「畏相惟御事」，《禹貢》「羽毛惟木」，《武成》「重民五教，惟食喪祭」，皆是訓與。丕惟曰爾克永觀省，作稽中德。爾尚克羞饋祀，爾乃自介用逸。茲乃允惟王正事之臣，茲亦惟天若元德，永不忘在王家。」

王曰：此下誥康叔。「封！我西土棐徂邦君、御事、小子，尚克用文王教，不腆于酒，故我至於今，克受殷之命。」「棐徂」，非遠也。前章命康叔述文王西土之教以教妹邦，故此章又總言以明證之，謂我西土非已往遠事也。其邦君、御事、小子，尚克用文王教，不腆于酒。

王曰：「封！我聞惟曰：在昔殷先哲王，迪畏天顯小民，經德秉哲。自成湯咸至于帝乙，成王畏相。惟御事厥棐有恭，不敢自暇自逸，矧曰其敢崇飲？此述商先王不飲之德。越在外服，侯、甸、男、衛邦伯；越在內服，百僚庶尹、惟亞、惟服、宗工，越百姓里居，罔敢湎于酒。商先臣不飲之俗。不惟不敢，亦不暇。惟助成王德顯，越尹人祗辟。我聞亦惟曰：在今後嗣王酣身，厥命罔顯于民，祗保越怨不易。誕惟厥縱淫泆于非彝，用燕喪威儀，民罔不衋傷心。惟荒腆于酒，不惟自息乃逸。厥心疾很，不克畏死。辜在商邑，越殷國滅無罹。此述商後王飲酒之禍。弗惟德馨香祀登聞于天，誕惟民怨，庶群自酒，腥聞在上。弗惟明德馨香之登聞，誕惟怨氣沈湎之腥聞。故天降喪于殷，罔愛于殷，惟逸。天非虐，惟民自速辜。」商亡。「我聞惟曰」云云，謂成湯畏上天之明命，畏小民之難保，經德於己而秉哲以用人，垂統如此。故自湯而下至于帝乙，雖歷世久遠而皆能成其君道，畏敬相臣與御事之人。然匪外爲恭也，實不敢自暇逸，況敢崇飲乎？此章皆言商先王爲君之事，越在內外服，始言諸臣。舊説「惟御事」以下爲言臣事者，非也。「惟」訓與，解見上文。○君不敢飲，臣不惟不敢，亦不暇飲。

王曰：「封！予不惟若兹多誥，古人有言曰：『人無於水監，當於民監。』今惟殷墜厥命，我其可不大監撫于時？以商爲監。予惟曰：此下勉康叔誥[二]毖商之遺臣、諸侯、達官之長，及康叔之臣、國之三卿，以及康叔之身，皆當剛制于酒。汝劼毖殷獻臣，侯、甸、男、衛，矧太史友、內史友，越獻臣百宗工，矧惟爾事服休、服采？矧惟若疇圻父薄違，農父若保，宏父定辟，矧汝剛制于酒？侯、甸、男、衛，殷畿內外舊邦諸侯也。康叔、孟叔，實使長之，固當劼毖之也。受爲淫酗，諸侯群臣習以成風，故康叔治殷，武王[三]專以酒爲誥。然名爲「獻臣」者，則固賢矣，亦在誥毖之數，何也？習俗移人，概或不免。如兩晉清談風流，雖諸名勝不能免者，況燕飲之習，士大夫皆所易流，是以不但誥毖獻臣，且併康叔之臣以及康叔之身，亦與有剛制之戒。管、蔡唯不能謹，遂爲武庚所醉，卒陷於惡，豈不甚可畏也。厥或誥曰：『群飲。』汝勿佚，盡執拘以歸于周，予其殺。禁殷民之飲。防亂[四]。又惟殷之迪諸臣、惟工，乃湎于酒，勿庸殺之，姑惟教之，有斯明享。乃不用我教辭，惟我一人弗恤，弗蠲乃事，時同于殺。」禁殷臣之飲。

王曰：「封！汝典聽朕毖，勿辯乃司，民湎于酒。」不治臣之湎酒，則民皆湎酒矣。

【校記】

〔一〕「與」，婺本作「而」。

〔二〕「誥」，婺本作「劼」。

〔三〕「武王」，宋本、婺本作「而」。

〔四〕「防亂」上，婺本有「以」字。

梓材

惟三月哉生魄，周公初基作新大邑于東國洛，四方民大和會，侯、甸、男邦、采、衛百工，播民和，見士于周。周公咸勤，乃「洪大誥治」。○此篇周公營洛道王德意，以喻諸侯之書，其叙誤冠《康誥》。所謂「洪大誥治」者〔一〕，以前有大誥，故此名《梓材》。

王曰：「封！案《大傳》，今文當有「周公曰」而無「封」字。以厥庶民暨厥臣達大家，以厥臣達王，惟邦君。汝若恒，越曰：我有師師、司徒、司馬、司空、尹旅曰：『予罔厲殺人。』亦厥君先敬勞，肆徂厥敬勞。首勉邦君通上下之情，及爲邦君喻卿大夫之語。又勉邦君率先老來其民。肆往，姦宄、殺人、歷人，宥。肆亦見厥君事，「見」疑作「爲」。戕敗人，宥。宥罪戾。王啓監，厥亂爲民。曰：『無胥戕，無胥虐，至于敬寡，「敬寡」疑作「矜寡」。至于屬婦，合由以容。』述王啓監之言，戒其厲虐。恤孤寡。王其效邦君越御事，厥命曷以？引養引恬。述王教邦君在於養恬。自古王若茲監，罔攸辟。古若茲監，無攸辟。前是周公咸勤，後是洪大誥治。惟曰：若稽田，既勤敷菑，惟其陳修，爲厥疆畎。若作室家，既勤垣墉，惟其塗塈茨。若作梓材，既勤樸斲，惟其塗丹雘。」宅洛之議。

今王惟曰：「先王既勤用明德，懷爲夾，庶邦享作，兄弟方來。亦既用明德，后式典，集庶邦丕享。繼志述事以文太平。述王之言，爲庶邦朝貢之地。自「惟曰」以後，「既」字多。下文述王之意爲化殷之計。皇天既付中國民越厥疆土于先王，肆王惟德用，和懌先後迷民，用懌先王受命。已！若茲監。惟曰：欲至于萬年，惟王子子孫孫永保民。」若茲監，永保民。○《傳》曰：「成王合諸侯，城成周，爲東都。」諸侯之禮，君行師從。師師者，一師之長，三卿是也。卿行旅從。尹旅者一旅之長，卿之副也。古者有大興作，則司徒帥徒庶，司空畫土疆，司馬以軍法治之。罔厲殺人，不欲以軍法治也。姦宄殺人，其所連歷之人及爲公家事傷人者，皆入于繇〔二〕隸。今既服此大役，皆赦爲良民。孤寡之子在役者與舂稾臣妾者，皆優恤之。○《梓材》，伏生今文作周公教伯禽之書，孔安國古文作成王誥康叔之書。王介甫、吴才老、朱子、蔡氏皆疑之。吴才老斷自「王啓監」以下，似《洛誥》文。蔡氏斷自「今王惟曰」以下，人臣告君之辭。今案此書即《康誥》之叙所謂「惟三月」云云「乃洪大誥治」者，即《召誥》之叙，所謂周公用書命侯、甸、男邦伯者也。本與《多士》篇同列，今躐於《召誥》之前，又誤亞於《康誥》《酒誥》之後，故其序誤冠《康誥》之首而首句又誤衍《酒誥》之尾而曰「封」也。且蘇氏既以《康誥》之叙爲《洛誥》之叙，而吴氏又以《梓材》之文似《洛誥》之文，朱子皆嘗是之，則是前儒之意皆以此爲營洛之書矣。今以《康誥》之叙冠《梓材》之書，則前半篇即周公咸勤之事，後半篇即洪大誥治之文。「集庶邦」一節，則營東都爲四方朝貢道里之均。「先後迷民」一節，乃毖殷遷洛，密邇王室之化。似復古書之舊云。

【校記】

〔一〕「者」，婺本作「皆」。

〔二〕「繇」，宋本、婺本作「罪」。

召誥

成王在豐，欲宅洛邑，使召公先相宅，作《召誥》。叙。

惟二月既望，越六日乙未，王朝步自周，則至于豐。惟太保先周公相宅。召公至洛。越若來三月，惟丙午朏。越三日戊申，太保朝至于洛，卜宅。厥既得卜，則經營。越三日庚戌，太保乃以庶殷攻位于洛汭。越五日甲寅，位成。若翼日乙卯，周公朝至于洛，則達觀于新邑營。周公至洛。越三日丁巳，用牲于郊，牛二。越翼日戊午，乃社于新邑，牛一、羊一、豕一。越七日甲子，周公乃朝，用書命庶殷侯、甸、男邦伯。「用書命庶殷」，即《多士》之書，所謂「惟三月，周公初于新邑洛，用告商王士」者也。侯、甸、男邦伯亦必有書，其叙逸出于《康誥》，所謂「惟三月初基」云云，「乃洪大誥治」者，其書即《梓材》之篇。厥既命殷庶，庶殷丕作。太保乃以庶邦冢君出取幣，乃復入，錫周公，曰：「拜手稽首，旅王若公。誥告庶殷，越自乃御事。誥。周公至洛以王命命庶殷，諭諸侯。召公將陳戒于王，亦因公以達。化商本於自治。嗚呼！皇天上帝改厥元子，茲大國殷之命。惟王受命，無疆惟休，亦無疆惟恤。嗚呼！曷其奈何弗敬？一篇大意。休，恤。敬。天既遐終大邦殷之命，茲殷多先哲王在天，越厥後王後民，茲服厥命。監殷之休。厥終，智藏瘝在。夫知保抱攜持厥婦子以哀籲天，監殷之恤。徂厥亡出執。嗚呼！天亦哀于四方民，其眷命用懋，天哀民而眷周，其命方懋。王其疾敬德！敬德。王當疾敬德以保之。相古先民有夏，天迪從子保，面稽天若，今時既墜厥命。今相有殷，天迪格保，面稽天若，今時既墜厥命。監二代之休之恤。今沖子嗣，則無遺壽耇。敬老。曰其稽我古人之德，矧曰其有能稽謀自天？敬德之事。嗚呼！有王雖小，元子哉！其丕能諴于小民，今休。王不敢後，用顧畏于民碞。敬民。王來紹上帝，自服于土中。旦曰：『其作大邑，其自時配皇天，毖祀于上下，其自時中乂。王厥有成命，治民今休。』宅洛。今日之休。王先服殷御事，比介于我有周御事，化商。今日之恤。節性，惟日其邁。王敬作所，不可不敬德。敬德。我不可不監于有夏，亦不可不監于有殷。監二代之休恤。我不敢知曰，有夏服天命，惟有歷年；我不敢知曰，不其延，惟不敬厥德，乃早墜厥命。我不敢測知其存亡之故，惟不敬德，所以墜命。我不敢知曰，有殷受天命，惟有歷年；我不敢知曰，不其延，惟不敬厥德，乃早墜厥命。今王嗣受厥命，我亦惟茲二國命，嗣若功。今王繼二代而受天命，當繼其所以有功者，不可迹其所以亡也。王乃初服。嗚呼！若生子，罔不在厥初生，自貽哲命。今天其命哲？命吉凶？命歷年？知今我初服，宅新邑，肆惟王其疾敬德？宅洛之初。「其」「知」二字相應，謂天其命休邪？否邪？不可知。我所知者，宅洛之初，惟「疾敬德」，以德保天而已。王其德之用，祈天永命。此下戒之勉之，要在敬民。其惟王勿以小民淫用非彝，亦敢殄戮用乂民，若有功。其惟王位在德元，小民乃惟刑用于天下，越王顯。上下勤恤，此書旅王若公，所以有「上下勤恤」之語。其曰我受天命，丕若有夏歷年，式勿替有殷歷年，欲王以小民受天永命。」

拜手稽首，曰：「予小臣，敢以王之讎民、百君子越友民，保受王威命明德。王末有成命，王亦顯。我非敢勤，惟恭奉幣，用供王能祈天永命。」末章旅王之辭。

洛誥

召公既相宅，周公往營成周，使來告卜，作《洛誥》。《召誥》《洛誥》相爲首尾，惟《洛誥》所紀若無倫次，有周公至洛，使告圖卜往復之辭，有周公歸周迎王往洛對答之辭，有成王在洛留周公于後而歸之辭，有周公爲王留洛相勉叙之辭。辭從其辭，事從其事，各以類附，然無往來先後之叙。蓋其日月必已具在繫年之史，故此篇事辭各以類附，不嫌於亂雜。但其間亦必有缺文錯簡，皆伏生口授之訛，而孔氏又以所聞伏生之書爲定，以此致誤。

周公拜手稽首，曰：「朕復子明辟。王如弗敢及天基命定命，予乃胤保，大相東土，其基作民明辟。予惟乙卯，朝至于洛師。我卜河朔黎水，我乃卜澗水東、瀍水西，惟洛食。我又卜瀍水東，亦惟洛食。伻來以圖及獻卜。」首章周公至洛，伻來獻圖卜之辭。「復」，反命也，一云告也。如「願有復」、「有復於王」之「復」。舊云卜黎，卜澗東、瀍西爲卜王城，卜瀍東爲卜下都。案召公戊申至洛卜宅，則王城已卜，得卜經營，則卜之已吉。後七日，周公至達觀新邑營，不應又改卜也。意者召公卜王城，周公卜下都，皆惟洛食，則洛邑之地利於君亦利於民也。王拜手稽首，曰：「公不敢不敬天之休，來相宅，其作周匹休。公既定宅，伻來，來視予卜，休恒吉。我二人共貞。公其以予萬億年敬天之休。成王答謝周公之辭。拜手稽首誨言。」

周公曰：「王肇稱殷禮，祀于新邑，咸秩無文。予齊百工，伻從王于周。予惟曰：『庶有事。』今王即命曰：『記功宗，以功作元祀。』惟命曰：『汝受命篤弼，丕視功載，乃汝其悉自教工。』御群臣。孺子其朋，孺子其朋，其往。「朋」謂友之也。《後漢書》引此作「其朋其朋」，又作「慎其往〔一〕」。無若火始燄燄，厥攸灼，敘弗其絶。「焰」，小明也。「火始燄燄」，其所以彰〔二〕灼者，次第不可遏也。人主以小明自用，則機熟而日熾矣。厥若彝及撫事如予。惟以在周工，往新邑。「予齊百工，伻從王于周」與「惟以在周工往新邑」等語，當是周公率百官迎王於周，以往洛之辭。伻嚮即有僚，明作有功，「明作」，振勵之中有忠厚、寬大之意。惇大成裕，汝永有辭。」周公勉成王以宅洛之事。朱子曰：自此以後，漸不可曉，蓋不知何時。

公曰：「已！汝惟冲子，惟終。汝其敬識百辟享，亦識其有不享。御諸侯。享多儀，儀不及物，惟曰不享。惟不役志于享，凡民惟曰不享，惟事其爽侮。乃惟孺子，頒朕不暇，聽朕教汝于棐民彝，「棐」，輔。下同。汝乃是不蘉，乃時惟不永哉！篤叙乃正父，罔不若予，不敢廢乃命。汝往，敬哉！茲予其明農哉！彼裕我民，無遠用戾。」施政化。

王若曰：「公，明保予冲子。公稱丕顯德，以予小子揚文武烈，奉答天命，和恒四方民，居師。惇宗將禮，稱秩元祀，咸秩無文。惟公德明光于上下，勤施于四方，旁作穆穆迓衡，不迷文武勤教。予冲子夙夜毖祀。」此成王答周公前章「祀于新邑」及「教工」「撫事」「明作」「惇大」等語。王曰：「公功棐迪篤，罔不若時。」此成王答周公後章之言與明農之請〔三〕。王曰：「公，予小子其退，即辟于周，命公後。四方迪亂，未定于宗禮，亦未克敉公功。迪將其後，監我士、師、工，誕保文武受民，亂爲四輔。」此成王在新邑將歸周，命周公留後治洛之辭。王曰：「公定，予往已。公功肅將祗歡，公無困哉！我惟無斁其康事，公勿替刑，四方其世享。」朱子曰：此正與公訣而歸之言。「困哉」，《漢書》作「困我」。

周公拜手稽首，曰：「王命予來，承保乃文祖受命民，越乃光烈考武王，弘朕恭。孺子來相宅，其大惇典殷獻民，亂爲四方新辟，作周恭先。曰：『其自時中乂，萬邦咸休，惟王有成績。』成王雖歸宗周，然建洛邑爲東都，則朝覲會同政令皆於此，故公勉王之言云爾。予旦以多子越御事，篤前人成烈，答其師，作周孚先。考朕昭子刑，乃單文祖德。伻來毖殷，乃命寧予。以秬鬯二卣，曰明禋，拜手稽首，休享。此又述成王命留之禮而周公以告文武。予不敢宿，則禋于文王、武王。惠篤敘，無有遘自疾，萬年厭于乃德，殷乃引考。王伻殷乃承敘萬年，其永觀朕子懷德。」此周公許王留洛之辭，且君臣相勉。○成王既留周公於洛，又使人以留公之意告殷民，而以秬鬯綏寧。周公辭曰「明禋，拜手稽首，休享」，蓋以享禮禮公也，周公不敢當，故不敢宿。「宿」，肅也。則以此秬鬯禋于文武而爲成王祈福，曰惠徽篤厚繼敘之福，使王不值疾癘，子孫萬年，飫飽文武之德，殷民亦長有化成之效。王其使殷民承順治敘，雖萬年之遠，其永觀懷德，此蓋祁化商之福，以歸成王也。戊辰，王在新邑，烝祭歲，文王騂牛一，武王騂牛一。王命作册逸祝册，惟告周公其後。成王祭告文武，以周公留後治洛。成王在洛或久，戊辰祭告爾。告文武之册。王賓殺禋咸格，王入太室，祼。王命周公後，作册逸誥，命周公之册。在十有二月。惟周公誕保文武受命，惟七年。

【校記】

〔一〕「往」，婺本作「朋」。

〔二〕「所以彰」，婺本作「厥攸灼」。

〔三〕「請」，婺本作「辭」。

多士

成周既成，遷殷頑民。周公以王命誥，作《多士》。遷殷在踐奄之後，命誥在作洛之初。序誤。○此篇即〔一〕《召誥》叙所謂「三月甲子周公乃朝，用書命庶殷」者也。上原天命，推夏、商取亡之故，商、周受命之由，前後相證，釋其頑，示其意，平其怨懼，折其驕覬，辨其敬肆，期其居洛安久之計。厥既命殷庶，庶殷丕作矣。

惟三月，周公初于新邑洛，用告商王士。王若曰：「爾殷遺多士，弗弔旻天，大降喪于殷。我有周佑命，將天明威，致王罰，敕殷命終于帝。肆爾多士，非我小國敢弋殷命。惟天不畀，允罔固亂，弼我，我其敢求位？天亡殷命，周以革殷。殷取亡之故。惟帝不畀，惟我下民秉爲，惟天明畏。以形體謂之天，以主宰謂之帝，一意而互文爾。非我敢取殷，天之不畀殷者，以其允罔固亂也。非我敢求位，帝之不畀殷者，人心之所欲爲，則天明威以罰之也。我聞曰：『上帝引逸。』有夏不適逸，則惟帝降格，嚮于時夏。夏取亡之故。弗克庸帝，大淫泆有辭。惟時天罔念聞，厥惟廢元命，降致罰。乃命爾先祖成湯革夏，天亡夏，命商以革夏。俊民甸四方。自成湯至于帝乙，罔不明德恤祀。商之所以盛，明德。亦惟天丕建，保乂有殷。殷王亦罔敢失帝，罔不配天其澤。在今後嗣王，誕罔顯于天，矧曰其有聽念于先王勤家？誕淫厥泆，罔顧于天顯、民祇。惟時上帝不保，降若茲大喪，惟天不畀不明厥德。受之所以亡，不明厥德。凡四方小大邦喪，罔非有辭于罰。」天之亡人國，未有無其故者。

王若曰：「爾殷多士，今惟我周王丕靈承帝事，有命曰『割殷』，告敕于帝。周承天以割殷。惟我事不貳適，惟爾王家我適。予其曰：『惟爾洪無度，我不爾動，自乃邑。』殷民爲亂。「予其曰」猶云予豈意謂。予亦念天即于殷大戾，肆不正。」天厭殷。王曰：「猷！告爾多士。予惟時其遷居西爾，非我一人奉德不康寧，時惟天命。遷殷民，亦天意。無違。朕不敢有後，無我怨。解其怨懼。惟爾知，惟殷先人有册有典，殷革夏命，今爾又曰：『夏迪簡在王庭，有服在百僚。』予一人惟聽用德，肆予敢求爾于天邑商，折其覬望。予惟率肆矜爾，非予罪，時惟天命。」

王曰：「多士！昔朕來自奄，予大降爾四國民命。此節《多方》篇所謂「王來自奄，我惟大降爾四國民命」者。《多方》宜在前。我乃明致天罰，移爾遐逖，比事臣我宗，多遜。」不殺而遷之。

王曰：「告爾殷多士，今予惟不爾殺，予惟時命有申。不殺而教之。今朕作大邑于茲洛，予惟四方罔攸賓。亦惟爾多士攸服奔走，臣我多遜。此命以作洛之役，固惟四方賓貢之都，亦惟殷民服習之地。○鎬京遠在西偏，四方道里不均，無所於賓貢，所以作大邑于茲洛，亦惟爾多士其服奔走之役焉，其習禮遜之風焉。○昔攻位先用庶殷，今併爲其下都悠久之規。上文「臣我宗」，猶臣我所置官長也。今「臣我多遜」，則都邑之民即臣王室。爾乃尚有爾土，爾乃尚寧幹止。爾克敬，天惟畀矜爾；爾不克敬，爾不啻不有爾土，予亦致天之罰于爾躬。今爾惟時宅爾邑，繼爾居，爾厥有幹有年于茲洛。爾小子乃興，從爾遷。」

王曰。「王曰」之下必有闕文。又曰：「時予乃或言爾攸居。」

【校記】

〔一〕「即」，原作「節」，據宋本、婺本改。

無逸 古文「亡佾」

周公作《無逸》。胡氏《大紀》謂《無逸》爲周公絶筆。考於《君奭》《立政》《洛誥》諸篇，於成王皆有沖孺之稱，此篇不然，故知其最後也。〇人主者，小民之主，而所處則安逸之地，易縱於逸。無逸者，謂其不縱於酒色、湛樂與遊觀、田獵之娯也。君子所以無逸者，必其先知稼穡之艱難，故處安逸之地則知小人之依，所以能體恤小民，不自縱逸，故能致小人之無怨，亦足以介吾身之壽康。人主而不先知稼穡之艱難，則處安逸之地，不知小人之依，但知縱一身之欲。夫不知小人之依則下致民怨，但知縱一身之欲則享年不永。此一篇大意也。

周公曰：「嗚呼！君子所其無逸。先知稼穡之艱難，乃逸，則知小人之依。相小人，厥父母勤勞稼穡，厥子乃不知稼穡之艱難，乃逸，乃諺，既誕。否則侮厥父母，曰昔之人無聞知。」

周公曰：「嗚呼！我聞曰：昔在殷王中宗，嚴恭寅畏，天命自度，治民祗懼，不敢荒寧。中宗之無逸。中宗惟能敬，故於小人稼穡之艱難不待見而知之。肆中宗之享國七十有五年。其在高宗，時舊勞于外，爰暨小人。作其即位，乃或亮陰，三年不言。其惟不言，言乃雍。不敢荒寧，嘉靖殷邦。高宗之無逸。先知稼穡之艱難。至于小大，無時或怨。無小人之怨。肆高宗之享國五十有九年。其在祖甲，不義惟王，舊爲小人。祖甲之無逸。先知稼穡之艱難。作其即位，爰知小人之依，能保惠于庶民，不敢侮鰥寡。知小人之依。肆祖甲之享國三十有三年。自時厥後立王，生則逸。生則逸，不知稼穡之艱難，不聞小人之勞，惟耽樂之從。自時厥後，亦罔或克壽，或十年，或七八年，或五六年，或四三年。」商後王之逸。惟不知稼穡之艱難，故不能無逸；惟不能無逸，故「罔或克壽」。○三君以無逸而壽，後王以耽樂而夭。蓋酒色淫泆之娛，田獵馳騁之樂，皆傷生之具也。或疑其間世主亦有耽樂而不夭者，曰耽樂而不夭者，此稟受之偶[一]厖者爾。然而釀成禍亂，其害更甚於不壽者矣。○「耽」，古文作「湛」。

周公曰：「嗚呼！厥亦惟我周太王、王季，克自抑畏。周先王之無逸。文王卑服，即康功田功。徽柔懿恭，懷保小民，惠鮮鰥寡。自朝至于日中、昃，不遑暇食，用咸和萬民。文王不敢盤于遊田，以庶邦惟正之供。文王受命惟中身，厥享國五十年。」文王之無逸。「即康功、田功」，則不待知稼穡之艱難，懷保小民，則不但知小人之依。蓋三宗守成之賢主，文王創業之聖君，所以不同。周公曰：「嗚呼！繼自今嗣王，則其無淫于觀、于逸、于遊、于田，以萬民惟正之供。無皇曰『今日耽樂』。乃非民攸訓，非天攸若，時人丕則有愆。無若殷王受之迷亂，酗于酒德哉！」嗣王之無逸。今日耽樂即是病源，此隙一開，終致迷溺。

周公曰：「嗚呼！我聞曰：古之人猶胥訓告，胥保惠，胥教誨，民無或胥譸張爲幻。此厥不聽，人乃訓之，乃變亂先王之正刑，至于小大。小人怨咨之由。民否則厥心違怨，否則厥口詛祝。」周公曰：「嗚呼！自殷王中宗，及高宗，及祖甲，及我周文王，兹四人迪哲。厥或告之，曰小人怨汝詈汝，小人之怨。則皇自敬德。厥愆，曰朕之愆。允若時，不啻不敢含怒。自責之得。此厥不聽，人乃或譸張爲幻。曰小人怨汝詈汝，則信之。則若時，不永念厥辟，不寬綽厥心，亂罰無罪，殺無辜。怨有同，是叢于厥身。」責人之失。

周公曰：「嗚呼！嗣王若監于兹。」此篇七發端皆曰「嗚呼」，警戒之意益切，真周公垂殁丁寧之書也。○一「嗚呼」言人主必先知稼穡之艱難，故處安逸之地，知小人之依而無逸。然稼穡艱難，雖小人子弟猶有不知者，何況人主？此所當戒也。二「嗚呼」援商君先知小人稼穡之艱難，故其治民無逸，亦保壽考；商後王不知稼穡艱難，故耽樂之從，亦罔或壽。三「嗚呼」叙我周無逸之家法，文王尤憂勤。四「嗚呼」勉成王繼無逸之政，防逸樂之流。五「嗚呼」戒所以致小人之怨。六「嗚呼」言小人之怨，責己者所以弭怨，責人者祇以重怨。七「嗚呼」丁寧以終之。

【校記】

〔一〕「偶」，婺本作作「偊」。

君奭

召公爲保，周公爲師，相成王，爲左右。召公不説，周公作《君奭》。此篇《皇王大紀》繫于成王元年，蓋成王幼冲，周公與召公共秉政而召公辭，周公勉而留之。

周公若曰：「君奭，弗弔天降喪于殷，殷既墜厥命，我有周既受。我不敢知曰，厥基永孚于休？若天棐忱！我亦不敢知曰，其終出于不祥？嗚呼！君已曰時我，我亦不敢寧于上帝命，弗永遠念天威，越我民罔尤違，惟人。在我後嗣子孫，大弗克恭上下，遏佚前人光，在家不知。天命不易，天難諶。乃其墜命，弗克經歷嗣前人恭明德。在今予小子旦，非克有正，迪惟前人光，施于我冲子。」又曰：「天不可信，我道惟寧王德延，天不庸釋于文王受命。」首章謂不幸天喪殷，殷既自墜厥命，我周既受矣。我不知周之基業，永孚于休乎？若天匪可信，我亦不知其終於不祥乎？君因已嘗曰是其責在我耳，故我亦不敢安於天命，而不長念墜命之可畏。於我民無違之日，與人在後嗣者，弗克敬天民，墜失前人光烈，而云我已退老於家，不與知也。天命固不易，受已受天命，固亦難信。然所以墜命者，則以不能經久繼續前人恭明之德爾。故今予小子旦雖不能別有所正，惟欲開蹈前人恭明之德，施于冲子之身，此乃保天之本也。

公曰：「君奭！我聞在昔成湯既受命，時則有若伊尹，格于皇天。在太甲，時則有若保衡。在太戊，時則有若伊陟、臣扈，格于上帝。巫咸乂王家。在祖乙，時則有若巫賢。在武丁，時則有若甘盤。商六臣皆相初政者。率惟兹有陳，「惟兹」，指六臣，下同。保乂有殷，故殷禮陟配天，多歷年所。天惟純佑命，則商實，百姓、王人罔不秉德明恤。內百姓。故家遺族。王人，朝臣，小臣其屬。小臣屏侯甸，外屏侯甸。矧咸奔走。惟茲惟德稱，用乂厥辟。故一人有事于四方，若卜筮，罔不是孚。」此章承上章引商爲證。○伊尹佐湯創王業，而太甲初年政出伊尹。若伊陟、臣扈、巫咸、巫賢、甘盤皆商世德舊臣，相嗣王初政，周公歷數諸賢，特以發明嗣守之初，必有世德受托之臣，以釋召公之疑而留之。至于武丁之相，不言傅説而舉甘盤，蓋甘盤初年之師保，傅説後進之賢相，此篇當成王初年，勉留召公，故但歷舉世德受托之臣，是以及甘盤而遺傅説爾。説者不考其時，故不得其所言之意。

公曰：「君奭！天壽平格，保乂有殷。有殷嗣，天滅威。今汝永念，則有固命，厥亂明我新造邦。」此章承上章以商六臣保天命爲法。

公曰：「君奭！在昔上帝，割申勸寧王之德，其集大命于厥躬。惟文王尚克修和我有夏，亦惟有若虢叔，有若閎夭，有若散宜生，有若泰顛，有若南宮括。」又曰：「無能往來茲，迪彝教，文王蔑德降于國人。亦惟純佑秉德，迪知天威，乃惟時昭文王，迪見冒聞于上帝。惟時受有殷命哉。武王惟茲四人尚迪有禄。後暨武王誕將天威，咸劉厥敵。惟茲四人昭武王惟冒，丕單稱德。或謂太公歷相文武，世德之臣莫重焉。此言四人而不及太公，何也？蓋太公其時尚在也，聖賢之意，録死勉生，相期於無窮，其不生頌太公之功，意蓋如此。○「割申勸」，傳記引此作「厥亂勸」，又作「周由觀」[一]。案「周」字似「害」，「割」從害而多刀，聲亦近似，當作「害」，音曷，何也。言上帝何爲而申勸武王之德，集大命于其身哉？惟文王能修和諸夏，亦惟有虢叔等五臣助之，往來導達德化，又能純一佑助，秉持其德，實知天命之可畏。乃惟時昭明文王，迪導其德，見冒于民，升聞于天，惟時受有殷命。至武王時虢叔死矣，而四人者尚在禄位。後及武王共伐商受，又昭武王之德冒於天下而天下頌之，此上帝所以申勸武王而集大命也。今在予小子旦，若游大川，予往暨汝奭其濟。小子同未在位，誕無我責。收罔勗不及，耇造德不降，我則鳴鳥不聞，矧曰其有能格？」此章承上章，因言文王四臣歷相武王以勉召公。

公曰：「嗚呼！君肆其監于茲。「茲」指上章商六臣、周五人。我受命無疆惟休，亦大惟艱，告君乃猷裕，我不以後人迷。」此節疑有缺誤。公曰：「前人敷乃心，乃悉命汝，作汝民極。曰：『汝明勗偶王，在亶。乘茲大命，惟文王德，丕承無疆之恤。』」此章述武王顧托之命。

公曰：「君，告汝朕允。保奭，其汝克敬，以予監于殷喪大否，肆念我天威。予不允惟若茲誥。「朕允」、「予不允」二字相應，謂我所信者保奭，必能敬德，與予監殷之墜命，念周之天威爾。予固不信，至於如此費辭。予惟曰：『襄我二人，汝有合哉？』言曰：『在時二人。天休滋至，惟時二人弗戡。』其汝克敬德，明我俊民，在讓後人于丕時。嗚呼！篤棐時二人，我式克至于今日休。我咸成文王功于不怠，丕冒，海隅出日，罔不率俾。」此節釋召公所以欲去[二]之意，「予惟曰」輔成王業者，我二人耳，汝亦固嘗同此意。曰「在是二人」矣，而顧謂「天休滋至，惟我二人」，懼弗克戡。蓋人臣秉政，忌盈滿也。然此則在於益敬其德，明揚賢俊，以擬其後他日推遜後人于丕盛之時可耳。嗚呼！篤前人成烈者，匪我二人乎？我等幸已致今日之休，我等當共成文王之功，不自止息，大冒覆于海隅出日之地，咸順使令可也。觀此詞意，周公固已以東方爲慮矣。

公曰：「君，予不惠若茲多誥，予惟用閔于天越民。」

公曰：「嗚呼！君，惟乃知民德，亦罔不能厥初，惟其終。祗若茲，往敬用治。」勉召公終事就職之言。

【校記】

〔一〕「由觀」，「由」，宋本作「申」；「觀」，婺本作「勸」。

〔二〕「去」，原作「云」，據宋本、婺本改。

蔡仲之命

蔡叔既没，王命蔡仲踐諸侯位，作《蔡仲之命》。蔡仲之封，《皇王大紀》在成王八年。

惟周公位冢宰，正百工。「周公位冢宰，正百工」，即古者百官總己以聽冢宰之禮也。若《明堂位》、《荀子》、《漢志》所言，可謂誣矣。群叔流言。乃致辟管叔于商；囚蔡叔于郭鄰，以車七乘；降霍叔于庶人，三年不齒。蔡仲克庸祗德，周公以爲卿士。蔡仲之改行，周公之所深幸也。叔卒，乃命諸王邦之蔡。

王若曰：「小子胡，惟爾率德改行，克慎厥猷，肆予命爾侯于東土。往即乃封，敬哉！爾尚蓋前人之愆，惟忠惟孝。爾乃邁迹自身，克勤無怠，以垂憲乃後。率乃祖文王之彝訓，無若爾考之違王命。勉人子以改父之惡，一言足矣。而曰「改行」，曰蓋愆，曰「毋若爾考之違王命」，幸之深故憂之切，憂之切故言之詳。周家閔管、蔡之失道，不容再有親親之變也。○此下又推廣告戒之，天人之向背靡常，善惡之事幾亦衆。凡不善之爲皆足以爲亂，非但不爲蔡叔之所爲，亦非但如今日之所爲而止也。「中」者，無過不及，「舊章」、「厥度」皆是物也。「作聰明」者，以己見亂之。「以側言」者，用人言改之。此必因蔡仲之失而戒之爾。皇天無親，惟德是輔。民心無常，惟惠之懷。爲善不同，同歸于治；爲惡不同，同歸于亂。爾其戒哉！慎厥初，惟厥終，終以不困。不惟厥終，終以困窮。懋乃攸績，睦乃四鄰，以蕃王室，以和兄弟，康濟小民。率自中，無作聰明亂舊章。詳乃視聽，罔以側言改厥度，則予一人汝嘉。」

王曰：「嗚呼！小子胡，汝往哉！無荒棄朕命。」此篇爲蔡仲而作，故叙止言流言事而不及啓商事，他書可以互見。違王命者，流言之後。成王既知周公之德，必有戒諭之命，而管、蔡卒挾武庚以叛也。又此云群叔流言，則三叔罪均，傳稱管、蔡啓商，則管、蔡罪重。《金縢》稱管叔及其群弟，《孟子》稱管叔以殷叛，則管叔罪又[一]重。此致辟、囚降所以不同。然《逸周書》稱管叔縊，致辟者，書其罪以戮其尸也。親親之恩，本所不忍，因其死而致辟焉，正王法也；因其生而囚降之，全私恩也。

成王東伐淮夷，遂踐奄，作《成王政》。成王既踐奄，將遷其君於蒲姑，周公告召公，作《將蒲姑》。

【校記】

〔一〕「又」，婺本作「尤」。

多方

成王歸自奄，在宗周誥庶邦，作《多方》。《多方》叙云「王來自奄」，《書》云「我惟大降爾四國民命」，而《多士》之書曰「昔朕來自奄，我惟大降爾四國民命」。則《多方》在《多士》諸篇之前也，故《皇王大紀》繫《多方》於前，《多士》於後。又疑其間章有差互，以其俱有「洛邑」之云也。履祥案：周公初年秉政，既而群叔流言。周公居東二年，成王悟而迎公以歸，歸而三叔竟挾武庚以叛。於是東征，三年踐奄，則東征之最後也。踐奄而歸，降四國殷民之命，遷之洛邑。歸于宗周，作《多方》之誥。於是制禮作樂，明年遂營洛邑爲東都，作《多士》篇，定殷民焉。是則《多方》作於東征之歸，《多士》作於宅洛之始。計古者事時，前後必已具於繫年之史，而書則每年自爲首尾，未必諸篇相爲次第也。《周書》大率如此，然或諸篇本有次第而孔、伏亂之歟？○「方」，古作「凹」。

惟五月丁亥，王來自奄，至于宗周。周公曰：「王若曰：猷，告爾四國多方，惟爾殷侯尹民，「四國」者，三監、武庚國內臣民。「多方」者，若淮夷、徐戎、奄新服之國，變置之君，與凡東諸侯嘗顧望兩端，或嘗動於亂者。「殷侯」，武庚也。我惟大降爾命，爾罔不知。洪惟圖天之命，弗永寅念于祀。首言武庚之亂。圖天之命。惟帝降格于夏，有夏誕厥逸，不肯慼言于民，乃大淫昏，不克終日勸于帝之迪，乃爾攸聞。厥圖帝之命，不克開于民之麗，乃大降罰，崇亂有夏。因甲于內亂。以桀證受。不克靈承于旅。罔丕惟進之恭，洪舒于民。亦惟有夏之民，叨懫日欽，劓割夏邑。天惟時求民主，乃大降顯休命于成湯，刑殄有夏。以湯證〔一〕。惟天不畀純，乃惟以爾多方之義民，不克永于多享。惟夏之恭多士，大不克明保享于民，乃胥惟虐于民，至于百爲，大不克開。此言夏桀之失民，而夏所崇用之多士亦不爲致罪，蓋引之以責殷之多士也。乃惟成湯，克以爾多方簡，代夏作民主。慎厥麗乃勸，厥民刑用勸。以至于帝乙，罔不明德慎罰，亦克用勸。要囚殄戮多罪，亦克用勸。開釋無辜，亦克用勸。今至于爾辟，弗克以爾多方享天之命。嗚呼！叙商之盛，嘆受之亡。商先王之於民，其鼓舞不倦如此。受繼世以有多方，不能以之享天命，忽然而亡，是可嘆也，故「嗚呼」以終之。舊以「嗚呼」冠下文者非。○《大誥》《多方》《多士》諸篇皆周公代王言也，而《多方》之首獨書「周公曰」「王若曰」，古書無費辭，發例而已。王若曰：誥告爾多方，非天庸釋有夏，非天庸釋有殷。乃惟爾辟以爾多方，大淫圖天之命，屑有辭。此章承上章對舉夏商之亡，武庚不知天命去留之故。乃惟有夏圖厥政，不集于享，天降時喪，有邦間之。夏有以取亡，故天降喪。乃惟爾商後王，逸厥逸，圖厥政，不蠲烝，天惟降時喪。殷有以取亡，故天降喪。惟聖罔念作狂，惟狂克念作聖。朱子、林謙之謂「聖狂」二句最分明，下文便不可曉。天惟五年須暇之子孫，誕作民主，罔可念聽。五年必有所指，然亦天道一變之節。聖人與天爲一，必前此欲伐商而又遲之以待其能變，或更立令主而終不可念聽。天惟求爾多方，大動以威，開厥顧天。惟爾多方，罔堪顧之。惟我周王靈承于旅，克堪用德，惟典神天。天惟式教我用休，簡畀殷命，尹爾多方。商既不可念聽，多方又罔堪顧，惟我周足以承天，故天命尹爾多方。前日猶未定之天，今日乃已定之天，故下文責其非望之圖，此章獨責四國民從武庚以叛。今我曷敢多誥，我惟大降爾四國民命。爾曷不忱裕之于爾多方？爾曷不夾介乂我周王享天之命？今爾尚宅爾宅，畋爾田，爾曷不惠王熙天之命？爾乃迪屢不靜，爾心未愛。爾乃不大宅天命，爾乃屑播天命，爾乃自作不典，圖忱于正。我惟時其教告之，我惟時其戰要囚之，至于再，至于三。乃有不用我降爾命，我乃其大罰殛之。「教告之」謂東征之前文告之也。「戰要囚之」謂東征之時俘囚之，然不殺也。至再至三而爾不用命，故遷殛之。非我有周秉德不康寧，乃惟爾自速辜。」此即《多士》篇所謂「時其遷居西爾」，非我奉德不康寧者，所謂「昔朕來自奄」云云，「移爾遐逖」者也。

王曰：「嗚呼！猷，告爾有方多士暨殷多士，今爾奔走臣我監五祀，越惟有胥伯小大多正，爾罔不克臬。「王曰」以下，告遷洛之官士也。「有方多士」者，三國之遺臣。「殷多士」者，武庚之遺臣。「胥伯小大多正」，則周所置治教之職也。「臬」，的也。今爾多士臣我三監以叛，於今五年，至此則當以王官爲準的也。一云「五祀」連下句，謂五年所置胥伯多正以監四國民也，蓋踐奄遷洛事在成王五年。自作不和，爾惟和哉！爾室不睦，爾惟和哉！爾邑克明，爾惟克勤乃事。爾尚不忌于凶德，「忌」，古文作「奮」，即「朞」字，亦作「諆」，欺也。戒其反爲凶德之人所欺誘。亦則以穆穆在乃位，克閱于乃邑謀介。爾乃自時洛邑，尚永力畋爾田，天惟畀矜爾。我有周惟其大介賚爾，迪簡在王庭，尚爾事，有服在大僚。」

王曰：「嗚呼！多士，爾不克勸忱我命，爾亦則惟不克享。凡民惟曰不享，爾乃惟逸惟頗，大遠王命，則惟爾多方探天之威，我則致天之罰，離逖爾土。」此章又告多方。章首「多士」當作「多方」，謂多方或復大遠王命，亦將遷之。蓋警之。

王曰：「我不惟多誥，我惟祇告爾命。」又曰：「時惟爾初，不克敬于和，則無我怨。」

【校記】

〔一〕「證」下，婺本有「周」字。

立政

周公作《立政》。《立政》一篇，前儒以其誤次諸篇之後，謂是周公絶筆，非也，是亦初年之書也。其曰「孺子王」，則成王尚幼也。其叙官名與今《周官》官名不同時，猶舊制也。曰「詰爾戎兵」[一]，則其時東方未盡奠也，故《皇王大紀》繫之成王四年。

周公若曰：「拜手稽首，告嗣天子王矣。」用咸戒于王，曰：「王左右常伯、常任、準人、綴衣、虎賁。」周公曰：「嗚呼！休茲，知恤鮮哉！古之人迪惟有夏，乃有室大競，籲俊尊上帝，迪知忱恂于九德之行。乃敢告教厥后，曰：『拜手稽首，后矣。』曰：『宅乃事，宅乃牧，宅乃準，茲惟后矣。』謀面，用丕訓德，則乃宅人，茲乃三宅無義民。夏后用人之法。九德本皋陶所陳知人之目，有夏君臣世守以爲取人之法。三宅亦夏諸大臣之總名，商、周亦世守之。職名雖各不同，而掌事、掌民、掌法，事任則猶故也。故篇中歷述三代任大臣，皆以三宅言之。桀德惟乃弗作往任，是惟暴德罔後。桀用人之失。亦越成湯陟，丕釐上帝之耿命。乃用三有宅，克即宅；曰三有俊，克即俊。嚴惟丕式，克用三宅三俊。其在商邑，用協于厥邑；其在四方，用丕式見德。商用人之法。○天之明命，示此意而已。而湯則丕以推其大規，釐以理其條目，「嚴惟丕式」，則「丕釐」之用嚴密也。「丕式」，大法也。言湯之治天下，既事制曲防以定天下之大法，而又能用三宅三俊以行之。故近者用協，而四方雖遠，亦莫不於「丕式」之中見生人之德意焉。嗚呼！其在受德暋，惟羞刑暴德之人，同于厥邦。乃惟庶習逸德之人，同于厥政。受用人之失。帝欽罰之，乃伻我有夏，式商受命，奄甸萬姓。亦越文王、武王克知三有宅心，灼見三有俊心，以敬事上帝，立民長伯。立政：任人、準夫、牧，作三事；虎賁、綴衣、趣馬、小尹、左右攜僕、百司、庶府；大都、小伯、藝人、表臣百司、太史、尹伯，庶常吉士；司徒、司馬、司空、亞、旅；夷、微、盧烝；三亳阪尹。文武用人之法。文王惟克厥宅心，乃克立茲常事司牧人，以克俊有德。文王用人之本。文王罔攸兼于庶言、庶獄、庶慎，惟有司之牧夫是訓用違。用人之體。庶獄、庶慎，文王罔敢知于茲。「庶言」，號令也。「庶獄」，刑獄也。「庶慎」，法禁也。謂之「庶」，固非其大者。若大號令、大刑獄、大法禁則非有司所敢專，亦非文王所敢諉。至其庶常細事，則惟有司惟牧夫是從是否，文王不以身兼之，或於庶言猶有所與。蓋號令雖小，教化所關。若庶獄、庶慎，文王則罔敢知于茲矣。〇此章連舉文武時事，其官未必皆文王之官，其人則皆文王所儲之人。亦越武王率惟敉功，不敢替厥義德，率惟謀，從容德，以并受此丕丕基。武王。文王用人之法得人之多，武王率而行之爾。嗚呼！孺子王矣！此章以下勉成王。繼自今，我其立政、立事、準人、牧夫，我其克灼知厥若，丕乃俾亂。用人之法。相我受民，和我庶獄、庶慎，時則勿有間之。自一話一言，我則末惟成德之彥，以乂我受民。用人之體。庶獄、庶慎、庶言，「一話一言」是。嗚呼！予旦已受人之徽言，咸告孺子王矣。繼自今，文子文孫，其勿誤于庶獄、庶慎，惟正是乂之。誤者以身兼之，事煩力寡，易於致誤。自古商人，亦越我周文王立政、立事、牧夫、準人，則克宅之，克由繹之，茲乃俾乂。總上文用人之法。國則罔有立政，用憸人，不訓于德，是罔顯在厥世。繼自今立政，其勿以憸人，其惟吉士，用吉士。用勸相我國家。戒憸人。今文子文孫，孺子王矣，其勿誤于庶獄，「庶獄」，承上文再三丁寧，尤重於獄。惟有司之牧夫。其克詰爾戎兵，以陟禹之迹，方行天下，至于海表，罔有不服。古人詰兵蓋有國之常政，軍賦〔二〕藏於井甸，陳法講於蒐狩，射御習於鄉學，巡邊四征寓於巡守會同，但恐守文之主或自廢弛爾。況其時淮、奄未盡平，故周公言及之。○聖人疆理天下，華夷異宜，各有界限，故禹迹之舊，中國世守之。一有玷缺，則中國之禍終有不可度者，後世石晉事可見。以覲文王之耿光，以揚武王之大烈。守中國，推言立政之大。嗚呼！繼自今後王立政，其惟克用常人。」周公若曰：「太史，司寇蘇公，式敬爾由獄，以長我王國。茲式有慎，以列用中罰。」周公因言謹獄有司之事，又於王前即蘇公謹獄之事，命太史書之，以爲思獄之法。

【校記】

〔一〕「兵」，原作「者」，據宋本、婺本改。

〔二〕「賦」，原作「伍」，據婺本改。

周官

成王既黜殷命，滅淮夷，還歸在豐，作《周官》。叙。「征弗庭」謂東征黜殷、伐淮、踐奄也。歸宗周即《多方》所謂「王來自奄，至于宗周」也。「董正治官」，至是外患既平，制作禮樂，始定《周官》之制。此篇頒其大綱，其詳則《周禮》

續定焉。

惟周王撫萬邦，巡侯甸，四征弗庭，綏厥兆民。六服群辟，罔不承德。歸于宗周，董正治官。

王曰：誥「王曰」以下述置官立制之綱。「若昔大猷，制治于未亂，保邦于未危。」「制治」「保邦」二句，古語。所以「制治」「保邦」者，則在於建官定制，得人以爲之，故下文詳焉。曰：「唐虞稽古，建官惟百，內有百揆四岳，外有州牧侯伯。庶政惟和，萬國咸寧。夏、商官倍，亦克用乂。明王立政，不惟其官，惟其人。今予小子，祗勤于德，夙夜不逮。仰惟前代時若，訓迪厥官。立太師、太傅、太保，茲惟三公。三公。論道經邦，燮理陰陽。官不必備，惟其人。少師、少傅、少保，曰三孤。三孤，三公之貳，然非其屬，故曰「孤」。貳公弘化，寅亮天地，弼予一人。冢宰掌邦治，統百官，均四海。六卿。冢宰無所不統，以下各有所司。司徒掌邦教，敷五典，擾兆民。「司徒」：「徒」，衆也。擾愛而勞之，使馴習也。王者慮人徒之衆，逸居無教，則流爲不善。既敷五典以教之，至凡夫家徒役，頒事任民，保受教糾，征役考比，皆擾而習之，使馴熟也。宗伯掌邦禮，治神人，和上下。「宗伯」不言「司」，蓋所掌者禮。禮莫重於祭，祭莫切於宗廟，不敢言「司」，尊宗廟且崇禮也。「上下」者，尊卑貴賤之等，儀和則不僭不逼，各安其分，有序則和也。司馬掌邦政，統六師，平邦國。司寇掌邦禁，詰姦慝，刑暴亂。「司寇」，刑官也。不曰「刑」而曰「禁」，「禁」，止也。書法於木以示之，止人之爲惡也。王者制刑示民，以〔一〕禁於未然，至於用刑，則不得已也。司空掌邦土，居四民，時地利。「司空」，掌空土之官也。分畫空土，以待臣之受封，士之受禄，農之受田，工之受肆，賈之受廛也。凡土之未授者，司空主之。既授，則屬之司徒、司馬。六卿分職，各率其屬，以倡九牧，阜成兆民。周公既定六卿之制，至其屬所掌，則六卿詳定焉。六年，五服一朝。又六年，王乃時巡，考制度于四岳。諸侯各朝于方岳，大明黜陟。」

王曰：此「王曰」以下，訓教戒敕之詞[二]。前章，法也。此章，法外意也。無此意，雖有政不行焉。「嗚呼！凡我有官君子，欽乃攸司，慎乃出令。令出惟行，弗惟反。以公滅私，民其允懷。學古入官，議事以制，政乃不迷。謹政令，務學問。其爾典常作之師，無以利口亂厥官。蓄疑敗謀，怠忽荒政，不學牆面，莅事惟煩。戒爾卿士，功崇惟志，業廣惟勤，惟克果斷，乃罔後艱。勉事功。位不期驕，禄不期侈。守禄位。恭儉惟德，無載爾僞。作德，心逸日休；作僞，心勞日拙。居寵思危，罔不惟畏，弗畏入畏。推賢讓能，庶官乃和。舉賢才。不和，政厖。舉能其官，惟爾之能。稱匪其人，惟爾不任。」

王曰：「嗚呼！三事暨大夫，敬爾有官，亂爾有政，以佑乃辟，永康兆民，萬邦惟無斁。」總。

成王既伐東夷，肅慎來賀。王俾榮伯作《賄肅慎之命》。周公在豐，將没，欲葬成周。公薨，成王葬于畢，告周公，作《亳姑》。

【校記】

〔一〕「以」，宋本、婺本作「蓋」。

〔二〕「詞」，原作「訓」，據婺本改。

君陳古文「両敕」

周公既没，命君陳分正東郊成周，作《君陳》。

王若曰：「君陳，惟爾令德孝恭，惟孝友于兄弟，克施有政。命汝尹兹東郊，敬哉！以君陳之賢尹東郊。昔周公師保萬民，民懷其德。往慎乃司，兹率厥常，懋昭周公之訓，惟民其乂。循行周公之政教。周公以德師保萬民，民方思之。君陳但循其治，明其訓，不待别有作爲也。

師教　昭訓
德
保安　率常

我聞曰：『至治馨香，感于神明。黍稷非馨，明德惟馨。』明德至治。吕氏曰：此周公精微之訓。爾尚式時周公之猷訓，惟日孜孜，無敢逸豫。凡人未見聖，若不克見。既見聖，亦不克由聖。勉君陳以明德之事。爾其戒哉！爾惟風，下民惟草。圖厥政，莫或不艱。勉君陳以至治之事。有廢有興，出入自爾師虞，庶言同則繹。爾有嘉謀嘉猷，則入告爾后于内，爾乃順之于外，曰：『斯謀斯猷，惟我后之德。』因師虞之説，述君陳有善稱君之素行。嗚呼！臣人咸若時，惟良顯哉！」

王曰：「君陳，爾惟弘周公丕訓，無依勢作威，無倚法以削。寬而有制，從容以和。訓、法。

弘周公之訓以訓民，不可執周公之法以責民。蓋立法特以禁民，而用法又必有寬制，從容於法之外者。殷民在辟，予曰辟，爾惟勿辟；予曰宥，爾惟勿宥，惟厥中。有弗若于汝政，弗化于汝訓，辟以止辟，乃辟。狃于姦宄，敗常亂俗，三細不宥。上文述君陳有善稱君之行，此又勉之執法揆理，勿徇上意。○終上文辟宥之意，因不宥之云，又繼之以容忍。不徒在辟宥之用，又必有激勸之機。已上至治。爾無忿疾于頑，無求備于一夫。必有忍，其乃有濟；有容，德乃大。簡厥修，亦簡其或不修。進厥良，以率其或不良。惟民生厚，因物有遷。違上所命，從厥攸好。爾克敬典在德，時乃罔不變，允升于大猷。以明德之效終勉之。惟予一人膺受多福，其爾之休，終有辭於永世。」

顧命

成王將崩，命召公、畢公率諸侯相康王，作《顧命》。

惟四月哉生魄，王不懌。甲子，王乃洮頮水，相被冕服，憑玉几。乃同召太保奭、芮伯、彤伯、畢公、衛侯、毛公、師氏、虎臣、百尹、御事。

王曰：「嗚呼！疾大漸，惟幾，病日臻。既彌留，恐不獲誓言嗣，兹予審訓命汝。顧命。成王其時年四十有九，古人多壽，故前此未及言嗣立之事。昔君文王、武王宣重光，奠麗陳教則肄。肄不違，用克達殷，集大命。在後之侗，敬迓天威，嗣守文武大訓，無敢昏逾。今天降疾，殆，弗興弗悟。爾尚明時朕言，用敬保元子釗，弘濟于艱難。柔遠能邇，安勸小大庶邦。思夫人自亂于威儀，爾無以釗冒貢于非幾。」成王在位四十年，天下已太平。然先王終而嗣王立，乃一時艱難之運。前日成王幼冲，親罹其禍，此《顧命》所爲作也。茲既受命還，出綴衣于庭。越翼日乙丑，王崩。太保命仲桓、南宮毛，俾爰齊侯呂伋，以二干戈、虎賁百人，逆子釗于南門之外。延入翼室，恤宅宗。丁卯，命作册度。越七日癸酉，伯相命士須材。王崩。治喪大事，傳顧命亦大事，故崩之二日即命作册度。癸酉，殯之明日也。殯前以送死爲重，既殯以行顧爲重。狄設黼扆、綴衣。牖間南嚮，敷重篾席，黼純，華玉仍几。西序東嚮，敷重底席，綴純，文貝仍几。東序西嚮，敷重豐席，畫純，雕玉仍几。西夾南嚮，敷重筍席，玄紛純，漆仍几，傳顧命。「牖間」，成王平日朝群臣覲諸侯之位。「西序」，朝夕聽政之位。「東序」，平日養老享群臣之坐。「西夾」，燕親屬之坐。越玉五重。陳寶，赤刀、大訓、弘璧，琬、琰，在西序；大玉、夷玉、天球、《河圖》，在東序；胤之舞衣、大貝、鼖鼓，在西房；兑之戈、和之弓、垂之竹矢，在東房〔一〕。大輅在賓階面，綴輅在阼階面，先輅在左塾之前，次輅在右塾之前。二人雀弁執惠，立于畢門之内。四人綦弁，執戈上刃，夾兩階戺。一人冕執劉，「冕」，古文并作「絻」。立于東堂；一人冕執鉞，立于西堂；一人冕執戣，立于東垂；一人冕執瞿，立于西垂；一人冕執鋭，「鋭」，古文作「鈗」，音允。立于側階。王麻冕黼裳，由賓階隮。卿士、邦君麻冕蟻裳，入即位。太保、太史、太宗皆麻冕彤裳。太保承介圭，上宗奉同、瑁，由阼階隮。太史秉書，由賓階隮，御王册命，曰：「皇后憑玉几，道揚末命，命汝嗣訓，臨君周邦，率循大卞，「卞」，《説文》《字林》大小篆無「卞」字，即「弁」字也。

變和天下，用答揚文武之光訓。」此甲子顧命，別敕康王之語，史前後互見爾。惟有此命，故康王冕服見諸侯，行顧命也。王再拜，興，答曰：「眇眇予末小子，其能而亂四方，以敬忌天威。」乃受同、瑁，王三宿、三祭、三咤。上宗曰：「饗。」太保受同，降，盥以異同，秉璋以酢。授宗人同，拜，王答拜。太保受同，祭、嚌、宅。受顧命。「咤」古文作「詫」。「宅」，古文「宅」，當并作「咤」，嘆也。親歿而受顧命，固不敢死其親。禮，視祭而不哭，然嘆咤則不可遏也。授宗人同，拜，王答拜。太保降，收。諸侯出廟門俟。行顧命。蘇氏譏之以爲非禮。朱子曰：天子諸侯之禮，與士庶人不同，故《孟子》有「吾未之學」之語，蓋謂此類爾。易世傳授，國之大事，王侯以國爲家，雖先君之喪猶以爲己私服也。

路寢圖。用朱子釋宮參定。

門廣二丈四尺，取應門接羣臣、諸侯之義。

【校記】

〔一〕「東房」下，婺本有注云：「東夾不陳設，蓋暫爲元子釗恤宅宗之翼室。西夾南向，越玉五重，蓋新陟王西階上之殯宮。」

康王之誥

康王既尸天子，遂誥諸侯，作《康王之誥》。

王出，在應門之內，太保率西方諸侯入應門左，畢公率東方諸侯入應門右，皆布乘黃朱。賓稱奉圭兼幣，曰：「一二臣衛，敢執壤奠。」皆再拜稽首。王義嗣德，答拜。太保暨芮伯咸進，相揖。皆再拜稽首，曰：「敢敬告天子，皇天改大邦殷之命，惟周文、武誕受羑若，「羑」，古文作「𡕒」，《説文》即「誘」字也。「羑若」謂天之陰誘助順也。舊諸説皆不考。克恤西土。惟新陟王畢協賞罰，戡定厥功，用敷遺後人休。今王敬之哉！張皇六師，「六師」，謂天子六軍，猶云萬乘爾。「張皇六師」，即云振天子之職也。然武備亦承平易弛之事，諸公既言受命勘定之功，故於此又特言之。「張」，不弛其備。「皇」，不輕其事也。無壞我高祖寡命。」

王若曰：「庶邦侯、甸、男、衛，惟予一人釗報誥。昔君文武，丕平富，不務咎，底至齊信，用昭明于天下。誥。「底至」者，發已自盡，必欲至其極。「齊信」者，隨事所處，無不當其實。程子云：循物無違謂信。則亦有熊羆之士，不二心之臣，保乂王家，用端命于上帝。皇天用訓厥道，付畀四方。乃命建侯樹屏，在我後之人。今予一二伯父，尚胥暨顧，綏爾先公之臣服于先王。雖爾身在外，乃心罔不在王室，用奉恤厥若，無遺鞠子羞。」諸侯言文武及新陟王，而康王惟言文武，蓋未忍言成王之事。又諸侯皆文王勛舊，武王所封。此方求助，故惟舉文武封建之意以感之。

群公既皆聽命，相揖，趨出。王釋冕，反喪服。

畢命

康王命作册畢，分居里，成周郊。作《畢命》。商民自其染紂之化，於是有淫放之習。自其鼓武庚之亂，於是有思商之心。周公之時，化紂之習既深，思商之念又起。君陳之時，思商之念始釋，化紂之習未除。是以當周公之時，反覆特甚，故遷之、教之。當君陳之時，不善尚多，猶每兼容之。至畢公之時，世變風移，老死少長，不善者浸少矣。然而猶有不善者在，正當分別之。分別之則善者衆，不善者孤，乃所以使之同歸於善也。君陳，於周公子弟也。畢公，於周公伯仲也。非君陳之孝恭謹良，則不能恪遵循襲以行周公之政；非畢公之重德元老，則不能調齊因革以終化成之功。前後之時不同，因[一]革之政亦異，而云「叶心同厎于道」者，蓋此心所處各止於所當然之則也。

惟十有二年，六月庚午，朏。越三日壬申，王朝步自宗周，至于豐。以成周之衆，命畢公保釐東郊。保釐東郊，安全之，梳理之。王若曰：「嗚呼！父師，惟文王、武王敷大德于天下，用克受殷命。惟周公左右先王，綏定厥家，毖殷頑民，遷于洛邑，密邇王室，式化厥訓。既歷三紀，世變風移，四方無虞，予一人以寧。推本遷殷之意。道有升降，政由俗革，不臧厥臧，民罔攸勸。惟公懋德，克勤小物，弼亮四世，正色率下，罔不祗師言。治道旌別之宜。畢公賢德，必能體道之用。嘉績多于先王，予小子垂拱仰成。」

王曰：「嗚呼！父師，今予祗命公以周公之事，往哉！旌別淑慝，表厥宅里。釐。彰善癉惡，樹之風聲。弗率訓典，殊厥井疆，俾克畏慕。申畫郊圻，慎固封守，以康四海。保。非徒殊別，必有教化之道。下詳陳其事。政貴有恒，辭尚體要，不惟好異。商俗靡靡，利口惟賢，餘風未殄，利口，化之以政令之簡静。公其念哉！我聞曰：世祿之家，鮮克由禮。以蕩陵德，實悖天道。敝化奢麗，萬世同流。茲殷庶士，席寵惟舊，怙侈滅義，服美于人。驕淫矜侉，將由惡終。驕奢，化之以德乂知成法。雖收放心，閑之惟艱。資富能訓，惟以永年。惟德惟義，時乃大訓。不由古訓，于何其訓？」

王曰：「嗚呼！父師。邦之安危，惟茲殷士，不剛不柔，厥德允修。人心，畿甸之根本。惟周公克慎厥始，惟君陳克和厥中，惟公克成厥終。三后協心，同厎于道。道洽政治，澤潤生民。四夷左衽，罔不咸賴。畿甸，華夷之根本。上文「康四海」同。予小子永膺多福。公其惟時成周建無窮之基，亦有無窮之聞。推保釐之效。子孫訓其成式，惟乂。嗚呼！罔曰弗克，惟既厥心；罔曰民寡，惟慎厥事。終警戒之辭。欽若先王成烈，以休于前政。」畢公重德，固不待戒。然古者君臣相與警戒，未嘗以盛德廢。推畢公克勤小物之心，則或以商民之難化爲憂；推畢公多嘉之績，則或以商民之寡少而忽，故兩戒之。「休于前政」，成終也。周公、君陳道固已盡，而商民未盡化，是尚有餘憾也，成終則無餘憾矣。此之謂「休于前政」。

【校記】

〔一〕「因」，原作「由」，據宋本、婺本改。

君牙 古文「冏雅」

穆王命君牙爲周大司徒，作《君牙》。穆王初年方新之書。

王若曰：「嗚呼！君牙，惟乃祖乃父世篤忠貞，服勞王家，厥有成績，紀于太常。原君牙世德之舊。惟予小子嗣守文、武、成、康遺緒，亦惟先王之臣克左右亂四方。敘嗣守求助之心。心之憂危，若蹈虎尾，涉于春冰。今命爾予翼，作股肱心膂。纘乃舊服，無忝祖考。命君牙爲助，以繼其世德。弘敷五典，式和民則。爾身克正，罔敢弗正。民心罔中，惟爾之中。司徒之職：教，養。司徒掌教而土地人民之數，辨其土宜以相民宅，知其利害以阜人民，凡蕃育養民之利皆掌之。「艱」者，寒飢之衆也；「昜」者，衣食之圖也。夏暑雨，小民惟曰怨咨；冬祁寒，小民亦惟曰怨咨。厥惟艱哉！思其艱以圖其昜，民乃寧。嗚呼！丕顯哉文王謨！丕承哉武王烈！啓佑我後人，咸以正罔缺。爾惟敬明乃訓，用奉若于先王，對揚文、武之光命，追配于前人。」文武之道。能使嗣守文武之道，則可追配祖父之功。

王若曰：「君牙，乃惟由先正舊典時式，民之治亂在兹。率乃祖考之攸行，昭乃辟之有乂。」總。

冏命

穆王命伯冏爲周大僕正，作《冏命》。 「冏命」蓋穆王悔過之書也。穆王立於昭王不返之後，初年憂危，資助勛奮，中間境順心易，史傳稱其得造父八駿之御，欲肆其心，周行天下，外有徐方之警而亟反，内有《祈招》之詩而克終。今讀其書曰「無良」，曰「繩愆糾繆」，曰「格其非心」，皆欲改其過之言也。特命太御申戒明切，若「巧佞」，若「側媚」，若迪上非典，玩其辭氣，殆出於懲創之深，第未知其自治之勇何如耳。

王若曰：「伯冏，惟予弗克于德，嗣先人宅丕后，怵惕惟厲，中夜以興，思免厥愆。昔在文、武，聰明齊聖。小大之臣，咸懷忠良。其侍御僕從，罔匪正人。以旦夕承弼厥辟，出入起居，罔有不欽；發號施令，罔有不臧。下民祗若，萬邦咸休。 推原文武之聖，亦有臣僕之助。 惟予一人無良，實賴左右前後有位之士，匡其不及，繩愆糾繆，格其非心，俾克紹先烈。 求助寡過，以紹文武。 今予命汝作大正，正于群僕侍御之臣， 命伯冏爲太御。 懋乃后德，交修不逮。 修主德。 慎簡乃僚，無以巧言令色，便辟側媚，其惟吉士。僕臣正，厥后克正；僕臣諛，厥后自聖。后德惟臣，不德惟臣。 擇僕臣。僕臣之正、佞，乃主德之成、虧。 爾無昵于憸人，充耳目之官，迪上以非先王之典。 防僕臣以淫巧蕩上心。 非人其吉，惟貨其吉。 戒僕正以賄賂進僕臣。 若時瘝厥官，惟爾大弗克祗厥辟，惟予汝辜。」

王曰：「嗚呼！欽哉！永弼乃后于彝憲。」總。

呂刑

呂命穆王，訓夏贖刑，作《呂刑》。《呂刑》，穆王晚年之書也。自昭王南征不復，周綱陵夷，穆王在位日久，中更荒廢，雖能自克，然風俗日下，情僞日滋。晚年命呂侯爲大司寇，重修刑法，史謂甫侯言於王而修之也，故曰《呂刑》。作爲誥命，頒之天下焉。大抵增墨、劓之條以盡天下之惡，減宮刑、大辟之條以逭犯死之衆。刑繁而輕，蓋衰世之意也。然穆王老於世故，備知獄事曲折之詳，其哀矜惻怛之心，謹審慈祥之念，尚可法也。○經傳引此篇多作《甫刑》，蓋呂國一名甫，猶邾之爲鄒也。

惟呂命，王享國百年，耄荒，度作刑以詰四方。王曰：「若古有訓，蚩尤惟始作亂，延及于平民，罔不寇賊，鴟義，姦宄，奪攘，矯虔。苗民弗用靈，制以刑，惟作五虐之刑曰法，殺戮無辜。爰始淫爲劓、刵、椓、黥，越茲麗刑并制，罔差有辭。民興胥漸，泯泯棼棼，罔中于信，以覆詛盟。虐威庶戮，方告無辜于上。原制刑之始。自蚩尤爲亂而後民有「鴟義」、「姦宄」、「寇攘」之習，聖人始制刑以矯正虔劉之。及苗民以刑爲虐，罔差有辭，而民無所訴，於是又有詛祝、諂瀆、禱禳之習。上帝監民，罔有馨香德，刑發聞惟腥。皇帝哀矜庶戮之不辜，報虐以威，遏絶苗民，無世在下。聖人絶有苗之虐民。乃命重、黎，絶地天通，罔有降格。禁民俗之瀆神。群后之逮在下，明明棐常，鰥寡無蓋。皇帝清問下民，鰥寡有辭于苗。德威惟畏，德明惟明。當時有苗貪暴之習與其民妖誕之風，浸已亂華，民多患之。聖人以德爲刑，使知所畏。以德明民，使無不明命。三后士皆「德明」「德威」之事。乃命三后，恤功于民。伯夷降典，折民惟刑。黄帝因蚩尤之亂而制刑，帝堯因苗民之亂而制刑。禹平水土，主名山川。稷降播種，農殖嘉穀。三后成功，惟殷于民。士制百姓于刑之中，以教祗德。穆穆在上，明明在下，灼于四方，罔不惟德之勤。德明惟明，德威惟畏。故乃明于刑之中，率乂于民棐彝。典獄非訖于威，惟訖于富。敬忌，罔有擇言在身。二「棐」字，「匪」也。「威」、「畏」，古文并作「畏」，折挽而反之也。「主」如「東蒙主」之「主」。凡名山川，各使邦國主其祀，[一]俾民不瀆。〇「惟訖」之「惟」，與也。謂唐虞之典獄者，非但絶於威勢之請托與絶于貨賄之賄遺而已[二]，真能以敬自將[三]，以理自畏，身無擇言，上體天德，所以享祀無窮。蓋民之司命，死則祀于理官，子孫享國，宗祀不絶。惟克天德，自作元命，配享在下。」王曰：「嗟！四方司政典獄，非爾惟作天牧？今爾何監？非時伯夷播刑之迪？其今爾何懲？惟時苗民匪察于獄之麗。罔擇吉人，觀于五刑之中。惟時庶威奪貨，斷制五刑，以亂無辜。上帝不蠲，降咎于苗。其「今爾何」引下文，所當監者，唐虞典刑之道；所當懲者，苗民濫刑之禍。言伯夷[四]而不言士，古者憲章無二，出禮則入刑。苗民無辭于罰，乃絶厥世。」此章總上章之意，以勉典獄之官。

王曰：此下訓刑，告諸侯。「嗚呼！念之哉！伯父、伯兄、仲叔、季弟、幼子、童孫，皆聽朕言，庶有格命。今爾罔不由慰日勤，爾罔或戒不勤。心。首勉之以體天勤，改莫大於刑。天齊于民，俾我一日。非終惟終，在人。爾尚敬逆天命，以奉我一人。雖畏勿畏，雖休勿休。惟敬五刑，以成三德。一人有慶，兆民賴之，其寧惟永。」獄事情辭之煩，雖可畏而勿以爲畏。得情聽斷之暇，雖可休而勿以爲休，惟勤而已。正刑所以成剛德，疑赦所以成柔德，中正所以成正直之德。王曰：「吁！來。有邦有土，告爾祥刑。在今爾安百姓，何擇非人？何敬非刑？何度非及？「及」，連及也。當及而及，所以證獄；不當及而及，則延及無辜矣。兩造具備，師聽五辭。五辭簡孚，正于五刑。五刑不簡，正于五罰。五罰不服，正于五過。法。衆聽獄辭所當。五刑、五罰、五過，防其失出之私。五過之疵，惟官、惟反、惟内、惟貨、惟來。其罪惟均，其審克之。五刑之疑有赦，五罰之疑有赦，其審克之。簡孚有衆，惟貌有稽，無簡不聽，具嚴天威。墨辟疑赦，其罰百鍰，閲實其罪。劓辟疑赦，其罰惟倍，閲實其罪。剕辟疑赦，其罰倍差，閲實其罪。宫辟疑赦，其罰六百鍰，閲實其罪。大辟疑赦，其罰千鍰，閲實其罪。墨罰之屬千，劓罰之屬千，剕罰之屬五百，宫罰之屬三百，大辟之罰其屬二百。五刑之疑赦。五罰。五罰之疑赦。五過。五罰之等，即五刑之疑赦。閲實其罪，則五罰之疑赦。○《周禮》五辟各五百，而此墨劓之屬各千，大辟減舊三百，宫辟減二百。然則穆王非惟制贖刑之法，又制輕刑之法矣。五刑之屬三千。上下比罪，無僭亂辭，勿用不行。惟察惟法，其審克之。五刑之宜。上刑適輕，下服。下刑適重，上服。輕重諸罰有權，五罰之權。刑罰世輕世重，惟齊非齊，有倫有要。罰懲非死，人極于病。非佞折獄，惟良折獄，罔非在中。察辭于差，非從惟從。哀敬折獄，明啓刑書胥占，咸庶中正。其刑其罰，其審克之。獄成而孚，輸而孚。其刑上備，有并兩刑。」申言折獄之方，所以審刑罰之當。專告獄官，察辭于差，此古今聽獄之要訣也。「從」猶律，言承也。凡詞之非實者必有差，故察詞者必於其差而察之，則因之不承者承矣。然既得其情，則當以哀矜之意、敬謹之心折之。〇獄成而得其實，然後輸其實於上，備述其情，辭有兩造，各有所犯，則併兩刑上之，不可以勝負而有所偏也。

王曰：「嗚呼！敬之哉！官伯族姓，朕言多懼。朕敬于刑，有德惟刑。今天相民，作配在下。明清于單辭，明單詞。民之亂，罔不中聽獄之兩辭，中兩詞。無或私家于獄之兩辭。獄貨非寶，惟府辜功，報以庶尤。永畏惟罰，非天不中，惟人在命。天罰不極，庶民罔有令政在于天下。」此章專告獄官，勉其以德明刑。戒其鬻獄致禍。

王曰：「嗚呼！嗣孫，今往何監？非德于民之中，尚明聽之哉！哲人惟刑，無疆之辭，屬于五極，咸中有慶。受王嘉師，監于茲祥刑。」總篇内之意終勉之。

【校記】

〔一〕「國」，宋本脱，婺本作「君」。

〔二〕「已」，婺本作「人」。

〔三〕「將」，婺本作「反」。

〔四〕「伯夷」，婺本作「苗民」。

文侯之命

平王錫晉文侯秬鬯、圭瓚，作《文侯之命》。東遷之書，呂氏之説得之。文侯名仇，師服以爲替，此云「義和」，必改名或字也。「父」，猶尚父。

王若曰：「父義和，丕顯文武，克慎明德，昭升于上，敷聞在下，惟時上帝集厥命于文王。文武之德。亦惟先正，克左右昭事厥辟，越小大謀猷罔不率從，肆先祖懷在位。先正之助。嗚呼！閔予小子，嗣造天丕愆，「造」，古文作「艁」，注作「遭」。殄資澤于下民，侵戎我國家純。犬戎之難。即我御事，罔或耆壽，俊在厥服，予則罔克。朝無壽俊之臣，已無克亂之略。曰：『惟祖惟父，其伊恤朕躬。』求助。嗚呼！有績予一人，永綏在位。父義和，汝克昭乃顯祖，汝肇刑文武，用會紹乃辟，追孝于前文人。汝多修，扞我于艱。若汝，予嘉。」文侯之功。當時衛、鄭、秦皆以兵來捄，此云「用會」則是文侯倡義糾合之也。此所以特有嘉錫之命。

王曰：「父義和，其歸視爾師，寧爾邦。歸晉。無復王室之事。用賚爾秬鬯一卣，彤弓一，彤矢百；盧弓一，盧矢百；馬四匹。賚錫。已行報功之典。父往哉！柔遠能邇，惠康小民，無荒寧，簡恤爾都，用成爾顯德。」初，幽王娶申后，生太子宜臼。及伐褒，得褒姒，嬖，生伯服。黜申后於申，廢宜臼。幽王無道，天下叛之。申與鄫召犬戎寇周，弒幽王。晉文侯會鄭、衛、秦兵，入救，迎宜臼立之，是爲平王。東遷洛邑，命秦爲諸侯，使自取岐、邠之地，爵衛武公爲公，以鄭武公申姻，使秉周政。作此篇，錫命晉侯之歸，無復報讎興復之規矣。辭命典章雖猶存舊，然志卑氣弱，其所以爲東周乎？自是《書》亡《春秋》作矣。

費誓

魯侯伯禽宅曲阜，徐夷并興，東郊不開，作《費誓》。《費誓》，蓋武庚之亂，所謂淮夷叛是也。徂茲淮夷，而徐戎并起，伯禽應之，規模次第整齊嚴肅，非惟全魯，其於王師實有掎角之功焉。○諸侯之書，凡二篇。

公曰：「嗟！人無譁，聽命。徂茲淮夷，徐戎并興，善敹乃甲胄，敿乃干，無敢弗弔。「甲胄」、「干」，自衛之具，善戰先自衛。備乃弓矢，「弓矢」，禦遠之兵。鍛乃戈矛〔一〕，「戈矛」，接戰之兵。礪乃鋒刃，「鋒刃」，擊刺之兵。無敢不善。今惟淫舍牿牛馬，車馬。杜乃擭，敜乃穽，無敢傷牿。牿之傷，汝則有常刑。放牧。嚴部伍。馬牛其風，臣妾逋逃，勿敢越逐，祗復之，我商賚汝。「臣妾」，軍中奴婢薪炊者。戎車甲士三，徒七十二，外有餘子二十五人，即臣妾也。乃越逐不復，汝則有常刑。無敢寇攘，踰垣牆，竊馬牛，誘臣妾，汝則有常刑。禁剽剠。甲戌，我惟征徐戎。征徐戎。翦淮夷之翼。峙乃糗糧，糗糧。無敢不逮，汝則有大刑。魯人三郊三遂，峙乃楨榦。甲戌，我惟築。築費城。遏淮夷之衝。無敢不供，汝則有無餘刑，非殺。魯人三郊三遂，峙乃芻茭，「楨榦」、「芻茭」，征築同日。無敢不多，汝則有大刑。」

【校記】

〔一〕「戈」，原作「伐」，據宋本、婺本改。

秦誓

秦穆公伐鄭，晉襄公帥師敗諸崤。還歸，作《秦誓》。《史記》穆公之誓在封殽尸之後，《秦記》不燒，當得其實，序文誤爾。

公曰：「嗟！我士，聽無譁。予誓告汝群言之首。古人有言曰：『民訖自若，是多盤。』責人斯無難，惟受責俾如流，是惟艱哉！穆公引古人之言，意主受責。盤其病源，如盤樂怠傲之盤。人惟「多盤」，所以樂放憚檢，喜邪忌正，不能受責。「我心之憂」三句，接「多盤」之戒。我心之憂，日月逾邁，若弗云來。惟古之謀人，則曰未就予忌。惟今之謀人，姑將以爲親。「古之謀人」而忌之，此受責之難。「今之謀人」之親，此多盤，故受責之反。穆公將以從古之謀人。古今「謀人」猶云前輩、後輩[一]。雖則云然，尚猷詢茲黃髮，則罔所愆。番番良士，旅力既愆，我尚有之。仡仡勇夫，射御不違，我尚不欲。「良士」，古謀人之類。「勇夫」，今謀人之類。惟截截善諞言，俾君子易辭，我皇多有之。今謀人之中又有巧佞明辨之人，尤易移人，尤所當戒。昧昧我思之，如有一介臣，斷斷猗無他技，其心休休焉，其如有容。人之有技，若己有之。人之彥聖，其心好之，不啻如自其口出。是能容之，因上文古[二]謀人、良士而思好賢樂善之人，蓋兼有受責如流之美，此賢相之量也。君子之所以聚國家之福，穆公慨想形容，殊有意味。以保我子孫黎民，亦職有利哉！人之有技，冒疾以惡之。人之彥聖，而違之俾不達，是不能容，以不能保我子孫黎民，亦曰殆哉！反上文而言蔽賢、忌才之人，不但責人無難而已，善類之所以散，國家之禍。邦之杌隉，曰由一人；邦之榮懷，亦尚一人之慶。」

古之謀人	黃髮 良士		一介能容之人	利	榮懷
今之謀人	勇士	善諞	不能容之人	殆	杌隉

總言善惡安危以終之，所以思得善人。〇此篇秦穆公晚年悔過之書也。秦、晉交兵之故，本末具見《左氏傳》而不言作誓之事。《書序》誤云殽敗還歸之作，惟《史記》載誓辭於取王官及郊封殽尸之後，穆公自是師不復東矣。此篇老成懲艾之言，極爲真切。穆公平日貪利功，於五伯爲末，而晚年之悔若此，蓋髣髴乎王者之意象焉。但所欠剛明之力，而尚有悠緩之意，所望於人者大，而所以自爲者或尚小，此所以爲穆公歟？

【校記】

〔一〕「後輩」下，宋本有「也」字。

〔二〕「古」下，宋本有「之」字。

《尚書表注》附録

顧湄跋南宋建安本尚書表注

歲癸亥夏五，予在金陵得金仁山先生《尚書表注》，比藏書家多欲借抄。予寶愛是書，恐紙墨刓敝，因手抄二帙以廣其傳，今崑山所刻者是也。近薄遊婺州，訪求先生遺書不得。後見柳文肅貫所撰先生行狀，云先生早歲所注《尚書章釋句解》既成書矣，一日超然自悟，擺脱衆説，獨抱遺經，復讀玩味，則其節目明整，脈絡通貫，其枝葉與訛謬一一易見。因推本父師之意，正句畫段，其章旨與其義理之微，事爲之概，考證文字之訛，表諸四闌之外，曰《尚書表注》。并得先生自叙一篇，録置卷首，復補其原缺頁。且原其作書之旨，先生得朱子之宗傳，加以精究潛思，删繁就質，嘗自云鮮至，后卷即覺前義之淺，蓋殫畢生之力以成之者也。今錫山秦氏、崑山徐氏皆藏先生《尚書表注》十二卷，予嘗見之，即早歲之書，非定本也。顧世未見《表注》真本，即以是爲表注，謬矣。先生生于宋紹定壬辰，卒于元大德癸卯。是書刻于宋末元初，尚避宋諱，可徵也。丙寅三月望日，太倉後學顧湄誌于金華之密印寺樓。

周春跋南宋建安本尚書表注

乾隆壬子孟冬，購得《尚書表注》，爲顧伊人所藏本，後歸吾邑花山馬氏道古樓，馬氏售於武林吴氏瓶花齋，即此書也。何義門謂書有殘缺，顧伊人意爲補全，未可盡信。細校此書，方知意爲補全之處，且與通志堂刊本微有異同。案仁山先生集有《尚書表注序》，而伊人抄補之序亦復删節不全，今并存之。近時婺郡以通志堂本重刻，版樣縮小，以致標題位置多譌，又缺其下方，大非「表諸四闌外」式矣。松靄周春記。

胡鳳丹尚書表注序

金仁山先生生宋之季世，德祐初以史館編修召，不赴。入元，隱居教授以終。《易》曰：「不事王侯，高尚其志。」先生有焉。早歲著有《尚書注》十二卷，今不傳。是卷鈔自《通志堂經解》中，其晚年手定本也。書中正句畫段，而於每頁之上下左右縱横標識，秩然若網之在綱。噫！先生之於是書，豈第注焉已哉！蓋將舉二帝三王之道，與夫典謨訓誥誓命之奥旨微言，而以注之者表之也。故先生之功在注釋，而先生之志在表章，以視抱經硜硜，索解於章句之末者，其相去爲何如耶？

本朝《四庫書目提要》稱其參考異同，非盡無據。至於過爲高論，求異先儒，不無瑜不掩瑕之處，則在善讀者之以意逆志，而毋刻舟以求也，是又余之所厚望也夫。

（《金華叢書》）

圖書在版編目(CIP)數據

尚書注；尚書表注 /（宋）金履祥撰；黄靈庚，李聖華主編；鮑有爲整理. —上海：上海古籍出版社，2022.12

（北山四先生全書）

ISBN 978-7-5732-0544-5

Ⅰ. ①尚… Ⅱ. ①金… ②黄… ③李… ④鮑… Ⅲ. ①中國歷史一商周時代 ②《尚書》一注釋 Ⅳ. ①K221.04

中國版本圖書館 CIP 數據核字(2022)第 217558 號

北山四先生全書

尚書注　尚書表注

〔宋〕金履祥　撰

黄靈庚　李聖華　主編

鮑有爲　整理

上海古籍出版社出版發行

（上海市閔行區號景路 159 弄 1-5 號 A 座 5F　郵政編碼 201101）

(1) 網址：www.guji.com.cn

(2) E-mail：guji1@guji.com.cn

(3) 易文網網址：www.ewen.co

上海展强印刷有限公司印刷

開本 890×1240　1/32　印張 19　插頁 5　字數 379,000

2022 年 12 月第 1 版　2022 年 12 月第 1 次印刷

印數 1-1,800

ISBN 978-7-5732-0544-5

B.1290　定價：98.00 元

如有質量問題，請與承印公司聯繫

電話：021-66366565